알기 쉬운

보전절차(가압류 & 가처분)와 민사집행

장인태 편저

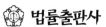 법률출판사

머리말

이 책자는 2018년 [채무자의 재산 묶어 놓는 법, 푸는 법]과 [민자집행 이론과 실무]라는 이름으로 출간하였던 것을 독자들의 요청에 의하여 [알기쉬운 보전절차(가압류 가처분)와 민사집행]이라고 명명하여 현행법에 맞게 개정하여 출간 하였습니다.

제 1편 가압류 가처분에서는,

우리가 사회생활을 하다보면 타인에게 어떠한 행위를 하지 못하게 할 필요가 생깁니다. 때로는 특정 타인이 나에게 어떤 행위를 하도록 강제할 필요도 있습니다.

이러한 문제가 생기면 먼저 민사소송을 생각하는 것이 일반적입니다. 그런데 민사소송 절차는 상당한 기간을 필요로 하는 경우가 대부분입니다. 의무를 이행하여야 할 상대방은 민사소송절차가 끝나기 전에 특정한 목적물을 처분하거나 나에게 더 큰 피해를 줄 수도 있다.

이처럼 급박한 사정이 있는 때에는 민사소송절차에 앞서 또는 민사소송절차의 진행 중에 서둘러서 응급조치를 취할 필요성이 있습니다. 그렇지만 우리 법은 자력구제를 허용하지 않습니다. 따라서 법원의 조력을 받을 수밖에 없습니다. 이러한 경우에 가압류와 가처분을 활용할 수 있습니다. 이 둘을 합하여 '보전처분'이라고 합니다. 보전처분은 악덕 채무자로 하여금 심리적 압박감을 느끼게 하는 부수적인 효과도 있습니다.

이 책자는 누구든지 보전처분을 응용할 수 있도록 배려하여 엮었습니다. 따라서 위 가압류와 가처분을 구분하여 그 요건, 절차 및 효과 등을 자세히 설명하였습니다. 그리고, 이 보전처분 등의 반대편에 있는 채무자가 가압류나 가처분으로부터 벗어나는 요령에 관련한 내용도 충분히 설명하였습니다. 이에 더하여 각 신청서 등의 사례를 폭넓게 실었고, 중요한 대법원판례도 충실히 반영하였습니다.

제2편 민사집행에서는,

악성 채무자들은 자기 소유의 재산을 감추어 두는 경향이 있습니다. 따라서 강제집행을 하기 위해서는 먼저 채무자가 감추어 둔 재산을 추적하여 찾을 필요가 있습니다. 이 책자는 이처럼 채무자가 감추어 둔 재산을 찾는 절차인 '재산명시명령절차', '재산조회절차' 및 '채무불이행자명부 등재절차'에 관하여 상세히 다루었습니다.

채무자의 재산은 부동산, 동산, 채권, 자동차 등 그 종류가 다양합니다. 채권자가 채무자 소유의 재산에 대하여 강제집행을 실시하는 방법은 그 집행의 대상이 무엇인가에 따라 다릅니다. 이 책자는 이처럼 다양한 강제집행의 모든 절차를 빠트리지 않고 설명하였습니다.

민사집행과 관련된 법령은 기본법령인 〈민사집행법〉과 〈민사집행규칙〉을 비롯하여 〈민법〉, 〈상법〉, 〈민사소송법〉 등 매우 많은 종류의 법령에 분포합니다. 이들 법령과 관련하여 중요한 법조문은 물론 대법원판례를 가능한 한 많이 소개하였습니다. 그리고 각 신청사건마다 신청서 등 필요한 서식을 소개함으로써 누구나 쉽게 응용할 수 있도록 엮었습니다.

특히 부동산에 대한 경매절차 및 그와 관련한 여러 가지 문제점에 많은 지면을 할애하였습니다.

편저자로서 최선을 다하였지만, 지면의 한계 및 편저자의 지식의 일천함으로 내용상 다소 미흡한 부분도 있으리라 사료됩니다. 판을 거듭하면서 보완해갈 것을 약속드리며, 아무쪼록 이 책자가 독자 여러분께 유익한 길잡이가 되기를 기대합니다.

2025. 2.
편저자 드림

차 례

제1편 가압류, 가처분

제2편 민사집행

제3편 강제집행

서식색인

제1편 가압류, 가처분

제1장 가압류

제1절 가압류의 명령절차

1. 보전처분에 관한 이해

채무자가 해당 채무를 스스로 이행(변제)하지 않는 경우에 채권자로서는 본안의 소송절차를 통하여 집행권원을 얻은 다음 강제집행절차에 착수하여야만 채권의 만족을 얻을 수 있다.

그런데 본안의 소송절차는 상당히 많은 시간을 필요로 한다. 따라서 강제집행의 대상인 채무자의 재산이나 다툼의 대상은 어떤 이유로든지 사실상 또는 법률상으로 현상이 변경될 개연성이 높다. 즉 본안소송에서 패소판결을 받을 가능성이 높은 채무자로서는 강제집행의 대상이 될 수 있는 자신의 재산을 처분, 은닉 또는 소비할 수 있기 때문이다.

채권자가 본안소송에서 승소확정판결을 얻더라도 강제집행의 목적물인 채무자 소유 재산이 없어진 뒤에는 강제집행에 착수하지 못하거나 강제집행이 매우 곤란할 것이다. 따라서 채권자로서는 강제집행의 대상인 채무자 소유 재산이 현상 변경되는 것을 미리 막아야 할 필요가 있는 것이다.

이와 같이 채무자 소유의 재산 또는 다툼의 대상을 미리 묶어두어 현상을 변경하지 못하게 하는 절차를 '보전처분'이라고 한다. 보전처분은 다시 '가압류'와 '가처분'으로 나뉜다.

보전처분에서의 당사자는 자기의 이름으로 보전명령(또는 집행명령)을 신청하거나 그 상대방이 되는 사람을 말한다. 그리고 보전처분의 절차에서는 이들을 '채권자'와 '채무자'라고 부른다.

가압류 또는 가처분의 목적물이 채무자의 제3자에 대한 채권인 경우에 있어서는 가압류나 가처분의 집행은 그 제3자에 대하여 하게 된다. 이때의 제3자를 '제3채무자'라고 부르며, 제3채무자는 이해관계인이지만 당사자에는 포함되지 않는다.

2. 가압류란?

> ### 「민사집행법」의 관련 규정
>
> **제276조(가압류의 목적)** ① 가압류는 금전채권이나 금전으로 환산할 수 있는 채권에 대하여 동산 또는 부동산에 대한 강제집행을 보전하기 위하여 할 수 있다.
> ② 제1항의 채권이 조건이 붙어 있는 것이거나 기한이 차지 아니한 것인 경우에도 가압류를 할 수 있다.

「민사집행법」(이하 "법"이라고 줄여 씀) 제276조제1항은 "가압류는 금전채권이나 금전채권으로 환산할 수 있는 채권에 대하여"라고 규정하였다. 위 법문은 "가압류는 금전채권이나 금전채권으로 환산할 수 있는 채권에 의하여" 또는 "가압류는 금전채권이나 금전채권으로 환산할 수 있는 채권의 집행을 위하여"라고 해석하여야 한다.

금전 또는 금전으로 환산(換算)할 수 있는 청구권을 그대로 두면 채무자가 그의 책임재산에 대해 은닉 · 처분 등의 행위를 함으로써 장래에 강제집행[1])이 불가능

---

1) 강제집행(强制執行) : 강제집행은 채권자가 집행기관인 법원(집행관)의 도움을 받아 채무불이행자인 채무자의 일반재산을 경매하는 등의 방법으로 채권의 만족을 얻는 「민사

하게 되거나 곤란하게 될 경우에 있어서 채권자가 일반담보로 될 수 있는 채무자의 재산(책임재산)을 미리 압류하여 현상(現狀)을 보전하고, 그 변경을 금지하여 장래의 강제집행을 보전하는 절차를 가압류라고 한다.

가령 채무자인 乙이 채권자인 甲에게 금전채무를 변제(辨濟 : 빚을 갚음)하지 아니하는 경우에는 甲으로서는 부득이 乙을 상대로 재판절차(민사소송절차, 지급명령절차, 소액사건심판절차 등)를 통하여 집행권원2)을 확보한 다음에 乙의 재산을 압류3)함과 동시에 강제집행절차를 밟게 된다.

그런데 일반적으로 재판절차는 상당한 기간을 필요로 하고, 채무자(乙)는 가까운 장래에 당하게 될 강제집행을 면탈할 목적 등으로 강제집행의 목적물이 될 자기의 재산을 처분할 수도 있다. 따라서 법은 채권자(甲)를 두텁게 보호하기 위하여 가압류라는 제도를 마련한 것이다(「민사집행법」 제276조 내지 제299조).

이 가압류와 가처분을 합하여 보전처분(保全處分)이라고 부른다. 법은 거짓 또는 임시적이라는 의미를 갖는 가자(假字)를 사용하고 있는데, 실질에 있어서는 가압류 또는 가처분이 집행되면 본집행절차에서의 압류인 이른바 본압류와 거의 동일한 효력이 있다. 가처분에 관하여는 뒤에서 검토한다.

3. 가압류의 요건

가. 가압류를 신청할 수 있는 자(피보전권리자)

가압류는 금전채권 또는 금전으로 환산(換算)할 수 있는 채권을 가진 자(이하 '피보

집행법」상의 절차이다.
2) 집행권원(執行權原) : 집행권원이란 국가의 강제력에 의하여 실현될 청구권의 존재와 범위를 표시하고, 그에 집행력이 부여된 공정증서(公正證書)라고 풀이할 수 있다. 과거에는 '채무명의(債務名義)'라고 하였다. 확정판결, 인낙조서, 각종의 조정조서, 화해조서, 이행권고결정, 지급명령, 가압류명령, 가처분명령, 가집행선고 붙은 종국판결, 집행증서(공정증서), 배상명령, 검사의 집행명령 등이 여기에 해당한다.
3) 압류(押留) : 압류는 채권자의 신청에 의하여 집행기관인 법원(집행관)이 채무자의 특정재산을 사실상 또는 법률상 처분하지 못하게 하는 절차이다. 가압류와 구별하기 위하여 '본압류'라고도 부른다. 이는 강제집행의 개시단계라고 이해하여도 무방하다.

전권리자'라고 한다)가 법원에 신청할 수 있다. 가압류의 목적물은 채무자 소유의 부동산, 선박, 항공기 또는 동산 등이다. 채무자가 제3자에 대하여 갖고 있는 채권(債權)도 그 대상이 된다.

'금전채권으로 환산할 수 있는 채권'이란, 아직은 금전채권이 아니므로 가압류의 피보전권리가 될 수 없는 채권(가령 특정채권인 '부동산소유권이전등기청구권')이지만, 그 특정채권이 장래에 이행불능[4]이나 집행불능[5]으로 될 것이 예상되는 경우에는 일반채권인 손해배상청구권으로 변하여 금전채권이 될 것이므로, 가압류의 피보전권리가 될 수 있다.

> 장래 발생할 채권이나 조건부채권[6]은 현재 그 권리의 특정이 가능하고, 가까운 장래에 발생할 것임이 상당정도 기대되는 경우 가압류의 대상이 된다고 할 것이다(대법원 2008다7109 판결).

채권자는 채무자를 대위하여 제3채무자에 대한 채권을 행사할 수 있으므로, 가압류 및 가처분의 신청도 대위할 수 있다. 채권자대위권은 채권자가 자기의 이름으로 행사하는 권리이다.

> 저작권법은 특허법이 전용실시권제도를 둔 것과는 달리 침해정지청구권을 행사할 수 있는 이용권을 부여하는 제도를 마련하고 있지 아니하여, 이용허락계약의 당사자들이 독점적인

---

4) 이행불능(履行不能) : 이행불능은 경험칙상 또는 거래관념상 채무자에게 채무의 이행을 기대할 수 없는 경우를 말한다.
5) 집행불능(執行不能) : 집행불능이란 어떤 사정으로 인하여 채권의 강제집행이 불가능하게 된 경우를 말한다.
6) 조건부채권(條件附債權) : 조건부채권이란 채권관계의 성립이나 소멸이 조건의 성취 여부에 달려있는 채권이다. 여기의 조건은 장래에 성취될 수 있으리라는 기대를 갖게 하는 정지조건(조건이 실현 내지 성취되면 채권의 효력이 발생하게 하는 조건)을 말한다.

이용을 허락하는 계약을 체결한 경우라도 그 이용권자가 독자적으로 저작권법상의 침해정지청구권을 행사할 수는 없다. 따라서 이용허락의 목적이 된 저작권법이 보호하는 재산권의 침해가 발생하는 경우에도 그 권리자가 스스로 침해정지청구권을 행사하지 아니하는 때에는 독점적인 이용권자로서는 이를 대위하여 행사하지 아니하면 달리 자신의 권리를 보전할 방법이 없을 뿐만 아니라, 저작권법이 보호하는 이용허락의 대상이 되는 권리들은 일신전속적인 권리도 아니어서 독점적인 이용권자는 자신의 권리를 보전하기 위하여 필요한 범위 내에서 권리자를 대위하여 저작권법 제91조(현행 제123조)에 기한 침해정지청구권을 행사할 수 있다(대법원 2007. 1. 25. 선고 2005다11626).

나. 가압류의 필요성(피보전권리)

가압류는 이를 하지 아니하면 판결을 집행할 수 없거나 판결을 집행하는 것이 매우 곤란할 염려가 있는 경우에 할 수 있다(법 제277조). 이를 구체적으로 열거하면, 채무자가 자기의 재산을 처분·은닉·훼손하거나 제3자에게 담보로 제공하는 경우 등이 여기에 해당한다. 또 채무자가 도망하거나 해외이주 또는 재산의 해외도피 등을 할 경우가 예상되는 때에도 같이 보아야 할 것이다. 판결을 집행할 수 없거나 판결을 집행하는 것이 매우 곤란할 염려가 있는 사유는 채무자의 고의·과실에 의한 경우뿐만 아니라 제3자의 행위 또는 불가항력에 의한 경우를 가리지 않는다.

법 제277조에서 말하는 '판결'에는 일반적인 소송절차를 거쳐 얻은 확정된 판결뿐만 아니라 지급명령절차에서 얻은 확정된 지급명령 및 강제집행이 예정된 공정증서 등 모든 집행권원을 포함한다.

채권자가 채무자를 상대로 이미 집행권원을 확보한 경우, 채무자가 채권자에게 충분한 담보를 제공한 경우, 이미 가압류를 집행해둔 채무자의 재산만으로도 장차 강제집행에 지장이 없는 경우 등에는 보전의 필요성이 없다고 평가된다. 또한 채무자에게 자력(資力)이 충분하다면 그의 보증인을 상대로 가압류를 집행할 필요가 없을 것이다.

가압류는 강제집행을 보전하기 위한 절차이므로, 피보전권리는 강제집행에 적합한 권리일 것을 요한다. 따라서 공법상의 청구권, 국세징수절차에 의하여 집행하여야 하는 조세채권, 당사자 사이에 부집행의 특약이 있는 채권 등은 피보전권리가 될 수 없다. 다만, 제3자가 이미 압류 또는 가압류를 집행한 채권은 피보전권리가 될 수 있다.

가압류결정의 피보전권리와 본안의 소송물인 권리는 엄격하게 일치할 필요는 없으며, 청구의 기초의 동일성이 인정되는 한 그 가압류의 효력은 본안소송의 권리에 미친다. 가압류의 신청은 긴급한 필요에 따른 것으로서 피보전권리의 법률적 구성과 증거관계를 충분하게 검토·확정할만한 시간적 여유가 없이 이루어지는 사정에 비추어보면 당사자가 권리 없음이 명백한 피보전권리를 내세워 가압류를 신청한 것이라는 등의 특별한 사정이 없는 한 청구의 기초에 변경이 없는 범위 내에서는 가압류의 이의절차에서도 신청이유의 피보전권리를 변경할 수 없다(대법원 2008마1984).

가압류는 보전집행의 하나로 일컫는 바이거니와 보전집행은 본집행, 즉 청구권실행을 위한 강제집행이 이룩되기 전에 그 집행에 장애가 될 일이 생김을 미리 막기 위하여 현상을 그대로 보전하려는 목적에서 하는 집행을 말하니, 본집행의 길이 열려있는 부동산소유권이전등기청구권에 대하여 가히 앞잡이집행이라 할 가압류가 안 된다고 한다면 있을 수 없는 일을 있다고 하는 것이 되리라.

그렇다면 이 사건에서 부동산소유권이전등기청구권은 가압류할 수 없다는 취지로 한 원결정은 가압류에 관한 법리를 오해함으로써 결과에 영향을 준 위법이 있다고 하리니, 이 점을 말하는 논지는 이유 있다 하겠고, 원판결은 파기한다(대법원 76마381). (*부동산 소유권이전등기 청구권도 가압류집행의 대상이 됨을 밝힌 대법원 전원합의체 결정)

선박운송물의 멸실로 인하여 손해배상채권이 선박에 대하여 선박우선특권[7]이 있는 경우, 그 채권자는 상법 제861조제2항에 의하여 선박에 대하여 집행권원 없이도 경매청구권을 행사하여 그 경매대금에서 위 채권의 우선변제를 받을 수 있으므로, 특단의 사정이 없는 한 위 채권을 보전하기 위하여 선박에 대하여 가압류집행을 할 수 없다(대법원 80다2318).

4. 가압류의 신청절차

가. 신청할 법원(관할법원)

가압류는 가압류할 물건이 있는 곳을 관할하는 지방법원이나 본안의 관할법원이 관할한다(법 제278조). 본안법원은 제1심법원으로 한다. 다만, 본안이 제2심법원에 계속된 때에는 그 계속된 법원으로 한다(법 제311조). 급박한 경우에 재판장은 신청에 대한 재판을 할 수 있다(법 제312조).

본안의 관할권이 시·군법원에 있는 소액사건 관련 가압류사건의 관할법원은 시·군법원이 된다.

법 제278조에서 말하는 '본안(本案)'이라 함은 「민사소송법」 또는 「소액사건심판법」 등이 규정한 절차에 따른 민사소송절차, 소액사건심판절차, 독촉절차(지급명령절차), 제소전화해절차, 조정절차 등을 말한다.

본안소송을 시작하기 전에 가압류를 먼저 집행하는 것이 일반적이지만, 법 제278조에서 말하는 '본안의 관할법원'은 본안소송이 먼저 개시된 뒤에 가압류를 신청하는 경우에 적용하기 위한 규정이다. 따라서 가압류를 신청할 수 있는 시기는 본안소송이 확정되기 이전이면 언제든지 가능함을 알 수 있다.

---

7) 선박우선특권(船舶優先特權) : 선박우선특권이란 일정한 법정채권(「상법」 제777조제1항제1호 내지 제4호)의 채권자가 선박과 그 부속물(속구·운임, 그 선박과 운임에 부수한 채권)로부터 다른 채권자보다 자기채권의 우선변제(優先辨濟)를 받을 수 있는 특수한 담보물권(擔保物權)을 말한다(「상법」 제777조 2항). 이는 「민법」상의 저당권에 관한 규정을 준용한다.

나. 신청의 방식

가압류절차는 가압류신청서를 법원에 제출함으로써 시작된다. 가압류신청을 기각이나 각하한 결정에 대한 즉시항고, 가압류결정에 대한 이의신청, 본안 제소명령신청, 가압류취소신청, 가압류집행신청도 모두 신청의 취지와 이유를 적은 서면으로 하여야 한다.

가압류신청서에는 ① 청구채권의 표시, ② 그 청구채권이 일정한 금액이 아닌 때에는 금전으로 환산한 금액, ③ 가압류의 이유가 될 사실(보전의 필요성)을 적고, 청구채권과 가압류의 이유를 소명[8]하여야 한다. 그리고 이 신청서에는 신청의 취지와 이유 및 사실상의 주장을 소명하기 위한 증거방법을 적어야 한다.

실무상 가압류의 목적물은 부동산, 유체동산 및 채권으로 구분하고 있다. 따라서 채권자가 하나의 채권의 집행보전을 위하여 위 목적물들을 한꺼번에 가압류를 집행하고자 하는 경우에는 목적물별로 가압류신청서를 따로 작성하여 제출하여야 한다.

> 원심은 예금의 종류는 다종다양하여 일반인이 각 금융기관별로 예금의 종류를 모두 파악하기는 어렵고, 은행예금은 특별한 사정이 없는 한 그 비밀이 보장되어 예금주의 채권자는 구체적으로 예금주의 예금의 종류와 금액 등을 상세히 알기 어려운 점 등에 비추어볼 때, 예금주의 채권자가 예금채권의 가압류 또는 압류를 신청하면서 <u>채무자의 다른 예금채권과 구별할 수 있을 정도로 예금의 종류와 금액을 기재하여 그 동일성을 식별할 수 있을 정도라면 이를 가압류 또는 압류의 대상이 되는 예금채권은 특정되었다고 할 것이고, 예금주에게 하나의 예금계좌만 있을 때에는 반드시 예금의 종류와 계좌를 밝히지 않더라도 가압류 또는 압류의 대상이 특정된 것으로 볼 수 있다</u>고 판단하고, 나아가 이와 같은 법리를 전제로 하여 이 사건 가압류결정과 채권압류 및 추심명령[9]에서 가압류 또는 압류할 예금채권으로 자유저축예금, 보통예금 등은 명시된 반면 이 사건 예금계좌와 같은 기업자유예금은 명시되어 있지 않으나, 기업자유예금은 자유저축예금,

---

8) 소명(疏明) : 소명은 엄격한 증명(證明)에는 미치지 못하지만 법관이 일응 그러할 것이라고 믿게 하는 정도의 약한 증명으로 이해하면 무방하다.
9) 채권압류(債權押留) 및 추심명령(推尋命令) : 집행권원을 소지한 채권자 甲은 채무자

보통예금 등과 함께 입출금이 자유로운 예금으로써 기본적인 성격이 유사하고, 다만, 그 명칭, 예금이율, 가입대상 등에서 일부 차이가 있을 뿐이며, 특히 이 사건 가압류결정이 피고에게 송달될 당시 구자진이 피고에 대하여 가지고 있던 예금채권은 이 사건 예금계좌가 유일한 것이므로, 이 사건 가압류결정과 채권압류 및 추심명령의 효력은 이 사건 예금계좌의 예금채권에 미친다고 봄이 상당하다고 판단하였다.

원심의 사실인정에 의하면 기업자유예금도 넓은 의미에서는 자유저축예금이나 보통예금의 일종으로 볼 수 있는 점, 하나의 예금계좌만이 존재하는 경우에는 가압류 또는 압류의 대상인 예금채권의 특징을 엄격하게 요구하지 않더라도 예금자의 이익에 반하지 않는 점, 피고의 지위 등에 비추어 원심의 위와 같은 사실인정과 판단은 정당한 것으로 수긍할 수 있다(대법원 2007다56425).

가압류명령의 송달 이후에 채무자의 계좌에 입금될 예금채권도 그 발생의 기초가 되는 법률관계가 존재하여 현재 그 권리의 특정이 가능하고, 가까운 장래에 예금채권이 발생할 것이 상당한 정도로 기대된다고 볼만한 예금계좌가 개설되어 있는 경우 등에는 가압류의 대상이 될 수 있다(대법원 2008다9952).

대법원 예규인 「보전처분신청사건의 사무처리요령(재민2003-4)」은 "가압류를 신청하는 경우에 가압류신청진술서를 제출하지 아니하거나 고의로 진술사항을 누락하거나 허위로 진술한 내용이 발견된 경우에는 특별한 사정이 없는 한 보정명령 없이 신청을 기각할 수 있다."고 규정하였다. 이는 가압류신청의 남용을 막기 위한 취지라고 이해할 수 있다.

乙이 은행 등 금융기관인 丙에 대하여 갖고 있는 예금채권을 압류할 수 있다. 이러한 경우에는 일반적으로 압류와 동시에 '추심명령' 또는 '전부명령'을 함께 신청한다. 가압류채권자가 훗날 본안소송절차에서 집행권원인 확정판결 등을 얻게 되면 가압류를 본압류로 이전함과 동시에 추심명령 또는 전부명령을 받을 수 있다. 추심명령은 채권자 甲이 제3채무자인 丙으로부터 자기의 채권을 직접 받아 만족을 얻는 것을 말한다.

[가압류신청진술서]

가압류신청진술서

채권자는 가압류신청과 관련하여 다음 사실을 진술합니다. 다음의 진술과 관련하여 고의로 누락하거나 허위로 진술한 내용이 발견된 경우에는 그로 인하여 보정명령 없이 신청이 기각되거나 가압류이의절차에서 불이익을 받을 것임을 잘 알고 있습니다.

2025. 1. 1.

채권자 ○ ○ ○(인)

다　　음

1. 피보전권리(청구채권)와 관련하여

가. 채무자가 신청서에 기재한 청구채권을 인정하고 있습니까?

　　□ 예

　　□ 아니요 → 채무자의 주장의 요지 :

　　□ 기타 :

나. 채무자의 의사를 언제, 어떠한 방법으로 확인하였습니까?

다. 채권자가 신청서에 기재한 청구금액은 본안소송에서 승소할 수 있는 금액으로 적정하게 산출된 것입니까?

　□ 예　　　□ 아니요

2. 보전의 필요성과 관련하여

가. 채권자가 채무자의 재산에 대하여 가압류하지 않으면 향후 강제집행이 불가능하거나 매우 곤란해질 사유의 내용은 무엇입니까?

나. 채권자는 신청서에 기재한 청구채권과 관련하여 공정증서 또는 제소화해조서가 있습니까?

다. 채권자는 신청서에 기재한 청구채권과 관련하여 취득한 담보가 있습니까?

라. 〔채무자가 (연대)보증인인 경우〕 채권자는 주채무자에 대하여 어떠한 보전조치를 취하였습니까?

마. 〔다수의 부동산에 대한 가압류신청인 경우〕 각 부동산의 가액은 얼마입니까?

바. 〔유체동산 또는 채권가압류인 경우〕 채무자에게는 가압류할 부동산이 있습니까?

　□ 예　　□ 아니요 → 채무자의 주소지 소재 부동산등기사항전부증명서 첨부

사. 〔"예"로 대답할 경우〕 가압류할 부동산이 있다면 부동산이 아닌 유체동산 또는 채권가압류신청을 하는 이유는 무엇입니까?

　□ 이미 부동산상의 선순위 담보 등이 부동산가액을 초과함 → 부동산등기사항전부증명서 및 가액 소명자료 첨부

　□ 기타사유 → 내용 :

아. 〔유체동산 가압류신청인 경우〕

① 가압류할 유체동산의 품목, 가액은?

② 채무자의 다른 재산에 대하여 어떠한 보전조치를 취하였습니까?
그 결과는?

3. 본안소송과 관련하여

가. 채권자는 신청서에 기재한 청구채권과 관련하여 채무자에 대하여 본안소송을
제기한 사실이 있습니까?
□ 예   □ 아니요

나. 〔"예"로 대답할 경우〕
① 본안소송을 제기한 법원·사건번호·사건명은?

② 현재 진행상황 또는 소송결과는?

다. 〔"아니요"로 대답할 경우〕 채권자는 본안소송을 제기할 예정입니까?
□ 예 → 본안소송 제기예정일 :
□ 아니요 → 사유 :

4. 중복가압류와 관련하여

가. 채권자는 신청서에 기재한 청구채권(금액불문)을 원인으로 이 신청 외에 채무자
를 상대로 하여 가압류를 신청한 사실이 있습니까? (과거 및 현재 포함)

□ 예   □ 아니요

나. 〔"예"로 대답할 경우〕
 ① 가압류를 신청한 법원·사건번호·사건명은?

 ② 현재 진행상황 또는 결과(취하/각하/인용/기각 등)는? (소명자료 첨부)

다. 〔다른 가압류가 인용된 경우〕추가로 이 사건 가압류를 신청하는 이유는 무엇입니까? (소명자료 첨부)

* 이 진술서에는 인지대 등 비용을 지출하지 않는다.

* 가압류신청서를 제출할 때에는 어떤 종류인지를 묻지 않고 이 진술서를 제출하도록 하고 있다. 그리고 채무자가 여러 명인 경우에는 채무자별로 따로 작성하도록 하고 있다.

* 대법원이 가압류신청인에게 이 서류를 제출하도록 요구하는 이유는 두 가지가 있을 것이다. 하나는 가압류신청의 진정성을 확보하는 것이다. 더불어 가압류신청의 남용을 방지하려는 것으로 해석된다.

가압류명령은 그 신속성으로 인하여 법원이 채권자와 채무자를 심문하지 아니한 채 채권자의 주장에만 의존하여 명령이 내려진다. 따라서 채권자인 가압류신청인의 과장 내지 허위주장이 개입할 여지가 많다. 그 결과 채무자에게 손해를 줄 가능성이 있고, 또 다른 분쟁이 생길 가능성도 있는 것이다. 이 가압류신청진술서는 나중에 있을 수도 있는 다른 분쟁에서는 결정적인 증거가 될 수 있다는 점에 유의하면서 작성하여야 할 것이다.

유체동산 가압류신청

채권자   성명   ○ ○ ○(-   )

　　　　주소

　　　　전화번호

채무자   성명   ○ ○ ○(-   )

　　　　주소

청구채권의 내용 : 돈 10,000,000원(대여금)

신　청　취　지

채무자 소유의 유체동산을 가압류한다. 라는 재판을 구합니다.

신　청　원　인

1. 채권자는 2023. 1. 1. 채무자에게 돈 10,000,000원을 연이율 20%로 약정하고, 변제기는 2024. 1. 1.로 정하여 대여한 사실이 있습니다.

2. 채권자는 채무자가 위 채권의 변제기가 지났음에도 불구하고 위 금원을 변제하지 아니하므로, 여러 차례에 걸쳐 갚을 것을 촉구한 사실이 있습니다. 그러나 채무자는 정당한 이유 없이 이를 변제하지 아니하고 있어 채무자를 상대로 소를 제기하기 위해

서 준비하고 있습니다.

3. 채무자는 이렇다 할 재산도 없으면서 낭비가 심한 사람이기 때문에 남아 있는 유체동산마저도 처분할 개연성이 높습니다. 따라서 남아 있는 유체동산만이라도 가압류를 해두지 아니하면 채권자가 소송에서 승소를 하더라도 그 집행이 불가능하거나 현저히 곤란할 것으로 예상되므로, 이 신청에 이르렀습니다.

소 명 자 료

1. 소갑 제1호증 차용증서
1. 소갑 제2호증 대여금 변제촉구서(내용증명우편)

첨 부 서 류

1. 위 소갑호증 각 사본 1통.
1. 가압류신청진술서 1통.
1. 송달료납부서 1통.

2025. 1. 1.

위 채권자 ㅇ ㅇ ㅇ(인)

○○지방법원 ○○지원 귀중

* 인지대는 10,000원을 납부한다. 모든 가압류와 가처분신청서에는 공통적으로 10,000원의 인지대를 납부한다. 다만, 뒤에서 검토하게 될 가처분 중 '임시의 지위를 정

하는 가처분'의 경우만은 상한액 50만원 한도 내에서 소송목적의 값의 2분의1에 해당하는 인지대를 납부하여야 한다.

* 송달료는 당사자의 수 × 3회분 × 5,200원에 해당하는 금액을 예납한다.
* 인지대와 송달료는 법원 구내 수납은행에 직접 납부와 예납을 할 수 있고, 법원 구내 수납은행의 홈페이지에서 신용카드로 납부와 예납을 할 수도 있다.
* 유체동산의 가압류는 가압류의 대상인 유체동산을 특정하는 것이 어려울 뿐만 아니라 구체적으로 특정할 필요도 없다. 이는 집행과정에서 집행관이 수색을 통하여 발견할 수밖에 없는 성질이기 때문이다.
* 부동산·준부동산(선박·자동차·건설기계·항공기)·채권 및 기타의 재산권을 가압류하는 경우에 채권자가 가압류를 신청하여 법원이 가압류명령을 한 때에는 법원사무관 등이 등기·등록을 촉탁하고, 채권의 경우에는 제3채무자에게 송달하므로, 그 집행에는 채권자가 관여할 필요가 없다.

그러나 유체동산에 대한 가압류의 경우에는 법원이 가압류명령을 한 뒤에 채권자가 그 결정문을 가지고 집행관을 찾아가서 집행위임(신청)을 한 때에만 집행에 착수하게 된다. 집행관은 위임을 받은 때로부터 보통 2주일 안에 집행을 한다. 집행방법에 있어서 집행관은 채권자가 지정하는 장소에 가서 채무자의 소유일 개연성이 높은 유체동산에 가압류를 집행한 물건이라는 표지(속칭 '딱지')를 붙이는 방법이다.

* 집행관수수료는 출장거리 등에 따라 다르므로, 법원 안에 있는 집행관사무실에 전화 등으로 미리 확인할 필요가 있다.
* 법원이 가압류결정을 할 때에는 채권자에게 가압류 진행으로 생길 수 있는 채무자의 손해에 대해 담보의 제공을 명하는 것이 보통인데, 담보는 현금과 지급보증위탁계약체결문서(이른바 '보증보험증권')을 공탁하도록 한다. 그런데 유체동산에 대한 가압류에서는 다른 가압류나 가처분에 비하여 현금의 비중이 더 많은 것이 일반적인 관행이다(청구금액의 약 3분의2).

만약 청구채권이 임금채권(체불임금)인 경우에는 고용노동부 산하 지방노동사무소(근로감독관)에서 교부해주는 '체불임금확인원', '무공탁 가압류협조의뢰서'를 법원에 제출하면 참작이 되지만, 법원이 이에 구속되는 것은 아니다.

* 법원이 담보제공명령을 발령한 후 채권자(신청인)가 그 결정에 정해진 기일 내에 담보를 제공하지 않으면 가압류 신청을 각하하고, 담보를 제공하면 가압류명령을 발령한다.

부동산 가압류신청

채권자   성명 김 ○ ○(-   )

              주소

              전화번호

채무자   성명 이 ○ ○(-   )

 겸   주소

소유자   등기부상 주소

청구채권의 내용 : 돈 100,000,000원(임차보증금반환청구채권)

신 청 취 지

채권자의 채무자에 대한 위 청구채권의 집행을 보전하기 위하여 채무자 소유의 별지목록 기재 부동산을 가압류한다.

라는 재판을 구합니다.

신 청 원 인

1. 채권자는 2022. 1. 1. ○○시 ○○구 ○○로 ○○○-○○에 있는 채무자 소유의 상가건물에 관하여 임차보증금 100,000,000원, 임대차기간 24개월(만기 2024. 1. 1.)로 하는 임대차계약을 체결한 후 위 임차보증금 전액을 지급하고, 위 부동

산을 현재까지 점유·사용하고 있습니다.

2. 채권자는 위 임대차계약기간이 만료됨에 따라 채무자에게 위 임차보증금의 반환을 청구하였으나, 채무자가 정당한 이유 없이 이에 불응하므로 채무자를 상대로 임차보증금반환청구의 소를 제기하기 위하여 준비를 하고 있습니다.

3. 그런데 채무자의 재산 중 눈에 띄는 것이라고는 별지 기재의 부동산이 유일한 것이어서 만일 채무자가 이를 처분해버리면 채권자는 위 소송에서 승소확정판결을 받더라도 그 집행이 불가능하거나 현저히 곤란할 것이 예상됩니다. 따라서 이 신청을 하게 되었습니다.

4. 채권자에게도 위 임차보증금이 총재산에 해당할 뿐만 아니라 위 임차건물에서 채권자가 운영하고 있는 일반음식점의 영업도 어려움에 처해있는 사정으로 현금을 동원할 형편이 되지 못하는 점 등을 헤아려 주시고, 담보의 제공에 관하여는 보증보험회사와 체결한 지급보증위탁계약체결문서로 제공할 수 있도록 선처하여 주시기 바랍니다.

<h2 style="text-align:center">소 명 방 법</h2>

1. 소갑 제1호증 부동산임대차계약서
1. 소갑 제2호증 부동산등기사항전부증명서
1. 소갑 제3호증 임차보증금반환청구서(내용증명우편)

<h2 style="text-align:center">첨 부 서 류</h2>

1. 위 소갑호증 각 1통.
1. 부동산목록 5통.
1. 가압류신청진술서 1통.

1. 등록세납세필통지서 1통
1. 송달료납부서 1통.

2025. 1. 1.

위 채권자 김 ○ ○(인)

○○지방법원 ○○지원 귀중

* 인지대는 10,000원을 납부한다.

* 송달료는 당사자의 수 × 3회분 × 5,200원에 해당하는 금액을 예납한다.

* 부동산의 보전처분(가압류 및 가처분)은 법원이 등기소에 등기를 촉탁함으로써 집행한다. 따라서 채권자(신청인)는 등기촉탁에 사용될 수 있는 등록세(교육세 포함)를 납부하고, 그 영수필통지서를 신청서와 함께 제출하여야 한다. 등록세는 채권액을 기준으로 1,000분의2(교육세는 등록세의 100분의20)에 해당하는 금액을 부동산의 소재지를 관할하는 시·군·구청에 납부한다.

  등록세를 납부하여야 할 지방자치단체를 예시하면 자동차는 등록지(등록지와 사용본거지가 다른 때에는 사용본거지), 선박은 선적항 소재지, 건설기계는 등록지, 항공기는 항공기의 정치장(定置場), 상표·서비스표는 주사무소 소재지를 관할하는 곳이 된다.

*등록세(교육세 포함)는 지방세 납부 홈페이지인 위택스에서 계좌이체 또는 신용카드로 납부할 수도 있다.

* 부동산에 대한 가압류나 가처분을 신청할 때에 채무자의 주소지와 등기부상 주소지가 다른 때에는 등기부상의 주소도 적어주어야 한다.

* 부동산목록은 부동산등기사항전부증명서의 표제부에 표시된 내용과 동일한 방법으로 작성한다.

[채권 가압류신청서]

채 권 가압류신청

채권자   성명
　　　　　　주소
　　　　　　전화번호
채무자   성명
　　　　　　주소
제3채무자   성명 주식회사 ○○○○(대표이사 ○○○)
　　　　　　주소

청구채권의 표시 : 돈 20,000,000원(대여금)
가압류할 채권의 표시 : 별지 목록과 같음

신 청 취 지

1. 채무자의 제3채무자에 대한 별지 목록 기재 채권을 가압류한다.
2. 제3채무자는 채무자에게 위 채무에 관한 지급을 하여서는 아니 된다.
3. 채무자는 위 채권을 처분하거나 영수를 하여서는 아니 된다.
라는 재판을 구합니다.

신 청 원 인

1. 채권자는 채무자에게 2023. 1. 1. 돈 20,000,000원을 대여한 사실이 있고, 그 지급기는 2024. 1. 1. 자로 약정하였습니다.

2. 그런데 채무자는 위 지급기가 지났음에도 채무를 변제하지 아니하므로, 채권자는 채무자를 상대로 대여금청구의 소를 제기하기 위하여 준비하고 있습니다.

3. 채무자는 제3채무자가 경영하는 위 주식회사 ○○○○ 내의 총무과에 대리의 직으로 재직 중이며, 만약 채무자가 위 회사를 퇴직하는 경우에는 채권자가 위 소송에서 승소확정판결을 받더라도 청구채권의 집행이 불가능하거나 매우 곤란할 것으로 예상 되는데, 채무자는 위 회사를 그만두고 미국으로 이민할 생각을 갖고 있다는 소문이 있습니다. 따라서 급히 가압류집행을 할 필요가 있다고 판단하여 이 신청을 하게 되었습니다.

4. 채권자는 하루하루 일용노동에 종사하여 생계를 꾸리고 있는 형편이라서 현금을 동원 할 능력이 되지 못하는 사정에 있음을 감안하시어 담보의 제공에 관하여는 보증보험 회사와 체결한 지급보증위탁계약체결문서로 제공할 수 있도록 허가하여 주시기 바랍 니다.

소　명　방　법

1. 소갑 제1호증 지불각서
1. 소갑 제2호증 내용증명우편(대여금지급청구서)
1. 소갑 제3호증 재직증명서
1. 소갑 제4호증 법인등기부등본

첨　부　서　류

1. 위 소갑호증 각 1통.
1. 가압류할 채권 목록 5통.
1. 가압류신청진술서 1통.
1. 송달료납부서 1통.

2025. 1. 1.

위 채권자 김 ○ ○(인)

○○지방법원 귀중

(별지)

가압류할 채권 목록

돈 20,000,000원

채무자가 제3채무자로부터 매월 수령하는 급료(기본급 및 제수당) 및 매년 6월과 12월
에 수령하는 기말수당(상여금) 중 제세공과금을 뺀 잔액의 2분의 1씩 위 청구금액에
이를 때까지의 금액. 단, 위 금액에 이르지 아니한 사이에 채무자가 퇴직한 때에는
퇴직금 중 제세공과금을 뺀 잔액의 2분의 1로써 위 청구금액에 이를 때까지의 금액

---

* 인지는 10,000원짜리를 붙인다.
* 송달료는 당사자의 수(3) × 3회분 × 5,200원에 해당하는 금액을 예납한다.
* 임금에 대한 압류는 제세공과금을 제외하고 남은 것의 절반을 초과하여 압류할 수 없다
  (압류금지채권). 다만, 그 2분의 1이 월 300만원을 초과하는 때에는 초과하여 압류할 수
  있다(압류금지채권 부분 참고).
* 임금을 압류할 때에는 채무자가 대형회사 등에 근무하는 경우에는 그의 소속까지 밝혀주

는 것이 일반적이다.

* 가압류명령을 발한 법원은 채권자에게 담보공탁을 명하며, 채권자가 공탁서를 법원에 제출하면 법원사무관등이 제3채무자와 채무자에게 가압류결정 정본을 송달함으로써 채권가압류의 집행은 종료된다.

[자동차 가압류신청서)

자 동 차 가 압 류 신 청

채권자   성명 ○ ○ ○(-   )
          주소
          전화번호
채무자   성명 ○ ○ ○(-   )
          주소

청구채권의 표시 : 돈 50,000,000원(위약금)
가압류할 자동차의 표시 : 별지 자동차등록원부의 표제부와 같음

신 청 취 지

채권자의 채무자에 대한 위 청구채권의 집행보전을 위하여 채무자 소유의 별지 자동차등록원부의 표제부에 기재된 자동차를 가압류한다.
라는 재판을 구합니다.

신 청 원 인

1. 채권자는 채무자에 대하여 별지 매매계약서에 터 잡은 위약금의 청구채권을 가지고 있습니다.

2. 채권자는 채무자에 대하여 위약금의 변제를 이행할 것을 여러 차례에 걸쳐 독촉한 사실이 있으나, 채무자는 정당한 이유 없이 이를 이행하지 않고 있습니다.

3. 따라서 채권자는 채무자를 상대로 위약금청구의 소를 제기하고자 준비를 하고 있는데, 채무자에게는 다른 재산이 발견되지 아니하므로, 위 자동차마저 처분해버리는 때에는 채권자가 본안소송에서 승소확정판결을 받더라도 그 집행이 불가능하거나 매우 곤란할 것으로 예상됩니다. 따라서 이 신청에 이르게 되었습니다.

소 명 방 법

1. 소갑 제1호증 매매계약서
1. 소갑 제2호증 자동차등록원부

첨 부 서 류

1. 위 소갑호증 각 1통.
1. 자동차등록원부의 표제부 사본 5통.
1. 가압류신청진술서 1통.
1. 등록세영수필통지서 1통.
1. 송달료납부서 1통.

2025. 1. 1.

위 채권자 ○ ○ ○(인)

○○지방법원 귀중

* 송달료는 당사자의 수 × 3회분 × 5,200원에 해당하는 금액을 법원 구내에 있는 은행지점(또는 출장소)에 예납하고, 그 영수증인 송달료납부서를 신청서에 첨부한다. 송달료를 납부하는 모든 신청서에는 이 영수증을 붙여야 한다.
* 자동차에 대한 가압류나 가처분은 그 명령을 발령한 법원의 법원사무관등이 자동차등록부에 등록하도록 촉탁을 함으로써 집행하게 된다. 따라서 채권자는 이 신청서에 등록세(교육세 포함)를 납부하고, 그 영수증인 등록세영수필통지서를 이 신청서와 함께 법원에 제출하여야 한다.
* 등록세는 시청·구청(특별시·광역시의 경우)·군청에 납부하여야 한다. 등록세는 채권자의 청구금액을 기준으로 1,000분의2에 해당하는 금액이며, 교육세는 등록세액을 기준으로 그에 대한 20%에 해당하는 금액을 한꺼번에 납부한다. 납부할 세액이 3,000원에 미달하는 때에는 3천 원을 납부한다.
* 부동산이나 자동차에 대한 가압류·압류·가처분을 할 때에는 신청서에 목록을 첨부하여 제출하여야 하는데, 자동차의 경우에는 자동차등록원부의 표제부를 복사하여 이를 대체할 수 있다. 그리고, 건설기계는 건설기계등록원부의 갑구를, 선박은 선박원부등본 또는 어선원부등본의 앞쪽을, 동력수상레져기구의 경우에는 동력수상레저기구등록부등본의 앞쪽을 각 복사하여 제출하면 된다.

(각종 가압류 대상 채권의 표시방법)

(임금채권)

청구금액 돈   원

채무자가 제3채무자로부터 매월 지급받는 임금 및 제수당 중 근로소득세 등 제세공과금을 공제한 실수령액의 2분의 1씩 위 청구채권에 이를 때까지의 금액. 단, 퇴직할 경우에는 제세공과금을 공제한 그 퇴직금의 2분의 1에 해당하는 금액 중 위 청구채권에 이를 때까지의 금액

(배당요구채권)

청구금액 돈   원

채무자가 제3채무자의 부동산에 대한 서울중앙지방법원 2025타경○○○호 부동산강제경매사건의 매각대금 중에서 수령할 배당요구채권 중 위 청구채권

(임대차보증금반환청구채권)

청구금액 돈   원

채무자와 제3채무자가 별지 부동산 목록에 적은 건물에 대한 임대차계약을 해지할 경우(또는 임대차기간이 만료될 경우) 채무자의 임대차보증금반환청구채권 중 위 청구금액

(공사대금청구채권)

청구금액 돈   원

서울 강남구 ○○동 321-12 ○○아파트 신축공사 중 철근콘크리트공사 등에 관하여 2025. 1. 1. 채무자와 제3채무자 주식회사 ○○건설 사이에 공사비 돈 100,000,000원으로 정하여 체결한 공사도급계약상 채무자의 제3채무자에 대한 공사비청구채권 중 위 청구금액

(예금반환청구채권)

청구금액 돈   원

채무자가 제3채무자에 대하여 갖는 돈 100,000,000원의 예금반환청구채권 중 위 청구금액에 달할 때까지 채무자의 계좌에 입금되는 예금채권액(계좌번호 : 국민은행 역삼동 지점 000-00-00000, 예금주 홍길동)

(약속어음금청구채권)

청구금액 돈　　　　　　원
채무자가 제3채무자에 대하여 갖는 아래 표시의 약속어음금청구채권

아　　　　　래

약속어음의 표시

　발행인 홍길동
　액면금 돈 10,000,000원
　지급일 2024. 11. 11.
　지급지 서울특별시

(토지수용보상금청구채권)

청구금액 돈　　　　　원
제3채무자가 안성시 공도면 ○○길 123-12 일대 도로공사를 시행함에 있어, 도로에 편입되는 상용도로 부분을 협의수용을 하면서 채무자 소유의 위 같은 리 123-13 대 320㎡의 수용토지에 대한 협의보상금으로 채무자가 제3채무자로부터 지급받을 돈 100,000,000원의 청구채권 중 위 청구금액

(각종 가압류의 목적물 목록의 표시방법)

(전세권)

청구금액 돈   원

가압류할 전세권의 표시

별지 목록 기재와 같음

(별지목록)

가압류할 채권의 표시

돈 60,000,000원

채무자가 아래에 기재한 부동산에 대하여 ○○지방법원 ○○등기소 2015. 5. 6. 접수
제○○호로 등기한 전세권

부동산목록

1. ○○시 ○○동 ○○○-○○
   공장용지 1200.3㎡
2. 위 지상
   철근콘크리트조 슬래브지붕 단층 공장
   525.12㎡

(특허권)

청구금액 돈　　　　　　원

가압류할 특허권의 표시

별지 목록 기재와 같음

(특허권목록)

가압류할 특허권

특허권 등록번호　제○○○○○호

고안의 명칭　　　○○○○기계의 제조장치

출원 연원일　　　1995. 2. 3.

공고 연월일　　　1995. 6. 3.

출원공고번호　　　1995. 제○○○○○호

사정 연월일　　　1996. 4. 4.

등록 연월일　　　1996. 7. 7.

등록 권리자　　　주식회사 ○○○○

* 특허권을 비롯한 지식재산권(실용신안권, 디자인권, 상표권 등)의 집행은 집행법원의 촉
탁에 의하여 등록을 하게 된다.

(근저당권부채권)

청구금액 돈   원

가압류할 채권 및 저당부동산의 표시

별지 목록 기재와 같음

(별지목록)

가압류할 채권의 표시

채무자가 제3채무자에 대하여 갖는 아래 목록에 적은 부동산에 대한 2024. 5.
5. 서울중앙지방법원 접수 제○○○○호 채권최고액 돈 50,000,000원, 채무자
○○○으로 등기를 마친 근저당권설정등기에 터 잡은 피담보채권

부동산의 표시

1. 서울 ○○구 ○○로 222-22
   대 911㎡
2. 위 지상
   벽돌조 시멘트 기와지붕 단층 주택
   402.33㎡

(선박)

청구금액 돈   원

가압류할 선박의 표시

선박의 종류 및 명칭	기선 제○○○○호
선적항	인천항
선질	강
총톤수	150톤
순톤수	103톤
기관의 종류 및 수	디젤발동기 2기
추진기의 종류 및 수	나선추진기 2기
진수 연월일	2011. 7. 7.
선박의 정박항	인천항
소유자	○○○해운 주식회사

(자동차)

가압류할 자동차의 표시

자동차명	고속버스
자동차등록번호	○○나○○○○
형식	○-○○○○-○○○-○○○
차대번호	KLBUD22SHNP○○○○○
사용의 본거지	서울 ○○구 ○○길 ○○○-○○
원동기의 형식	D○○○○
소유자	주식회사 ○○○○

* 자동차의 경우에는 자동차등록원부의 갑구를 사본하여 제출함으로써 목록에 대체할 수도
있다. 건설기계의 경우에도 마찬가지이다.

(건설기계)

가압류할 건설기계의 표시

건설기계등록번호	서울○○-○○○○호
건설기계명	굴삭기
형식	SE○○
규격	4.3톤
건설기계차대일련번호	○○S○○○○
원동기명 및 형식	○○TL-DB(○○○○○)
등록일자	2012. 10. 10.
사용본거지	서울 ○○구 ○○동
소유자	○○○

[채권자의 각종 채권 표시방법]

(대여금)

피보전권리의 표시(또는 신청채권의 표시)

채권자가 채무자에 대하여 갖는 대여금반환청구채권

(구상금)

피보전권리의 표시

채권자가 채무자에게 갖는 구상금청구채권

(계약금 및 위약금)

피보전권리의 표시

채권자와 채무자 사이에 2024. 5. 31. 체결한 부동산임대차계약에 의하여 채권자가 채무자에게 계약금으로 지급한 돈 5,000,000원 및 위 계약에 의하여 채권자가 채무자에 대하여 갖는 위약금 돈 5,000,000원의 청구채권을 합한 금액

(부당이득금)

피보전권리의 표시

서울북부지방법원 2024타경○○○○호 부동산강제경매신청사건의 매각대금 중 채무자가 배당금으로 수령하여 생긴 부당이득금반환청구채권

(약속어음금)

피보전권리의 표시

발행일 2024. 7. 30, 지급일 2024. 9. 30, 액면금 30,000,000원, 어음번호 제○○○○○, 발행인 주식회사 ○○○건설, 수취인 홍길동으로 적힌 약속어음금청구채권

(대여금)

피보전권리의 표시

2023. 8. 8. 채권자와 채무자 사이에 이자 월 1.5%, 변제기 2024. 9. 30.로 약정한 대여금반환청구채권

(임대차보증금)

피보전권리의 표시

2022. 9. 30. 서울 ○○구 ○○길 ○○○-○에 있는 2층 점포 95㎡에 대하여 채권자와 채무자 사이에 체결한 임대차계약의 만료(만료일 : 2024. 9. 30.)로 인한 임대차보증금반환청구채권

다. 담보의 제공과 그 방식

채권자가 법원에 가압류신청서를 제출하면 법원은 가압류명령을 발하기 전에 채권자에게 담보를 제공하도록 요구한다. 담보를 제공하게 하는 이유는 채권자의 무모한 가압류의 집행으로 인하여 채무자가 입게 될 수도 있는 손해에 대비하기 위한 것이다.

가압류의 명령절차와 가압류의 집행절차는 신속을 요하는 절차이므로, 법원은 채권자가 미리 은행이나 보증보험회사와 지급보증위탁계약을 체결하고, 그 계약체결문서(일명 '보증보험증권')를 가압류신청서와 함께 제출하면 담보를 제공한 것으로 인정하여 가압류명령을 발하는 것이 실무상의 관행이다.

담보의 제공과 방식에 관하여 재판예규 제1787호가 규정하고 있는 내용은 다음과 같다.

지급 보증위탁계약체결문서의 제출에 의한 담보제공과 관련한 사무처리 요령 「재판예규 제1231호」

채권자가 부동산·자동차·건설기계 또는 금전채권에 대한 가압류신청을 하는 경우에 이 예규가 적용되며, 급여채권과 영업자예금채권을 가압류할 때에는 지급보증위탁계약체결문서를 미리 제출하는 방식으로 가압류신청을 할 수 없다. 위 문서는 각 채권자별, 각 채무자별로 작성되어야 하며, 가압류신청서에는 허가신청의 의사표시를 기재하여야 한다(예 : 담보제공은 공탁보증보험증권(○○보험 주식회사, 증권번호 제○○○-○○○-○○○호)을 제출하는 방법에 의할 수 있도록 허가하여 주시기 바랍니다.).

보증금액은 다음과 같다.
1. 부동산·자동차·건설기계에 대한 가압류 신청사건 : 청구금액(원금만을 기

준으로 하고, 이자·지연손해금 등은 포함하지 않는다)의 10분의 1(10,000
원 미만은 버린다. 이하 같다.)

2. 금전채권에 대한 가압류 신청사건 : 청구금액의 5분의 2(다만, 법원이 지역
   사정 등을 고려하여 별도의 기준을 정한 경우에는 그 금액)

(가압류채권자가 제공할 담보의 기준표)

가압류의 목적물	청구채권 대비 담보비율	담보제공 방법
부동산	10분의 1	보증보험증권(금융기관 또는 보증보험회사와 체결한 지급보증위탁계약서)
자동차·건설기계	10분의 1	보증보험증권 또는 현금
유체동산	10분의 8	10분의 4는 현금
채권 및 그 밖의 재산권	10분의 4	임금 및 영업자의 예금의 경우 10분의 2는 현금

라. 가압류신청의 효과(소멸시효의 중단)

「민법」 제168조에서 가압류를 채권의 소멸시효 중단사유로 정하고 있는 것은 가압
류에 의하여 채권자가 권리를 행사하였다고 평가할 수 있기 때문이다.

가압류에 의한 집행보전의 효력이 존속하는 동안에는 가압류채권자에 의한 권리행
사가 계속되고 있다고 보아야 하므로, 가압류에 의한 시효중단의 효력은 가압류의
집행보전의 효력이 존속하는 동안에는 계속된다.

민법 제168조에서 가압류와 재판상의 청구를 별도의 시효중단사유로 규정하고 있음에
비추어 보면 가압류의 피보전채권에 관하여 본안의 승소판결이 확정되었다고 하더라도
가압류에 의한 시효중단의 효력이 이에 흡수되어 소멸된다고 할 수 없다(대법원 2000

다11102 판결)

사망한 사람을 피신청인으로 한 가압류신청은 부적법하고 그 신청에 따른 가압류결정
이 내려졌다고 하여도 그 결정은 당연 무효로서 그 효력이 상속인에게 미치지 않으며,
이러한 당연 무효의 가압류는 민법 제168조 제1호에 정한 소멸시효의 중단사유에 해당
하지 않는다(대법원 2006. 8. 24. 선고 2004다26287,26294).

5. 법원의 심리(審理) 및 재판

가. 심리절차

가압류의 신청서에는 「민사소송법」의 소장에 관한 규정이 준용된다. 따라서 가압류
신청서를 접수한 법원은 심리에 앞서 신청서의 형식적인 적법 여부를 심사한다. 신청
서에 흠이 있는 때에는 상당한 기간을 정하여 보정을 명하고, 채권자가 위 보정기간
안에 흠을 보정하지 않거나 보정할 수 없는 경우에는 신청서를 명령으로 각하한다.

신청서에 흠이 없거나 흠을 보정한 경우에는 피보전권리 및 보전의 필요성이 적절
한지 등 실체적인 사항을 심리한다. 심리 과정에서 관할위반이 발견되면 관할권이 있
는 법원으로 이송하여야 하지만, 법원의 실무관행은 채권자로 하여금 신청을 취하한
다음 관할법원에 다시 신청서를 제출하도록 권하고 있다. 신속성과 밀행성을 고려한
조치이다.

가압류신청에 대한 재판은 변론 없이 할 수 있다. 다만, 가압류에 대한 이의의 재
판, 담보제공이나 사정변경을 이유로 하는 가압류취소의 재판은 반드시 변론을 열어야
한다.

가압류신청에 대한 재판절차는 증거조사방법을 즉시 조사할 수 있는 것으로 제한하는 외에는 그 성질에 반하지 아니하는 한 원칙적으로 「민사소송법」 제134조 이하의 규정들이 준용된다(법 제23조제1항). 따라서 변론기일의 지정, 변론의 병합 및 분리, 처분권주의, 청구의 인낙·포기, 재판상 자백, 재판상 화해 및 변론조서에 관하여는 통상의 민사소송절차에 관한 규정들을 가압류의 재판절차에 준용한다고 해석된다.

청구채권이나 가압류의 이유를 소명하지 아니한 때에도 가압류로 인하여 생길 수 있는 채무자의 손해에 대하여 법원이 정한 담보를 제공한 때에는 법원은 가압류를 명할 수 있다. 이 담보를 '소명의 대용'이라고 하는데, 이는 보전소송의 신속성을 고려하여 소명이 곤란할 경우에 그 소명을 하고자 하는 자가 주장의 진실성을 담보하기 위하여 국가에 대한 보증을 제출하게 한 것이다. 따라서 이는 보전처분으로 인하여 채무자가 입게 될 수도 있는 손해를 담보하기 위한 이른바 '손해담보를 위한 보증'과는 그 성질을 달리한다. 이 담보의 피공탁자는 국가이고, 보증금을 공탁한 채권자 또는 그의 법정대리인이 거짓의 진술을 한 때에는 법원은 결정으로 보증금을 몰취한다.

청구채권과 가압류의 이유를 소명한 때에도 법원은 담보를 제공하게 하고 가압류를 명할 수 있다. 담보를 제공한 때에는 그 담보의 제공과 담보제공의 방법을 가압류명령에 적어야 한다(법 제280조). 채무자에게도 그 뜻을 알려야 하기 때문이다.

법관이 진실에 대한 고도의 개연성에 이르는 확신을 갖게 하는 것을 '증명'이라고 함에 비하여 '소명'은 그보다는 낮은 개연성, 즉 법관이 일응 확실할 것이라는 추측을 하게 하는 정도를 말한다.

소명의 방법은 즉시 조사할 수 있는 증거에 의함이 원칙이다. 소명을 위하여 서증신청이나 증인신문신청을 할 수는 없지만, 증인의 진술서를 미리 작성하여 제출하는 것은 허용될 수 있을 것이다.

소명의 대상은 피보전권리의 존재 및 보전의 필요성에 관한 것이다. 법원의 직권조사사항인 소송요건(관할, 당사자능력, 대리권 등)은 증명의 대상이다.

변론과는 다른 절차로는 심문이 있다. 법원이 서면심리만으로는 소명자료가 부족하다고 느끼거나 채권자의 주장이 분명하지 아니하여 이를 명확히 할 필요가 있을 때에는 채권자로 하여금 주장을 정리하고, 소명자료를 보충하도록 한다. 경우에 따라서는 이해관계인이나 참고인의 진술을 듣기도 하는데, 이러한 절차를 심문절차라고 한다.

심문은 일정한 방식이 정해진 것은 없으므로, 서면이나 말로 진행하며, 일반적으로 공개를 할 필요도 없다. 그리고 당사자를 대석(對席)하게 할 필요도 없다. 그러나 심문기일에는 반드시 조서를 작성하여야 한다.

심문은 변론에 관한 규정들을 준용하지 않는다. 따라서 심문절차가 종결된 뒤에도 결정이 있기 전에는 소명자료를 제출할 수 있고, 신청취지와 신청원인을 변경하는 것도 가능하다.

나. 가압류명령의 재판

가압류신청이 당사자능력, 소송능력, 당사자적격 등 소송요건을 갖추지 못한 때 또는 법원이 명한 담보를 제공하지 아니한 때에는 신청각하결정을 하고, 가압류신청이 피보전권리나 보전의 필요성을 소명하지 아니한 경우에는 신청기각결정을 한다.

피보전권리의 일부가 이유 없는 경우에는 일부기각의 재판을 한다. 가령 청구채권이 여러 개인 가압류신청사건에서 일부채권에 대하여는 인용을 하고, 나머지 일부채권에 대하여는 기각결정을 하는 경우이다. 이때에는 인용하는 채권의 금액만을 결정에 표시하고, 나머지 신청을 기각한다는 주문을 낸다.

가압류신청을 인용하는 재판은 결정으로 한다. 담보를 제공하게 하는 재판과 가압류신청을 기각하거나 각하하는 재판은 채권자(신청인)에게는 알리지만, 채무자에게는 고지할 필요가 없다.

가압류의 명령에는 가압류의 집행을 정지시키거나 이미 집행한 가압류를 취소시키기 위하여 채무자가 공탁할 금액을 적어야 한다. 이를 '가압류해방공탁금'이라고 한다.

가압류명령의 절차를 요약하면, ① 채권자의 가압류신청서 제출 → ② 법원의 채권자에 대한 담보제공명령 → ③ 채권자의 담보제공 → ④ 법원의 가압류명령 → ⑤ 법원 또는 채권자의 가압류의 집행이 그 순서로 된다.

위의 절차 중 ①과 ③의 절차는 일반적으로 동시에 이루어진다. ⑤의 단계는 부동산 · 건설기계 · 자동차 · 선박 · 항공기 · 공업소유권(특허권, 실용신안권, 디자인권, 상표권 등)과 같이 등기나 등록으로 공시되는 대상물에 대한 집행은 가압류결정을 한 법원의 사무관등이 등기 또는 등록을 촉탁함으로써 가압류를 집행한다. 따라서 채권자는 이러한 물건이나 권리를 대상으로 가압류신청서를 제출할 때에는 등기나 등록에 필요한 비용을 미리 납부하고, 그 영수증서 등을 가압류신청서에 첨부하여 제출하여야 한다.

그러나 그 목적물이 유체동산인 경우에는 법원으로부터 송달 받은 가압류결정을 채권자가 집행관에게 제출하면서 집행을 위임하여 집행한다. 가압류의 집행절차에 관하여는 뒤에서 자세히 살피기로 한다.

앞에서 살핀 바와 같이 가압류의 결정절차와 가압류의 집행절차가 엄격히 구분되는 경우는 유체동산에 대한 가압류절차뿐이라는 것을 알 수 있다. 부동산, 준부동산 및 채권에 대한 가압류절차에서는 위 두 개의 절차를 명확히 구별하는 것이 쉽지 아니함을 보았다. 이들 절차는 가압류의 명령절차와 집행절차를 모두 법원이 담당하기 때문이다.

그렇지만, 이들 결정(명령)절차와 집행절차를 구별할 실익은 뒤에서 검토하게 될 불복절차 및 취소절차 등에서 나타난다.

다. 가압류해방공탁금 및 담보제공명령

가압류신청에 대한 재판은 변론 없이 할 수 있다(법 제280조). 신속한 절차를 위하여 거의 모든 가압류신청에 대한 재판은 변론 없이 진행하고 있는 것이 실무의 관행이다.

실무상 모든 가압류신청사건에서는 담보제공을 명하고, 담보가 제공되는 즉시 가압류명령을 한다. 채권자가 이 담보를 제공하는 방법 등에 관하여는 앞에서 검토하였다. 이 담보는 가압류의 집행으로 인하여 채무자가 입게 될 수도 있는 손해를 담보하는 것이므로, 채무자는 이 담보에 관하여 질권자와 같은 권리를 갖는다. 담보액의 결정은 소명의 정도, 채무자가 입게 될 예상손해액, 채권자의 자력(資力) 등 여러 사정을 고려하여 법원이 재량으로 정한다.

가압류의 명령에는 가압류의 집행을 정지시키거나 이미 집행한 가압류를 취소시키기 위하여 채무자가 법원에 공탁할 해방공탁금의 금액을 적는다. 이 공탁금은 가압류의 집행에 의하여 불측의 일격을 받을 수도 있는 채무자의 재산권행사를 보장하고자 하는 것이므로, 채무자가 반드시 가압류해방금을 공탁하여야 하는 것은 아니다. 그러나 채무자가 집행된 가압류명령을 정지 또는 취소되게 하기 위해서는 반드시 법원이 정한 금액을 공탁하여야 한다. 제3자가 채무자를 대신하여 공탁하는 것도 허용되지 않는다. 그리고 이 공탁금은 반드시 현금으로만 제공되어야 한다.

채무자는 이 가압류해방금을 일부만 공탁하고 가압류명령 중 일부만의 취소를 구할 수는 없고, 법원도 해방금 전액이 공탁되면 반드시 가압류명령을 전부 취소하여야 한다. 채무자가 채권자에게 담보를 제공한 것과 마찬가지이기 때문이다.

> 가압류집행의 목적물에 갈음하여 가압류해방금이 공탁된 경우에 그 가압류의 효력은 공탁금 자체가 아니라 공탁자인 채무자의 공탁금회수청구권에 대하여 미치는 것이므로, 채무자의 다른 채권자가 가압류해방공탁금 회수청구권에 대하여 압류명령을 받은 경우에는 가압류채권자의 가압류와 다른 채권자의 압류는 그 집행대상이 같아 서로 경합[10]하게 된다(대법원 95마252).
>
> 가압류해방금액은 채무자가 입을 수 있는 손해를 담보하는 취지의 이른바 소송상의 담보와는 달리 가압류의 목적물에 갈음하는 것으로서 금전에 의한 공탁만이 허용되고, 유가증권에 의한 공탁은 그 유가증권이 실질적 통용가치가 있는 것이라

고 하더라도 허용되지 않는다(대법원 96마162).

라. 가압류명령의 효력

가압류명령의 효력은 재판이 고지된 때에 발생함이 원칙이다. 가압류명령이 채무자에게 송달되기 전에 집행을 하는 경우에는 그 집행을 착수한 때에 비로소 채무자가 가압류명령이 발령된 사실을 알게 될 것이므로, 그 때에 효력이 생긴다고 해석하여야 할 것이다.

가압류명령에 대하여 경정결정이 있는 경우에도 최초의 결정 당시에 소급하여 효력이 생기는 것이 원칙이다. 다만, 채권에 대한 가압류결정의 경우에는 제3채무자가 채권가압류결정을 송달받은 때에 비로소 가압류의 집행사실을 알게 되는 것이므로, 이 경우에도 경정결정의 효력을 소급시켜 인정한다면 제3자의 지위에 있는 제3채무자에게는 가혹한 결과를 초래할 수도 있다. 따라서 제3채무자에 대하여는 경정결정이 송달된 때에 가압류의 효력이 생기는 것으로 해석하는 것이 대법원의 입장이다(대법원 2003다29937 판결 참조).

가압류신청에 대하여 법원이 기각이나 각하결정을 하면 채권자가 즉시항고를 할 수 있고, 인용결정에 대하여는 채무자가 이의신청을 할 수 있다. 이와 같은 즉시항고 또는 이의신청이 없는 한 가압류명령을 발령한 법원은 스스로 가압류명령을 취소 또는 철회할 수 없다. 이를 '구속력'이라고 한다.

가압류명령은 채권자에게 고지되면 확정되기 전일지라도 즉시 집행력을 갖는다. 따라서 당사자의 승계가 없는 한 집행문 없이 집행에 착수할 수 있다.

---

10) 경합(競合) : 일반적으로 물권(物權)인 근저당권, 전세권, 지상권, 질권 등은 그 권리의 취득 시기에 따라 선후(先後)가 정해진다. 그러나 채권은 원칙적으로 선후가 없으므로, 복수의 압류·가압류가 집행되면 경합하게 된다. 서로 경합하는 채권자는 훗날 배당절차에 참가할 수 있다.

6. 가압류 결정에 대한 불복(不服)

가. 채권자가 하는 즉시항고

가압류를 기각 또는 각하하는 결정에 대하여 채권자는 즉시항고[11]를 할 수 있다(법 제281조). 이 즉시항고는 「민사소송법」의 즉시항고를 준용한다. 따라서 재항고도 가능하다.

여기에서는 기각과 각하를 구별하고 있지만, 이 결정에는 기판력(旣判力)[12]이 인정되지 아니하므로, 이들을 구별할 실익은 없다. 기각과 각하의 결정은 채무자에게는 통지하지 않는다.

아래의 판례에서 취급하고 있는 즉시항고는 채권자의 가압류신청을 인용한 결정에 대하여 채무자가 이의신청을 하고, 그 이의신청에 관하여 한 재판에 불복하는 채권자(가압류신청인)가 제기한 즉시항고이다.

> 가압류이의신청에 대한 재판은 집행절차에 관한 집행법원의 재판에 해당하지 아니하므로, 그에 대한 즉시항고에는 민사집행법 제15조가 적용되지 않고, 민사소송법의 즉시항고에 관한 규정이 적용된다.
>
> 민사소송법상 항고법원의 소송절차에는 항소에 관한 규정이 준용되는데, 민사소송법은 항소이유서의 제출기한에 관한 규정을 두고 있지 아니하므로, 가압류이의신청에 대한 재판의 항고인이 즉시항고이유서를 제출하지 아니하였다거나 그 이유를 적어내지 아니하였다는 이유로 그 즉시항고를 각하할 수는 없다(대법원 2008마145).

---

11) 즉시항고(卽時抗告) : 즉시항고는 결정을 고지 받은 때부터 7일 이내에 제기하여야 한다.
12) 기판력(旣判力) : 기판력은 일단 판결이 확정된 다음에는 같은 사건으로 다시 판결을 받거나 판결을 번복하지 못하는 효력을 말한다.

나. 채무자가 하는 이의신청

채무자는 가압류결정에 대하여 이의신청을 할 수 있다. 이의신청에는 가압류의 취소나 변경을 구하는 이유를 밝혀야 한다. 이의신청은 가압류의 집행을 정지하지 아니한다(법 제283조). 채무자에게는 즉시항고를 허용하지 않는다.

이의신청에는 기간의 제한은 없다. 그러나 가압류집행이 본집행으로 이행(移行)된 후에는 이의신청에 의하여 가압류집행 자체의 취소를 구할 실익이 없다. 가압류집행은 본집행(본안판결에 터 잡은 집행)에 흡수되어 그 효력이 없어지기 때문이다.

이의신청이 있으면 법원은 변론기일 또는 당사자 쌍방이 참여할 수 있는 심문기일을 정하고, 이를 당사자에게 통지하여야 한다. 이의신청에 대한 재판은 결정으로 한다. 이 결정에는 이유를 적어야 한다. 다만, 변론을 거치지 아니한 경우에는 이의의 요지만을 적을 수 있다.

법원은 이 결정으로 가압류의 전부나 일부를 인가·변경 또는 취소할 수 있다. 이 경우에는 적당한 담보를 제공하도록 명할 수 있다.

법원이 가압류결정을 취소하는 결정을 하는 때에는 채권자가 그 고지를 받은 날부터 2주를 넘지 아니하는 범위 내에서 상당하다고 인정하는 기간이 경과하여야 그 결정의 효력이 생긴다는 뜻을 선언할 수 있다. 이의신청에 대한 결정에 대하여는 채권자가 즉시항고를 할 수 있다. 그러나 이 즉시항고에는 「민사소송법」 제447조를 준용하지 않는다(법 제286조). 즉, 이 즉시항고에는 집행정지의 효력이 없다. 따라서 채권자가 즉시항고를 할 때에는 가압류결정의 효력정지신청 또는 취소신청을 하여야 할 것이다. 이를 위하여 2주 이내의 효력발생 유예기간을 주는 것이다.

제3자는 이의신청이나 즉시항고를 하지 못한다. 다만, 제3자이의의 소[13]를 제기하는 것은 가능하다.

법원은 가압류이의신청사건에 관하여 현저한 손해 또는 지연을 피하기 위한 필요가

---

13) 제3자이의의 소 : 제3자이의의 소는 소유권을 가지거나 목적물의 양도나 인도(引渡)를 막을 수 있는 권리를 가진 제3자(채권자와 채무자 아닌 자)가 제기하는 소(訴)를 말한다.

있는 때에는 직권으로 또는 당사자의 신청에 따라 결정으로 그 가압류사건의 관할권이 있는 다른 법원으로 이송할 수 있다. 다만, 그 법원이 심급(審級)을 달리하는 경우에는 그러하지 아니하다(법 제284조). 이 규정의 취지는 가압류결정을 한 법원이 그 결정을 스스로 뒤집는 것이 곤란한 경우에 대비한 것으로 해석된다. 본안사건이 계속되고 있는 법원이 있는 경우에 그 본안법원으로 이송할 수 있는 길을 열어둔 것으로도 해석할 수 있을 것이다.

관할 및 이송과 관련하여 사족을 달자면, 「민사집행법」상의 모든 관할은 전속관할[14]이기 때문에 관할위반임이 밝혀지면 반드시 관할권이 있는 법원으로 이송을 하여야 한다. 그러나 본안사건이 계속중인 이유로 보전처분의 관할법원이 된 경우에서 본안사건이 이송되었다고 하여 보전처분의 관할권이 소멸하는 것은 아니다.

대법원에 따르면 관할권이 없는 법원이 보전처분을 발령하고, 집행을 했더라도 당사자가 이의를 제기하지 아니한 경우에는 그 보전처분이 당연무효로 되는 것은 아니라고 한다.

[가압류결정에 대한 이의신청서]

가압류결정에 대한 이의신청

신청인   김 ○ ○

(채무자)   주소 :

           전화번호 :

피신청인   박 ○ ○

(채권자)   주소 :

           전화번호 :

---

14) 전속관할(專屬管轄) : 특정 소송사건을 전담하는 법원의 관할

제3채무자   주식회사 ○○○○(대표이사 ○○○)

　　　　　　주사무소 :

위 당사자 사이의 귀원 2023카단○○○○호 채권가압류신청사건에 관하여 채무자는 다음과 같이 이의를 신청합니다.

신 청 취 지

1. 이 사건에 관련한 2023. 9. 9.자 당원의 채권가압류결정(2023카단○○○○호)은 이를 취소한다.
2. 채권자의 위 채권가압류신청은 이를 기각한다.
3. 소송비용은 채권자의 부담으로 한다.
4. 제1항은 가집행할 수 있다.
라는 결정을 구합니다.

신 청 이 유

1. 채권자는 채무자에 대하여 돈 25,000,000원의 채권이 있음을 주장하면서 그 집행보전을 위하여 채무자의 근저당권부채권에 대한 채권가압류명령을 귀원에 신청함으로써, 귀원으로부터 채권가압류명령을 받았습니다.
2. 채권자가 주장하는 위 채권(대여금)은 2023. 5. 5. 채무자가 전액 변제하였습니다. 따라서 위 채권가압류결정은 취소되어야 마땅하므로 이의를 신청합니다.

소　명　방　법

1. 채권압류결정 정본 1통.
1. 영수증 1통
1. 이의신청서 부본 1통.
1. 송달료납부서 1통.

2024. 2. 2.

위 이의신청인(채무자)　김 ○ ○(인)

○○지방법원 귀중

* 인지대는 10,000원을 납부한다.
* 송달료는 당사자의 수 × 8회분 × 5,200원에 해당하는 금액을 예납한다. 인지대와 송달료 모두 가처분결정에 대한 이의신청의 경우에도 같다. 가처분의 경우에는 이 서식에서 '가압류'를 '가처분'으로 바꾸기만 하면 동일하다.
* 가압류나 가처분은 본집행절차가 아니므로, 절차상의 이유는 물론 실체법상의 이유도 모두 이의사유가 된다.

다. 이의신청에 대한 법원의 결정

채무자가 이의신청서를 제출하면 법원은 변론기일 또는 당사자 쌍방이 참여할 수 있는 심문기일을 정하고, 당사자에게 통지하여야 한다.

심리를 종결하고자 할 때에는 상당한 유예기간을 두고 심리를 종결할 기일을 정하여 당사자에게 고지하는 것이 원칙이나, 변론기일 또는 당사자 쌍방이 참여할 수 있는 심문기일에는 즉시 종결할 수 있다(법 제286조제1항·제2항).

법원은 이의신청에 대한 결정을 함에 있어 가압류의 전부나 일부를 인가·변경 또는 취소할 수 있다. 이 경우에는 채무자에게 적당한 담보를 제공하도록 명할 수 있다.

가압류를 취소하는 결정을 하는 경우에는 채권자가 그 고지를 받은 날부터 2주를 넘지 아니하는 범위 안에서 상당하다고 인정하는 기간이 경과하여야 그 결정의 효력이 생긴다는 뜻을 선언할 수 있다(법 제286조제5항·제6항).

라. 가압류취소결정에 대한 효력정지신청

채무자의 이의신청에 대한 재판에서 법원이 가압류취소결정을 한 경우 채권자는 그 결정에 대하여 즉시항고를 할 수 있다. 그러나 이 즉시항고에는 집행정지의 효력이 없다(법 제286조제7항). 따라서 채권자는 즉시항고와 더불어 가압류취소결정의 효력을 정지할 것을 신청할 수 있다(법 제289조).

이 즉시항고는 「민사소송법」을 준용하는 즉시항고이므로, 항고이유서의 제출기간이 없음은 앞에서 살펴보았다. 항고이유서를 반드시 제출하여야 하는 것도 아니다. 이 즉시항고는 재항고가 허용된다는 점도 이미 검토하였다.

7. 가압류결정의 취소

여기에서 말하는 가압류결정의 취소는 가압류결정 자체를 취소하는 것으로써 앞에서 검토한 이의신청에 따른 재판의 일환으로써의 취소와는 그 성질을 달리하는 제도이다.

가. 제소명령(提訴命令)에 불응한 경우

가압류명령을 발령한 법원은 채무자의 신청이 있으면 변론 없이 채권자에게 상당한 기간 이내에 본안의 소를 제기하여 이를 증명하는 서류를 제출하거나 이미 소를 제기하였으면 소송이 계속중인 사실을 증명하는 서류를 제출하도록 명하여야 한다. 이 기간은 2주 이상이어야 한다.

　채권자가 이 기간 안에 해당 서류를 제출하지 아니하는 때에는 법원은 채무자의 신청에 따라 결정으로 가압류를 취소하여야 한다. 채권자가 해당 서류를 제출하였더라도 본안의 소가 취하 또는 각하된 때에는 해당 서류를 제출하지 아니한 것으로 본다. 이 가압류의 취소에는 즉시항고를 할 수는 있으나, 이 즉시항고에는 집행정지의 효력은 없다.

　이 제소명령은 채무자의 다른 채권자가 채권자대위권[15]을 행사하여 대위신청을 할 수 있다는 것이 대법원의 입장이나, 제3자는 신청할 수 없다고 본다(대법원 93마1655 참조). 가압류 목적물의 양수인 등 특정승계인도 제소명령을 신청할 수 있다(대법원 2010마818 참조).

　그리고 대법원은 중재재판[16]절차도 본안소송과 같은 것으로 보았다(대법원 99다50064 참조). 이를 유추해볼 때 제소전화해 및 지급명령절차(독촉절차)도 본안소송으로 해석하여야 할 것이다.

[제소명령신청서]

```
┌─────────────────────────────────────────────────────────────┐
│                                                               │
│                                                               │
│                  제 소 명 령 신 청                            │
│                                                               │
│                                                               │
│   신 청 인(채무자)        성명 ○ ○ ○(        －      )        │
│                           주소                                │
│                           전화번호                            │
│   피신청인(채권자)        성명 ○ ○ ○(        －      )        │
│                                                               │
└─────────────────────────────────────────────────────────────┘
```

---

15) 채권자대위권(債權者代位權) : 채권자대위권이라 함은 채권자가 자기의 채권을 보전하기 위하여 자기의 이름으로 채무자의 권리를 직접 행사하는 권리를 말한다.
16) 중재재판(仲裁裁判) : 중재재판이란 나라 사이의 분쟁을 해결하기 위하여 분쟁 당사국이 선임한 재판관에 의하여 행하는 재판을 말한다.

주소

전화번호

신청취지 및 신청이유

위 당사자 사이의 귀원 2024카단○○○호 부동산가압류신청사건에 관하여 귀원
에서는 2024. ○. ○. 가압류를 집행하였으나, 채권자는 아직도 본안소송을 제기하
지 아니하고 있으므로, 채권자에게 상당한 기간 안에 소를 제기할 것을 명하여
주시기 바랍니다.

첨 부 서 류

1. 부동산등기사항전부증명서 1통.
1. 신청서 부본 1통.
1. 송달료납부서 1통. 끝.

2025. ○. ○.

위 채무자   ○ ○ ○(인)

○○지방법원 귀중

※ 인지대는 10,000원을 납부한다..

※ 송달료는 당사자의 수 × 2회분 × 5,200원에 해당하는 금액을 예납한다.

가 압 류 취 소 신 청

신 청 인(채무자) 성명 ○○○(-   )

주소

전화번호

피신청인(채권자) 성명 ○○○(-   )

주소

전화번호

신 청 취 지

1. 위 당사자 사이의 귀원 2024카단○○○호 부동산가압류신청사건에 관하여 귀원이 2024. ○. ○.자로 명한 가압류결정은 이를 취소한다.

2. 소송비용은 피신청인의 부담으로 한다.

라는 재판을 구합니다.

신 청 이 유

1. 피신청인은 신청인을 상대로 2024. ○. ○. 귀원 2024카단○○○호 부동산가압류결정을 받아 같은 달 ○○. 가압류집행을 마쳤습니다.

2. 그런데, 피신청인이 본안소송을 제기하지 아니하여 신청인이 2025. ○. ○. 귀원에 본안의 제소명령을 신청하였고, 이에 대하여 귀원에서는 같은 달 ○○. 제소명령을 발령하였는바, 피신청인은 위 제소명령에서 정한 기간이 지나도록 본안소송을 제기하지 아니하였습니다. 따라서 위 가압류명령은 이를 취소하여 주시

기 바랍니다.

첨 부 서 류

1. 제소명령 사본 1통.

2. 송달료납부서 1통.

3. 신청서 부본 1통.

2025. ○. ○.

위 신청인(채무자) ○ ○ ○(인)

○○지방법원 귀중

※ 인지대는 10,000원을 납부한다.

※ 송달료는 당사자의 수 × 8회분 × 5,200원에 해당하는 금액을 예납하여야 한다.

나. 사정변경이 있는 경우

「민사집행법」의 관련 규정

제288조(사정변경 등에 따른 가압류의 취소) ① 채무자는 다음 각호의 어느 하나에 해당하는 사유가 있는 경우에는 가압류가 인가된 뒤에도 그 취소를 신청할 수 있다. 제3호에 해당하는 경우에는 이해관계인도 신청할 수 있다.

  1. 가압류이유가 소멸되거나 그 밖에 사정이 바뀐 때

  2. 법원이 정한 담보를 제공한 때

  3. 가압류가 집행된 뒤에 3년간 본안의 소를 제기하지 아니한 때

법 제288조는 가압류의 '취소'라고 표현하였다. 그러나 이는 '철회'의 의미로 해석하여야 할 것이다. 따라서 그 취소에는 소급효가 없다.

위 법률의 규정 중 "가압류가 소멸되거나 그 밖에 사정이 바뀐 때"에 해당하는 사유 중 대법원의 태도를 정리하면 이러하다. 이것이 강제집행절차라면 청구이의사유에 해당하는 변제·상계·소멸시효의 완성 등이 여기에 해당하고, 처음부터 피보전권리가 없거나 가압류의 목적 채권이 존재하지 아니한 사실이 뒤에 밝혀진 경우도 여기에 해당한다.

채권자가 소를 제기한 뒤에 생긴 사유들을 살펴보면, 채권자가 패소확정판결을 받은 경우에는 재심의 소를 제기한 경우에도 사정변경에 의한 가압류의 취소에는 영향이 없다. 그러나 채권자에 대한 패소판결이 아직 확정되기 전이면 그 판결이 상소심에서 뒤집힐 가능성이 없어야 사정변경이 있다고 한다.

여러 개의 피보전권리를 주장하여 보전명령을 얻은 다음에 그 중 일부의 피보전권리에 관하여 채권자가 패소확정판결을 받은 경우에도 사정변경이 있는 것으로 본다. 그러나 채권자의 패소 원인이 장래이행을 청구했거나 조건부권리를 청구했다가 그러한 이유로 기각된 경우, 실체상의 이유가 아닌 소송법상의 이유로 소각하가 된 경우에는 사정변경으로 보지 않는다. 원고 불출석에 의한 소취하간주도 같이 취급된다.

가압류명령에는 가압류의 집행을 정지시키거나 이미 집행한 가압류를 취소시키기 위하여 채무자가 공탁할 금액을 적는다. 이것을 가리켜 해방공탁금이라고 하는데, 이 공탁금은 채권자에게 우선변제권이 인정되지 않는다. 즉 가압류의 효력이 이 공탁금 위에 미치는 것뿐이므로, 가압류채권자 아닌 채무자의 다른 채권자가 위 공탁금에 대하여 가압류 또는 압류를 할 수 있고, 이러한 경우에는 압류의 경합으로 처리되므로, 뒤에 가압류채권자와 다른 채권자가 함께 배당에 참가하게 된다는 점은 앞에서 검토하였다.

그러나 법 제288조제1항제2호에서 규정하고 있는 '담보'는 위 가압류해방금과는 다른 것이다. 이는 채무자가 법원에 가압류의 취소를 신청하고, 법원이 정하는 적당한 담보를 제공하는 경우를 뜻한다. 이 담보는 가압류채권자에게 우선변제권이 인정된다. 즉 채권자는 이 담보에 대하여 질권자[17]와 같은 권리를 갖는다.

---

17) 질권자(質權者) : 질권은 채권자가 그의 채권의 담보로써 채무자의 물건을 수취하여 채무의 변제가 있을 때까지 채무자 또는 제3자(물상보증인)로부터 받은 물건(또는 재산권)을 점유하고, 유치함으로써 한편으로는 채무의 변제를 간접적으로 강제하는 동시에 채무의 변제가 없는 경우에는 그 목적물로부터 다른 채권자에 우선하여 변제를 받는 권리를 말한다. 여기의 채권자를 질권자라고 부른다.

가압류의 본안소송에서 피보전권리에 기한 청구를 기각한 판결이 선고되어 확정되었다면 이를 민사집행법 제288조제1항제1호 소정의 사정변경으로 보아 가압류를 취소할 사유가 되는 것이 보통일 것이다.

그러나 장래에 성립할 권리를 피보전권리로 하여 가압류가 이루어진 후 본안소송에서 그 장래청구권의 기초적 법률관계의 존재는 인정되나 아직 그 청구권 자체의 발생이 확정되었다고 할 수 없다는 이유로 위 가압류의 본안청구를 기각하는 판결이 선고되어 확정된 데 불과한 경우에는 그 가압류의 기초인 법률관계가 상존하고 있는 피보전권리의 부존재가 아직 확정된 것이 아니므로, 위와 같은 확정판결이 있다는 것만으로는 가압류를 취소할 사정의 변경이 생겼다고 단정할 수는 없는 것이다(대법원 2003다18005 판결).

채권자가 보전명령이 있은 뒤 그 보전의 의사를 포기하였다고 볼만한 사정이 있는 경우에는 보전명령 취소사유인 사정변경에 해당한다고 보아야 한다. 그런데 소의 의제적 취하[18]는 여러 가지 동기와 원인에서 이루어지고, 보전명령에 대한 본안소송이 쌍방불출석으로 취하된 것으로 간주되었다고 하더라도 통상의 소취하의 경우와 마찬가지로 본안에 대한 종국판결이 있기 전이라면 피보전권리에 영향을 주는 것이 아니어서 다시 같은 소송을 제기할 수도 있는 것이므로, 그 취하의 원인, 동기, 그 후의 사정 등에 비추어 <u>채권자가 보전의 의사를 포기하였다고 인정되지 아니하는 이상 보전명령에 대한 본안소송이 취하된 것으로 간주되었다는 사실 자체만으로 보전명령 취소사유인 사정변경에 해당한다고 볼 수는 없다</u>(대법원 97다47637 판결).

---

18) 의제적 취하(擬制的 取下) : 현행법에서는 '소취하간주'로 변경되었다. 양쪽 당사자가 변론기일에 출석하지 아니하거나 출석하였다 하더라도 변론하지 아니한 때에는 재판장

[사정변경에 따른 가압류취소신청서]

가 압 류 취 소 신 청

신 청 인(채무자)   성명 ○ ○ ○(　　－　　)

　　　　　　　　　　　　　주소

　　　　　　　　　　　　　전화번호

피신청인(채권자)   성명 ○ ○ ○(　　－　　)

　　　　　　　　　　　　　주소

　　　　　　　　　　　　　전화번호

신 청 취 지

1. 위 당사자 사이의 ○○지방법원 2024카합○○○○호 부동산가압류신청사건에

　관하여 ○○지방법원이 2024. 5. 1. 명한 가압류결정은 이를 취소한다.

2. 소송비용은 피신청인의 부담으로 한다.

라는 결정을 구합니다.

신 청 이 유

1. 피신청인은 2024. 5. 1. 귀원 2024카합○○○○호 부동산가압류결정을 받아

은 다시 변론기일을 정하여 양쪽 당사자에게 통지하여야 한다. 새 변론기일 또는 그 뒤에 열린 변론기일에 양쪽 당사자가 출석하지 아니하거나 출석하였다 하더라도 변론하지 아니한 때에는 1월 이내에 기일지정신청을 하지 아니하면 소를 취하한 것으로 본다. 이를 소취하간주라고 한다.

같은 해 6. 2. 신청인 소유의 부동산에 대하여 가압류집행을 하였습니다.

2. 신청인은 피신청인에게 지급하여야 할 채무의 원금이 30,000,000원이며, 피신청인이 가압류를 집행함에 있어 신청한 청구채권액도 같은 금액입니다.

3. 이에 따라 신청인은 피신청인에게 위 청구금액과 그에 대한 법정의 이율에 의한 지연손해금을 합하여 전부 현실제공을 하였으나, 피신청인은 부당한 요구를 하면서 그 수령을 거절하였으므로, 신청인으로서는 부득이 피신청인에게 위 원금과 지연손해금을 합하여 합계 30,240,000원을 2024. 7. 2. 변제공탁을 하였습니다.

4. 따라서 이 사건 가압류는 그 결정 뒤에 사정이 변경되었으므로 더 이상 유지되어야 할 이유가 없다고 생각하고, 그 취소를 구하기 위하여 이 신청을 하게 되었습니다.

소명자료 및 첨부서류

1. 소을 제1호증 부동산가압류결정 등본 1통.
1. 소을 제2호증 공탁서 1통.
1. 송달료납부서 1통.

2025. ○. ○.

위 신청인(채무자)   ○ ○ ○(인)

○○지방법원 귀중

* 인지대는 10,000원을 납부한다.

* 송달료는 당사자의 수 × 8회분 × 5,200원에 해당하는 금액을 예납한다.

* 이 사건은 결정으로 재판하는 사건이며, 소명을 필요로 하는 사건이다. 따라서 증거를 표시함에 있어서는 채권자는 소명 갑호증, 채무자는 소명 을호증이라는 뜻으로 "소갑 제 ○호증" 또는 "소을 제○호증"과 같이 표시한다. 민사소송(본안소송)에서 증명이라는 의미로 "갑 제○호증" 또는 "을 제○호증"이라고 표시하는 것에 대응하는 표시이다.

[담보제공에 따른 가압류취소신청서]

가 압 류 취 소 신 청

사　　　건　　　2025카단○○○호 유체동산가압류

신 청 인　　　　성명 ○ ○ ○(　　　 －　　　)

(채무자)　　　주소

　　　　　　　전화번호

피신청인　　　　성명 ○ ○ ○(　　　 －　　　)

(채권자)　　　주소

　　　　　　　전화번호

신청취지 및 신청이유

1. 피신청인이 위 사건의 가압류를 신청하면서 주장한 신청인에 대한 청구채권액은 돈 25,000,000원입니다. 그러나 위 청구금액은 2024. 1. 1. 신청인이 당시 피신청인의 피용자이던 신청외 ○○○에게 이미 변제하였습니다.

2. 결국 피신청인은 존재하지도 아니하는 채권이 있다고 주장하면서 이 사건 가압류집행을 한 것입니다.

3. 따라서 이 사건 가압류집행은 마땅히 취소되어야 할 것이지만, 신청인의 소명이

부족하다고 판단하신다면 적당한 담보를 제공하는 것을 조건으로 가압류결정을 취소하여 주시기 바랍니다.

소명자료 및 첨부서류

1. 소을 제1호증 영수증 1통.
1. 소을 제2호증 사실확인 진술서(공정증서) 1통.
1. 소을 제3호증 유체동산가압류결정 등본 1통.
1. 송달료납부서 1통.

2025. 1. 1.

위 신청인(채무자) ○ ○ ○(인)

○○지방법원 귀중

* 신청에 따른 인지대는 10,000원, 송달료는 당사자의 수 × 8회분 × 5,200원이다.
* 이 신청에 대하여 어떠한 담보를 제공하게 할 것인지와 어느 정도의 담보를 제공하게 할 것인지는 법원의 재량이므로, 신청인은 담보의 방법이나 금액을 신청서에 기재할 필요는 없다. 여기에서 말하는 '적당한 담보'는 가압류결정서에 적혀 있는 담보인 '가압류해방공탁금'과는 다른 것이다.

8. 가압류취소결정에 대한 효력정지 및 취소

가. 가압류취소결정에 대한 효력정지

「민사집행법」의 관련 규정

제289조(가압류취소결정의 효력정지) ① 가압류를 취소하는 결정에 대하여 즉시항고가 있는 경우에, 불복의 이유로 주장한 사유가 법률상 정당한 사유가 있다고 인정되고 사실에 대한 소명이 있으며, 그 가압류를 취소함으로 인하여 회복할 수 없는 손해가 생길 위험이 있다는 사정에 대한 소명이 있는 때에는 법원은 당사자의 신청에 따라 담보를 제공하게 하거나 담보를 제공하지 아니하게 하고 가압류취소결정의 효력을 정지시킬 수 있다.

② 제1항의 규정에 의한 소명은 보증금을 공탁하거나 주장이 진실함을 선서하는 방법으로 대신할 수 없다.

③ 재판기록이 원심법원에 있는 때에는 원심법원이 제1항의 규정에 의한 재판을 한다.

④ 항고법원은 항고에 대한 재판에서 제1항의 규정에 의한 재판을 인가·변경 또는 취소하여야 한다.

⑤ 제1항 및 제4항의 규정에 의한 재판에 대하여는 불복할 수 없다.

나. 가압류취소결정에 대한 취소

가압류의 취소결정을 상소법원이 취소한 경우로서 법원이 그 가압류의 집행기관이 되는 때에는 그 취소의 재판을 한 상소법원이 직권으로 가압류를 집행한다. 이 경우에 그 취소의 재판을 한 상소법원이 대법원인 때에는 채권자의 신청에 따라 제1심법원이 가압류를 집행한다(법 제298조).

여기에서 말하는 '취소'는 가압류결정에 대하여 채무자가 이의신청을 하자 가압류가 취소되었고, 그 취소에 대하여 채권자가 즉시항고를 제기하였으며, 이 즉시항고에 따라 항고법원이 가압류를 취소한 결정을 다시 취소한 경우를 말한다.

9. 가압류신청의 취하

가압류신청의 취하는 가압류명령을 신청한 채권자가 서면으로 하여야 한다. 다만, 변론기일 또는 심문기일에는 말로도 할 수 있다(규칙 제203조의2제1항).

가압류명령을 발령한 후에 신청취하서가 접수된 경우 「민사소송법」 제266조제2항을 준용하여 상대방의 동의를 필요로 하는가가 문제된다. 실무에서는 상대방의 동의를 필요로 하지 않는 것으로 처리하고 있다.

10. 제3자 진술최고신청

채무자가 제3채무자로부터 지급받을 채권이 있는지 여부와 그 액수가 어느 정도인지 등을 정확히 파악하고자 할 때에는 제3채무자로 하여금 그러한 내용을 법원에 대하여 서면으로 신고하도록 할 수 있다(법 제237조제1항, 제291조).

이 진술명령을 받은 제3채무자는 가압류명령을 송달받은 때로부터 1주일 이내에 서면으로 법원에 진술하여야 한다. 만약 제3채무자가 고의 또는 과실로 허위의 진술을 함으로써 가압류채권자에게 손해가 생긴 때에는 그 손해를 배상할 책임이 있다.

진술최고신청을 할 수 있는 사람은 가압류채권자이다. 이를 신청할 수 있는 기간은 가압류신청과 동시 또는 집행법원이 가압류명령을 발송하기 전까지이다. 가압류명령이 송달된 뒤에는 부적법하여 각하된다.

[제3자 진술최고신청서]

제3자 진술최고신청

채 권 자   ○○○(-   )
　　　　　　주소
채 무 자   ○○○(-   )
　　　　　　주소
제3채무자   ○○○(-   )
　　　　　　주소

위 당사자 사이의 귀원 2024타기○○○호 채권가압류신청사건에 관하여 채권자는 다음과 같이 제3채무자 ○○○에 대하여 서면으로 다음 사항에 대한 진술요구를 신청합니다.

진술할 사항

1. 채무자의 제3채무자에 대한 채권을 인정하는지 여부 및 인정한다면 그 한도
1. 채권에 대하여 지급할 의사가 있는지 여부 및 그 의사가 있다면 그 한도
1. 채권에 대하여 다른 사람으로부터 청구가 있는지 여부 및 그러한 청구가 있다면 그 종류

1. 다른 채권자에게 채권을 압류당한 사실이 있는지 여부 및 그러한 사실이 있다면 그 청구의 내용

2025. ○. ○.

위 채권자 ○ ○ ○(인)

○○지방법원 ○○지원 귀중

※ 인지대는 납부하지 않아도 되며, 송달료는 제3채무자의 수×1회분×5,200원이다.

11. 압류할 수 없는 물건

압류가 금지된 물건과 압류가 금지된 채권은 가압류도 할 수 없다. 이에 해당하는 물건과 채권은 다음과 같다.

「민사집행법」의 관련 규정

제195조(압류가 금지되는 물건) 다음 각호의 물건은 압류하지 못한다.
   1. 채무자 및 그와 같이 사는 친족(사실상 관계에 따른 친족을 포함한다. 이하 이 조에서 "채무자등"이라 한다)의 생활에 필요한 의복·침구·가구·부엌기구, 그 밖의 생활 필수품
   2. 채무자등의 생활에 필요한 2월간의 식료품·연료 및 조명재료
   3. 채무자등의 생활에 필요한 1월간의 생계비로서 대통령령이 정하는 액수의 금전[19]

4. 주로 자기 노동력으로 농업을 하는 사람에게 없어서는 아니 될 농기구 · 비료 · 가축 · 사료 · 종자, 그 밖에 이에 준하는 물건

5. 주로 자기의 노동력으로 어업을 하는 사람에게 없어서는 아니 될 고기잡이 도구 · 어망 · 미끼 · 새끼고기, 그 밖에 이에 준하는 물건

6. 전문직 종사자 · 기술자 · 노무자, 그 밖에 주로 자기의 정신적 또는 육체적 노동으로 직업 또는 영업에 종사하는 사람에게 없어서는 아니 될 제복 · 도구, 그 밖에 이에 준하는 물건

7. 채무자 또는 그 친족이 받은 훈장 · 포장 · 기장, 그 밖에 이에 준하는 명예증표

8. 위패 · 영정 · 묘비, 그 밖에 상례 · 제사 또는 예배에 필요한 물건

9. 족보 · 집안의 역사적인 기록 · 사진첩, 그 밖에 선조숭배에 필요한 물건

10. 채무자의 생활 또는 직무에 없어서는 아니 될 도장 · 문패 · 간판, 그 밖에 이에 준하는 물건

11. 채무자의 생활 또는 직업에 없어서는 아니 될 일기장 · 상업장부, 그 밖에 이에 준하는 물건

12. 공표되지 아니한 저작 또는 발명에 관한 물건

13. 채무자등이 학교 · 교회 · 사찰, 그 밖의 교육기관 또는 종교단체에서 사용하는 교과서 · 교리서 · 학습용구, 그 밖에 이에 준하는 물건

14. 채무자등의 일상생활에 필요한 안경 · 보청기 · 의치 · 의수족 · 지팡이 · 장애보조용 바퀴의자, 그 밖에 이에 준하는 신체보조기구

15. 채무자등의 일상생활에 필요한 자동차로서 「자동차관리법」이 정하는 바에 따른 장애인용 경형자동차

16. 재해의 방지 또는 보안을 위하여 법령의 규정에 따라 설비하여야 하는 소방설비 · 경보기구 · 피난시설, 그 밖에 이에 준하는 물건

제196조(압류금지 물건을 정하는 재판) ① 법원은 당사자가 신청하면 채권자와 채무자의 생활형편, 그 밖의 사정을 고려하여 유체동산의 전부 또는 일부에 대한 압류를

취소하도록 명하거나 제195조의 유체동산을 압류하도록 명할 수 있다.

② 제1항의 결정이 있은 뒤에 그 이유가 소멸되거나 사정이 바뀐 때에는 법원은 직권으로 또는 당사자의 신청에 따라 그 결정을 취소하거나 바꿀 수 있다.

③ 제1항 및 제2항의 경우에 법원은 제16조제2항[20]에 준하는 결정을 할 수 있다.

④ 제1항 및 제2항의 결정에 대하여는 즉시항고를 할 수 있다.

⑤ 제3항의 결정에 대하여는 불복할 수 없다.

12. 압류할 수 없는 채권

「민사집행법」의 관련 규정

제246조(압류금지채권) ① 다음 각호의 채권은 압류하지 못한다.

1. 법령에 규정된 부양료 및 유족부조료(遺族扶助料)

2. 채무자가 구호사업이나 제3자의 도움으로 계속 받는 수입

3. 병사의 급료

4. 급료 · 연금 · 봉급 · 상여금 · 퇴직연금, 그 밖에 이와 비슷한 성질을 가진 급여채권의 2분의 1에 해당하는 금액. 다만, 그 금액이 「국민기초생활보장법」에 의한 최저생계비를 감안하여 대통령령이 정하는 금액에 미치지 못하는 경우 또는 표준적인 가구의 생계비를 감안하여 대통령령이 정하는 금액을 초과하는 경우에는 각각 당해 대통

---

19) 대통령령이 정하는 액수의 금전 : 월 150만원

20) 제16조제2항 : 제16조(집행에 관한 이의신청) ① 집행법원의 집행절차에 관한 재판으로서 즉시항고를 할 수 없는 것과 집행관의 집행처분, 그 밖에 집행관이 지킬 집행절차에 대하여서는 법원에 이의를 신청할 수 있다.

② 법원은 제1항의 이의신청에 대한 재판에 앞서, 채무자에게 담보를 제공하게 하거나 제공하게 하지 아니하고 집행을 일시정지하도록 명하거나 채권자에게 담보를 제공하게 하고 그 집행을 계속하도록 명하는 등 잠정처분(暫定處分)을 할 수 있다.

령령이 정하는 금액으로 한다.

5. 퇴직금 그 밖에 이와 비슷한 성질을 가진 급여채권의 2분의 1에 해당하는 금액

6. 「주택임대차보호법」 제8조, 같은 법 시행령의 규정에 따라 우선변제를 받을 수 있는 금액

7. 생명, 상해, 질병, 사고 등을 원인으로 채무자가 지급받는 보장성보험의 보험금(해약환급 및 만기환급금을 포함한다). 다만, 압류금지의 범위는 생계유지, 치료 및 장애회복에 소요될 것으로 예상되는 비용 등을 고려하여 대통령령으로 정한다.

8. 채무자의 1월간 생계유지에 필요한 예금(적금 · 부금 · 예탁금과 우편대체를 포함한다). 다만, 그 금액은 「국민기초생활 보장법」에 따른 최저생계비, 제195조제3호에서 정한 금액 등을 고려하여 대통령령으로 정한다.

② 법원은 제1항제1호부터 제7호까지에 규정된 종류의 금원이 금융기관에 개설된 채무자의 계좌에 이체되는 경우 채무자의 신청에 따라 그에 해당하는 부분의 압류명령을 취소하여야 한다.

③ 법원은 당사자가 신청하면 채권자와 채무자의 생활형편, 그 밖의 사정을 고려하여 압류명령의 전부 또는 일부를 취소하거나 제1항의 압류금지채권에 대하여 압류명령을 할 수 있다.

④ 제3항의 경우에는 제196조제2항 내지 제5항의 규정을 준용한다.

제196조(압류금지 물건을 정하는 재판) ① 법원은 당사자가 신청하면 채권자와 채무자의 생활형편, 그 밖의 사정을 고려하여 유체동산의 전부 또는 일부에 대한 압류를 취소하도록 명하거나 제195조의 유체동산을 압류하도록 명할 수 있다.

② 제1항의 결정이 있은 뒤에 그 이유가 소멸되거나 사정이 바뀐 때에는 법원은 직권으로 또는 당사자의 신청에 따라 그 결정을 취소하거나 바꿀 수 있다.

③ 제1항 및 제2항의 경우에 법원은 제16조제2항에 준하는 결정을 할 수 있다.

④ 제1항 및 제2항의 결정에 대하여는 즉시항고를 할 수 있다.

⑤ 제3항의 결정에 대하여는 불복할 수 없다.

제2절 가압류의 집행절차

1. 가압류의 집행절차란?

「민사집행법」의 관련 규정

제291조(가압류집행에 대한 본집행의 준용) 가압류의 집행에 대하여는 강제집행에 관한 규정을 준용한다. 다만, 아래의 여러 조문과 같이 차이가 나는 경우에는 그러하지 아니하다.

법 제291조는 "여러 조문"이라고 규정하고 있지만, 그 여러 조문은 위 법 제292조부터 제299조까지 8개의 조문을 말한다. 우선 그 여러 조문과 관련한 내용을 검토한다.

2. 집행요건의 특칙

가. 집행권원(執行權原)

가압류명령은 결정을 고지함과 동시에 집행력이 생긴다. 따라서 가집행선고를 붙일 수 없다. 가압류의 집행은 채무자에게 결정이 송달되기 전에도 할 수 있다.

가압류에 대한 재판이 있은 뒤에 채권자나 채무자의 승계가 이루어진 경우에 가압류의 집행을 하려면 집행문[21]을 덧붙여야 한다(법 제292조제1항). 이는 승계집행문이 필요한 때에만 집행문을 붙이라는 의미이다.

---

21) 집행문(執行文) : 집행권원에 집행력이 있음을 증명하기 위하여 법원사무관이 집행권원의 정본에 덧붙이는 문서

나. 집행기간

가압류에 대한 채권의 집행은 채권자에게 재판을 고지한 날부터 2주를 넘긴 때에는 하지 못한다(법 제292조제2항). 위 규정이 말하는 '2주'가 불변기간이라는 규정은 없다. 따라서 추후보완[22]이 있을 수 없다. 그러나 그 기간이 채무자의 방해행위로 인하여 지켜질 수 없었던 때에는 그 방해를 받은 기간 동안은 기간이 진행하지 않는 것으로 해석된다. 단기로 규정한 이유가 채무자의 이익을 고려한 것이기 때문이다.

집행기간과 관련하여 가압류의 집행 착수시기를 살펴보면, ① 부동산 등에 대한 가압류집행은 법원사무관 등이 등기나 등록에 필요한 촉탁서를 발송한 때, ② 채권에 대한 가압류집행은 법원사무관등이 제3채무자에게 가압류명령을 송달한 때, ③ 유체동산 및 배서가 금지되지 아니한 유가증권에 대한 가압류의 집행은 집행관이 가압류할 물건을 찾기 위하여 수색에 착수한 때, ④ 배서가 금지된 유가증권은 집행관이 그 유가증권의 점유를 개시한 때에 각 집행에 착수한 것으로 본다.

집행기간이 지나면 가압류명령은 집행력을 잃는다. 따라서 채권자가 가압류를 집행하려면 새로운 가압류신청을 하여야 한다. 집행기간이 지났음에도 불구하고 가압류를 집행하면 위법한 집행이 되므로, 채무자는 집행에 관한 이의로써 구제를 받을 수 있다.

채권자가 스스로 가압류집행을 해제한 경우에는 집행기간이 경과하지 아니하였다면 다시 집행에 착수할 수 있다. 또 집행기간이 도과한 경우에도 가압류 자체의 효력이 상실되는 것은 아니므로, 채무자가 가압류의 효력을 없애기 위해서는 가압류명령에 대한 이의신청 또는 사정변경에 따른 취소신청을 하여야 한다.

---

22) 추후보완(追後補完) : 추후보완이라 함은 당사자가 책임질 수 없는 사유로 상소기간을 넘긴 경우에 나중에 이를 보완하여 상소를 허용하는 것을 말한다.

3. 가압류를 집행하는 방법

가압류의 목적물이 유체동산이거나 유가증권인 경우에는 채권자가 집행관에게 서면으로 집행위임을 하면 집행관이 집행에 착수한다. 그러나 그 밖의 목적물에 대한 집행은 모두 가압류명령을 발령한 법원이 스스로 집행한다. 다만, 가압류취소명령을 상소법원이 다시 취소함에 따라 그 상소법원이 집행기관이 되는 때에는 상소법원이 직권으로 집행한다. 이 경우에도 상소법원이 대법원이면 채권자의 신청에 의하여 제1심법원이 집행한다.

가. 부동산에 대한 집행

부동산에 대한 가압류의 집행은 가압류재판에 관한 사항을 등기부에 기입하여야 한다. 가압류의 등기는 가압류를 발령한 법원의 법원사무관등이 등기를 촉탁한다. 따라서 등기촉탁에 필요한 서류는 가압류신청인이 미리 가압류신청서에 첨부하여 제출하여야 한다.

미등기부동산에 대한 집행을 실시하는 때에는 즉시 채무자 명의로 등기할 수 있다는 것을 증명할 수 있는 서류를 첨부하여야 한다. 그리고 미등기부동산이 건물이면 그 건물의 지번·구조·면적을 증명할 수 있는 서류 및 그 건물에 관한 건축허가 또는 건축신고를 증명할 수 있는 서류를 첨부하여야 한다.

가압류의 집행으로 강제관리를 하는 경우에는 관리인이 청구채권에 해당하는 임대료 등을 지급받아 법원에 공탁하여야 한다. 강제관리는 법원이 지정한 관리인이 부동산의 임대수익 등을 수령하는 것을 말하는데, 실무상으로는 사실상 사문화(死文化)가 된 제도이다.

나. 선박 · 항공기에 대한 집행

등기를 할 수 있는 선박에 대한 가압류집행을 하는 경우에는 가압류에 관한 등기를 하는 방법 또는 집행관에게 선박국적증서를 선장으로부터 제출받아 법원에 제출하도록 명하는 방법으로 한다. 이들 두 가지 방법을 함께 이용할 수도 있다.

가압류등기를 하는 방법에 의한 집행은 가압류명령을 발령한 법원이 집행하고, 선박국적증서를 제출받아 집행하는 방법의 경우에는 선박이 정박하여 있는 곳을 관할하는 법원이 관할법원이 된다. 가압류등기를 하는 방법에 의한 집행에는 부동산의 가압류등기촉탁에 관한 규정들을 준용한다.

선박국적증서를 빼앗는 방법의 집행을 실시함에는 채권자가 집행관에게 수수료를 납부하고 집행위임을 하여야 한다. 항공기에 대한 집행은 선박에 대한 집행에 관한 규정들을 준용한다(규칙 제209조).

다. 자동차 · 건설기계에 대한 집행

자동차와 건설기계에 대한 집행절차는 부동산 · 선박 · 동산에 대한 강제집행규정에 준하여 대법원규칙으로 정한다(법 제187조). 「건설기계관리법」에 의하여 등록된 건설기계에 대한 가압류의 집행은 자동차에 대한 가압류의 집행에 관한 규정들을 준용한다(규칙 제211조).

자동차와 건설기계에 대한 가압류의 집행은 목적물의 등록사무소에 그 가압류의 기입등록을 촉탁함으로써 한다. 가압류가 집행된 자동차와 건설기계는 현금화를 하지 못함이 원칙이다. 다만, 즉시 매각하지 아니하면 값이 크게 떨어질 염려가 있거나 그 보관에 지나치게 많은 비용이 드는 경우에는 집행관은 이를 매각하여 매각대금을 공탁하여야 한다.

라. 유체동산(有體動産)에 대한 집행

유체동산(有體動産)에 대한 가압류의 집행은 본압류의 집행과 같은 방식이다. 따라서 채권자가 가압류결정등본을 집행관에게 가지고 가서 집행위임을 하여야 한다.

집행위임을 할 때에는 채권자, 채무자와 그 대리인의 표시, 가압류명령의 표시, 가압류 목적물인 유체동산이 있는 장소, 가압류채권의 일부에 관하여 집행을 구하는 때에는 그 범위를 적은 서면을 집행관에게 제출하여야 한다(규칙 제212조제1항). 그러나 가압류할 유체동산을 특정하여 기재할 필요는 없고, 집행관이 집행단계에서 점유에 의하여 구체적으로 특정한다.

집행관이 가압류한 목적물은 현금화를 하지 못한다. 다만, 가압류 대상물건을 즉시 매각하지 아니하면 값이 현저히 하락할 염려가 있거나 그 보관에 지나치게 많은 비용을 지출하여야 하는 경우에는 집행관은 그 물건을 매각하여 매각대금을 법원에 공탁하여야 한다(법 제296조제5항).

집행관이 어느 유체동산을 가압류하였다 하더라도 집행관이 종전의 소유자에게 그 보관을 명한 경우에 있어서는 점유자의 사법상의 점유가 소멸하는 것은 아니며, 그 물건을 점유하는 소유자가 이를 타인에게 매도하고, 그 타인이 선의로 점유인도를 받은 경우에는 그 타인은 그 물건의 소유권을 적법하게 취득한다(대법원 66다1545,1546 판결).

집행관으로부터 가압류된 유체동산의 보관을 위탁받은 채무자는 보관상 필요하다 하여 임의로 봉인 기타 압류표시를 훼손한 후 필요한 조치를 할 수는 없다 할지라도 보관상 필요한 적당한 처분을 할 것을 집행관에게 촉구하여야 하고, 이를 아니한 경우에는 과실책임이 있다(대법원 74다1590).

마. 예금채권에 대한 집행

예금채권은 지명채권의 한 종류이므로, 지명채권의 집행방법에 따르지만, 다음과 같은 특수한 문제도 있다.

예금약관에서는 무기명식 예금이 아니면 양도나 담보의 제공을 금지하는 것이 일반적이다. 은행의 승낙 없이 예금채권이 양도된 경우 예금주의 확인이 어렵다는 이유이다. 그러나 압류금지의 특약이 있는 예금채권도 가압류의 대상이 된다는 것이 대법원의 입장이다.

채권에 대한 압류 및 전부명령이 유효하기 위하여 채권압류 및 전부명령이 제3채무자에게 송달될 당시 반드시 피압류 및 전부채권이 현실적으로 존재하고 있어야 하는 것은 아니고, 장래의 채권이라도 채권 발생의 기초가 확정되어 있어 특정이 가능할 뿐 아니라 권면액이 있고, 가까운 장래에 채권이 발생할 것이 상당한 정도로 기대되는 경우에는 채권압류 및 전부명령의 대상이 될 수 있다(대법원 2002. 11. 8. 선고 2002다7527).

바. 배서가 금지된 지시채권에 대한 집행

어음·수표, 화물상환증, 선하증권, 창고증권 등 지시증권에 수반하는 지시채권에 대한 가압류의 집행은 그 지시증권이 배서가 금지된 것인지 여부에 따라 집행방법을 달리한다.

배서가 금지되지 아니한 것은 유체동산의 집행방법에 의하고, 배서가 금지된 것은 채권의 집행방법에 따른다. 다만, 배서가 금지된 지시채권도 권리를 행사함에는 증권을 소지하여야 하므로, 집행절차에서는 집행관의 점유취득을 필요로 한다. 즉 가압류명령을 발령한 법원이 제3채무자에게 송달을 하고, 채권자가 집행관에게 집행위임을 함으로써 집행절차를 실행하는 것이다.

사. 주식에 대한 집행

주식회사의 설립시 또는 신주발행시에 있어서 주주로 될 때까지 주식인수인의 지위를 '권리주'라고 한다. 이 권리주 자체는 가압류의 대상이 되지 않는다. 그러나 주식인수인은 설립등기 후 또는 납입기일 후 회사에 대하여 회사가 발행하는 장래의 주권에 대한 교부청구권을 갖는다. 따라서 채권자는 주식인수인을 채무자로, 회사를 제3채무자로 하여 위 주권교부청구권을 가압류집행할 수 있다.

주권발행 전의 주식은 회사성립 후 또는 신주납입기일 후 6개월이 경과했는지 여부에 따라 주식양도의 효력이 다르기 때문에 그 가압류집행의 방법에도 차이가 있다.

회사성립 후 또는 신주납입기일 후 6개월이 경과하기 전에는 주권발행 전의 주식의 양도는 회사에 대하여는 효력이 없으므로(상법 제335조제2항), 주식 자체를 가압류하는 것은 불가능하다. 따라서 이 경우에는 채무자인 주주가 회사에 대하여 갖고 있는 주권교부청구권에 대하여 가압류의 집행을 하여야 한다.

회사성립 후 또는 신주납입기일 후 6개월이 경과한 뒤에도 회사가 주권을 발행하지 아니하는 경우에는 주권이 없더라도 주식을 양도할 수 있고, 양수인은 회사에 대하여 양수인 명의로 명의개서를 하고 주권을 교부할 것을 청구할 수 있다. 따라서 이러한 경우에는 주식 자체에 대하여 가압류를 집행한다.

주권이 발행된 경우에는 주식의 양도는 무기명식이든 기명식이든 불문하고 주권의 양도에 의한다(상법 제336조제1항). 따라서 주권 자체가 가압류의 집행 대상이 된다.

상장(上場)된 주식에 대한 가압류의 집행에 관하여는 규칙 제176조 내지 제182조에서 규정하고 있다.

아. 채권(債權) 및 그 밖의 재산권에 대한 집행

채권에 대한 가압류의 집행법원은 가압류명령을 발령한 법원으로 한다. 채권의 가압류에는 제3채무자에 대하여 채무자에게 지급하여서는 아니 된다는 명령만을 하여야 한다(법 제296조제2항 · 제3항).

제3채무자가 가압류집행이 완료된 금전채권액을 공탁한 경우에는 그 가압류의 효력은 그 청구채권액에 해당하는 공탁금액에 대한 채무자의 출급청구권에 대하여 존속한다. 이 공탁금은 배당절차를 진행하지 않는 점이 본압류와 다른 점이다.

배서가 금지된 지시채권23)의 집행방법도 채권에 대한 집행방법과 동일하다.

자. 전자등록주식 등에 대한 집행

전자등록주식에 대한 가압류의 집행법원은 가압류명령을 발령한 법원으로 한다. 전자등록주식등을 가압류하는 때에는 전자등록기관 또는 계좌관리기관에 대하여 전자등록주식등에 관한 계좌이체의 말소를 금지하는 명령을 하여야 한다. 전자등록주식등에 대한 가압류에는 대체로 채권집행규정등을 준용한다. (「민사집행규칙」이하 '규칙'이라고한다. 제214조의 2)

4. 집행의 효과

법이 규정하고 있는 압류 및 가압류에 관한 규정을 비교해본다. 압류에 관한 규정인 법 제227조제1항은 "금전채권을 압류할 때에는 법원은 제3채무자에게 채무자에 대한 지급을 금지하고, 채무자에게 채권의 처분과 영수를 금지하여야 한다."고 규정하였고, 가압류에 관한 규정인 법 제296조제3항은 "채권의 가압류에는 제3채무자에 대하여 채무자에게 지급하여서는 아니 된다는 명령을 하여야 한다."고 규정하였다.

---

23) 지시채권(指示債權) : 증권에 지정된 특정인 또는 그가 지시한 사람에게 변제하여야 하는 채권

가압류명령이 집행되면 가압류 목적물에 대하여 채무자가 매매, 증여, 담보권의 설정, 그 밖의 일체의 처분을 하지 못하게 하는 효력이 생긴다. 그러나 채무자가 이 명령을 지키지 아니하고 위와 같은 처분행위를 하였을 경우에도 그 처분행위가 절대적으로 무효가 되는 것은 아니다. 즉 가압류채권자에 대한 관계에서만 상대적으로 무효가 될 뿐이다.

따라서 채무자가 가압류의 목적물을 제3자에게 양도하거나 담보권을 설정해 주었더라도 이러한 처분행위가 당연무효로 되지는 않고, 채무자는 그 처분행위의 유효함을 가압류채권자에 대하여 주장할 수 없음에 그친다. 이에 따라 채무자와 제3취득자 사이에 거래행위가 있은 뒤에 가압류가 취소 또는 해제되거나, 피보전권리가 소멸되거나, 가압류 자체가 무효인 것으로 판명된 경우 등에는 채무자와 제3취득자 사이의 거래행위는 완전히 유효한 것으로 된다. 이를 '가압류의 상대적 효력'이라고 한다.

채권가압류가 된 경우 제3채무자는 채무자에 대하여 채무의 지급을 하여서는 안 되고, 채무자는 추심·양도 등의 처분행위를 하여서는 안 되지만, 이는 이와 같은 변제나 처분행위를 하였을 때에 이를 가압류채권자에게 대항할 수 없다는 것이며, 채무자가 제3채무자를 상대로 이행의 소를 제기하여 집행권원을 얻더라도 이에 기하여 제3채무자에 대하여 강제집행을 할 수 없다고 볼 수 있을 뿐이고, 그 집행권원을 얻는 것까지 금하는 것은 아니라고 할 것이다(대법원 88다카25038).

가압류의 처분금지적 효력이 미치는 객관적 범위는 가압류결정에 표시된 청구금액에 한정되므로, 가압류의 청구금액으로 채권의 원금만이 기재되어 있다면 가압류채권자가 가압류채무자에 대하여 원금채권 외에 그에 부대하는 이자 또는 지연손해금채권을 가지고 있다고 하더라도 가압류의 청구금액을 넘어서는 부분에 대하여는 가압류채권자가 처분금지의 효력을 주장할 수 없다(대법원 2006다35223

판결).

　채권의 가압류는 제3채무자에 대하여 채무자에게 지급하는 것을 금지하는 데 그칠 뿐 채무 그 자체를 면제하는 것이 아니고, 가압류가 있다 하더라도 그 채권의 이행기가 도래한 때에는 제3채무자는 그 지체책임을 면할 수 없다고 보아야 할 것이다(대법원 93다951 판결).

　소유권이전등기청구권에 대한 압류나 가압류는 채권에 대한 것이지 등기청구권의 목적물인 부동산에 대한 것이 아니고, 채무자와 제3채무자에게 그 결정을 송달하는 외에 현행법상 이를 등기부에 공시하는 방법이 없는 것으로서 당해 채권자 및 채무자와 제3채무자 사이에만 효력을 갖는 것이고, 압류 및 가압류와 관계가 없는 제3자에 대하여는 압류나 가압류의 처분금지적 효력을 주장할 수 없는 것이다.

　따라서 소유권이전등기청구권의 압류나 가압류는 청구권의 목적물인 부동산 자체의 처분을 금지하는 대물적 효력은 없다고 할 것이고, 제3채무자나 채무자로부터 소유권이전등기를 넘겨받은 제3자에 대하여는 그 취득한 등기가 원인무효라고 주장하여 그 말소를 청구할 수 없다고 할 것이다.

　부동산소유권이전등기청구권의 가압류는 채무자 명의로 소유권을 이전하여 이에 대하여 강제집행을 할 것을 전제로 하고 있는 것이므로, 소유권이전등기청구권을 가압류하였다 하더라도 어떠한 경로로 제3채무자로부터 채무자 명의로 소유권이전등기가 마쳐졌다면 채권자는 이 부동산 자체를 가압류하거나 압류하면 될 것이지 이 등기를 말소할 필요가 없을 것이고, 만일 위와 같은 등기를 원인무효로 보고 말소한다면 가압류채권자는 이를 말소하고 다시 동일한 등기를 한다는 이상한 결과를 가져올 것이다.

　일반적으로 채권에 대하여 가압류가 되었더라도 채무자가 제3채무자로부터 현실로 급부를 추심하는 것만을 금지하는 것이므로, 채무자는 제3채무자를 상대로 그 이행을 구하는 소송을 제기할 수 있고, 법원은 가압류가 되어있음을 이유로 이를 배척할 수 없는 것이 원칙이다.

그러나 소유권이전등기를 명하는 판결은 의사의 진술을 명하는 판결로써 이것이 확정되면 채무자는 일반적으로 이전등기를 신청할 수 있고, 제3채무자는 이를 저지할 방법이 없으므로 위와 같이 볼 수 없고, 이와 같은 경우에는 가압류의 해제를 조건으로 하지 아니하는 한 법원은 이를 인용하여서는 아니 되고, 제3채무자가 임의로 이전등기의무를 이행하고자 한다면 민사소송법 제557조(현행은 민사집행법 제294조에 해당함)에 정하여진 보관인에게 관리이전을 하여야 할 것이고, 이 경우에 보관인은 채무자의 법정대리인의 지위에서 이를 수령하여 채무자 명의로 소유권이전등기를 마치면 될 것이다(대법원 92다4680판결).

소유권이전등기청구권에 대한 가압류가 있기 전에 가처분이 있었다고 하여도 가처분이 뒤에 이루어진 가압류에 우선하는 효력이 없으므로, 가압류는 가처분채권자와의 관계에서 유효하다.

가압류 상호간에 그 결정이 이루어진 선후에 따라 뒤에 이루어진 가압류에 대하여 처분금지적 효력을 주장할 수는 없다(대법원 98다42615 판결).

가압류신청에서 채권액보다 지나치게 과다한 가액을 주장하여 그 가액대로 가압류결정이 된 경우, 본안판결에서 피보전권리가 없는 것으로 확인된 부분의 범위 내에서는 가압류채권자의 고의·과실이 추정되고, 다만, 특별한 사정이 있으면 고의·과실이 부정된다(대법원 98다3757).

채권에 대한 가압류는 제3채무자에 대하여 채무자에게로의 지급 금지를 명하는 것이므로, 채권을 소멸 또는 감소시키는 등의 행위는 할 수 없고, 그와 같은 행위로 채권자에게 대항할 수 없는 것이지만, 채권의 발생원인인 법률관계에 대한 채무자의 처분까지도 구속하는 효력은 없다 할 것이므로, 채무자와 제3채무자가 아무런 합리적 이유 없이 채권의 소멸만을 목적으로 하는 계약관계를 합의해제 한다는 등의 특별한 경우를 제외하고는 제3채무자는 채권에 대한 가압류가 있은 후라고 하더라도 채권의 발생원인인 법률관계를 합의해제 하고, 이로 인하여 가압류채권이 소멸되었다는 사유를 들어 가압류채권자에게 대항할 수 있다(대법원 98다17930).

부동산에 대한 가압류집행이 이루어졌다고 하더라도 채무자가 여전히 목적물의 이용 및 관리의 권한을 보유하고 있을뿐더러 가압류의 처분금지적 효력은 상대적인 것에 불과하기 때문에 부동산이 가압류되었더라도 채무자는 그 부동산을 매매하거나 기타의 처분행위를 할 수 있고, 다만, 가압류채권자에 대한 관계에서만 처분행위의 유효를 주장할 수 없을 뿐이며, 가압류는 언제든지 해방공탁에 의하여 그 집행취소를 구할 수 있는 것이므로, 부동산에 대한 가압류의 집행이 부당하게 유지되었다고 하더라도 다른 특별한 사정이 없는 한 그 가압류는 부동산을 처분함에 있어서 법률상의 장애가 될 수는 없다고 할 것이나, 어떤 부동산에 대하여 가압류의 집행이 있었고, 그 가압류집행이 계속된 기간 동안 당해 부동산을 처분하지 못하였으며, 나아가 주위 부동산들의 거래상황 등에 비추어 그와 같이 부동산을 처분하지 못한 것이 당해 가압류의 집행으로 인하였을 것이라는 점이 입증된다면 달리 당해 부동산의 처분 지연이 가압류의 집행 이외의 사정 등 가압류채권자 측에 귀책사유 없는 다른 사정으로 인한 것임을 가압류채권자 측에서 주장·입증하지 못하는 한 그 가압류와 당해 부동산의 처분 지연 사이에는 상당인과관계[24]가 있다(대법원 2000다71715 판결).

채권자가 가압류신청을 취하하면 소멸시효중단의 효과도 소급하여 소멸한다(대법원 2010다53273 판결).

부동산에 가압류등기가 경료되면 채무자가 당해 부동산에 대한 처분행위를 하더라도 이로써 가압류채권자에게 대항할 수 없게 되는바, 여기서 처분행위라고 함은 당해 부동산을 양도하거나 이에 대해 용익물권, 담보물권 등을 설정하는 행위를 말하고, 특별한 사정이 없는 한 점유의 이전과 같은 사실행위는 해당하지 않는다. 다만, 부동산에 경매개시결정의 기입등기가 경료되어 압류의 효력이 발생한 후에 채무자가 제3자에게 당해 부동산의 점유를 이전함으로써 그로 인하여 유치권을 취득하게 하는 경우, 그와 같은 점유이전은 처분행위에 해당한다는 것이 당원의 판례이나, 이는 어디까지나 경매개시결정의 기입등기가 경료되어 압류의 효력이 발생한 후에 채무자가 당해 부동산의 점유를 이전함으로써 제3자가 취득한 유치권으로 압류채권자에게 대항할 수 있다고 한다면 경매절차에서의 매수인이 매수가격 결정의 기초로 삼은 현황조사보고서[25]나 매각물건명세서[26] 등에서 드러나지 않는 유치권의 부담을 그대로 인수하게 되어 경매절차의 공정성과 신뢰를 현저히 훼손하게 될 뿐만 아니라 유치권신고 등을 통해 매수신청인이 위와 같은 유치권의 존재를 알게 되는 경우에는 매수가격의 즉각적인 하락이 초래되어 책임재산을 신속하고 적정하게 환가하여 채권자의 만족을 얻게 하려는 민사집행제도의 운영에 심각한 지장을 줄 수 있으므로, 위와 같은 상황에서는 채무자의 제3자에 대한 점유이전을 압류의 처분금지효에 저촉되는 처분행위로 봄이 상당하다는 취지이다.

따라서 이와 달리 부동산에 가압류등기가 경료되어 있을 뿐 현실적인 매각절차가 이루어지지 않고 있는 상황에서는 채무자의 점유이전으로 인하여 제3자가 유치권을 취득한다고 하더라도 이를 처분행위로 볼 수는 없다(대법원 2009다19246).

---

24) 상당인과관계(相當因果關係) : 어떤 원인이 있으면 그러한 결과가 발생하리라고 보통 인정되는 상호관계
25) 현황조사보고서(現況調査報告書) : 법원이 경매개시결정을 한 후 집행관에게 부동산의 현상, 점유관계, 차임, 임대차보증금의 금액 및 기타 현황에 관한 조사를 명하고, 집행

가압류 목적물의 소유자인 채무자와 목적물에 대한 소유권 또는 담보권을 취득한 제3취득자 사이에서는 해당 거래행위가 유효하다. 다만, 그 거래행위의 유효함을 가압류채권자 및 가압류에 터 잡은 집행절차에 참가한 다른 채권자에게 주장할 수 없을 뿐이다(대법원 94마417 참조).

집행채무자가 압류가 집행된 후에 압류부동산을 제3자에게 양도한 경우에서 집행채무자에 대한 또 다른 채권자는 그 대상물이 존재하지 아니하므로, 중복하여 압류를 할 수 없고, 배당요구도 할 수 없다(대법원 97다57337 참조).

가압류집행 이후 목적물이 제3취득자에게 양도된 경우, 양도 전에 목적물을 가압류한 채권자들은 처분금지적 효력이 미치는 매각대금 부분에 관하여는 제3취득자의 채권자에 대하여 우선적으로 권리를 행사할 수 있다. 즉 제3취득자의 채권자는 매각대금 중 처분금지적 효력이 미치지 아니하는 부분에서만 배당을 받을 수 있을 뿐 처분금지적 효력이 미치는 부분의 매각대금에서는 배당을 받지 못한다(대법원 2006다19986 참조).

지명채권에 대한 가압류의 효력은 제3채무자에게 채권가압류재판의 정본이 송달되면 생긴다. 지명채권을 가압류할 때에는 채무자에게 채권의 처분과 영수를 금지하는 명령을 발하지는 않지만, 채권가압류집행이 있은 뒤에는 채무자는 채권을 처분할 수 없고, 제3채무자도 채무자에게 변제를 하는 등 채무를 소멸시키는 행위를 할 수 없다.

제3채무자가 가압류결정을 위반하여 채무자에게 변제를 하더라도 가압류채권자에게는 대항할 수 없으므로, 가압류채권자가 본안소송에서 집행권원을 얻은 다음 제3채무자에게 지급을 청구하면 이를 거절할 수 없으므로, 제3채무자는 이중지급의 위험을 부담하게 된다.

가압류가 집행된 채권도 이를 양도함에는 제한이 없다. 다만, 이러한 채권의 양수인은 가압류에 의하여 권리가 제한된 상태의 채권을 그대로 양수한다(대법원 99다238

관이 이를 조사하여 작성하는 보고서
26) 매각물건명세서(賣却物件明細書) : 경매절차에서 법원이 매수하려는 자 등이 매각물건의 정보를 볼 수 있도록 그 명세를 기록하여 비치한 문서

88 판결 참조).

　　채권가압류의 집행 후에 채무자와 제3채무자 사이에 변제 아닌 방법으로 피압류채권을 소멸시키는 행위를 한 경우, 제3채무자가 채권을 소멸 또는 감소케 하는 행위를 하는 것은 가압류의 효력을 부당하게 침해하는 것이 되어 허용되지 아니하므로, 이를 가지고 채권자에게 대항할 수 없다. 다만, 채권의 발생원인인 법률관계에 대한 채무자의 처분행위까지도 구속하는 효력은 없다.

　　채권에 대한 가압류는 제3채무자에 대하여 채무자에게의 지급 금지를 명하는 것이므로 채권을 소멸 또는 감소시키는 등의 행위는 할 수 없고 그와 같은 행위로 채권자에게 대항할 수 없는 것이지만, 채권의 발생원인인 법률관계에 대한 채무자의 처분까지도 구속하는 효력은 없다 할 것이므로 채무자와 제3채무자가 아무런 합리적 이유 없이 채권의 소멸만을 목적으로 계약관계를 합의해제한다는 등의 특별한 경우를 제외하고는, 제3채무자는 채권에 대한 가압류가 있은 후라고 하더라도 채권의 발생원인인 법률관계를 합의해제하고 이로 인하여 가압류채권이 소멸되었다는 사유를 들어 가압류채권자에 대항할 수 있다(대법원 2001. 6. 1. 선고 98다17930 판결).

　　일반적으로 채권에 대한 가압류가 있더라도 이는 가압류채무자가 제3채무자로부터 현실로 급부를 추심하는 것만을 금지하는 것이므로 가압류채무자는 제3채무자를 상대로 그 이행을 구하는 소송을 제기할 수 있고, 법원은 가압류가 되어 있음을 이유로 이를 배척할 수 없는 것이며, 채권양도는 구 채권자인 양도인과 신 채권자인 양수인 사이에 채권을 그 동일성을 유지하면서 전자로부터 후자에게로 이전시킬 것을 목적으로 하는 계약을 말한다 할 것이고, 채권양도에 의하여 채권은 그 동일성을 잃지 않고 양도인으로부터 양수인에게 이전된다 할 것이며, 가압류된 채권도 이를 양도하는 데 아무런 제한이 없으나, 다만 가압류된 채권을 양수받은 양수인은 그러한 가압류에 의하여 권리가 제한된 상태의 채권을 양수받는다고 보아야 할 것이다(대법원 2000. 4. 11.선고 99다23888 판결).

가압류가 집행되면 채무의 소멸시효가 중단된다. 이와 관련하여 몇 가지 사례를 살펴본다.

가압류를 신청할 당시에 이미 사망한 사람을 채무자로 지정한 경우에는 그 가압류 결정은 당연무효이므로, 소멸시효 중단의 문제는 있을 수 없다. 그러나 가압류를 신청할 당시에는 채무자가 살아 있었으나, 가압류명령 직전 또는 그 직후에 채무자가 사망한 경우에는 그 상속인들에게 효력이 있는 가압류명령이 되기 때문에 시효중단의 효력이 있다. 이와 같은 법리는 본압류에도 동일하게 적용된다.

가압류의 대상물이 유체동산이 아닌 경우에는 가압류신청 자체를 가압류명령의 신청과 아울러 가압류집행의 신청도 한 것으로 보기 때문에 가압류신청 당시에 소멸시효는 중단된다. 그러나 그 대상물이 유체동산인 경우에는 채권자가 가압류명령을 고지받은 때부터 2주 이내에 집행관에게 가압류의 집행을 신청하여야 하므로, 집행관이 가압류집행에 착수한 때(가압류할 유체동산을 물색하기 시작한 때)에 시효중단의 효력이 생긴다.

유체동산에 대한 가압류집행절차에 착수하지 아니한 경우에는 시효중단의 효력이 없고, 집행절차를 개시하였으나 가압류할 동산이 없기 때문에 집행불능이 된 경우에는 집행절차가 종료된 때로부터 시효가 새로이 진행된다(대법원 2011다10044).

5. 가압류와 다른 절차의 경합

가. 경합의 의의

가압류의 집행과 가압류·가처분·강제집행·체납처분의 집행이 동일한 물건·권리에 대하여 행하여지는 경우가 있다. 이들은 서로 병존할 수도 있고, 선행의 처분에 의하여 후행의 처분이 불허되는 경우도 있다. 이들 모든 경우를 일반적으로 '집행의 경합'이라고 한다.

나. 가압류와 가압류의 경합

동일한 채권자의 동일한 채권의 보전을 위하여 여러 개의 가압류를 하는 것은 보전의 필요성이 인정될 수 없어 허용되지 않는다. 그러나 동일한 채권자가 가진 여러 개의 채권을 위하여 여러 개의 가압류를 발령하는 것은 가능하다. 이는 여러 명의 채권자를 위하여 여러 개의 가압류를 발령하는 것과 마찬가지이기 때문이다. 이 경우 가압류채권자 상호간에는 우열이 없다(대법원 98다42615 판결 참조).

가압류의 집행이 경합된 경우에서 그 중 하나가 본압류로 이행되면 다른 가압류채권자는 배당받을 채권자의 지위가 된다(법 제148조제3호).

다. 가압류와 가처분의 경합

가압류와 가처분은 그 내용이 서로 모순·저촉되지 아니하는 한 경합이 가능하다. 집행의 대상물이 부동산인 경우에 있어서 서로 모순·저촉되는 가압류와 가처분 사이의 우열은 집행의 선후에 의하여 결정된다. 즉 후행의 보전처분은 선행의 보전처분에 의하여 보전된 청구권의 실행을 방해하지 아니하는 한도 내에서 효력을 갖는다는 의미이다.

부동산에 대하여 가압류등기가 된 경우에, 그 가압류채무자(현 소유자)의 전 소유자가 위의 가압류 집행에 앞서 같은 부동산에 대하여 소유권이전등기의 말소청구권을 보전하기 위한 처분금지가처분등기를 경료한 다음, 채무자를 상대로 매매계약의 해제를 주장하면서 소유권이전등기 말소소송을 제기한 결과 승소판결을 받아 확정되기에 이르렀다면, 위와 같은 가압류는 결국 말소될 수밖에 없고, 따라서 이러한 경우 가압류채권자는 민법 제548조 제1항 단서에서 말하는 제3자로 볼 수 없으며, 가처분채권자가 받은 본안판결이 전부 승소판결이 아닌 동시이행판결인 경우도 이와 달리 볼 이유가 없다(대법원 2005. 1. 14.선고 2003다33004).

　　동일한 부동산에 관하여 동일 순위로 등기된 가압류와 처분금지가처분의 효력은 그 당해 채권자 상호간에 한해서는 처분금지적 효력을 서로 주장할 수 없다(대법원 1998. 10. 30.선고 98마475).

라. 가압류와 강제집행의 경합

　　가압류와 금전채권에 터 잡은 강제집행은 가압류가 선행하는지 여부와 무관하게 경합이 가능하다. 따라서 가압류가 집행된 뒤에도 다른 금전채권자는 가압류의 목적물에 대하여 강제집행을 신청할 수 있다.

　　가압류를 집행한 후에 다른 채권자가 강제집행을 개시하여 그 절차가 진행되는 동안에 가압류채권자를 위한 본집행이 개시되면 안분배당을 하게 되고, 다른 채권자의 강제집행절차가 배당의 단계에 이르도록 가압류에 의한 본집행이 개시되지 아니한 때에는 나중에 가압류채권자에게 배당하여야 할 금액은 공탁을 하게 된다(법 제160조제1항제2호).

　　가압류가 집행된 채권에 대하여 추심명령은 가능하지만, 전부명령은 허용되지 않는다. 전부명령은 피전부채권의 종국적 이전을 가져오는 절차이기 때문이다.

마. 가압류와 체납처분의 경합

「국세징수법」 제35조는 "재판상의 가압류 또는 가처분 재산이 체납처분 대상인 경우에도 이 법에 따른 체납처분을 한다."고 규정하고, 「국세기본법」 제35조제1항본문은 "국세 및 강제징수비는 다른 공과금이나 그 밖의 채권에 우선하여 징수한다."고 규정하여 국세우선주의의 원칙을 천명하고 있다. 따라서 가압류집행이 선행되었더라도 그에 구애되지 않고 국세의 집행이 우선한다.

현행법상 국세체납절차와 민사집행절차는 별개의 절차로서 양 절차 상호간의 관계를 조정하는 법률의 규정이 없으므로 한쪽의 절차가 다른 쪽의 절차에 간섭할 수 없는 반면, 쌍방 절차에서 각 채권자는 서로 다른 절차에서 정한 방법으로 그 다른 절차에 참여할 수밖에 없으므로(대법원 1999. 5. 14. 선고 99다3686 판결 참조), 동일한 채권에 대하여 체납처분절차에 의한 압류와 민사집행절차에 의한 압류가 서로 경합하는 경우에도 세무공무원은 체납처분에 의하여 압류한 채권을 추심할 수 있고, 청산절차가 종결되면 그 채권에 대한 민사집행절차에 의한 가압류나 압류의 효력은 상실된다. 따라서 보전처분에 기하여 가압류가 된 채권에 대하여 체납처분에 의한 압류가 있고 그에 기하여 피압류채권의 추심이 이루어진 후에 그 체납처분의 기초가 된 조세부과처분이 취소되었다고 하더라도, 특별한 사정이 없는 한 그 환급금채권은 조세를 납부한 자에게 귀속되므로 민사집행절차에 의한 가압류 및 압류 채권자로서는 조세부과처분의 취소에 따른 환급금에 대하여 부당이득반환을 구할 수는 없다(대법원 2002. 12. 24.선고 2000다26036).

제3절 가압류집행의 취소 및 본압류로의 이전

1. 가압류집행의 취소

가. 가압류집행의 취소란?

가압류집행의 취소는 이미 실시한 가압류집행을 장래를 향하여 취소하는 것을 말하므로, 사실은 '철회'에 해당한다. 그러나 이 취소에는 원상회복이 따를 경우도 있으므로, 고유 의미의 취소에 해당할 수도 있다. 이는 채권자가 스스로 취소하는 '취하'와는 다른 것이다. 그리고 가압류결정 그 자체의 취소와 다른 점은 앞에서 검토하였다.

가압류집행의 취소신청권자는 채권자와 채무자 또는 그의 승계인이다. 이하 이를 사례별로 나누어서 검토한다.

나. 채권자의 집행취소신청

채권자는 가압류의 집행상태가 계속되고 있는 동안에는 언제든지 그 집행을 취소해 달라고 신청할 수 있다. 이를 '집행해제신청' 또는 '집행신청의 취하'라고 부르기도 한다.

채권자의 집행취소신청은 채무자에게는 아무런 불이익을 주지 않는 행위이므로, 채권자가 집행취소신청을 함에는 채무자의 동의는 필요로 하지 않는다. 그리고 채무자도 이 신청에 대하여는 이의를 신청할 실익이 없다.

이 신청은 집행기관에 대하여 하여야 한다. 부동산, 채권 등에 대한 가압류는 그 가압류를 집행한 기관인 법원에 대하여, 동산에 대한 가압류의 집행이면 그 집행기관인 집행관에 대하여 각각 취소신청을 하여야 한다.

[가압류집행 해제신청서]

가압류집행 해제신청

사건번호   2025카○○○호 채권가압류

채 권 자   성명(-   )
            주소
            전화번호

채 무 자   성명(-   )
            주소

위 당사자 사이의 귀원 위 가압류사건에 관하여 쌍방 원만히 합의가 이루어졌으므로, 별지 목록 기재 부동산에 대한 가압류집행을 해제하여 주시기 바랍니다.

2025. ○. ○.

위 채권자   ○○○(인)

○○○○법원   귀중

※ 가압류의 목적물이 등기나 등록에 의하여 공시되는 물건인 때에는 해당 등기나 등록에 기입된 가압류등기(등록)를 말소할 수 있는 서류를 덧붙여야 한다.

다. 해방금공탁에 따른 취소

가압류절차는 강제집행절차를 준용하므로, 집행에 관한 이의신청·즉시항고·제3자이의의 소 등의 절차에 의해서도 취소될 수 있다.

가압류집행의 취소 중에서도 가장 많이 활용되는 것은 가압류해방금공탁에 의한 취소가 있다.

법원이 채무자에게 가압류결정을 송달할 때에는 가압류해방공탁금액을 고지하여야 한다. 채무자는 이 결정에 터 잡아 법원에 가압류해방금을 공탁하고, 그 공탁서를 첨부하여 집행법원에 가압류의 취소를 신청할 수 있다. 법원은 이 신청을 받으면 가압류를 반드시 취소하여야 한다(법 제299조제1항).

가압류해방금액은 채무자가 입을 수 있는 손해를 담보하는 취지의 이른바 소송상의 담보와는 달리 가압류의 목적물에 갈음하는 것으로서 금전의 공탁만이 허용되고, 유가증권에 의한 공탁은 그 유가증권이 실질적 통용가치가 있는 것이라고 하더라도 허용되지 않는 것이다(대법원 96마162).

[해방금공탁에 따른 가압류취소신청서]

가 압 류 취 소 신 청

사 건   2025카단○○○○호 부동산가압류

신 청 인   성명 ○ ○ ○(-   )
(채무자)   주소

피신청인   성명 ○ ○ ○
(채권자)   주소

위 당사자 사이의 위 사건에 관하여 신청인은 법원에서 결정한 가압류해방금을 공탁하였으므로, 위 가압류집행을 취소하여 주시기 바랍니다.

첨 부 서 류

1. 부동산가압류결정 등본 1통.
1. 공탁서 1통.
1. 송달료납부서 1통.
1. 등록세영수필통지서 1통.

2025. ○. ○.

위 신청인(채무자) ○ ○ ○(인)

○○지방법원 귀중

＊ 인지대는 10,000원을, 등기신청수수료는 부동산 1개마다 3,000원을 각각 납부한다.

＊등기신청수수료는 '인터넷등기소'에서도 납부할 수 있다.

　＊ 등록세(교육세 포함)는 부동산 1개 마다 3,600원을 시·군·구청에 납부한다.

　＊ 송달료는 당사자의 수 × 2회분 × 5,200원을 예납한다.

라. 가압류이유의 소멸 또는 사정변경에 따른 취소

채무자는 가압류이유가 소멸되거나 그 밖에 사정이 바뀐 때에는 가압류가 인가된 뒤에도 그 취소를 신청할 수 있다(법 제288조제1항제1호).

가압류이유가 소멸되거나 사정이 바뀐 때라고 함은 채권자와의 관계에서 변제, 변제공탁, 상계 또는 소멸시효의 완성 등으로 인하여 채무가 소멸한 경우 등을 말한다.

채권자가 가압류결정을 수령한 뒤 2주가 지나도록 가압류집행이 이루어지지 아니한 경우도 여기에 해당한다. 또 담보를 제공할 것을 조건으로 가압류를 인가한 경우에서 채권자가 담보를 제공하지 아니한 경우도 사정변경에 해당한다.

가압류결정 이후 가압류채권자가 본안소송에서 패소판결을 받고, 그 판결이 상급심에서 변경될 가능성이 없다고 인정되는 경우에도 사정변경이 있는 경우에 해당한다(대법원 2004다29248 판결 참조).

[압류이유 소멸에 따른 가압류취소신청서]

가 압 류 취 소 신 청

신 청 인(채무자)   성명 ○○○(-   )
                       주소
                       전화번호
피신청인(채권자)   성명 ○○○(-   )
                       주소
                       전화번호

신 청 취 지

1. 위 당사자 사이의 귀원 2024카단○○○○호 부동산가압류신청사건에 관하여
   귀원이 2024. ○. ○. 발령한 가압류결정은 이를 취소한다.
2. 소송비용은 피신청인의 부담으로 한다.
라는 재판을 구합니다.

신 청 이 유

1. 피신청인은 신청인을 상대로 2024. ○. ○. 귀원 2024카단○○○○호 부동산가
   압류결정을 받아 같은 해 ○. ○○. 가압류집행을 마쳤습니다.
2. 신청인은 위 가압류집행 이후인 2025. ○. ○. 피신청인의 청구채권인 돈
   50,000,000원을 피신청인 앞으로 변제공탁을 한 사실이 있으므로, 위 가압류
   결정을 취소하여 주시기 바랍니다.

첨 부 서 류

1. 공탁서 사본 1통.
1. 송달료납부서 1통.
1. 신청서 부본 1통.

2025. ㅇ. ㅇ.

위 신청인(채무자)　ㅇ　ㅇ　ㅇ(인)

○○지방법원 귀중

※ 인지대는 10,000원을 납부한다.

※ 송달료는 당사자의 수 × 8회분 × 5,200원에 해당하는 금액을 예납한다.

마. 가압류 집행 후 3년 동안 본안소송 미제기에 따른 취소

가압류가 집행된 뒤에 채권자가 3년 동안 본안의 소를 제기하지 아니한 때에는 채무자는 가압류의 취소를 신청할 수 있다. 이 취소는 이해관계인도 신청할 수 있다(법제288조제1항제3호).

가압류의 집행이 완료된 후 3년이 경과하면 취소의 요건이 완성되므로, 그 후에 본안의 소를 제기했더라도 가압류의 취소를 배제하는 효력이 생기지는 않는다(대법원 99다37887 판결 참조).

[가압류 집행 후 3년 도과에 따른 가압류취소신청서]

가 압 류 취 소 신 청

신 청 인(채무자)　성명 ○○○(　　　－　　　)

　　　　　　　　주소

　　　　　　　　전화번호

피신청인(채권자)　성명 ○○○(　　　－　　　)

　　　　　　　　주소

　　　　　　　　전화번호

신 청 취 지

1. 위 당사자 사이의 귀원 2022카단○○○호 부동산가압류신청사건에 관하여 귀원이 2022. ○. ○.자로 한 가압류결정은 이를 취소한다.
2. 소송비용은 피신청인의 부담으로 한다.

라는 재판을 구합니다.

신 청 이 유

1. 피신청인은 신청인을 상대로 2022. ○. ○. 귀원 2022카단○○○호 부동산가압류결정을 받아 같은 달 ○○. 신청인 소유 별지 목록 기재 부동산에 대하여 가압류집행을 마쳤습니다.
2. 그런데 피신청인은 위 가압류집행을 마친 후 3년이 경과하도록 본안의 소를 제기한 사실이 없습니다. 따라서 위 가압류는 취소되어야 하므로, 이 신청에 이르렀습니다.

소 명 방 법

1. 소을 제1호증 부동산가압류결정 등본
1. 소을 제2호증 부동산등기사항전부증명서

첨 부 서 류

1. 위 소명방법 각 1통.
1. 송달료납부서 1통.

2025. ○. ○.

위 신청인(채무자) ○ ○ ○(인)

○○지방법원 귀중

※ 인지대는 10,000원을 납부한다.

※ 송달료는 당사자의 수 × 8회분 × 5,200원에 해당하는 금액을 예납하고, 그 영수증
  인 송달료납부서를 덧붙인다.

바. 법원의 취소재판

채무자는 가압류명령 이후 이의신청·즉시항고·취소신청·제3자이의의 소[27] 등의 절차를 통하여 가압류집행을 취소하는 재판을 받을 수도 있다. 이와 같은 재판을 받으면 법 제49조 및 제50조의 규정에 따라 집행법원에 가압류집행의 취소를 신청할 수 있다.

앞에서 검토했던 가압류해방금의 공탁, 가압류이유의 소멸이나 사정변경, 가압류집행 후 3년 동안 본안소송 미제기 등에 따른 취소는 가압류명령 자체의 취소인 반면, 여기의 취소는 가압류집행행위의 취소이다.

2. 본압류로의 이전

가. 본압류로의 이전이란?

만약 가압류채권자가 가압류를 집행하지 아니한 채 본안소송을 제기하여 승소확정판결을 받는다면 그 판결을 집행권원으로 하여 강제집행을 할 때에 본압류를 집행하게 된다.

그러나 가압류채권자는 이미 가압류를 집행해두었기 때문에 본안에서 승소확정판결을 받은 뒤에 다시 동일한 채무자의 재산에 대하여 별도의 압류를 실시하기보다는 이미 집행한 가압류를 간편한 절차에 의해 본압류로 전환하면 압류의 효력이 생긴다. 이처럼 가압류를 본압류로 전환하면서 강제집행을 개시하는 절차를 '본압류로의 이전'이라고 한다.

나. 본압류로의 이전 절차 및 효과

가압류에서 본압류로 이전하는 절차는 압류의 대상물이 무엇인가에 따라 그 방법을 달리한다.

---

27) 제3자이의의 소(第三者異意의 訴) : 제3자이의의 소는 가압류나 압류의 집행을 받은 제3자로서 목적물에 대한 소유권을 가지거나 목적물의 양도 또는 인도를 막을 수 있는 권리를 가진 자가 제기하는 소송을 말한다.

유체동산의 경우에는 집행관이 이미 압류대상 물건을 점유하고 있으므로, 채권자가 집행관에게 현금화절차를 위임함으로써 집행하면 된다. 대상물이 채권인 경우에는 본압류로 이전하면서 동시에 추심명령 또는 전부명령을 신청하여 집행하게 된다.

추심명령은 채무자가 제3채무자에 대하여 가지고 있는 채권을 대위절차 없이 채무자를 대신하여 직접 추심(推尋 : 변제를 수령함)할 권리를 집행채권자에게 부여하는 집행법원의 결정을 말한다.

전부명령(轉付命令)은 압류한 금전채권을 권면액(券面額)으로 집행채권과 집행비용청구권의 변제에 갈음하여 압류채권자에게 이전하는 집행법원의 명령이다.

전부명령으로 압류채권자는 만족을 얻기 때문에 이후의 위험부담은 채권자에게 이전된다. 전부명령의 경우는 다른 채권자의 배당가입(配當加入)을 허용하지 않고 압류채권자는 우선적으로 변제를 받으므로, 우리나라에서는 추심명령보다 많이 이용되는 경향이 있다. 다만 금전 이외의 유체물의 인도청구를 목적으로 하는 채권이나 당사자 사이에 양도금지의 특약 있는 채권 등은 전부명령을 발하는 데 적당하지 않고, 이미 압류가 경합된 채권이나 이미 배당요구가 있는 채권도 배당평등주의를 해치기 때문에 전부명령이 불가능하다.

전부명령이 발해지면 채권자는 압류채권의 주체가 되므로, 담보권도 채권자에게 이전되고 제3채무자는 압류채권자의 채무자로 되며, 채무자에 대한 항변사유(抗辯事由)로써 채권자에게 대항할 수 있게 된다. 압류채권자 이외의 제3자는 전부명령 후에는 배당요구를 할 수 없다.

전부명령은 추심명령보다 허용 범위가 약간 제한되기는 하지만 이를 고려하지 않는다면 금전채권의 현금화방법으로서 전부명령과 추심명령 중 어느 것을 선택할 것인가는 원칙적으로 압류채권자의 의사에 달려있다. 그러나 전부명령의 경우에는 다른 채권자가 배당요구를 할 수 없어 압류채권자가 독점적 만족을 얻을 수 있는 이점이 있는 반면 제3채무자가 무자력인 때에는 전혀 만족을 얻을 수 없게 되는 위험을 부담하게 되고, 추심명령의 경우에는 그와 반대의 상황이 된다. 따라서 실무에서는 제3채무자의 자력이 확실할 때에만 전부명령을 신청한다.

부동산에 대한 가압류가 집행된 후 그 가압류가 강제경매개시결정 등으로 인하여 본압류로 이행된 경우에는 가압류집행이 본집행에 포섭됨으로써 당초부터 본집행이 행하여진 것과 같은 효력이 있고, 본집행이 유효하게 존속하는 한 그 가압류등기는 집행법원의 말소촉탁이 있는 경우라도 말소할 수 없다(대법원 2012마180).

가압류와 강제집행의 효력은 연속일체를 이루는 것이므로, 본집행인 강제집행절차가 집행목적 달성이 불가능하게 되어 종료된 경우에는 그에 선행한 가압류집행도 효력을 상실한다(대법원 80마146).

[가압류를 본압류로 이전하는 채권압류 및 추심명령신청서)

가압류로부터 본압류로 이전하는 채권압류 및 추심명령신청

채 권 자   성명 김 ○ ○(－   )
            주소
채 무 자   성명 이 ○ ○(－   )
            주소
제3채무자   성명 박 ○ ○
            주소

청구채권의 표시

1. 돈 20,000,000원(○○지방법원 2023가단○○○호 대여금청구사건의 집행력 있는 판결정본에 터 잡은 채권)
2. 위 금원에 대한 2022. 1. 1.부터 2023. 1. 1.까지는 연 5%, 2023. 1. 2.부터 다 갚는 날까지는 연 12%의 비율로 계산한 이자 및 지연손해금

이전하는 압류 및 추심할 채권의 표시

1. 돈 50,000,000원 중 위 청구채권액
2. 채무자가 제3채무자에 대하여 갖고 있는 임대보증금(서울 ○○구 ○○길 ○○-○ 단독주택 2층)의 반환청구채권

신 청 취 지

1. 위 청구채권의 변제에 충당하기 위하여 ○○지방법원 2022카단○○○호로 가압류한 채권은 ○○지방법원 2023가단○○○○호 대여금청구사건의 집행력 있는 판결 정본에 터 잡아 이를 본압류로 이전한다.
2. 이 명령에 의하여 압류한 채권은 이를 채권자가 추심할 수 있다.
라는 재판을 구합니다.

신 청 원 인

1. 채권자는 채무자에 대하여 20,000,000원의 대여금청구채권에 터 잡아 채무자의 제3채무자에 대한 임대보증금반환청구채권에 대하여 2022. 1. 1. 가압류집행을 하였습니다.
2. 위 가압류를 집행한 뒤 채권자는 채무자를 상대로 귀원 2023가단○○○○호 대여금청구사건에서 2023. 2. 2. 집행력 있는 확정판결을 얻었습니다.

3. 따라서 채권자는 2022카단○○○호 채권가압류결정으로 집행을 보전한 돈 20,000,000원과 그에 대한 이자채권 및 지연손해금채권을 추심하기 위하여 이 신청을 하게 되었습니다.

소명자료 및 첨부서류

1. 채권가압류결정 및 송달증명원 각 1통.
1. 집행력 있는 판결 정본 1통.
1. 송달료납부서 1통.

2025. ○. ○.

위 채권자(신청인) 김 ○ ○(인)

○○○○지방법원 귀중

* 이 신청서에는 4,000원의 인지(압류부분 2,000원, 추심명령 부분 2,000원)를 붙인다.
* 송달료는 당사자의 수 × 3회분 × 5,200원에 해당하는 금액을 예납한다.
* 가압류를 본압류로 이전하면서 전부명령을 신청하는 경우에도 요령은 위와 같다.
* 가압류가 유효해야만 본압류로 이전할 수 있다. 가압류가 채무자 및 제3채무자에게 송달되어야 가압류의 효력이 생긴다. 따라서 가압류의 효력이 발생하였다는 점을 소명하는 자료로써 송달증명서를 첨부하는 것이다. 송달증명서는 이 신청서를 제출하는 자리에서 즉시 교부신청이 가능하다.

3. 압류할 수 없는 물건

「민사집행법」의 규정

제195조(압류가 금지되는 물건) 다음 각호의 물건은 압류하지 못한다.

1. 채무자 및 그와 같이 사는 친족(사실상 관계에 따른 친족을 포함한다. 이하 이 조에서 "채무자등"이라 한다)의 생활에 필요한 의복·침구·가구·부엌기구, 그 밖의 생활 필수품

2. 채무자등의 생활에 필요한 2월간의 식료품·연료 및 조명재료

3. 채무자등의 생활에 필요한 1월간의 생계비로서 대통령령이 정하는 액수의 금전

4. 주로 자기 노동력으로 농업을 하는 사람에게 없어서는 아니 될 농기구·비료·가축·사료·종자, 그 밖에 이에 준하는 물건

5. 주로 자기의 노동력으로 어업을 하는 사람에게 없어서는 아니 될 고기잡이 도구·어망·미끼·새끼고기, 그 밖에 이에 준하는 물건

6. 전문직 종사자·기술자·노무자, 그 밖에 주로 자기의 정신적 또는 육체적 노동으로 직업 또는 영업에 종사하는 사람에게 없어서는 아니 될 제복·도구, 그 밖에 이에 준하는 물건

7. 채무자 또는 그 친족이 받은 훈장·포장·기장, 그 밖에 이에 준하는 명예증표

8. 위패·영정·묘비, 그 밖에 상례·제사 또는 예배에 필요한 물건

9. 족보·집안의 역사적인 기록·사진첩, 그 밖에 선조숭배에 필요한 물건

10. 채무자의 생활 또는 직무에 없어서는 아니 될 도장·문패·간판, 그 밖에 이에 준하는 물건

11. 채무자의 생활 또는 직업에 없어서는 아니 될 일기장·상업장부, 그 밖에 이에 준하는 물건

12. 공표되지 아니한 저작 또는 발명에 관한 물건

13. 채무자등이 학교·교회·사찰, 그 밖의 교육기관 또는 종교단체에서 사용하는 교과서·교리서·학습용구, 그 밖에 이에 준하는 물건

14. 채무자등의 일상생활에 필요한 안경·보청기·의치·의수족·지팡이·장애보조용 바퀴의자, 그 밖에 이에 준하는 신체보조기구

15. 채무자등의 일상생활에 필요한 자동차로서 자동차관리법이 정하는 바에 따른 장애인용 경형자동차

16. 재해의 방지 또는 보안을 위하여 법령의 규정에 따라 설비하여야 하는 소방설비·경보기구·피난시설, 그 밖에 이에 준하는 물건

「민사집행법」제195조 제3호는 "채무자등의 생활에 필요한 1월간의 생계비로서 대통령령이 정하는 액수의 금전"은 압류할 수 없다고 규정하였다.

위 규정에 따라 「민사집행법 시행령」제2조는 압류금지 생계비를 185만원으로 정하였다. 다만, 법 제246조제1항제8호에 따라 압류하지 못한 예금(적금·부금·예탁금과 우편대체를 포함한다)이 있으면 185만원에서 그 예금등의 금액을 뺀 금액으로 한다.

4. 압류할 수 없는 채권

「민사집행법」의 규정

제246조(압류금지채권) ① 다음 각호의 채권은 압류하지 못한다.

1. 법령에 규정된 부양료 및 유족부조료(遺族扶助料)

2. 채무자가 구호사업이나 제3자의 도움으로 계속 받는 수입

3. 병사의 급료

4. 급료 · 연금 · 봉급 · 상여금 · 퇴직연금, 그 밖에 이와 비슷한 성질을 가진 급여채권의 2분의 1에 해당하는 금액. 다만, 그 금액이 국민기초생활보장법에 의한 최저생계비를 감안하여 대통령령이 정하는 금액에 미치지 못하는 경우 또는 표준적인 가구의 생계비를 감안하여 대통령령이 정하는 금액을 초과하는 경우에는 각각 당해 대통령령이 정하는 금액으로 한다.

5. 퇴직금 그 밖에 이와 비슷한 성질을 가진 급여채권의 2분의 1에 해당하는 금액

6. 「주택임대차보호법」 제8조, 같은 법 시행령의 규정에 따라 우선변제를 받을 수 있는 금액

7. 생명, 상해, 질병, 사고 등을 원인으로 채무자가 지급받는 보장성보험의 보험금(해약환급 및 만기환급금을 포함한다). 다만, 압류금지의 범위는 생계유지, 치료 및 장애회복에 소요될 것으로 예상되는 비용 등을 고려하여 대통령령으로 정한다.

8. 채무자의 1월간 생계유지에 필요한 예금(적금 · 부금 · 예탁금과 우편대체를 포함한다). 다만, 그 금액은 「국민기초생활 보장법」에 따른 최저생계비, 제195조제3호에서 정한 금액 등을 고려하여 대통령령으로 정한다.

② 법원은 제1항제1호부터 제7호까지에 규정된 종류의 금원이 금융기관에 개설된 채무자의 계좌에 이체되는 경우 채무자의 신청에 따라 그에 해당하는 부분의 압류명령을 취소하여야 한다.

③ 법원은 당사자가 신청하면 채권자와 채무자의 생활형편, 그 밖의 사정을 고려하여 압류명령의 전부 또는 일부를 취소하거나 제1항의 압류금지 채권에 대하여 압류명령을 할 수 있다.

④ 제3항의 경우에는 제196조제2항 내지 제5항의 규정을 준용한다.

법 제246조제1항제4호 단서에서 "「국민기초생활 보장법」에 의한 최저생계비를 감안하여 대통령령이 정하는 금액"이란 월 185만원을 말한다.

법 제246조제1항제4호 단서에서 규정한 "표준적인 가구의 생계비를 감안하여 대통령령이 정하는 금액"이란 300만원 이상으로서 〔월 300만원 + 법 제246조제1항제4호 본문에 따른 압류금지금액(월액으로 계산한 금액을 말한다)에서 월 300만원을 뺀 금액의 2분의 1〕을 말한다.

급여채권의 금액을 계산할 때 채무자가 다수의 직장으로부터 급여를 받거나 여러 종류의 급여를 받는 경우에는 이를 합산한 금액을 급여채권으로 한다.

제2장 가처분

제1절 가처분의 명령절차

1. 가처분이란?

가처분(假處分)은 「민사집행법」상 강제집행을 보전(保全)하기 위한 제도로서 가압류와 함께 보전처분의 일종이다. 이는 금전채권을 제외한 채권의 집행보전을 위하여 이용되며, '특정물채권의 집행보전을 위한 다툼의 대상에 관한 가처분'과 '권리의 보전을 위한 임시의 지위를 정하기 위한 가처분'의 두 가지로 나뉜다.

2. 가처분의 종류 및 요건

가. 다툼의 대상에 관한 가처분

1) 들어가는 글

다툼의 대상에 관한 가처분은 현상(現狀)이 바뀌면 당사자가 권리를 행사하지 못하거나 이를 실행하는 것이 매우 곤란할 염려가 있을 경우에 한다(법 제300조제1항).

현상의 변경은 다툼의 대상에 관하여 발생할 것을 요하므로, 채무자의 재산상태가 악화된다거나 채무자의 다른 재산으로부터 채권의 만족을 얻을 수 없는 등의 사유는 여기에서는 고려의 대상이 되지 않는다.

「민사집행규칙」의 관련 규정

제215조(처분금지가처분의 집행) 물건 또는 권리의 양도, 담보권 설정, 그 밖의 처분을 금지하는 가처분의 집행은 그 성질에 어긋나지 아니하는 범위 안에서 가압류의 집행의 예에 따라 실시한다.

제216조(그 밖의 재산권에 대한 가처분) 권리이전에 등기 또는 등록이 필요한 그 밖의 재산권에 대한 가처분에는 제213조제1항의 규정을 준용한다.

제217조(예탁유가증권에 대한 가처분) 예탁유가증권의 처분을 금지하는 가처분에는 제214조의 규정을 준용한다.

제213조(채권과 그 밖의 재산권에 대한 가압류) ① 권리이전에 등기 또는 등록이 필요한 그 밖의 재산권에 대한 가압류는 등기 또는 등록을 하는 곳을 관할하는 지방법원이나 본안의 관할법원이 관할한다.

제214조(예탁유가증권에 대한 가압류) ① 예탁유가증권[28]을 가압류하는 때에는 예탁원 또는 예탁자에 대하여 예탁유가증권지분에 관한 계좌대체와 증권의 반환을 금지하는 명령을 하여야 한다.

② 예탁유가증권에 대한 가압류에는 제159조, 제160조제1항, 제178조, 법 제188조제2항, 법 제226조, 법 제227조제2항·제3항, 법 제234조, 법제235조, 법 제237조제2항·제3항 및 법 제296조제2항의 규정을 준용한다. 이 경우 제159조제1항제1호, 제160조제1항, 법 제226조, 법 제227조제2항·제3항 및 법 제237조제2항·제3항에 "제3채무자"라고 규정된 것은 "예탁원 또는 예탁자"로, 법 제296조제2항에 "채권가압류"라고 규정된 것은 "「민사집행규칙」 제214조제1항의 가압류"로 본다.

---

28) 예탁유가증권 : 「증권거래법」에 의해 예탁자인 증권회사나 외국환은행으로부터 증권예탁원이 예탁 받은 유가증권

다툼의 대상에 관한 가처분과 관련하여 대법원의 태도를 개략적으로 정리해본다. 이는 피보전권리 및 보전의 필요성과 관련한 내용이다.

피보전권리가 금전적 청구권이 아닌 한 물권적 청구권인지 채권적 청구권인지는 따지지 않는다. 신분법상의 청구권도 무방하다. 채권자의 채무자에 대한 금전청구권은 피보전권리로 할 수 없지만, 채무자의 제3채무자에 대한 금전청구권은 피보전권리가 될 수 있다.

조건부·기한부 또는 장래이행청권도 피보전권리가 될 수 있다. 따라서 토지거래계약허가구역 안에 있는 토지에 대한 매매계약에 터 잡은 소유권이전등기청구권은 조건부 또는 부담부 청구권에 해당하지 않아 피보전권리가 될 수 없으나, 토지거래허가의 신청절차에 협력할 것을 구하는 청구권은 피보전권리가 된다.

등기청구권 보전을 위한 가등기가처분은 「부동산등기법」의 규정에 의하여 「비송사건절차법」에 따라 심판이 되므로, 여기의 가처분에 의하여 처리될 수는 없다.

피보전권리와 본안의 소송물인 권리관계가 엄격히 일치할 필요는 없고, 청구의 기초에 동일성이 있으면 가처분이 허용된다.

채권자의 청구권이 본권(本權) 없는 점유권에 터 잡은 것일지라도 피보전권리가 될 수 있다.

같은 피보전권리에 대하여 다른 채권자가 같은 내용의 가처분을 집행했더라도 보전의 필요성이 부인되지 않는다. 그러나 법률상 다른 구제수단이 있을 때에는 보전의 필요성이 부인된다.

피보전권리가 소명되면 보전의 필요성도 소명된 것으로 처리한다. 이 점은 만족적 가처분(임시의 지위를 정하는 가처분)과 다른 점이다.

어느 토지나 건물의 소유자가 종전부터 향유하고 있던 경관이나 조망, 조용하고 쾌적한 종교적 환경 등이 그에게 하나의 생활이익으로서의 가치를 가지고 있다고 객관적으로 인정된다면 법적인 보호의 대상이 될 수 있는 것이므로, 인접 대지

위에 건물의 건축 등으로 그와 같은 생활이익이 침해되고, 그 침해가 사회통념상 일반적으로 수인(受忍)할 정도를 넘어선다고 인정될 경우에는 위 토지 등의 소유자는 그 소유권에 기하여 건물의 건축금지 등 방해의 제거나 예방을 위하여 필요한 청구를 할 수 있다(대법원 98다47528 판결).

명예는 생명, 신체와 함께 매우 중대한 보호법익이고, 인격권으로서의 명예권은 물권과 마찬가지로 배타성을 가지는 권리라고 할 것이므로, 사람의 품성, 덕성, 명성, 신용 등의 인격적 가치에 관하여 사회로부터 받는 객관적인 평가인 명예를 위법하게 침해당한 자는 손해배상 또는 명예회복을 위한 처분을 구할 수 있는 이외에 인격권으로서의 명예권에 기초하여 가해자에 대하여 현재 이루어지고 있는 침해행위를 배제하거나 장래에 생길 침해를 예방하기 위하여 침해행위의 금지를 구할 수도 있다(대법원 2003마1477).

부동산의 공유지분권자가 공유물분할의 소를 본안으로 제기하기에 앞서 그 승소판결이 확정됨으로써 취득할 특정부분에 대한 소유권을 피보전권리로 하여 부동산 전부에 대한 처분금지가처분도 할 수 있다(대법원 2000마6135).

세무서장이 상속인에게 부과처분한 상속세에 관하여 경매법원에 대하여 한 교부청구는 국세징수법상의 체납처분의 일종으로서 그 자체가 행정처분이므로, 신청인이 주장하는 상속세 우선교부청구권부존재확인소송은 행정소송의 대상이고, 위 본안소송을 위한 보전절차로서 피신청인으로 하여금 위 교부청구한 배당금 수령을 금지하여 달라는 신청은 결국 행정처분의 집행을 막아달라는 것이 되어 「행정소송법」 제10조에 의한 집행정지결정을 구하는 방법에 의하여야 하고, 민사상 가처분으로는 할 수 없다(대법원 74마446).

건축 관계 법령에 규정된 일조권(日照權) 등의 확보를 위한 높이제한 규정, 이웃나라 일본의 규정과 실무와의 대비 등을 고려하여 볼 때 경인지역에 있어서의 아파트와 같은 공동주택의 경우에는 동지일(冬至日)을 기준으로 9시부터 15시까지의 6시간 중 일조시간이 연속하여 2시간 이상 확보되는 경우 또는 동지일을 기준으로 8시에서 16시까지 사이의 8시간 중 일조시간이 통틀어서 최소한 4시간 정도 확보되는 경우에는 이를 수인하여야 하고, 그 두 가지 중 어느 것에도 속하지 아니하는 일조저해(日照沮害)의 경우에는 수인한도(受忍限度)를 넘는다고 봄이 상당하다(대법원 94나11806).

가처분 신청인에게 그 계쟁물에 대하여 소유권이 없고 비록 종말에 가서는 그 목적물의 소유자에게 인도를 하여 주어야 하고 그때까지는 신청인의 점유가 불법점유라 할 수 있을지언정 정당한 절차를 밟아 신청인이 그 목적물을 인도할 때까지는 점유자라 할 것이므로, 그 점유의 방해를 받을 염려가 있는 때에는 그 방해의 예방을 청구할 수 있고 그 밖의 조처도 청구할 수 있다(대법원 1967. 4. 4.선고 66다2641).

2) 점유이전금지가처분

점유이전금지의 가처분은 특정물에 대한 현재의 점유상태를 변경하지 못하게 하는 가처분이다. 권리자가 물건의 인도청구권에 관한 판결을 받아 이를 강제집행을 하려고 할 때 사실심[29]의 변론종결 전에 피고가 그 판결상의 피고 아닌 사람에게 점유를 이전해두면 강제집행을 할 수 없게 된다. 변론종결 후의 승계인이 아니기 때문이다. 이와 같은 현상변경을 막기 위한 것이 이 제도의 취지이다.

---

29) 사실심(事實審) : 사실심은 민사소송의 제1심 및 제2심을 말한다. 이에 대비하여 상고심은 법률심이라고 한다.

이 가처분을 신청하기 위해서는 목적물에 대한 이행청구권이 있고, 보전의 필요성이 인정되어야 한다.

다툼의 대상에 관한 가처분의 피보전권리는 금전채권이 아닌 특정물에 대한 이행청구권(주로 인도청구권)이다. 따라서 이 피보전권리의 본안소송은 대부분 이행의 소가 될 것이다. 청구권은 소의 이익이 있는 것으로서 사법상(私法上)의 권리이기만 하면 그 종류는 묻지 않는다. 그 의무의 내용은 물건의 인도·철거, 물건에 대한 권리의 이전 등 작위의무, 물건의 이용에 관한 부작위의무, 출입의 허용과 같은 수인의무(受忍義務) 등이 그것이다.

조건이 붙은 채권이거나 기한이 차지 아니한 채권일지라도 가처분을 할 수 있다. 동시이행의 항변권이나 유치권이 붙어있는 채권이라도 피보전권리가 될 수 있다. 청구권의 권원이 소유권 아닌 점유권일지라도 무방하다는 것이 대법원의 입장이다.

다만, 등기청구권을 보전하기 위한 목적의 가등기가처분은 「부동산등기법」 제90조의 규정에 따라야 하므로, 「비송사건절차법」의 규정에 의해 심판한다.

보전처분의 피보전권리와 본안의 소송물인 권리는 엄격히 일치함을 요하지 않으며, 청구의 기초의 동일성이 인정되는 한 그 보전처분에 의한 보전의 효력은 본안소송의 권리에 미치고, 동일한 생활사실 또는 동일한 경제적 이익에 관한 분쟁에 있어서 그 해결방법에 차이가 있음에 불과한 청구취지 및 청구원인의 변경은 청구의 기초에 변경을 가져오는 것은 아니다(대법원 2006다35223 판결).

부당이득의 반환은 법률상 원인 없이 취득한 이익을 반환하여 원상으로 회복하는 것을 말하므로, 배당절차에서 작성된 배당표가 잘못되어 배당을 받아야 할 채권자가 배당을 받지 못하고, 배당을 받을 수 없는 사람이 배당받는 것으로 되어 있을 경우, 배당금이 실제 지급되었다면 배당금 상당의 금전지급을 구하는 부당이득반환청구를 할 수 있지만, 아직 배당금이 지급되지 아니한 때에는 배당금지급청구권의 양도에 의한 부당이득의 반환을 구하여야지 그 채권 가액에 해당하는 금전의 지급을 구할 수는 없고, 그 경우 집행의 보전은 가압류에 의할 것이 아니라 배당금지급금지가처분으로 하여야 한다(대법원 2009마1932).

가처분채권자가 본안소송에서 승소판결을 받은 그 집행채권이 정지조건부인 경우라 할지라도 그 조건이 집행채권자의 의사에 따라 즉시 이행할 수 있는 의무의 이행인 경우, 정당한 이유 없이 그 의무의 이행을 게을리 하여 집행에 착수하지 않고 있다면 보전의 필요성은 소멸되었다고 보아야 한다(대법원 2000다40773).

점유이전금지가처분에서 채권보전의 필요성은 현상이 바뀌면 나중에 강제집행을 할 수 없거나 강제집행이 매우 곤란할 염려가 있어야 함을 뜻한다. 그러나 대법원은 피보전권리가 소명되면 보전의 필요성도 소명된 것으로 보는 입장이다. 반면 법률상으로 다른 구제수단이 있거나 가처분신청이 권리남용에 해당하는 경우에는 보전의 필요성을 인정하지 않는다. 채권자가 스스로 현상변경에 기여한 경우에도 같이 보아야 할 것이다.

다툼의 대상에 관한 가처분은 현상이 바뀌면 당사자가 권리를 실행하지 못하거나 이를 실현하는 것이 매우 곤란할 염려가 있을 경우에 허용되는 것으로서, 이른바 만족적 가처분의 경우와는 달리 보전처분의 잠정성·신속성 등에 비추어 피보전권리에 대한 소명이 인정된다면 다른 특별한 사정이 없는 한 보전의 필요성도 인정되는 것으로 보아야 하고, 비록 동일한 피보전권리에 관하여 다른 채권자에 의하여 동종의 가처분이 이미 마쳐졌다거나 선행 가처분에 따른 본안소송에 공동피고로 관여할 수 있다거나 또는 나아가 장차 후행 가처분신청에 따른 본안소송이 중복소송[30]에 해당될 여지가 있다는 등의 사정이 있다고 하더라도 그러한 사정만으로 곧바로 보전의 필요성이 없다고 섣불리 단정하여서는 아니 될 것이다(대법원 2005마814).

가처분이란 장래의 집행불능 또는 곤란을 예방하기 위한 것이므로, 그 피보전 권리는 가처분신청 당시 확정적으로 발생되어 있어야 하는 것은 아니고, 이미 그 발생의 기초가 존재하고, 그 내용이나 주체 등을 특정할 수 있을 정도의 요건만 갖추어져 있으면 조건부·부담부 청구권이라 할지라도 그 피보전권리로 될 수 있다 할 것이다.

따라서 채무자들의 차용금채무를 담보하기 위하여 부동산에 관하여 채권자 명의의 가등기 및 본등기가 경료된 경우에 채무자들이 아직 그 차용금채무를 변제하지 아니한 상태라고 할지라도 채무변제를 조건으로 한 말소등기청구권을 보전하기 위하여 그 담보목적 부동산에 관하여 처분금지가처분을 신청할 수도 있다 할 것이며, 그 경우 채권자가 담보목적 부동산에 대하여 담보권의 행사가 아닌 처분행위를 하거나 피담보채무를 변제받고서도 담보목적 부동산을 처분하는 것을 방지하는 목적 범위 내에서는 보전의 필요성도 있다고 할 것이다(다만, 이러한 가처분을 허용한다 하여도 피담보채무가 변제되지 아니한 경우에는 채권자가 담보권의 행사로써 담보목적 부동산의 처분행위를 하는 것을 방지하는 효력이 없어 위 가처분으로서는 채권자의 처분행위의 효력을 다툴 수 없게 될 뿐이다.)-(대법원 2002다1567).

가처분채권자가 본안소송에서 승소판결을 받은 그 집행채권이 정지조건부 채권이라 할지라도 그 조건이 집행채권자의 의사에 따라 즉시 이행할 수 있는 의무의 이행인 경우, 정당한 이유 없이 그 의무의 이행을 게을리 하여 집행에 착수하지 않고 있다면 보전의 필요성은 소멸되었다고 보아야 한다(대법원 2000다40773 판결).

---

30) 중복소송(重複訴訟) : 중복소송은 이미 계속된 소가 있음에도 그 소와 동일한 내용의 소를 다시 제기하는 경우에 있어서 뒤의 소송을 말한다.

3) 처분금지가처분

처분금지가처분은 특정물에 대한 현재의 권리상태를 바꾸지 못하게 하는 가처분을 말한다. 가령 甲이 乙에게 부동산의 매매대금을 모두 지급하였음에도 불구하고 乙이 소유권이전등기절차 의무를 이행하지 아니하는 경우에는 甲은 매우 불안한 처지에 놓이게 된다. 특정물인 목적부동산을 乙이 丙에게 처분하는 경우에는 그 강제집행에 어려움이 예상되기 때문이다.

피보전권리에 관한 요건 및 보전의 필요성에 관한 요건은 처분금지가처분에도 동일하게 적용된다.

이 사건 가처분결정의 주문에 의하면 피신청인은 본건 부동산에 관하여 매매계약에 기한 소유권이전의 청구권 보전을 위한 가등기상의 권리를 행사하거나 양도 기타 일체의 처분을 하여서는 아니 된다고 명하고 있는바, 이 주문 후단인 양도 기타 일체의 처분을 금하는 부분은 가등기 권리 자체에 대한 처분의 금지라 할 것이니, 등기사항이라고 할 것은 위의 설명에서 뚜렷하나, 그 전단인 가등기상의 권리행사란 무엇을 뜻함인지 분명치 아니한데, 만약 이것을 원심판시와 같이 본등기를 금하는 취지라면 이는 처분의 제한이라고 볼 수 없다.

왜냐하면 가등기에 터 잡은 본등기를 하는 것은 그 가등기에 의하여 순위보전된 권리의 취득(권리의 증대 내지 부가)이지 가등기상의 권리 자체의 처분(권리의 감소 내지 소멸)이라고는 볼 수 없기 때문이며, 따라서 그러한 가처분은 위에서 본 등기 할 사항이라고 할 수 없다(대법원 78마282).

「부동산등기법」 제95조 소정의 등기명의인인 근저당권자의 승낙서 또는 이에 대항할 수 있는 재판의 등본을 첨부할 수 없는 경우에는 근저당권의 목적이 된 등기부상 1필지의 토지 중 특정부분을 분할등기 하여 이에 대한 소유권이전등기를 할 수 없는 것이므로, 위 특정부분의 토지에 대한 소유권이전등기청구권 보전을 위하여 1필지 토지의 전부에 대한 가처분을 할 수밖에 없다(대법원 75다190 판결).

나. 임시의 지위를 정하기 위한 가처분

1) 피보전권리에 관한 요건

가처분은 다툼이 있는 권리관계에 대하여 임시의 지위를 정하기 위해서도 할 수 있다. 이 경우 가처분은 특히 계속하는 권리관계에 끼칠 현저한 손해를 피하거나 급박한 위험을 막기 위하여 또는 그 밖의 필요한 사유가 있을 경우에 하여야 한다(법 제300조제2항).

임시의 지위를 정하기 위한 가처분의 피보전권리는 '다툼 있는 권리'이다. 여기에서 말하는 다툼이라 함은 소송절차에서 말하는 권리보호의 이익과 유사한 것으로 보아야 할 것이다.

권리관계라고 함은 사법상(私法上)의 심판대상이 되는 것이기만 하면 재산권뿐만 아니라 인격권 및 신분권 등을 모두 포함하는 권리관계를 뜻한다. 가압류의 피보전권리 및 다툼의 대상인 가처분의 피보전권리도 여기에서의 피보전권리가 될 수 있다. 그리고 본안소송의 내용은 이행의 소, 형성의 소 및 확인의 소를 가리지 않는다. 다만, 형성의 소는 법률에 명문의 규정이 있는 경우에만 소를 제기할 수 있다.

임시의 지위를 정하기 위한 가처분은 가처분의 성질상 다툼이 있는 권리관계에 관하여 그 주장 자체에 의하여 정당한 이익이 있는 자가 채권자로 되고, 그 주장 자체에 의하여 채권자와 저촉되는 지위에 있는 자가 채무자로 된다.

가압류 및 다툼의 대상에 대한 가처분은 강제집행의 보전을 목적으로 한다는 점에 관하여는 앞에서 검토하였다. 그러나 임시의 지위를 정하기 위한 가처분은 그와는 달리 당사자 사이에 법률적 분쟁으로 인하여 현저한 손해 또는 위험이 발생하고 있거나 그러할 가능성이 있는 경우에 피해자를 보호하기 위하여 발하는 잠정적 조치인 사례가 대부분이다.

그리고 이 가처분의 또 다른 특징이라면 본안소송의 피고가 아닌 제3자를 채무자로 지정해야만 가처분의 실효를 거둘 수 있는 경우도 있다.

이 가처분과 관련하여 특히 문제가 되는 것은 「상법」상의 회사 소속 임원들의 지위에 관한 가처분이다. 즉 주식회사, 유한책임회사 등의 이사, 감사, 청산인 등의 직무집행정지 및 직무대행자선임의 가처분 등이 그것이다. 이 경우에 있어서 채무자적격을 갖는 자가 누구인가의 문제인데, 이와 관련한 대법원의 일관된 태도는 회사를 채무자로 보는 것이 아니라 자연인인 임원 개인을 채무자로 보고 있다.

임시의 지위를 정하기 위한 가처분 중에는 본안판결이 확정되기 전에 채권자에게 사실상 만족을 주는 경우가 있고, 채무자에게는 회복할 수 없는 손해를 주는 경우도 있기 때문에 보전의 필요성을 인정함에 있어 매우 신중을 기한다. 따라서 다른 가처분에 비하여 신청에 대한 기각률이 높은 편이다.

민사집행법 제300조제2항이 규정한 임시의 지위를 정하기 위한 가처분은 그 가처분의 성질상 그 주장 자체에 의하여 다툼이 있는 권리관계에 관한 정당한 이익이 있는 자는 그 가처분을 신청할 수 있고, 그 경우 그 주장 자체에 의하여 신청인과 저촉되는 지위에 있는 자를 피신청인으로 하여야 한다. 한편 「민사집행법」상의 가처분으로써 행정청의 어떠한 행정행위를 구하는 것은 허용될 수 없다(대법원 2010마1576).

원심결정의 이유에 의하면, 원심은 기존 법률관계의 변경·형성의 효과를 발생함을 목적으로 하는 형성의 소는 법률에 특별한 규정이 있는 경우에 한하여 허용된다고 전제한 다음, 신청외 학교법인 개혁신학원의 이사장인 피신청인에 대하여 이사들의 불법 선임, 파행적인 학교 경영, 부당한 학사행정 관여, 정관의 불법 변조, 교단의 분열 촉진, 건축헌금의 용도 외 지출 등의 불법행위를 이유로 그 해임을 청구하는 소송은 형성의 소에 해당하는바, 이를 허용하는 법적 근거가 없으므로 이를 피보전권리로 하는 피신청인에 대한 직무집행정지 및 직무집행대행자선임의 가처분은 허용되지 아니하므로(대법원 1966. 12. 19.자 66마516 결정), 이 사건 신청은 피보전권리가 없는 경우에 해당하여 부적법하다고 판단하였는바, 원심의 이러한 판단은 정당하고, 거기에 소론과 같은 민법상 법인의 이사해임 청구의 소에 관한 법리오인의 위법이 있다고 할 수 없다(대법원 1997. 10. 27.선고. 97마2269).

법률관계의 변경·형성을 목적으로 하는 형성의 소는 법률에 명문의 규정이 있는 경우에 한하여 제기할 수 있는바, 이 사건 조합의 이사장 및 이사가 조합업무에 관하여 위법행위 및 정관위배행위 등을 하였다는 이유로 그 해임을 청구하는 소송은 형성의 소에 해당하는데, 이를 제기할 수 있는 법적 근거가 없으므로, 이 사건 이사장 및 이사 직무집행정지 가처분은 허용될 수 없다(대법원 1997. 10. 27.자 97마2269 결정 참조). 따라서 같은 결론에 이른 원심 판단은 옳고, 거기에 상고이유의 주장과 같은 법리오해나 이유불비 등의 잘못이 없다(대법원 2001. 1. 16.선고 2000다45020).

2) 보전의 필요성에 관한 요건

임시의 지위를 정하기 위한 가처분에서 보전의 필요성은 '현저한 손해' 또는 '급박한 위험'을 막을 필요성이다. 이 현저한 손해나 급박한 위험은 추상적이므로, 일도양단적으로 정의하기엔 어려움이 있다.

대법원의 태도를 살펴보면 임시의 지위를 정하는 가처분은 본집행을 실행한 것과 유사한 효과를 불러오는 경우가 많기 때문에 그 명령에 신중을 기하고 있는 것을 엿볼 수 있다.

민사집행법 제300조제2항에서 말하는 '현저한 손해'는 재산상 손해뿐 아니라 정신적 손해와 공익적 손해도 포함되며, '기타 필요한 이유'에 있어서는 '현저한 손해' 또는 '급박한 강폭'에 준하는 정도의 이유가 있어야 한다(대법원 67마424).

민사소송법 제714조제2항(현행은 '민사집행법 제300조제2항'에 해당함)에서 규정하는 임시의 지위를 정하기 위한 가처분은 다툼 있는 권리관계에 관하여 그것이 본안소송에 의하여 확정되기까지의 사이에 가처분권리자가 현재의 현저한 손해를 피하거나 급박한 강폭(强暴)을 방지하기 위하여, 또는 기타의 이유가 있는 때에 한하여 허용되는 응급적·잠정적 처분인바, 이러한 가처분을 필요로 하는지의 여부는 당해 가처분신청의 인용 여부에 따른 당사자 쌍방의 이해득실관계, 본안소송에 있어서의 장래의 승패의 예상, 기타의 제반 사정을 고려하여 법원의 재량에 따라 합목적적으로 결정하여야 할 것이므로, 가처분채권자가 신청 당시에 실체법상의 권리를 가지고 있다 하더라도 그 권리가 가까운 장래에 소멸하여 본안소송에서 패소판결을 받으리라는 점이 현재에 있어 충분히 예상되는 경우에는 임시적 지위를 정하는 가처분에 의한 응급적·잠정적 보호를 부여할 필요성이 없다고 풀이하는 것이 상당하다.

더구나 가처분채무자에 대하여 본안판결에서 명하는 것과 같은 내용의 특허권 침해의 금지라는 부작위의무[31]를 부담시키는 이른바 만족적 가처분일 경우에 있어서는 그에 대한 보전의 필요성 유무를 판단함에 있어서 위에서 본 바와 같은 제반 사정을 참작하여 보다 더욱 신중하게 결정하여야 할 것으로서, 만일 가처분신청 당시 채무자가 특허청에 별도로 제기한 심판절차에 의하여 그 특허권이 무효라고 하는 취지의 심결(審決)이 있은 경우나 무효심판이 청구되고, 그 청구의 이유나 증거관계로부터 장래 그 특허가 무효로 될 개연성이 높다고 인정되는 등의 특별한 사정이 있는 경우 등에는 당사자 사이의 형평을 고려하여 그 가처분신청은 보전의 필요성을 결한 것으로 보는 것이 합리적이라 할 것이다(대법원 82다40563 판결).

동종영업(同種營業)의 금지를 구하는 가처분은 「민사집행법」 제300조제2항에 정한 임시의 지위를 정하기 위한 가처분의 일종으로서, 특히 이러한 가처분은 다

틈 있는 권리관계가 본안소송이 확정되기까지 사이에 가처분권리자가 현재의 현저한 손해를 피하거나 급박한 위험을 막기 위하여 또는 기타 필요한 이유가 있을 경우에 한하여 응급적·잠정적 처분으로써 허용되는 것으로서, 본안판결 전에 채권자에게 만족을 주는 경우도 있어 채무자의 고통이 크다고 볼 수 있으므로, 그 필요성의 인정에는 신중을 기해야 할 것이다(대법원 2006마164,165).

회사 주식의 60%를 소유하고 있는 주주의 의사에 의하여 대표이사 등 임원이 선임된 경우 선임절차상의 잘못이 있다고 하더라도 그 직무집행을 정지시키고, 그 대행자를 선임할 필요성이 있다고 보기 어렵다(대법원 90마818).

이 사건과 같이 단체의 대표자선임결의의 하자를 원인으로 하는 가처분신청에 있어서는 장차 신청인이 본안에 승소하여 적법한 선임결의가 있을 경우 피신청인이 다시 대표자로 선임될 개연성이 있는지 여부도 가처분의 필요성 여부 판단에 참작하여야 할 것이다(대법원 97마1473).

임시의 지위를 정하기 위한 가처분도 다른 가처분과 마찬가지로 민사소송에 의하여 보호를 받을 수 있는 권리관계일 것을 요한다. 따라서 강제집행절차, 체납처분절차, 비송사건절차 등에서 다루어져야 할 내용들은 여기의 권리관계가 될 수 없다. 행정행위도 마찬가지이다.

확정판결 또는 이와 동일한 효력이 있는 채무명의(현행은 '집행권원'에 해당함)에 기한 강제집행의 정지는 오직 강제집행에 관한 법규중에 그에 관한 규정이 있는 경우에 한하여 가능한 것이고, 이와 같은 규정에 의함이 없이 일반적인 가처분의

---

31) 부작위의무(不作爲義務) : 일정한 행위를 하지 말아야 할 의무

방법으로 강제집행을 정지시킨다는 것은 허용할 수 없는 것이다(대법원 1986. 5. 3
0.선고 86그76).

확정판결 또는 이와 동일한 효력이 있는 집행권원에 기한 강제집행의 정지는 오직
강제집행에 관한 법규 중에 그에 관한 규정이 있는 경우에 한하여 가능하고, 이와
같은 규정에 의함이 없이 일반적인 가처분의 방법으로 강제집행을 정지시킨다는 것
은 허용되지 아니하며, 민사집행법 제46조 제2항 소정의 강제집행에 관한 잠정처분
은 청구에 관한 이의의 소가 계속중임을 요하고, 이러한 집행정지요건이 결여되었
음에도 불구하고 제기된 집행정지신청은 부적법하다. 그리고 임의경매를 신청할 수
있는 권리의 존부를 다투어 민사집행법 제275조에 의한 같은 법 제44조의 준용에
의해 채무에 관한 이의의 소를 제기한 경우에도 같은 법 제46조 제2항에 의한 강제
집행정지명령을 받아 정지시킬 수 있을 뿐이고, 일반적인 가처분절차에 의하여 임
의경매절차를 정지시킬 수는 없다(대법원 2004. 8. 17.선고 2004카기93).

3) 종류(유형)에 따른 특징

임시의 지위를 정하기 위한 가처분은 현재의 위험이 있으면 피보전권리의 종류를
가리지 않는다. 또 집행방법에 있어서도 직접강제[32)는 물론 대체집행[33)이나 간접강
제[34) 여부도 묻지 않는다.

이 가처분의 또 한 가지 특징은 채권자가 본안에서 승소확정판결을 받음과 동시에
그 목적달성으로 인하여 가처분의 효력이 상실된다는 점이다. 가압류나 다툼 대상 가

---

32) 직접강제(直接强制) : 직접강제는 「민사집행법」상 채무불이행자에 대하여 국가기관인
    법원이 채무자의 재산에 직접 실력을 행사하여 의무이행이 있었던 것과 같은 상태를
    실현하는 강제집행 방법을 말한다.
33) 대체집행(代替執行) : 대체집행이란 채무자가 채무를 이행하지 않을 때 채권자가 법원
    에 청구하여 그 재판에 따라서 채권자 또는 제3자로 하여금 채무자에 갈음하여 채권의
    내용을 실현하게 하고, 그 비용을 채무자로부터 추심하는 강제집행 방법을 말한다.
34) 간접강제(間接强制) : 간접강제란 채무자에게 금전적 배상 등의 방법으로 심리적 압박
    을 가함으로써 채무를 이행하게 하는 강제집행 방법을 말한다.

처분은 본안집행절차에 포섭되어 그 효력을 유지하는 것과 대비가 된다.

가장 빈번히 활용되는 임시의 지위를 정하는 가처분은 직무집행정지 및 직무대행자 선임의 가처분, 건축공사 중지 가처분, 업무방해 금지 가처분, 출입금지 가처분, 통행방해 금지 가처분, 출판물 판매 금지 가처분, 건물 인도단행 가처분, 공업소유권 침해 등을 원인으로 하는 상품 판매 금지 가처분 등이 있다. 그 밖에도 다종다양한 점이 특징이다.

3. 가처분의 절차

가. 가처분의 신청

가처분신청서에는 당사자의 표시, 피보전권리의 표시, 목적물의 표시 및 가격, 신청취지 및 원인, 법원의 표시 등을 적고, 소명자료를 덧붙여야 한다.

채권자의 채권자는 채권자를 대위하여 가처분을 신청할 수 있다. 가처분을 신청할 수 있는 기한은 본안판결이 확정되기 전까지이다.

소비자단체소송을 대비한 보전처분은 단체소송의 제기와 관련하여 법원의 허가를 받은 경우에만 신청할 수 있다(「소비자기본법」 제76조).

가처분의 재판은 본안의 관할법원 또는 다툼의 대상이 있는 곳을 관할하는 지방법원이 관할한다. 소액사건[35]에 해당하는 사건은 시·군법원이 관할한다. 급박한 경우에는 합의부에 속하는 사건이라도 재판장이 보전처분을 할 수 있다.

가처분결정이 집행된 경우 채무자가 그 집행에 의하여 생긴 효과를 배제하기 위하여 가처분결정에 대한 이의신청 등 「민사집행법」에 규정된 불복신청이나 취소

---

35) 소액사건(少額事件) : 소액사건이란 소송목적의 값(訴價 : 소가)이 3,000만원을 초과하지 아니하는 금전 기타 대체물이나 유가증권의 일정한 수량의 지급을 목적으로 하는 제1심의 민사사건을 말한다.
36) 당사자적격(當事者適格) : 당사자적격이라 함은 특정의 청구에 대하여 당사자로서 소

신청의 방법에 따라서 그 가처분결정이나 그 집행처분의 취소를 구하지 않고, 그 가처분결정과 내용이 서로 저촉되는 제2의 가처분결정을 받음으로써 사실상 선행 가처분결정을 폐지·변경하거나 그 집행을 배제하는 목적을 달성하는 것은 허용될 수 없다(대법원 92마401).

임시의 지위를 정하기 위한 가처분은 그 가처분의 성질상 그 주장 자체에 의하여 다툼이 있는 권리관계에 관한 정당한 이익이 있는 자는 그 가처분의 신청을 할 수 있으며, 그 경우 그 주장 자체에 의하여 신청인과 저촉되는 지위에 있는 자를 피신청인으로 하여야 할 것이다.

피신청인은 소외 김○○로 하여금 피신청인의 대표자인 총재로서의 직무를 집행하게 하여서는 아니 된다고 하면서 위 김○○에 대한 직무집행의 허용 내지 위임의 금지를 구하는 신청인들의 주장은 결국 무효인 합당결의에 기하여 피신청인의 대표로 선출된 위 김○○이 피신청인의 대표로서의 직무를 집행하지 못하도록 하여 달라는 신청을 한다는 것으로서, 그 법적 성격은 임시의 지위를 정하기 위한 가처분이라 할 것이고, 이러한 사건에 있어서 피신청인이 될 수 있는 자는 신청인들이 주장하는 법률상의 지위, 즉 신청외 김○○이 신설합당이 된 피신청인의 대표자가 아니라는 주장과 정면으로 저촉되는 지위에 있는 위 김○○에 한정된다고 할 것이고, 따라서 신청인들의 피신청인을 상대로 한 이 사건 직무집행정지가처분 신청 부분은 당사자적격[36]을 갖지 아니하는 자에 대한 것으로서 부적법하다(대법원 96다15916).

송을 수행(遂行)하고, 판결·결정을 받기 위하여 필요한 자격(소송수행권)을 말한다. 위 판례가 다루고 있는 가처분신청사건에서는 피신청인을 김○○로 지정하지 아니하고, 정당을 피신청인으로 지정하였기 때문에 당사자적격이 없다고 판단하였다.

[부동산 처분금지 가처분신청서]

부동산 처분금지 가처분신청

채권자　　　성명 김 ○ ○(　　　　－　　　)
　　　　　　주소
　　　　　　전화번호
채무자　　　성명 이 ○ ○(　　　　－　　　)
　　　　　　주소
　　　　　　전화번호

피보전권리의 요지 : 2024. 1. 1.자 매매를 원인으로 한 소유권이전등기청구권

가처분의 목적물 : 별지 목록 기재와 같음

목적물의 가격 : 돈 100,000,000원

신 청 취 지

채무자는 별지 부동산목록 기재 토지 및 건물에 대하여 양도·증여, 전세권·저당권·
임차권의 설정 기타 일체의 처분행위를 하여서는 아니 된다.
라는 재판을 구합니다.

신 청 원 인

1. 별지 부동산목록 기재 부동산은 2024. 1. 1. 채권자와 채무자의 대리인인 신청
　 외 박○○ 사이에 매매계약이 체결되었고, 채권자는 위 박○○에게 매매대금

전액을 지급한 사실이 있습니다.

2. 그런데 채무자는 위 매매계약에 따른 중도금이 지급되기 전부터 위 매매계약이 체결된 사실을 잘 알고 있었음에도 불구하고 당시에는 아무런 이의를 제기하지 않다가 위 매매계약에 따른 잔대금이 모두 지급된 뒤에 채권자가 위 부동산의 소유권이전등기절차를 이행할 것을 촉구하자, 위 박○○이 무권대리인이라고 주장하면서 신청외 정○○과의 사이에 동일한 부동산에 대한 매매계약을 체결하려고 준비하고 있습니다.

3. 따라서 채권자는 채무자를 상대로 부동산소유권이전등기절차 이행청구의 소를 제기하고자 준비를 하고 있습니다. 그러나 채권자가 본안소송에서 승소판결을 받더라도 그 집행이 곤란할 염려가 있으므로, 그 승소판결의 집행을 보전하기 위하여 이 사건 처분금지가처분을 신청하기에 이르렀습니다.

4. 담보의 제공에 관하여는 지급보증위탁계약체결문서로 제출할 수 있도록 허가하여 주시기 바랍니다.

소　명　방　법

1. 소갑 제1호증의1 부동산매매계약서
1. 소갑 제1호증의2 위임장
1. 소갑 제2호증의1 영수증
1. 소갑 제2호증의2,3 각 무통장입금증
1. 소갑 제3호증의1,2 부동산등기사항전부증명서(토지 및 건물)
1. 소갑 제4호증 토지대장등본
1. 소갑 제5호증 공시지가확인원
1. 소갑 제6호증 건축물대장등본

첨　부　서　류

1. 위 소갑호증 각 1통.

1. 부동산목록 5통.

1. 송달료납부서 1통.

2025. O. O.

위 채권자(신청인) 김 O O(인)

○○지방법원 귀중

(별지)

부 동 산 목 록

1. 충청북도 ○○군 ○○면 ○○길 ○○○-○

   대 250.55㎡

2. 위 지상 벽돌조 슬래브지붕 1층 단독주택

   지층 120.22㎡

   1층 150.55㎡

* 인지대는 10,000원을, 등기신청수수료는 부동산 1개마다 3,000원을 각각 납부한다.

* 송달료는 당사자의 수 × 3회분 × 5,200원에 해당하는 금액을 예납한다.

* 등록세는 100,000,000원 × 0.002와 같이 계산한 결과 200,000원이며, 교육세는 200,000원 × 0.2로 계산하므로 40,000원이다. 따라서 합산한 금액인 240,000원을 시·군·구청에 납입하고, 그 영수증을 신청서와 함께 제출한다. 만약 등록세액이 3,000원에 미달하는 때에는 3,000원을 납부한다.

* 목적물의 가격은 개별공시지가 또는 시가표준액에 의하여 계산하고, 그를 소명할 수 있는 자료로 토지대장등본, 공시지가확인원, 건축물대장등본 등을 덧붙인다. 부동산의 수가 많은 경우 등에는 이 가격의 계산표도 목록으로 정리할 필요가 있을 것이다.

* 신청원인 중 마지막에 적은 지급보증위탁계약체결문서는 이른바 '보험증권'이라고 하는 것을 뜻하며, 이 문서는 보증보험회사 등과 체결한 계약문서이다. 신청인이 이 문서로 담보의 제공에 갈음하게 해달라고 하더라도 법원은 이에 구속되는 것은 아니다. 그리고 실무에서는 가압류와는 달리 가처분(특히 만족적 가처분)에서는 원칙적으로 보증금 상당액을 현금으로 공탁하도록 하고 있다.

* 부동산목록은 부동산등기사항전부증명서 표제부에 기재된 것과 동일하게 표시하는 방법으로 작성한다.

* 시가표준액 : 「지방세법」의 규정에 의한 등록세 산정의 시가표준액은 다음과 같이 결정된다.

　① 토지 : 개별공시지가

　② 공동주택(아파트 · 연립주택 · 다세대주택) : 공동주택가격

　③ 단독주택 : 단독주택가격

　④ 공시되지 아니한 주택 : 시장 · 군수 · 구청장이 산정한 가액

　⑤ 선박 · 항공기 : 지방자치단체장이 결정한 가액

[부동산 점유이전금지 가처분신청서]

부동산 점유이전금지 가처분신청

채권자　　　○○○(　　　－　　　)

　　　　　　주소

　　　　　　전화번호

채무자　　　○○○(　　　－　　　)

주소

전화번호

가처분의 목적물 : 별지 부동산목록 기재와 같음

목적물의 가격 : 55,000,000원

신 청 취 지

1. 채무자의 별지 목록 기재 부동산에 대한 점유를 풀고, 채권자가 위임하는 본원 소속
   집행관에게 그 보관을 명한다.
2. 집행관은 현상을 변경하지 아니할 것을 조건으로 하여 채무자가 이를 사용하게
   하여야 한다.
3. 집행관은 그 보관의 취지를 공시하기 위하여 적당한 방법을 강구하여야 한다.
4. 채무자는 그 점유를 타인에게 이전하거나 점유명의를 변경하여서는 아니 된다.
라는 재판을 구합니다.

신 청 원 인

1. 별지 목록 기재 부동산은 채권자의 소유임에도 불구하고 채무자는 권원이 없으면서
   위 부동산 위에 조립식 건물을 축조하여 창고 등의 용도로 사용함으로써 위 부동산
   을 불법으로 점유하고 있습니다.
2. 따라서 채권자는 위 부동산의 소유자로서 방해배제청구권에 터 잡아 채무자를 상대
   로 건물철거 및 토지인도를 청구하는 소를 제기하기 위한 준비를 하고 있습니다.
   그러나 그 본안소송은 많은 시일이 필요하고, 그 동안에 채무자가 위 부동산 및
   건물에 대한 점유를 제3자에게 이전할 경우에는 채권자로서는 다시 제3자를 상대로
   소를 제기하여야 할 위험이 있으므로, 채권자의 승소판결에 따른 집행을 보전하기

위하여 이 신청을 하기에 이르렀습니다.

3. 담보의 제공에 관하여는 지급보증위탁계약체결문서의 제출로써 갈음할 수 있도록
   허가하여 주시기 바랍니다.

소　명　방　법

1. 소갑 제1호증　토지등기사항전부증명서
1. 소갑 제2호증　건축물관리대장등본

첨　부　서　류

1. 위 소명방법 각 1통
1. 별지 부동산목록 5통
1. 개별공시지가확인원 1통
1. 송달료납부서 1통

2025.　○.　○.

위 채권자　○　○　○(인)

○○지방법원 귀중

[영업금지 가처분신청서]

영 업 금 지 가 처 분 신 청

채권자   성명   ○○○(-   )

　　　　주소

　　　　전화번호

채무자   성명   주식회사 ○○○○(대표이사 ○○○)

　　　　주소

　　　　전화번호

피보전권리의 표시 : 별지 목록 기재와 같음

가처분 목적물의 표시 : 별지 목록 기재와 같음

신 청 취 지

1. 피신청인은 경기 안산시 지역 안에서 별지 목록 기재의 영업행위를 하여서는 아니
   된다.
2. 만약 피신청인이 위 지역 안에서 영업을 계속하는 경우에는 채권자에게 1일
   700,000원의 손해를 배상하여야 한다.
라는 재판을 구합니다.

신 청 원 인

1. 채무자는 가맹점사업인 "○○맛집"의 가맹본부이고, 채권자는 위 가맹사업에 관한 안산시 지역의 가맹점사업자입니다.

2. 채무자와 채권자는 2024. 1. 1. 위 ○○맛집에 관한 가맹사업거래와 관련하여 가맹사업거래계약을 체결함에 있어 안산시 지역에서는 채권자가 5년 동안 독점적 지위를 갖고 영업을 하기로 하였으며, 채무자는 위 기간 동안 위 지역 안에서는 채권자 외에 다른 사람을 가맹점사업자로 선정하거나 채무자가 직접 동종영업을 하지 않기로 약정한 사실이 있습니다(소갑 제1호증 표준계약서 제○○조 참조).

3. 그런데 채무자는 2024. 1. 1. 안산시 ○○구 ○○로 ○○○-○○에 있는 ○○빌딩 1층에 "○○맛집 안산 제2호점"이라는 간판을 걸고 채권자의 영업과 동종의 영업을 하면서 채권자의 고객들을 채무자의 영업장소로 유인하는 부당경쟁행위를 하고 있습니다.

4. 따라서 채권자는 채무자를 상대로 본안소송을 제기하기 위하여 준비를 하고 있는바, 채권자가 승소확정판결을 받더라도 회복할 수 없는 손해가 발생할 위험이 현존하므로, 본안소송이 확정될 때까지 채무자의 부정한 경업행위를 금지하여 주시기 바랍니다.

소　명　방　법

1. 소갑 제1호증 가맹거래계약서(표준계약서)
1. 소갑 제2호증 부정경업행위 금지최고서(내용증명우편)
1. 소갑 제3호증 일별 매출액 및 수익금 내역표

첨　부　서　류

1. 위 소갑호증 각 1통.

1. 송달료납부서 1통.

2025. ○. ○.

위 채권자(신청인)   ○ ○ ○(인)

수원지방법원 안산지원 귀중

---

* 인지대는 모든 가압류신청과 가처분신청이 공통적으로 10,000원이다. 다만, 이 사건과 같이 "임시의 지위를 정하는 가처분"의 경우에는 목적물 가격(소가)에 따라 계산한 인지대의 2분의1에 해당하는 인지를 첨부하여야 한다. 소송목적의 값을 산정할 수 없는 경우와 비재산권상의 소의 소가는 5천만원으로 하므로, 그 소송목적의 값은 230,000원(50,000,000원×0.0045+5,000원)이고, 이 금액의 2분의1인 115,000원에 해당하는 인지액을 납부한다.

* 송달료는 당사자의 수 × 3회분 × 5,200원에 해당하는 금액을 예납한다.

* 임시의 지위를 정하는 가처분과 관련하여 특이한 점은 소송당사자능력이 있는 회사 등 단체의 대표자 등 구성원에 대한 직무집행을 정지하는 가처분에 있어서의 상대방(채무자)은 그가 소속된 회사 등이 아니라 자연인이 된다는 점이다. 이 경우에도 본안소송의 피고는 법인 또는 법인 아닌(비법인) 사단 및 재단이 됨은 물론이다.

* 이 신청과 같이 만족적 가처분, 즉 가처분의 집행이 마치 확정판결 등 본안의 집행을 한 것과 마찬가지의 효과를 거두는 경우의 가처분에서는 비록 '소명(疏明)'이라는 용어를 쓰고 있긴 하지만, 본안소송의 입증(입증=확신을 주는 증명)에 가까운 소명을 하여야 한다.

[건축금지 가처분명령신청서]

건축금지 가처분명령신청

채권자   ○ ○ ○(–   )

               주소

               전화번호

채무자   ○ ○ ○(–   )

               주소

               전화번호

가처분 목적물 : 별지 목록 기재와 같음

목적물의 가격 : 75,000,000원

신 청 취 지

1. 채무자의 별지 목록 기재 건물 및 공작물에 대한 점유를 풀고, 이를 채권자가 위임하는 ○○지방법원 소속 집행관이 보관한다.
2. 집행관은 위 제1항의 취지를 적당한 방법으로 공시하여야 한다.
3. 채무자는 별지 목록 기재 토지상에 건축공사를 속행하여서는 아니 된다.

라는 재판을 구합니다.

신 청 이 유

1. 채권자는 채권자 소유인 별지 목록 기재 토지를 2024. ㅇ. ㅇ. 채무자에게 임대한 사실이 있습니다.

2. 임대차의 조건은, 채무자가 건축자재를 야적하는 용도에 한정하고, 임대차의 기간은 2025. ○. ○.까지로 약정하였습니다.

3. 그런데, 채무자는 채권자의 동의나 승낙을 받지 아니한 채 위 토지상에 별지 목록 기재와 같은 건축물을 축조하고 있습니다.

4. 따라서 채권자는 채무자를 상대로 위 건축물의 철거 및 토지인도를 구하는 본안소송을 제기하기 위한 준비를 하고 있는바, 위 소송은 상당한 기일이 소요될 것으로 예상되므로, 우선 긴급한 처분으로써 채무자의 건축행위를 금지하는 잠정처분이 필요합니다.

소 명 방 법

1. 소갑 제1호증 토지등기사항전부증명서
1. 소갑 제2호증 부동산임대차계약서
1. 소갑 제3호증 공사금지요구서(내용증명우편)

첨 부 서 류

1. 위 소명자료 각 1통
1. 별지 부동산목록 5통
1. 송달료납부서

2025. ○. ○.

위 채권자 ○ ○ ○(인)

○○지방법원 귀중

나. 가처분신청에 대한 법원의 심리(審理)

가처분신청에 대한 심리절차는 대부분 서면에 의한 심리이다. 법원은 필요하다고 판단하면 당사자를 소환하여 심문할 수도 있다. 이는 법원의 재량이다.

그러나 임시의 지위를 정하기 위한 가처분의 재판은 변론기일 또는 채무자가 참석할 수 있는 심문기일을 열어야 한다. 다만, 그 기일을 열어 심리를 하면 가처분의 목적을 달성할 수 없는 사정이 있는 때에는 그러하지 아니하다(「민사집행법」 제304조).

다. 가처분신청에 대한 재판절차

청구채권이나 가처분의 이유를 소명하지 아니한 때에도 가처분으로 생길 수 있는 채무자의 손해에 대하여 법원이 정한 담보를 제공한 때에는 법원은 가처분을 명할 수 있다(법 제301조, 제280조제2항).

법의 위 규정에도 불구하고 대법원은 가압류나 가처분의 이유에 대한 소명이 없으면 가압류나 가처분을 명할 수 없다고 하는 입장을 견지하고 있는 것으로 보인다.

청구채권과 가처분의 이유를 소명한 때에도 법원은 담보를 제공하게 하고 가처분을 명할 수 있다. 담보를 제공한 때에는 그 담보의 제공과 담보제공의 방법을 가처분명령에 적어야 한다.

가처분신청에 대한 재판과 관련하여 법원은 실무관행상 목적물 가액을 기준으로 3분의 1 내지 20분의 1에 해당하는 현금을 담보로 공탁하도록 명하고 있다. 그리고 담보와 관련하여 가압류에 적용하는 지급보증위탁계약체결문서의 제출은 가처분에는 적용하지 않는다.

가처분명령이 집행되지 아니하고 집행기간이 도과한 경우에도 가처분명령의 존재만으로도 피신청인에게 정신상 손해를 주었을 수도 있고, 그 보증공탁이 담보하는 피신청인의 손해배상의 범위에는 그 가처분명령 자체를 다투는 데 필요한 소송비용도 든다 할 것이므로, 특별한 사유가 없는 한 그 담보사유는 소멸되었다고 할 수 없다(대법원 67마1009).

가처분집행에 착수하였으나 집행불능이 되고, 그 후 채권자가 가처분신청을 취하하였다고 하더라도 집행의 착수가 있었던 이상 채무자가 명예, 신용, 기타 무형적 손해를 입었을 수도 있어 위 사유만 가지고 담보사유가 소멸되었다고 할 수 없다(대법원 81마290).

라. 가처분신청에 대한 재판의 모습

가처분의 재판은 가압류와 마찬가지로 모두 결정의 형식으로 한다. 따라서 결정서는 작성하지만, 이유의 기재는 생략할 수 있다.

법원은 신청목적에 필요한 처분을 직권으로 정한다. 가처분으로 보관인을 정하거나 상대방에게 어떤 행위를 하거나 하지 말도록 또는 급여를 지급하도록 명할 수 있다.

가처분으로 부동산의 양도나 저당을 금지한 때에는 법원은 법 제293조(부동산가압류집행)의 규정을 준용하여 등기부에 그 금지한 사실을 기입하게 하여야 한다(법 제305조).

신청목적에 필요한 처분을 직권으로 정하게 한 취지는 가압류에 대한 특칙인데, 가처분은 그 종류나 모습이 천태만상이기 때문이다.

법 제305조는 "법원은 신청목적에 필요한 처분을 직권으로 명한다."고 하면서 "작위, 부작위 및 급여를 명할 수 있다."고 규정하였다. 이를 가처분신청서의 신청취지 및 가처분명령의 결정서 주문의 형식으로 표시하면 "채무자는 ·····을 하라.", "채무자는 ·····을 하여서는 아니 된다." 및 "채무자는 ·····을 지급하라."의 형식이 된다.

다음 예시들은 가처분결정서의 주문에 관한 내용들이다. 따라서 가처분신청서의 신청취지에도 이들을 그대로 응용하면 무방하다.

(각종 가처분 신청취지 기재례)

부동산 점유이전금지

1. 채무자는 별지 목록 기재 부동산에 대한 점유를 풀고 이를 채권자가 위임하는 ○○지방법원 소속 집행관에게 인도하여야 한다.
2. 채무자는 그 점유를 타인에게 이전하거나 점유명의를 변경하여서는 아니 된다.
3. 집행관은 현상을 변경하지 아니할 것을 조건으로 하여 채무자에게 이를 사용하게 하여야 하며, 이 명령의 취지를 적당한 방법으로 공시하여야 한다.

라는 재판을 구합니다.

자동차 점유이전금지

1. 피신청인은 별지 목록에 적힌 자동차에 대한 점유를 풀고, 신청인이 위임하는 ○○지방법원 소속 집행관에게 이를 보관하게 하여야 한다.
2. 집행관은 신청인의 신청이 있으면 사용하지 아니할 것을 조건으로 신청인에게 보관을 명할 수 있다.
3. 집행관은 그 보관의 취지를 공시하기 위하여 적당한 방법을 강구하여야 한다.

라는 재판을 구합니다.

채권 처분금지

1. 채무자는 채권자로부터 양수한 별지 목록에 적힌 채권을 추심하거나 양도 기타 일체의 처분행위를 하여서는 아니 된다.
2. 제3채무자는 위 채무를 채무자에게 지급하여서는 아니 된다.
라는 재판을 구합니다.

상표권 침해금지

1. 피신청인은 별지 목록에 적힌 등록상표의 상표가 부착 또는 표시된 상품을 제조·판매·반포·수입·수출·광고 및 전시를 하여서는 아니 된다.
2. 피신청인은 피신청인이 경영하는 공장·사무실·창고 및 기타의 장소에 보관하고 있는 피신청인 소유의 위 상표가 부착 또는 표시된 상품의 완제품·반제품·포장용기 및 광고물에 대한 피신청인의 점유를 풀고, 이를 신청인이 위임하는 ○○지방법원 소속 집행관이 보관하게 하여야 한다.
3. 집행관은 그 보관의 취지를 공시하기 위하여 적당한 조치를 하여야 한다.
라는 재판을 구합니다.

질권 처분금지

1. 피신청인은 별지 제1목록에 적힌 물건에 대한 점유를 풀고, ㅇㅇ지방법원 소속 집행관에게 이를 보관하게 하여야 한다.
2. 피신청인은 위 물건에 설정된 별지 제2목록에 적힌 질권으로 담보된 채권을 실행하거나 질권의 양도 기타 일체의 처분행위를 하여서는 아니 된다.

라는 재판을 구합니다.

특허권 처분금지

피신청인은 별지 목록에 적힌 특허권에 관하여 양도, 질권 또는 전용실시권의 설정, 통상실시권의 허락, 기타 일체의 처분행위를 하여서는 아니 된다.

라는 재판을 구합니다.

주주총회 효력정지

1. 신청인의 피신청인에 대한 ㅇㅇㅇㅇ지방법원 2016카ㅇㅇㅇ호 주주총회결의취소청구사건의 본안판결이 확정될 때까지는 피신청인의 주주총회의 결의 중 별지 목록에 적힌 결의의 효력을 정지한다.
2. 피신청인 회사의 대표이사 및 그 직무대행자는 위 목록의 결의를 집행하여서는 아니 된다.

라는 재판을 구합니다.

건축공사금지

피신청인은 별지 목록에 적힌 토지 중 별지 도면 표시 ○○○○ 부분에 건축 중인 건물에 관하여 지표면으로부터 ○m 이상으로 축조하는 공사를 하여서는 아니 된다. 라는 재판을 구합니다.

근저당권 처분금지

피신청인은 별지 제1목록에 적힌 부동산에 설정된 별지 제2목록 기재의 근저당권에 의한 담보권의 양도 기타 일체의 처분행위를 하여서는 아니 된다.
라는 재판을 구합니다.

(제1목록)

부 동 산 목 록

1. 서울 강남구 ○○로 ○○○-○○

   대 573.12㎡

2. 위 지상 벽돌조 슬래브지붕 단층주택

   172.03㎡

(제2목록)

근저당권의 표시

별지 제1목록 부동산에 대하여 설정된 근저당권

접수일자   2015. 8. 8.

접수번호   서울남부지방법원 등기 제○○○○호

채권최고액   돈 17,000,000원

채무자   ○○○(–   )

                   서울 강남구 ○○로 ○○–○

근저당권자   ○○○

                   서울 강남구 ○○길 ○○○–○○

업무방해금지

피신청인은 신청인에 대하여 서울 종로구 종로5가 ○○○–○○에서 신청인이 경영하는 '○○○레스토랑'의 영업행위를 방해하는 일체의 행위를 하여서는 아니 된다.
라는 재판을 구합니다.

주권 처분금지

1. 피신청인은 별지 목록에 적힌 주권에 대하여 매매, 양도 기타 일체의 처분행위를
   하여서는 아니 된다.
2. 제3채무자는 위 주권을 피신청인에게 이전하여서는 아니 된다.
라는 재판을 구합니다.

문서의 열람 및 등사신청

1. 피신청인은 피신청인 회사 등에 대한 별지 목록에 적힌 영업의 일부양도에 관한 가계
   약체결 문서의 점유를 풀고, 신청인이 위임하는 ○○지방법원 소속 집행관이 보관하
   게 하여야 한다.
2. 집행관은 신청인의 신청에 의하여 위 문서를 그 보관 장소에서 신청인에게 열람 및
   등사를 허가하여야 한다.
라는 재판을 구합니다.

피용자의 임시지위 결정

채권자가 채무자에 대하여 피용자로서의 지위에 있음을 임시로 정한다.
라는 재판을 구합니다.

선박 처분금지

피신청인은 별지 목록에 적힌 선박에 대하여 양도, 저당권·전세권 및 임차권의 설정 기타 일체의 처분을 하여서는 아니 된다.
라는 재판을 구합니다.

대표이사 직무집행정지

신청인의 신청외 ○○○○ 주식회사에 대한 귀원 2016카○○○호 주주총회결의무효확인청구사건의 본안판결이 확정될 때까지 피신청인 최○○는 서울 관악구 ○○길 ○○○-○○에 본점이 있는 위 회사의 대표이사 및 이사의 직무를 집행하여서는 아니 된다.
라는 재판을 구합니다.

건축공사 금지

피신청인은 별지 목록에 적힌 토지 중 별지 도면 표시 ○○○○ 부분에 건축 중인 건물에 관하여 지표면으로부터 ○m 이상으로 축조하는 공사를 하여서는 아니 된다.
라는 재판을 구합니다.

```
┌─────────────────────────────────────────────────────────────┐
│                                                               │
│                    건축공사 방해금지                          │
│                                                               │
│  피신청인은 신청인들이 별지 부동산목록 기재 토지상에 신축 중인 철근콘크리트조 근린 │
│  생활시설의 공사를 위하여 서울 강남구 ○○○○로 ○○-○ 도로에서 시공하는 공사를 │
│  방해하는 일체의 행위를 하여서는 아니 된다.                    │
│  라는 재판을 구합니다.                                        │
│                                                               │
└─────────────────────────────────────────────────────────────┘
```

4. 가처분재판에 대한 불복(不服)

가. 채권자의 즉시항고

채권자는 가처분신청을 기각하거나 각하하는 결정에 대하여 즉시항고를 할 수 있다 (「민사집행법」 제301조 및 제281조제2항). 이 즉시항고는 채권자에게만 허용된다.

가처분명령은 사법보좌관이 아닌 판사의 명령이므로, 이의신청서가 아닌 즉시항고 장을 제출하여야 한다. 그리고 10일 이내에 항고이유서를 제출하여야 한다.

즉시항고를 할 수 있는 이유는 절차상의 문제에 국한된다. 다만, 가처분명령에는 기판력(旣判力)이 인정되지 않기 때문에 굳이 기각과 각하를 구별할 실익은 없다.

나. 채무자의 이의신청

1) 일반적 가처분에 대한 이의신청

채무자는 가처분결정에 대하여 이의를 제기할 수 있다. 이의신청에는 가처분의 취 소나 변경을 신청하는 이유를 밝혀야 한다(법 제301조 및 제283조제1항·제2항).

보전처분에 대한 이의신청은 서면으로 하여야 하며, 신청의 취지와 이유 및 사실상 의 주장을 소명하기 위한 증거방법을 적어야 한다(규칙 제203조).

가처분결정에 대하여 이의신청을 하는 경우에는 두 가지 유형이 있다. 하나는 채권자의 가처분신청에 대하여 법원이 인용결정을 한 데 대하여 채무자가 이의신청을 하는 경우이다.

다른 하나는 채권자의 가처분신청에 대하여 법원이 기각이나 각하결정을 하고, 이에 대하여 채권자가 즉시항고를 하자 법원이 항고인용결정(가처분명령)을 함에 따라 채무자가 이의신청을 하는 경우이다. 법은 뒤의 경우에도 이의신청으로만 불복하도록 규정하였다.

이의신청을 받은 가처분명령 발령법원은 임의적 변론기일 또는 당사자 쌍방이 참여할 수 있는 심문기일을 정하고, 당사자 양쪽에 통지한다.

이의신청을 할 수 있는 자는 채무자와 일반승계인뿐이다. 특별승계인이나 채무자의 채권자가 이의절차에 참여하기 위해서는 보조참가[37]를 신청하면 가능하다. 그러나 독자적으로 채권자대위권[38]을 행사하는 것은 허용되지 않는다. 이의신청은 소송중의 절차이기 때문이다.

이의신청을 할 수 있는 기간에는 제한이 없다. 따라서 가처분명령이 집행된 뒤에도 이의의 이익이 있는 동안에는 이의신청을 할 수 있다.

이의의 사유로는 심리가 종결될 때까지 생긴 사유, 즉 피보전권리의 존부 또는 보전의 필요성에 관한 사유를 제출하면 된다.

법원은 당사자에게 담보를 제공하게 하거나 제공하지 아니하게 하고 이미 내린 가처분명령을 인가·변경 또는 취소할 수 있다.

---

37) 보조참가(補助參加) : 보조참가라 함은 타인 사이에 계속중인 소송에서 그 소송 결과에 대하여 법률상 이해관계를 가진 제3자가 한쪽 당사자의 승소를 돕기 위하여 소송에 참가하는 것을 말한다(「민사소송법」 제71조).
38) 채권자대위권(債權者代位權) : 채권자대위권은 채권자가 자기의 채권을 보전하기 위하여 자기의 채무자에게 속하는 권리를 소송상 대신 행사할 수 있는 권리를 말한다(「민법」 제404조·제405조).

채권자는 이의신청에 대한 심리절차에서 청구의 기초에 동일성이 인정되는 범위 안에서는 피보전권리를 변경할 수도 있다. 그러나 신청취지를 확장하는 것은 허용되지 않는다.

채무자도 가처분명령 중 일부에 대하여만 이의신청을 할 수 있는데, 이 경우에는 이를 명시(明示)하여야 한다.

법원이 심리를 종결함에는 상당한 유예기간을 두어야 하고, 이미 발령했던 결정을 취소할 때에는 효력발생 유예기간을 선언하여야 한다.

결정서에는 이유를 적는 것이 원칙이지만, 변론을 거치지 아니한 경우에는 이유의 요지만을 적을 수 있다.

이의절차 및 이의에 대한 재판의 불복절차는「민사집행법」의 보전처분에 관한 특별한 규정과「민사소송법」의 관련 규정을 적용 내지 준용한다. 집행법원의 재판이 아니기 때문에「민사집행법」의 집행에 관한 이의절차와는 사뭇 다른 점이 있다.

이의신청에 따른 결정에 대하여는 즉시항고를 할 수 있다. 항고법원의 재판에 관하여는 재항고를 할 수 있다. 다만,「상고심 절차에 관한 특례법」제4조제2항의 규정에 의하여 헌법ㆍ법률ㆍ대법원판례를 위반한 사유가 아니면 심리불속행사유가 되어 허용되지 않는다.

즉시항고에는 집행정지의 효력이 없다. 가처분취소결정에 대한 채권자의 즉시항고가 정당한 이유가 있다고 인정되고, 사실에 관한 소명이 있으며, 그 가처분의 취소에 따라 회복할 수 없는 손해가 생길 위험이 있다는 사정에 대한 소명이 있는 때에 한하여 법원은 당사자의 신청에 따라 담보부 또는 무담보부로 가처분취소의 효력정지신청을 할 수 있다.

변론을 거치지 아니하고 행한 가압류나 가처분 등 보전처분의 신청을 인용한 결정에 대하여는 채무자나 피신청인은 보전처분을 발(發)한 법원에 이의신청을 할 수 있을 뿐이고, 그 결정이 항고법원에 의하여 행하여진 경우라고 하더라도 이에 대하여 재항고로는 다툴 수 없는 것이다(대법원 90마819).

2) 이행적 가처분에 대한 이의신청

「민사집행법」의 관련 규정

제309조(가처분의 집행정지) ① 소송물인 권리 또는 법률관계가 이행되는 것과 같은 내용의 가처분을 명한 재판에 대하여 이의신청이 있는 경우에, 이의신청으로 주장한 사유가 법률상 정당한 사유가 있다고 인정되고 주장 사실에 대한 소명이 있으며, 그 집행에 의하여 회복할 수 없는 손해가 생길 위험이 있다는 사정에 대한 소명이 있는 때에는 법원은 당사자의 신청에 따라 담보를 제공하게 하거나 담보를 제공하지 아니하게 하고 집행한 처분을 취소하도록 명할 수 있다.

② 제1항에 규정한 소명은 보증금을 공탁하거나 주장이 진실함을 선서하는 방법으로 대신할 수 없다.

③ 재판기록이 원심법원에 있는 때에는 원심법원이 제1항의 규정에 의한 재판을 한다.

④ 법원은 이의신청에 대한 결정에서 제1항의 규정에 의한 명령을 인가 · 변경 또는 취소하여야 한다.

⑤ 제1항 · 제3항 또는 제4항의 규정에 의한 재판에 대하여는 불복할 수 없다.

법 제309조는 가압류의 절차에는 없는 가처분만의 특칙이다. 이는 확정판결을 집행한 결과와 맞먹는, 이른바 '이행적 가처분' 내지 '만족적 가처분'이라고 부르는 가처분을 대상으로 한다.

이는 뒤에서 검토하는 '특별한 사정에 의한 취소'와는 다른 것이며, 특허권의 침해금지가처분이나 건축물의 철거단행가처분 등이 여기에 해당한다.

다. 가처분명령의 취소

가처분의 취소사유 중 제소명령에 불응한 때의 취소 및 사정변경에 의한 취소는 가압류에서 규정한 내용을 가처분에 관한 규정인 「민사집행법」제301조가 준용하고 있으므로, 그 내용이 가압류의 그것과 같다. 다만, 특별사정에 의한 취소는 가압류절차에는 없는 제도이다. 이하 각각 검토한다.

1) 제소명령(提訴命令) 불응에 따른 취소

「민사집행법」의 관련 규정

제301조(가압류절차의 준용) 가처분절차에는 가압류절차에 관한 규정을 준용한다. 다만, 아래의 여러 조문과 같이 차이가 나는 경우에는 그러하지 아니하다.

제287조(본안의 제소명령) ① 가압류법원은 채무자의 신청에 따라 변론 없이 채권자에게 상당한 기간 이내에 본안의 소를 제기하여 이를 증명하는 서류를 제출하거나 이미 소를 제기하였으면 소송계속 사실을 증명하는 서류를 제출하도록 명하여야 한다.

② 제1항의 기간은 2주 이상으로 정하여야 한다.

③ 채권자가 제1항의 기간 이내에 제1항의 서류를 제출하지 아니한 때에는 법원은 채무자의 신청에 따라 결정으로 가압류를 취소하여야 한다.

---

④ 제1항의 서류를 제출한 뒤에 본안의 소가 취하되거나 각하된 경우에는 그 서류를 제출하지 아니한 것으로 본다.

⑤ 제3항의 신청에 대한 결정에 대하여는 즉시항고를 할 수 있다. 이 경우「민사소송법」제447조의 규정은 준용하지 아니한다.

법 제301조의 규정에 의하여 가압류절차에 관한 규정인 같은 법 제287조를 가처분절차에 준용한다.

위 법 제287조제5항이 말하는「민사소송법」제447조는 "즉시항고는 집행을 정지시키는 효력을 가진다."고 규정하였다. 따라서 위 가처분취소결정에 대한 즉시항고에는 집행정지의 효력이 인정되지 않는다.

가압류·가처분결정에 대한 본안의 제소명령을 신청할 수 있는 권리나 제소기간의 도과에 의한 가압류·가처분의 취소를 신청할 수 있는 권리는 가압류·가처분신청에 대한 소송을 수행하기 위한 소송절차상의 개개의 권리가 아니라 제소기간의 도과에 의한 가압류·가처분의 취소신청권은 가압류·가처분신청에 기한 소송절차와는 별개의 독립된 소송절차를 개시하게 하는 권리이고, 본안제소명령의 신청권은 제소기간의 도과에 의한 가압류·가처분의 취소신청권을 행사하기 위한 전제요건으로 인정된 독립된 권리이므로, 본안제소명령의 신청권이나 제소기간의 도과에 의한 가압류·가처분의 취소신청권은 채권자대위권의 목적이 될 수 있는 권리라고 봄이 상당하다(대법원 93마1655).

2) 사정변경에 따른 취소

「민사집행법」의 관련 규정

제301조(가압류절차의 준용) 가처분절차에는 가압류절차에 관한 규정을 준용한다. 다만, 아래의 여러 조문과 같이 차이가 나는 경우에는 그러하지 아니하다.

제288조(사정변경 등에 따른 가압류의 취소) ① 채무자는 다음 각호의 어느 하나에 해당하는 사유가 있는 경우에는 가압류가 인가된 뒤에도 그 취소를 구할 수 있다. 제3호에 해당하는 경우에는 이해관계인도 신청할 수 있다.

　1. 가압류 이유가 소멸되거나 그 밖에 사정이 바뀐 때

　2. 법원이 정한 담보를 제공한 때

　3. 가압류가 집행된 뒤에 3년간 본안의 소를 제기하지 아니한 때

② 제1항의 규정에 의한 신청에 대한 재판은 가압류를 명한 법원이 한다. 다만, 본안이 이미 계속된 때에는 본안의 법원이 한다.

　법 제301조의 규정에 따라 가압류절차에 관한 규정인 위 법 제288조를 가처분절차에 준용한다.

　이 본안사건은 상고중에 있으나, 이것이 상고심에서 파기·변경될 가능성은 희박하다는 것도 원심이 적법하게 인정하고 있다.

　이와 같이 <u>가압류 후에 그 본안소송에서 가압류채권자가 패소하고, 그것이 상급심에서 변경될 것 같지 아니한 경우에는 그 가압류결정은 사정변경을 이유로 취소될 수 있다고 할 것이다</u>(대법원 77다471 판결).

법인 등 단체의 대표자를 피신청인으로 하여 그 직무집행을 정지하고 직무대행자를 선임하는 가처분이 있은 경우, 그 후 사정변경이 있으면 그 가처분에 의하여 직무집행이 정지된 대표자는 그 가처분의 취소신청을 할 수 있는 것이고, 그 대표자의 임기가 만료되어 새로 대표자가 선임되었다고 하여도 그 가처분이 존재하는 한 그 직무집행이 정지된 대표자로서 그 취소신청을 할 수 있다고 보아야 한다(대법원 94다56708 판결).

보전처분의 본안소송에서 보전처분 신청인이 실체법상(實體法上)의 이유로 패소판결을 받은 경우에는「민사집행법」소정의 사정변경이 있다고 할 수 있고, 본안소송에서 소송법상(訴訟法上)의 이유로 각하판결을 받은 경우에는 일반적으로 사정변경이 있다고 할 수는 없다.
가압류의 피보전권리가 소멸되었거나 또는 존재하지 아니함이 본안소송에서 확정된 경우에는 사정변경에 따른 가압류 취소사유가 되는 것이며, 이 경우 그 가압류를 그 피보전권리와 다른 권리의 보전을 위하여 유용(流用)할 수 없는 것이다(대법원 2004다53715 판결).

가처분에 대한 본안소송을 종국판결 전에 취하하더라도 피보전권리의 존부에 영향을 주는 것이 아니며, 다시 같은 소송을 제기할 수 없는 것이 아니므로, 소취하로 인하여 보전의사의 포기가 있었다고 인정되지 아니하는 이상 소취하 사실 자체만으로 사정변경에 해당한다고 볼 수는 없다(대법원 92다9449 판결).

가압류·가처분채권자가 가압류·가처분의 집행 후 10년간(현행법은 '3년'으로 규정하였음) 소를 제기하지 아니한 때에는 가압류·가처분채무자 또는 이해관계인은 그 취소를 신청할 수 있고, 그 기간이 경과되면 취소의 요건은 완성되며, 그 후에 본안의 소가 제기되어도 가압류·가처분의 취소를 배제하는 효력이 생기지 않는다(대법원 99다37887).

피보전권리가 없음에도 불구하고 그 권리보전이라는 구실 아래 처분금지가처분 결정을 받아 이를 집행한 경우에는 그 가처분 후에 그 가처분에 반하여 한 행위라도 그 행위의 효력은 그 가처분에 의하여 무시될 수 없는 것이고, 피보전권리가 없다는 것은 가처분결정에 대한 이의사유로 할 수 있으나, 또한 피보전권리 없음이 분명히 되었다는 것은 사정변경으로 보아 제301조, 제288조의 사정변경으로 인한 가처분취소신청을 할 수 있다고 해석되며, 가처분목적물의 양수인 또한 사정변경으로 인한 가처분취소신청을 할 수 있다(대법원 2010마818).

가처분결정 후 그 본안소송에서 가처분채권자가 패소하고, 그 판결이 상급심에서 변경될 염려가 없다고 인정되는 경우 그 가처분결정은 사정변경으로 취소될 수 있다고 할 것인바, 본안소송에서의 가처분채권자의 패소판결이 상소심에서 변경될 가능성이 있는지 여부는 사정변경을 원인으로 한 가처분취소신청사건의 사실심 변론종결시를 기준으로 하여 그 때까지 제출된 당사자의 주장과 증거방법을 기초로 판단하여야 할 것이다(대법원 2007마1470).

채권자가 보전명령이 있은 뒤 그 보전의 의사를 포기하였다고 볼만한 사정이 있는 경우에는 보전명령 취소사유인 사정변경에 해당한다고 보아야 한다. 그런데 소의 의제적 취하(현행법의 '소취하간주'에 해당함)는 여러 가지 동기와 원인에서 이루어지고, 보전명령에 대한 본안소송이 쌍방불출석으로 취하된 것으로 간주되었다고 하더라도 통상의 소취하의경우와 마찬가지로 본안에 대한 종국판결이 있기 전이라면 피보전권리에 영향을 주는 것이 아니어서 다시 같은 소송을 제기할 수도 있는 것이므로, 그 취하의 원인, 동기, 그 후의 사정 등에 비추어 채권자가 보전의 의사를 포기하였다고 인정되지 아니하는 이상 보전명령에 대한 본안소송이 취하된 것으로 간주되었다는 사실 자체만으로 보전명령의 취소사유인 사정변경에 해당한다고 볼 수는 없다(대법원 97다47637).

사정변경에 의한 가처분취소소송에 있어서는 피보전권리나 보전의 필요성 유무에 관하여 판단할 필요가 없으며, 오로지 가처분취소의 사정변경의 유무만 판단하여야 한다(대법원 81다1041).

3) 특별사정에 따른 취소

「민사집행법」의 관련 규정

제307조(가처분의 취소) ① 특별한 사정이 있는 때에는 담보를 제공하게 하고 가처분을 취소할 수 있다.

② 제1항의 경우에는 제284조, 제285조 및 제286조제1항 내지 제4항·제6항·제7항의 규정을 준용한다.

제284조(가압류이의신청사건의 이송) 법원은 가압류이의신청사건에 관하여 현저한 손해 또는 지연을 피하기 위한 필요가 있는 때에는 직권으로 또는 당사자의 신청에 따라 결정으로 그 가압류사건의 관할권이 있는 다른 법원에 사건을 이송할 수 있다. 다만, 그 법원이 심급을 달리하는 경우에는 그러하지 아니하다.

제285조(가압류이의신청의 취하) ① 채무자는 가압류이의신청에 대한 재판이 있기 전까지 가압류이의신청을 취하할 수 있다.

② 제1항의 취하에는 채권자의 동의를 필요로 하지 아니한다.

③ 가압류이의신청의 취하는 서면으로 하여야 한다. 다만, 변론기일 또는 심문기일에서는 말로 할 수 있다.

④ 가압류이의신청서를 송달한 뒤에는 취하의 서면을 채권자에게 송달하여야 한다.

⑤ 제3항 단서의 경우에 채권자가 변론기일 또는 심문기일에 출석하지 아니한 때에는

그 기일의 조서등본을 송달하여야 한다.

제286조(이의신청에 대한 심리와 재판) ① 이의신청이 있는 때에는 법원은 변론기일 또는 당사자 쌍방이 참여할 수 있는 심문기일을 정하고 당사자에게 이를 통지하여야 한다.

② 법원은 심리를 종결하고자 하는 경우에는 상당한 유예기간을 두고 심리를 종결할 기일을 정하여 이를 당사자에게 고지하여야 한다. 다만, 변론기일 또는 당사자 쌍방이 참여할 수 있는 심문기일에는 즉시 심리를 종결할 수 있다.

③ 이의신청에 대한 재판은 결정으로 한다.

④ 제3항의 규정에 의한 결정에는 이유를 적어야 한다. 다만, 변론을 거치지 아니한 경우에는 이유의 요지만을 적을 수 있다.

⑤ 법원은 제3항의 규정에 의한 결정으로 가압류의 전부나 일부를 인가 · 변경 또는 취소할 수 있다. 이 경우 법원은 적당한 담보를 제공하도록 명할 수 있다.

⑥ 법원은 제3항의 규정에 의하여 가압류를 취소하는 결정을 하는 경우에는 채권자가 그 고지를 받은 날부터 2주를 넘지 아니하는 범위 안에서 상당하다고 인정하는 기간이 경과하여야 그 결정의 효력이 생긴다는 뜻을 선언할 수 있다.

⑦ 제3항의 규정에 의한 결정에 대하여는 즉시항고를 할 수 있다. 이 경우 「민사소송법」 제447조의 규정을 준용하지 아니한다.

가압류명령과 가처분명령 자체를 취소할 수 있는 공통적인 사유로는 본안 제소명령에 불응한 경우, 사정변경이 있는 경우 및 제소기간 3년이 도과한 경우가 있다.

가압류에 특유한 취소사유로는 해방공탁에 의한 취소가 있다. 이에 대응하여 가처분에 특유한 취소사유로는 여기에서 검토하고 있는 특별사정에 의한 취소이다.

가압류에서는 해방공탁금을 제공하면 특별한 사정의 유무를 가리지 않고 가압류집행을 취소한다. 그러나 가처분에서는 담보의 제공에 더하여 특별사정을 그 요건에 추가하였다. 가처분은 금전만으로 해결할 수 없는 분쟁들이 있음을 고려한 것이다. 여기에서 말하는 취소는 '가처분명령' 자체의 취소를 의미한다.

특별사정에 의한 취소절차에서의 심리 및 재판의 절차도 앞에서 검토한바 있는 일반적 가처분의 취소와 관련한 심리·재판의 절차와 다르지 않다.

가처분을 명한 재판에 기초하여 채권자가 물건을 인도받거나, 금전을 지급받거나, 물건을 사용·보관하고 있는 경우에는 법원은 가처분을 취소하는 재판에서 채무자의 신청에 따라 채권자에 대하여 그 물건이나 금전을 반환하도록 명할 수 있다(법 제308조). 이 규정은 가압류절차에는 적용하지 아니하는 가처분절차만의 특칙이다.

채무자는 이의신청, 제소명령 불이행, 사정변경, 제소기관 도과, 특별사정과 관련하여 가처분의 취소신청을 할 때 이 원상회복명령을 함께 신청할 수 있다. 그러나 손해배상을 동시에 신청할 수는 없다. 이 원상회복명령은 가처분취소재판에 부수한 재판에 불과한 것이므로, 채권자는 이에 대하여 불복할 수 없다는 것이 실무 관행이다.

민사집행법 제307조에서 특별한 사정이 있을 때 담보의 제공을 조건으로 가처분의 취소를 구할 수 있게 한 것은 가처분을 존속시키는 것이 공평의 관념상 부당하다고 생각되는 경우, 즉 가처분에 의하여 보전되는 권리가 금전적 보상으로써 그 종국적 목적을 달할 수 있다는 사정이 있거나 가처분집행으로 가처분채무자가 특히 현저한 손해를 받고 있는 경우에 가처분채무자로 하여금 담보를 제공하게 하여 가처분의 집행뿐 아니라 가처분명령 자체를 취소하여 가처분채무자로 하여금 목적물을 처분할 수도 있도록 하는 데 있고, 따라서 가처분채무자가 제공하는 담보는 가처분채권자가 본안소송에서 승소하였음에도 가처분의 취소로 말미암아 가처분의 목적물이 존재하지 않게 됨으로써 입는 손해를 담보하기 위한 것이므로, 가처분채권자는 가처분취소로 인하여 입은 손해배상청구소송의 승소판결을 얻은 후에 「민사집행법」 제19조제3항, 「민사소송법」 제123조에 의하여 그 담보에 대하여 질권자와 동일한 권리를 가지고 우선변제를 받을 수 있다(대법원 2010마459).

특별사정으로 인한 가처분취소신청사건에 있어서는 피보전권리의 존부 및 보전의 필요 유무, 즉 가처분의 당부는 심판의 대상이 되지 아니하며, 오직 가처분 취소사유인 특별사정의 유무를 판단하여야 할 것이며, 다만, 가처분의 당부는 특별사정의 채부에 관한 하나의 자료에 지나지 않는다(대법원 86다카1547).

가처분취소사유로써 「민사소송법」 제720조(현행은 「민사집행법」 제307조에 해당함)가 규정하는 '특별사정'은 "피보전권리가 금전적 보상에 의하여 그 종국의 목적을 달성할 수 있는 사정" 또는 "채무자가 가처분에 의하여 통상 입는 손해보다 훨씬 큰 손해를 입게 될 사정" 중 어느 하나가 존재하는 것을 말하는 것이고, 그 중 후자의 사유가 있는지 여부는 가처분의 종류, 내용 등 제반 사정을 종합적으로 고려하여 채무자가 입을 손해가 가처분 당시 예상된 것보다 훨씬 클 염려가 있어 가처분을 유지하는 것이 채무자에게 가혹하고, 공평의 이념에 반하는지 여부에 의하여 결정된다(대법원 91다31210).

라. 원상회복의 재판

가처분을 명한 재판에 기초하여 채권자가 물건을 인도받거나 금전을 지급받거나 또는 물건을 사용·보관하고 있는 경우에는 법원은 가처분을 취소하는 재판에서 채무자의 신청에 따라 채권자에 대하여 그 물건이나 금전을 반환하도록 명할 수 있다(법 제308조).

[제소명령 불이행에 따른 가처분취소신청서]

가 처 분 취 소 신 청

신청인(채무자)   ○ ○ ○
                    주소

피신청인(채권자)   ○ ○ ○
                    주소

신 청 취 지

1. 위 당사자 사이의 서울남부지방법원 2024카단(또는 카합) 제○○○호 부동산 가압류신청사건에 관하여 서울남부지방법원이 2024. 9. 22. 명한 별지 목록에 적힌 부동산에 대한 가처분결정은 이를 취소한다.

2. 집행비용은 피신청인의 부담으로 한다.

3. 제1항은 가집행할 수 있다.

    라는 재판을 구합니다.

신 청 이 유

1. 피신청인(채권자)과 신청인(채무자) 사이의 귀원 2024카단 제○○○호 부동산처분금지가처분신청사건에 관하여 피신청인은 신청인 소유의 별지목록에 적힌 부동산에 대하여 처분금지가처분집행을 하였습니다.

2. 그 후 피신청인은 본안소송을 제기하지 아니하므로 신청인은 2024. 10. 15. 귀원에 제소명령신청을 하였고, 귀원에서는 피신청인에 대하여 제소명령의 송

달일로부터 2주일 안에 본안소송을 제기할 것을 명하였음에도 불구하고, 피신
청인은 정해진 기간 안에 소를 제기하지 아니하였습니다.

3. 따라서 위 가처분결정의 취소를 구하기 위하여 이 신청에 이르렀습니다.

소명방법 및 첨부서류

1. 제소명령 정본 1통.
1. 송달료납부서 1통.

2025. 2. 2.

위 신청인(채무자) ○ ○ ○(인)

서울남부지방법원 귀중

* 인지대는10,000원을 납부한다.

* 송달료는 당사자의 수 × 8회분 × 5,200원에 해당하는 금액을 예납한다.

* 이 서식은 가압류에도 그 명칭만 바꾸면 똑같이 사용할 수 있다. 인지대와 송달료도 같
다.

[사정변경에 따른 가처분취소신청서]

가 처 분 취 소 신 청

신청인(채무자)　　　　　　○ ○ ○

　　　　　　　　　　　　　주소

　　　　　　　　　　　　　전화번호

피신청인(채권자)　　　　　○○○○ 주식회사(대표이사 ○○○)

　　　　　　　　　　　　　주사무소

　　　　　　　　　　　　　전화번호

신 청 취 지

　위 당사자 사이의 서울중앙지방법원 2024카합○○○호 공사금지가처분사건에 관하여 같은 법원이 2024. 9. 9. 명한 별지 도면에 표시된 부분의 굴착공사에 대한 공사금지가처분결정은 이를 취소한다.

라는 재판을 구합니다.

신 청 이 유

1. 위 당사자 사이의 서울중앙지방법원 2024카합○○○호 공사금지가처분사건에 관하여 귀원에서는 2024. 9. 9. 별지 도면에 표시된 건물신축공사현장의 도면 중 (가)부분의 굴착공사를 금지하는 가처분명령을 하였습니다.

2. 위 사건과 관련하여 신청인과 피신청인은 2024. 10. 20. 공증인가 ○○ 합동법률사무소에서 신청인이 피신청인에 대하여 손해배상금 등으로 돈 25,000,000원을 지급하며, 피신청인은 신청인이 시공하는 위 공사에 관하여 굴착공사 등

일체의 건설행위를 수인함은 물론 위 가처분사건도 취하하기로 합의하고, 공정증서를 작성한 사실이 있습니다.

3. 그런데 피신청인은 그 후 태도를 돌변하여 신청인이 제공하는 위 합의금의 수령을 거부하므로, 신청인은 2024. 10. 25. 위 돈을 피신청인 앞으로 변제공탁을 하였습니다.

4. 따라서 피신청인의 신청인에 대한 공사금지가처분은 더 이상 효력이 없다고 할 것이므로, 민사집행법이 규정한 사정변경에 의한 가처분의 취소결정을 구하고자 이 신청을 하게 되었습니다.

소명자료 및 첨부서류

1. 가처분결정 정본 1통.
1. 공정증서 정본 1통.
1. 공탁서 1통.
1. 송달료납부서 1통.

2024. 10. 25.

위 신청인(채무자) ㅇ ㅇ ㅇ(인)

서울중앙지방법원 귀중

제2절 가처분의 집행절차

1. 집행기간의 기산점(起算點)

　가처분명령은 고지(告知)에 의하여 즉시 집행력이 생긴다. 따라서 확정이라는 절차가 없으며, 강제집행을 함에도 원칙적으로 집행문이 필요하지 않다. 다만, 가처분명령 후에 채권자의 승계가 있을 때에는 승계집행문이 필요하다.

　가처분명령은 송달 전에도 집행할 수 있다. 가처분도 가압류와 마찬가지로 명령을 고지한 때로부터 2주 안에 집행하는 것이 원칙이다. 다음 표는 위 2주라는 기간의 기산점에 관한 대법원의 확립된 입장이다.

의무의 내용		집행기간의 기산점
대체적 작위의무[39]		가처분결정의 고지일
부대체적 작위의무		채무자의 불성실한 태도로 인하여 간접강제[40]가 필요하다고 인정되는 때
부작위의무	고지 전에는 위반행위가 없는 경우	채무자가 위반행위를 한 때
	고지 전부터 위반행위가 있는 경우	채권자에게 고지된 날
부대체적 작위의무와 동시에 간접강제의 명령이 있는 결정		(기산일의 계산은 의미 없음)

---

39) 대체적 작위의무(代替的 作爲義務) : 채무자가 어떤 의무를 이행하여야 하는 채무를 작위의무라고 하며, 만약 채무자가 그 의무를 이행하지 아니하는 경우에 있어서 채무자 아닌 자가 대신 이행할 수도 있는 채무를 대체적 작위의무라고 한다. 이에 반하여 채무자 아닌 자가 대신 이행할 수 없는 채무는 부대체적 작위의무라고 한다.
40) 간접강제(間接强制) : 간접강제라고 함은 법원이 채무를 이행하지 않는 채무자에 대하여 일정 기간 이내에 그 의무를 이행하지 아니할 경우 그 지연 기간에 대하여 손해배상을 명함으로써 채무자를 심리적으로 압박하여 채무를 이행하게 하는 강제집행의 방법을 말한다.

부대체적 작위의무를 명하는 결정과 함께 그 의무위반에 대한 간접강제결정이 동시에 이루어진 경우에는 간접강제결정 자체가 독립된 집행권원이 되고, 간접강제결정에 기초하여 배상금을 현실적으로 집행하는 절차는 간접강제절차와 독립된 별개의 금전채권에 기초한 집행절차이므로, 그 간접강제결정에 기한 강제집행을 반드시 가처분결정이 송달된 날로부터 2주 이내에 할 필요는 없다 할 것이고, 다만, 그 집행을 위해서는 당해 간접강제결정의 정본에 집행문을 받아야 한다(대법원 2008마1608).

부작위를 명하는 가처분은 그 가처분재판이 채무자에게 결정 또는 송달됨으로써 그 효력이 발생하고, 채무자가 그 명령 위반을 한 때에 비로소 대체집행 또는 간접강제의 방법에 의하여 부작위 상태를 실현시킬 필요가 생기는 것이므로, 위 가처분에는 집행기간에 관한 「민사소송법」 제708조제2항(현행은 「민사집행법」 제292조제2항에 해당함)이 준용되지 않으나, 위 가처분에서 공시할 것을 아울러 명한 경우에는 이 명령 부분은 즉시 집행이 가능하므로, 이 부분의 집행에 관해서는 위 집행기간이 준용되며, 그 <u>가처분집행이 변론을 거쳐 선고된 경우에는 선고 뒤에 재판서가 송달되었다 하여도 위 집행기간은 선고일로부터 기산하여야</u> 한다(대법원 82마카50).

2. 가처분명령의 집행 방법

가처분의 집행은 가압류의 집행과 같이 강제집행, 즉 본집행에 관한 규정을 준용한다(법 제301조 및 제291조).

대체적 작위의무의 집행은 대체집행의 방법으로, 부대체적 작위의무의 집행은 간접강제의 방법으로 각각 집행한다. 부작위를 명한 가처분은 채무자에게 결정을 송달함으로써 집행이 완성된 것으로 보아야 할 뿐 특별한 집행 방법은 없다. 즉 채무자가 위반행위를 하면 비로소 가처분명령이 집행권원이 되어 채무자의 일반재산에 대한 본집행을 하게 된다.

건물의 점유이전은 집행관에게 위임하여 집행한다. 집행관의 점유는 현실점유가 어려우므로, 채무자에게 사용하도록 하면서 채무자가 제3자에게 점유를 이전하는 것만을 금지한다. 그 구체적인 방법은, 채권자와 채무자가 참여한 자리에서 집행관이 보관하는 건물이라는 사실을 적은 고시문을 건물에 부착하는 것으로써 집행이 종료된다. 만약 채무자가 이 고시문을 손괴하거나 그 효용을 해하는 행위를 하면 공무상비밀표시무효죄를 구성하게 된다.

부동산에 대한 처분금지가처분의 집행은 가압류의 집행과 마찬가지로 법원사무관등의 촉탁에 의하여 등기관이 부동산등기부에 등기를 기입함으로써 집행한다(법 제305조 제3항). 자동차·건설기계·선박·항공기에 대한 집행도 같은 방법이다.

법원사무관등은 법원이 법인의 대표자 그 밖의 임원으로 등기된 사람에 대하여 직무의 집행을 정지하거나 그 직무를 대행할 사람을 선임하는 가처분을 하거나 그 가처분을 취소·변경한 때에는 법인의 주사무소 및 분사무소 또는 본점 및 지점이 있는 곳의 등기소에 그 등기를 촉탁하여야 한다. 다만, 이 사항이 등기하여야 할 사항이 아닌 경우에는 그러하지 아니하다(법 제306조). 따라서 채권자는 이러한 가처분을 신청할 때에는 등기촉탁에 필요한 서류를 첨부하여야 한다.

전자등록주식등의 처분을 금지하는 가처분 집행에는 전자등록취소 등에 대한 가압류규정인 규칙 제124조의 2를 준용한다.

> 건축주에 대하여 명의변경을 금지하는 가처분이 있다고 하더라도 그와 같은 가처분은 결정을 송달하는 외에 현행법상 이를 등기부에 공시하는 방법이 없어 대물적 효력이 인정되지 아니하므로, 제3자가 채무자로부터 실제로 권리를 양수하여 소유권보존등기를 하였다면 가처분을 내세워 그 권리취득의 효력을 부인할 수 없다(대법원 97다1907 판결).

3. 가처분명령을 집행한 효과

「민법」 제168조제2호는 압류, 가압류 및 가처분을 소멸시효의 중단사유로 규정하였다. 이는 가압류나 가처분에 의하여 채권자가 권리를 행사하였다고 볼 수 있기 때문이다. 따라서 가압류나 가처분에 의한 집행보전의 효력이 존속하는 동안에는 가압류채권자나 가처분채권자의 권리행사가 계속되고 있다고 보아야 하므로, 가압류나 가처분에 의한 시효중단의 효력은 집행보전의 효력이 존속하는 동안에는 계속된다.

4. 가처분과 다른 절차와의 경합

가. 가처분과 가처분의 경합

가처분과 가처분의 경합은 상호 모순·저촉되지 아니하는 범위 내에서만 허용된다. 가처분은 그 내용이 다종다양하기 때문에 당사자, 피보전권리, 보전의 필요성, 신청취지 등을 비교하여 상호 모순과 저촉 여부를 판단하여야 한다.

나. 가처분과 강제집행의 경합

처분금지가처분이 집행되어 있는 부동산에 대하여도 그 채권자가 본안에서 승소확정판결을 받기 전까지는 다른 채권자가 강제집행을 할 수 있다. 이 경우에는 가처분과 강제집행 사이의 우열이 문제될 뿐이다. 대법원의 입장을 인용한다.

피고가 위 가처분의 본안소송인 위 소유권이전등기청구의 소에서 승소의 확정판결을 받은 이상, 피고가 위 가처분권자의 지위에서 그 피보전권리인 소유권이전등기청구권에 기하여 등기를 하는 경우에는 위 가처분기입등기 이후에 개시된 이 사건 강제경매절차에서 위 토지를 낙찰받은 원고 명의의 위 소유권이전등기는 피고에 대한 관계에서는 무효인 것으로서 말소될 처지에 있다고 할 것이며, 이는 피고가 위 강제경매절차가 진행되는 것을 알고 아무런 이의를 하지 아니하였다 하더라도 달리 볼 것이 아니다(대법원 1997. 12. 9. 선고 97다25521 판결 참조).

그렇다면 달리 특별한 사정이 없는 한 이 사건 토지에 관한 원고 명의의 위 소유권이전등기가 아직 말소되지 않고 있다고 하더라도 원고로서는 위 토지를 원심 판시 피고 소유 건물의 부지 등으로 점용하고 있는 피고에 대하여 그 건물의 철거 및 위 토지 중 피고가 위 건물의 부지 등으로 점용하고 있는 부분의 인도를 구할 수 없다고 봄이 상당하다(대법원 1998. 10. 27. 선고 97다26104, 26111).

부동산 강제경매개시결정은 부동산 압류의 효력이 있으므로 부동산 강제경매개시결정 등기 후에 그 부동산에 대한 처분금지가처분등기를 한 자는 강제경매 신청인에게 대항할 수 없고, 따라서 그 경매절차에 의한 경락인의 소유권이전등기가 위 처분금지가처분등기 후에 있었다 할지라도 가처분권리자는 경락인에게 대항할 수 없다 할 것이다(대법원 1964. 12. 15. 선고 63다1071).

다. 가처분과 체납처분의 경합

「국세징수법」 제35조는 "체납처분은 재판상의 가압류 또는 가처분으로 인하여 그 집행에 영향을 받지 아니한다."고 규정하고, 「국세기본법」 제35조제1항본문은 "국세 및 강제징수비는 다른 공과금 기타 채권에 우선하여 징수한다."고 규정하였다. 국세우선주의의 원칙이다.

위 규정들은 금전채권의 보전을 위한 가압류와 체납처분의 경합에서는 그대로 적용된다. 그러나 신분상의 청구권 또는 물건의 인도청구권 등에 터 잡은 가처분의 경우에는 사정이 다르다. 가처분과 체납처분의 관계를 잘 설명하고 있는 대법원의 판례를 인용한다.

국세징수법 제35조에서 "체납처분은 재판상의 가압류 또는 가처분으로 인하여 그 집행에 영향을 받지 아니한다"고 규정하고 있으나, 이는 선행의 가압류 또는 가처분이 있다고 하더라도 체납처분의 진행에 영향을 미치지 않는다는 취지의 절차진행에 관한 규정일 뿐이고 체납처분의 효력이 가압류, 가처분의 효력에 우선한다는 취지의 규정은 아니므로 부동산에 관하여 처분금지가처분의 등기가 된 후에 가처분권자가 본안소송에서 승소판결을 받아 확정이 되면 피보전권리의 범위 내에서 가처분 위반행위의 효력을 부정할 수 있고, 이와 같은 가처분의 우선적 효력은 그 위반행위가 체납처분에 기한 것이라 하여 달리 볼 수 없다(대법원 1993. 2. 19.선고 92마903 전원합의체 판결).

제3절 부동산 관련 처분금지가처분집행의 효력

부동산에 대하여 처분금지가처분의 등기가 마쳐지면 채무자 및 제3자에 대하여 구속력을 갖는다. 여기에서 말하는 구속력이라고 함은 그 등기가 기입된 후에 채무자가 가처분의 내용을 위반하여 제3자에게 목적부동산을 양도하거나 담보권을 설정하는 등 처분행위를 한 경우에 채권자가 그 처분행위의 효력을 부정할 수 있는 것을 말한다.

가처분채권자가 가처분에 위반한 행위의 효력을 부정할 수 있는 시기는 본안소송에서 승소확정판결을 받거나 이와 같이 볼 수 있는 상태에 이른 때이다. 따라서 단순히 가처분채권자인 지위만으로는 가처분채무자로부터 목적부동산에 대한 소유권이전등기를 마친 제3자에 대하여 말소등기를 청구할 수 없다(대법원 95다53768 판결 참조). 따라서 가처분채권자의 권리가 본안에서 확정될 때까지는 가처분 이후의 처분행위에 따른 등기가 허용되고, 가처분채무자에게 목적부동산의 인도를 청구할 수도 있다. 또 제3취득자의 채권자도 제3취득자를 채무자로 하여 목적부동산에 대한 강제집행이나 보전처분을 집행할 수도 있다.

가등기가처분은 통상의 민사소송법(현행은 '민사집행법'에 해당함)상의 가처분과는 성질을 달리하는 것이므로, 가등기가처분은 시효중단의 하나인 가처분에 해당한다고 할 수 없다(대법원 93다16758).

취득시효 완성을 원인으로 한 소유권이전등기의무를 부담하는 자는 취득시효기간 완성 당시의 소유자이며, 그 후 그 소유자로부터 부동산을 매수하여 소유권이전등기를 마친 자는 달리 특별한 사정이 없는 한 위의 의무를 승계한다고 볼 수 없고, 이것은 취득시효기간이 완성된 점유자가 그 완성 당시의 소유자를 상대로 취득시효 완성을 원인으로 한 소유권이전등기청구권을 보전하기 위하여 처분금지가처분결정을 받아 그 등기를 마쳐 둔 경우에도 마찬가지이며, 부동산처분금지가처분 등기가 유효하게 기입된 이후에도 가처분채권자

의 지위만으로는 가처분 이후에 등기된 처분등기의 말소청구권은 없고, 나중에 가처분채권자가 본안 승소판결에 의한 등기의 기재를 청구할 수 있게 되면서 가처분등기 후에 경료된 가처분 내용에 위반된 등기의 말소를 청구할 수 있을 뿐이다(대법원 95다53768 판결).

부동산의 전득자(채권자)가 양수인 겸 전매인(채무자)에 대한 소유권이전등기청구권을 보전하기 위하여 양수인을 대위하여 양도인(제3채무자)을 상대로 처분금지가처분결정을 받아 그 등기를 마친 경우, 그 가처분은 전득자(轉得者) 자신의 양수인에 대한 소유권이전등기청구권을 보전하기 위하여 양도인이 양수인 이외의 자에게 그 소유권이전 등 처분행위를 못하게 하는 데에 그 목적이 있는 것으로써, 그 피보전권리는 양수인의 양도인에 대한 소유권이전등기청구권이고, 전득자의 양수인에 대한 소유권이전등기청구권까지 포함되는 것은 아닐 뿐만 아니라, 그 가처분결정에서 제3자에 대한 처분을 금지하였다고 하여도 그 제3자 중에는 양수인은 포함되지 아니하며, 따라서 그 가처분 이후에 양수인이 양도인으로부터 소유권이전등기를 넘겨받았고, 이에 터 잡아 다른 등기가 경료되었다고 하여도 그 각 등기는 위 가처분의 효력에 위배되는 것은 아니다(대법원 93다42665 판결).

제4절 보전처분의 남용에 따른 불법행위책임

1. 보전처분의 남용이란?

보전처분은 상대적으로 저렴한 인지대만을 납부하면 그 집행이 가능하다. 그러나 보전처분이 집행되면 채무자에게는 심리적으로 또는 경제적으로 상당한 고통을 줄 수 있다. 따라서 채권자는 이를 남용하고자 하는 유혹에 빠지기 쉽다.

여기에서 말하는 남용의 유형을 살펴본다. ① 의무 없는 자로부터 변제를 받을 목적으로 압력을 행사하는 수단으로 보전처분을 집행하는 경우, ② 동업자 상호간의 정산 등에 있어서 유리한 지위를 차지하기 위하여 보전처분을 집행하는 경우, ③ 보전처분을 신청함에 있어 청구금액을 과다하게 부풀려 채무자를 심리적·경제적으로 압박하는 경우, ④ 채무자가 직장인인 경우에 보전처분이 집행되면 직장 내에서 인사상 또는 사실상 불이익을 받을 수도 있다는 점을 악용하는 경우, ⑤ 채무자가 영업자인 경우 영업을 어렵게 할 목적으로 유체동산이나 기업운영자금계좌를 가압류하는 경우 등이 그 대표적인 남용의 유형이다.

2. 보전처분신청행위와 불법행위의 성립

보전처분의 신청행위가 「민법」 제750조[41]의 불법행위를 구성하는 경우, 즉 고의 또는 과실에 의하여 채무자에게 손해를 가한 때에는 채무자는 손해배상을 청구할 수 있다. 이하 고의 또는 과실과 관련한 대법원의 입장을 살펴보기 위하여 관련 대법원판 례들을 인용한다.

가압류나 가처분 등 보전처분은 법원의 재판에 의하여 집행되는 것이기는 하나, 그 실체상 청구권이 있는지 여부는 본안소송에 맡기고 단지 소명에 의하여 채권자의 책임 아래 하는 것이므로, 그 집행 후에 집행채권자가 본안소송에서 패소 확정되었다면 그 보전처분의 집행으로 인하여 채무자가 입은 손해에 대하여는 특별한 반증이 없는 한 집행채권자에게 고의 또는 과실이 있다고 추정되고, 따라서 그 부당한 집행으로 인한 손해에 대하여 이를 배상할 책임이 있다고 할 것이나, 토지에 대한 부당한 가압류의 집행으로 그 지상에 건물을 신축하는 내용의 공사도급계약이 해제됨으로 인한 손해는 특별손해이므로, 가압류채권자가 토지에 대한 가압류집행이 그 지상 건물 공사도급계약의 해제사유가 된다는 특별한 사정을 알았거나 알 수 있었을 때에 한하여 배상의 책임이 있다(2008. 6. 26.선고 2006다84874).

가압류신청에서 채권액보다 지나치게 과다한 가액을 주장하여 그 가액대로 가압류결정이 된 경우 본안판결에서 피보전권리가 없는 것으로 확인된 부분의 범위 내에서는 가압류채권자의 고의·과실이 추정되고, 다만 특별한 사정이 있으면 고의·과실이 부정된다(대법원 1999. 9. 3.선고 98다3757).

---

41) 민법 제750조 : 고의 또는 과실로 인한 위법행위로 타인에게 손해를 가한 자는 그 손해를 배상할 책임이 있다.

가압류신청을 한 후 채권자가 본안의 소를 제기하고 이에 대하여 채무자가 반소를 제기한 끝에 법원의 조정에 갈음하는 결정을 쌍방 당사자가 받아들여 확정된 경우, 비록 그 결정의 내용이 채권자가 채무자로부터 지급받을 금액은 없는 것으로 하고, 오히려 채권자로 하여금 채무자에게 채무자가 반소로써 구하는 금원의 일부를 지급할 것을 명하는 것이라 하더라도, 이로써 집행채권자가 그 집행 후의 본안소송에서 패소 확정된 경우와 같이 볼 것은 아닌바, 그 이유는 법원이 조정절차에서 당사자 사이에 합의가 성립되지 아니하는 경우에 조정에 갈음하는 결정을 하는 것은 당사자의 이익 기타 제반 사정을 참작하여 사건의 공평한 해결을 도모하고자 하는 것으로서, 반드시 청구채권의 존재 유무만을 판단한 것이라고 볼 수 없기 때문이다(대법원 2001. 9. 25.선고 2001다39947).

　　원고의 피용자들인 위 박운희와 유영진이 위 기계들을 운송하는 과정에서 위 인정과 같은 잘못을 범하여 피고 소유의 위 기계들을 전소케 하는 사고를 야기하였다면 일반거래통념에 비추어 볼 때 피고가 위 소외인들의 사용자인 원고에게 위 화재사고로 입은 손해를 배상할 청구권이 있다고 믿고 이를 피보전권리로 삼아 이 사건 가압류집행에 이른데 대하여 어떤 잘못이 있다고 보기는 어려울 뿐만 아니라, 나아가 그 본안소송에서도 대법원이 그 손해배상청구권을 부인하게 된 사유가 사실관계의 차이에서 기인하는 것이 아니라 실화책임에관한법률 소정의 '중대한 과실'의 유무에 관한 법적 해석 내지 평가상의 차이에서 기인된 것이고 또한 이 사건 본안소송의 항소심에서 피고의 일부승소판결이 선고된 바도 있다는 점까지 보태어 보면 그 후 이 판결이 대법원에서 파기되어 결과적으로 피고의 청구가 인용되지 아니하였다는 점만을 들어 이로써 곧 이 사건 가압류로 인한 손해배상책임이 있다고 할 수는 없다 할 것이고, 또 피고가 전소된 위 경기9타○○○○호 트럭을 이 사건 가압류의 목적물에 포함시켰다 하더라도 이 사건 가압류신청 당시는 이 사건 사고 직후라 그의 손해액을 구체적으로 확정할 수 있는 상황이 아니었던 데다가 피고로서는 위 가압류의 목적물의 가액을 확인할 수도 없었던 사정 등에 비추어 보면 피고가 원고에게 손해를 끼칠 목적으로 부당하게 과도한 가압류집행을 하였다고 볼 수는 없다(대법원 1993. 3. 23.선고 92다49454).

부동산에 대한 가압류의 집행이 이루어졌다고 하더라도 채무자가 여전히 목적물의 이용 및 관리의 권한을 보유하고 있을 뿐더러(민사집행법 제83조 제2항), 가압류의 처분금지적 효력은 상대적인 것에 불과하기 때문에 부동산이 가압류되었더라도 채무자는 그 부동산을 매매하거나 기타의 처분행위를 할 수 있고, 다만 가압류채권자에 대한 관계에서만 처분행위의 유효를 주장할 수 없을 뿐이며, 다른 한편 가압류는 언제든지 해방공탁에 의하여 그 집행취소를 구할 수 있는 것이므로, 부동산에 대한 가압류의 집행이 부당하게 유지되었다고 하더라도 다른 특별한 사정이 없는 한 그 가압류는 부동산을 처분함에 있어서 법률상의 장애가 될 수는 없다고 할 것이고, 다만 가압류가 집행된 부동산을 매수하려는 자로서는 그 부동산의 소유권을 완전하게 취득하지 못하게 될 위험을 고려하여 당해 부동산의 매수를 꺼리게 됨으로써 결과적으로 가압류가 집행된 부동산의 처분이 곤란하게 될 사실상의 개연성은 있을 수 있다고 할 것인데, 만일 어떤 부동산에 관한 가압류집행이 있었고, 그 가압류집행이 계속된 기간 동안 당해 부동산을 처분하지 못하였으며, 나아가 주위 부동산들의 거래상황 등에 비추어 그와 같이 부동산을 처분하지 못한 것이 당해 가압류의 집행으로 인하였을 것이라는 점이 입증된다면, 달리 당해 부동산의 처분 지연이 가압류의 집행 이외의 사정 등 가압류채권자 측에 귀책사유 없는 다른 사정으로 인한 것임을 가압류채권자 측에서 주장·입증하지 못하는 한, 그 가압류와 당해 부동산의 처분 지연 사이에는 상당인과관계가 있다(대법원 2002. 9. 6.선고 2000다71715).

3. 채무자의 손해 범위

앞에서는 보전처분을 신청한 채권자의 행위가 고의·과실에 의한 손해배상책임을 구성하는 경우에 관하여 검토하였다.

여기에서는 보전처분을 신청한 채권자에게 손해배상책임을 인정할 경우에도 그 배상의 범위를 어디까지로 보아야 할 것인가에 관하여 고찰한다. 이를 고찰함에 있어 대법원의 입장을 살피되, 금전채권에 대한 보전처분, 부동산의 처분지연으로 인한 손해 및 물건을 사용하지 못함에 따른 손해를 구분하여 검토한다.

가압류나 가처분 등 보전처분은 법원의 재판에 의하여 집행되는 것이기는 하나 그 실체상의 청구권이 있는지 여부는 본안소송에 맡기고 단지 소명에 의하여 채권자의 책임 아래 하는 것이므로, 그 집행 후에 집행채권자가 본안소송에서 패소 확정되었다면 그 보전처분의 집행으로 인하여 채무자가 입은 손해에 대하여 특별한 반증이 없는 한 집행채권자에게 고의 또는 과실이 있다고 추정되고, 따라서 그 부당한 집행으로 인한 손해에 대하여 이를 배상하여야 할 책임이 있으며(당원 1995. 4. 14. 선고 94다6529 판결 등 참조), 가압류채무자가 가압류청구금액을 공탁하고 그 집행취소결정을 받았다면, 가압류채무자는 적어도 위 가압류집행으로 인하여 위 공탁금에 대한 민사 법정이율인 연 5푼 상당의 이자와 공탁금의 이율 상당의 이자의 차액 상당의 손해를 입었다고 보아야 할 것이다(대법원 1995. 12. 12.선고 95다34095,34101).

민사상의 금전채권에 있어서 부당한 보전처분으로 인하여 그 채권금을 제때에 지급받지 못함으로써 발생하는 통상의 손해액은 그 채권금에 대한 민법 소정의 연 5푼의 비율에 의한 지연이자 상당액이라 할 것이고, 이 채권이 공탁되었다면 그 공탁금에 딸린 이자와의 차액 상당액이 손해액이 된다고 할 것이며(대법원 1991. 3.

8. 선고 90다17606 판결 참조), 이러한 이치는 가집행을 면하기 위하여 강제집행 정지신청을 하면서 담보로 금전을 공탁하였는데 가집행이 실효된 경우에도 마찬가지라고 할 것이므로, 가령 원고가 실제로 원심이 인용한 바와 같은 손해를 입었다고 하더라도 이는 특별손해로서 보전처분 채권자 또는 가집행 채권자인 피고가 이를 알았거나 알 수 있었을 경우에 한하여 그에 대한 배상책임이 있다고 할 것이다(대법원 1999. 9. 3.선고 98다3757).

부당한 처분금지가처분의 집행으로 그 가처분 목적물의 처분이 지연되어 소유자가 손해를 입었다면 가처분신청인은 그 손해를 배상할 책임이 있다고 할 것이다.

그런데 가처분집행 당시 부동산의 소유자가 그 부동산을 사용·수익하는 경우에는 그 부동산의 처분이 지체되었다고 하더라도 그 부동산의 환가가 지연됨으로 인한 손해는 그 부동산을 계속 사용·수익함으로 인한 이익과 상쇄되어 결과적으로 부동산의 처분이 지체됨에 따른 손해가 없다고 할 수 있을 것이고, 만일 그 부동산의 환가가 지연됨으로 인한 손해가 그 부동산을 계속 사용·수익하는 이익을 초과한다면 이는 특별손해라고 할 수도 있을 것이다(대법원 2001. 1. 19. 선고 2000다58132 판결 참조).

그러나 이 사건의 경우 원고들은 분양할 목적으로 토지를 매입하여 연립주택 19세대분을 신축하였으므로, 이 사건 처분금지가처분으로 인하여 그 중 8세대인 이 사건 부동산의 처분이 지연되었다면 특별한 사정이 없는 한 그 기간 동안 이 사건 부동산을 사용·수익함으로써 처분지연의 손해를 상쇄할 만한 경제적 이익을 얻을 수 있었다고 보기는 어려우므로, 이 사건 가처분집행과 원고들의 이 사건 부동산 처분 지연과 사이에 상당인과관계가 인정되는 이상 원고들이 그 가처분집행으로 처분이 지연된 기간 동안 입은 손해 중 적어도 이 사건 부동산의 처분대금에 대한 법정이율에 따른 이자 상당의 금액은 통상손해에 속한다고 보아야 할 것이다(대법원 2001. 11. 13.선고 2001다26774).

피고의 이 사건 기계들에 대한 해체 및 반출금지가처분으로 말미암아 원고들이 그 주강공장의 기본설비인 전기주강로를 포함한 이 사건 기계들을 그 설치된 장소에서나 또는 타에 이전하여 사용할 수 없게 됨으로써 결국 전공장을 가동할 수 없게 되었다 하여 이 사건 부당가처분으로 인한 손해액은 특별한 사정이 없는 한 그 공장을 가동함으로써 얻을 수 있는 이익에 상응하는 그 인정의 차임상당액을 기준으로 하여 산출하여야 할 것이라고 보아 이를 기준으로 하여 그 손해액을 산정한 취지로 풀이함이 타당하고 이는 이 사건 부당가처분과 상당인과관계에 있는 통상의 손해라고 할 수 있다(대법원 1983. 2. 8.선고 80다300).

제3장 부록

(부동산목록 및 각종 보전처분의 신청취지 작성례)

1. 부동산목록 작성례

[단독주택]

부동산 목록

1. 서울특별시 ○○구 ○○로 111-22

   대 333.33㎡

2. 위 같은 곳

   시멘트벽돌조 슬래브지붕 2층 단독주택

   1층 111.22㎡

   2층 111.22㎡

[구분건물]

부동산 목록

1동 건물의 표시

  서울특별시 ○○구 ○○길 111-22 ○○아파트 가동

전유부분 건물의 표시

  건물의 번호 : 1-101

  구조 : 철근콘크리트조

  면적 : 1층 101호 88.99㎡

대지권의 종류 : 소유권

대지권의 비율 : 5,000분의 111.11

[토지]

부동산 목록

1. 경기도 ○○시 ○○로 111-22

  대 222.33㎡

2. 인천광역시 ○○구 ○○길 222-33

  잡종지 333.44㎡

3. 충청북도 ○○군 ○○면 ○○로 333-44

  전 555.66㎡. 끝.

2. 가압류 관련 각종 신청취지 작성례

[가압류결정에 대한 이의신청서]

1. 위 당사자 사이의 ○○지방법원 ○○지원 2025카단○○호 부동산처분금지가
   처분신청사건에 관하여 당원에서 2025. 1. 1. 결정한 위 가처분결정은 이를
   취소한다.
2. 채권자의 위 가처분신청은 이를 기각한다.
3. 소송비용은 채권자의 부담으로 한다.
4. 위 제1항은 가집행할 수 있다.
라는 재판을 구합니다.

[가압류신청 취하서]

위 당사자 사이의 ○○지방법원 2025카단○○○호 부동산가압류신청사건에 관
하여 당사자 사이에 화해가 성립하였으므로, 채권자는 별지 목록 기재 부동산에
대한 가압류신청을 취하합니다.

[가압류집행 해제신청서]

위 당사자 사이의 귀원 2025카단○○○○호 채권가압류신청사건에 관하여 채권자는 채무자가 제3채무자에 대하여 갖고 있는 별지 목록 기재 채권에 대하여 가압류를 집행하였는바, 당사자 사이에 원만한 화해가 성립하였으므로, 위 가압류집행을 해제하여 주시기 바랍니다.

[가압류취소신청서]

1. 위 당사자 사이의 ○○지방법원 2025카합○○○호 부동산가압류신청사건에 관하여 ○○지방법원이 2025. 1. 1. 결정한 별지 목록 기재 부동산에 대한 가압류결정은 이를 취소한다.
2. 소송비용은 피신청인의 부담으로 한다.
3. 제1항은 가집행할 수 있다.
라는 결정을 구합니다.

1. 위 당사자 사이의 ○○지방법원 2025카합○○○호 부동산처분금지가처분신청 사건에 관하여 ○○지방법원이 2025. 1. 1. 결정한 별지 목록 기재 부동산에 대한 가처분결정은 이를 취소한다.
2. 소송비용은 피신청인의 부담으로 한다.
3. 제1항은 가집행할 수 있다.
라는 결정을 구합니다.

[보조참가신청서]

위 당사자 사이의 귀원 2025카단○○○○호 부동산가압류집행취소신청사건에 관하여 보조참가신청인은 신청인을 보조하기 위하여 참가하고자 하오니 허가하여 주시기 바랍니다.

[채권가압류집행 취소신청서]

위 사건에 관하여 ○○지방법원이 2025. 1. 1. 명령한 채권가압류결정에 터 잡아 집행한 별지 목록 기재 채권에 대한 가압류집행은 이를 취소한다.
라는 재판을 구합니다.

3. 가처분 관련 각종 신청취지 작성례

[가처분신청 취하서]

위 당사자 사이의 ○○지방법원 2025카단○○○호 부동산처분금지가처분신청사건에 관하여 당사자 사이에 원만한 화해가 성립하였으므로, 채권자(신청인)은 별지 목록 기재 부동산에 대한 가처분명령신청을 취하합니다.

[가처분집행 해제신청서]

위 당사자 사이의 귀원 2025카단○○○호 채권지급금지가처분신청사건에 관하여 채권자는 채무자가 제3채무자에 대하여 갖고 있는 별지 목록 기재 채권에 대하여 가처분을 집행하였는바, 당사자 사이에 원만한 화해가 이루어졌으므로, 위 가처분집행을 해제하여 주시기 바랍니다.

[가처분 취소신청서]

1. 위 당사자 사이의 ○○지방법원 2025카단○○○호 부동산처분금지가처분신청 사건에 관하여 ○○지방법원이 2025. 1. 1. 결정한 별지 목록 기재 부동산에 대한 가처분결정은 이를 취소한다.
2. 소송비용은 피신청인의 부담으로 한다.
3. 위 제1항은 가집행할 수 있다.
라는 결정을 구합니다.

[대표이사 직무집행정지 등 가처분신청서]

1. 신청인 및 신청외 ○○○ 주식회사 사이의 ○○지방법원 2025카○○○호 주주 총회결의무효확인의 본안판결이 확정될 때까지 피신청인은 ○○시 ○○구 ○ ○로 ○○-○에 본점을 둔 위 회사의 대표이사 및 이사의 직무를 집행하여서는 아니된다.
2. 위 직무집행의 정지기간 중 법원이 정하는 적당한 사람으로 하여금 대표이사 및 이사의 직무집행을 대행하게 한다.
라는 재판을 구합니다.

[문서열람 · 등사 가처분신청서]

1. 피신청인은 피신청인 등이 보관하고 있는 별지 목록 기재 회사양도 · 양수가계약
   관련 일체의 문서에 대한 점유를 풀고, 신청인이 위임하는 ○○지방법원 소속 집행
   관이 이를 보관하게 하여야 한다.
2. 집행관은 신청인의 신청이 있으면 위 문서를 그 보관 장소에서 신청인에게 열람
   및 등사를 허가하여야 한다.
라는 재판을 구합니다.

[부동산 가등기가처분신청서]

피신청인은 신청인을 위하여 별지 제1목록 기재 부동산 위에 별지 제2목록 기재 가등기
에 관한 매매예약에 터 잡은 소유권이전등기청구권보전의 가등기절차를 이행하라.
라는 결정을 구합니다.

[부동산 점유이전금지 가처분명령신청서]

1. 피신청인들은 별지 목록 기재 부동산에 관한 각 점유를 풀고 신청인이 위임하는
   ○○지방법원 소속 집행관이 보관하게 하여야 한다.
2. 피신청인들은 그 점유를 타인에게 이전하거나 점유명의를 변경하여서는 아니된다.
3. 집행관은 그 현상을 변경하지 아니할 것을 조건으로 피신청인들이 이를 사용하게
   할 수 있다.
4. 집행관은 위 취지를 공시하기 위하여 적당한 방법을 갖추어야 한다.
라는 재판을 구합니다.

[부동산 처분금지 가처분명령신청서]

피신청인은 별지 목록 기재 부동산의 각 지분에 대하여 매매 · 증여 · 양도, 저당권 · 전
세권 및 임차권의 설정 기타 일체의 처분행위를 하여서는 아니된다.
라는 재판을 구합니다.

[선박 점유이전금지 가처분명령신청서]

1. 피신청인은 별지 목록 기재 선박에 대한 점유를 풀고 이를 신청인이 위임하는 ○○지
   방법원 소속 집행관이 보관하게 하여야 한다.
2. 피신청인은 그 점유를 타인에게 이전하거나 점유명의를 변경하여서는 아니되며,
   이를 운항하여서도 아니된다.
3. 집행관은 피신청인으로 하여금 위 선박을 ○○항의 지역 안에서 집행관이 명하는
   장소에 정박하게 하고, 현상을 변경하지 아니할 것을 조건으로 피신청인이 사용하게
   할 수 있다.
4. 집행관은 위 취지를 공시하기 위하여 적당한 조치를 취하여야 한다.
라는 재판을 구합니다.

[선박 처분금지 가처분명령신청서]

피신청인은 별지 목록 기재 선박에 대하여 매매 · 증여 · 양도, 저당권 · 전세권 · 임차
권의 설정 기타 일체의 처분행위를 하여서는 아니된다.
라는 재판을 구합니다.

[자동차 점유이전금지 가처분명령신청서]

1. 피신청인은 별지 목록 기재 자동차에 대한 점유를 풀고 신청인이 위임하는 ○○지방 법원 ○○지원 소속 집행관이 보관하게 하여야 한다.
2. 집행관은 신청인의 신청이 있으면 자동차를 사용하지 아니할 것을 조건으로 신청인 에게 보관하게 할 수 있다.
3. 집행관은 그 보관의 취지를 공시하기 위하여 적당한 조치를 강구하여야 한다.
라는 재판을 구합니다.

[자동차 처분금지 가처분명령신청서]

피신청인은 별지 목록 기재 자동차에 대하여 매매·증여·양도, 저당권의 설정 기타 일체의 처분행위를 하여서는 아니된다.
라는 재판을 구합니다.

[임시주주총회결의금지 가처분명령신청서]

> 피신청인이 2025. 1. 1. 소집하고, 2025. 1. 8. 10 : 00 피신청인의 본점 대회의실
> 에서 개최 예정이며, 별지 기재의 결의사항에 관한 임시주주총회의 결의는 이를
> 금지한다.
> 라는 재판을 구합니다.

[임시주주총회소집정지 가처분명령신청서]

> 피신청인이 2025. 1. 1. 소집하고, 2025. 1. 8. 10 : 00 피신청인의 주사무소가
> 있는 ○○시 ○○길 ○○-○ 소재 대회의실에서 개최할 예정이며, 별지 기재의
> 결의사항에 관한 임시주주총회는 그 개최를 정지한다.
> 라는 재판을 구합니다.

[주주총회결의 효력정지 가처분명령신청서]

> 1. 신청인의 피신청인에 대한 ○○지방법원 2025가합○○○호 주주총회결의취소
>   청구사건의 본안판결이 확정될 때까지 피신청인의 별지 목록 기재 주주총회결의
>   의 효력을 정지한다.
> 2. 피신청인의 대표이사는 위 주주총회결의의 내용을 집행하여서는 아니된다.
> 라는 재판을 구합니다.

[저당권 처분금지 가처분명령신청서]

피신청인은 별지 제1목록 기재 부동산 위에 설정된 별지 제2목록 기재 근저당권에 의한 담보권을 실행하거나 양도 기타 일체의 처분행위를 하여서는 아니된다.
라는 재판을 구합니다.

[질권 처분금지 가처분명령신청서]

1. 피신청인은 별지 제1목록 기재 물건에 대한 점유를 풀고 신청인이 위임하는 ○○지방법원 소속 집행관이 보관하게 하여야 한다.
2. 피신청인은 위 물건 위에 설정된 별지 제2목록 기재 질권에 의하여 담보된 채권을 실행하거나 질권의 양도 기타 일체의 처분행위를 하여서는 아니 된다.
라는 재판을 구합니다.

제2편
민사집행

제1장 민사집행의 종류

제1절 민사집행이란?

민사집행의 제1차적인 법원(法源)은 「민사집행법」(이하 "법"이라고 줄여 씀)이다. 위 법은 ① 강제집행, ② 담보권 실행을 위한 경매(이하 '임의경매'라고 함), ③ 「민법」·「상법」, 그 밖의 법률의 규정에 의한 경매 및 ④ 보전처분의 절차를 규정하고 있다.

여기에서 보전처분의 절차를 제외한 ①, ② 및 ③의 절차를 합하여 민사집행의 절차라고 부른다. 이하 민사집행의 종류를 여러 가지 관점에서 나누어 살펴본다.

제2절 민사집행의 종류

1. 집행권원(執行權原)에 따른 분류

가. 금전채권에 터 잡은 집행

금전채권에 터 잡은 집행이라 함은 채권자의 채권, 즉 집행채권이 금전채권인 경우에 있어서의 집행절차를 말한다. 여기에서 집행의 목적물인 채무자의 재산이 무엇인가는 가리지 않는다. 집행의 목적물인 채무자의 재산이라 함은 부동산·자동차·건설기계·항공기·선박·유체동산·채권·유가증권·지적재산권 등을 말한다.

나. 비금전채권에 터 잡은 집행

비금전채권이라 함은 채무자가 채권자에 대하여 어떠한 행위를 하거나 하지 말아야 할 채무, 즉 작위채무, 부작위채무 및 의사의 진술을 하여야 할 채무 등을 말한다. 가령 물건을 인도(引渡 : 넘겨 줌)하여야 할 채무, 경업[1]을 하지 말아야 할 채무, 등기나 등록 명의를 이전할 채무 등이 여기에 해당한다.

---

1) 경업(競業) : 서로 경쟁적 성질을 갖는 영업

2. 집행 대상에 의한 분류

집행의 대상을 나누면, 물적(物的) 집행과 인적(人的) 집행으로 구분할 수 있다.

물적 집행은 다시 부동산·동산 등 유체물에 대한 집행과 채권 등 무체물에 대한 집행으로 구분할 수 있다. 인적 집행으로써 대표적인 것은 감치제도[2]를 들 수 있다. 「민사집행법」이 규정하는 재산명시명령절차에서의 감치제도 및 「가사소송법」에서 규정하는 양육비일시지급명령절차에서의 감치제도 등이 그것이다.

3. 집행 방법에 의한 분류

가. 직접강제

직접강제는 채권자가 갖고 있는 집행권원에 적힌 집행채권을 국가기관인 법원이 집행기관이 되어 직접 집행을 실시함으로써 채권자에게 채권의 만족을 주는 강제집행을 말한다. 이는 일반적으로 압류와 현금화라는 절차를 거친다. 집행권원에 관하여는 뒤에서 상세히 검토한다.

나. 간접강제

간접강제라 함은 판결이나 명령 등에 따르지 아니하는 채무자에 대하여 손해배상금의 부과 또는 감치에 처할 것을 경고함으로써 채무자가 심리적 압박을 느껴 채무를 이행케 하는 강제집행의 방법을 말한다. 이는 직접강제와 대체집행이라는 방법을 모두 사용할 수 없는 경우에만 허용되는 강제집행의 방법이다.

다. 대체집행(代替執行)

대체집행이라 함은 채무자가 채무를 스스로 이행하지 아니할 때 채권자 또는 채권자로부터 위임을 받은 제3자가 채무자를 갈음하여 집행하고, 그 집행에 소요된 비용을 채무자로부터 받아내는 강제집행 방법을 말한다. 이는 건물의 철거와 같은 대체적 작위의무[3]의 집행에 적합하다.

---

2) 감치제도(監置制度) : 감치란 고의로 의무이행을 회피하는 채무자에 대하여 법원이 재판을 통하여 일정한 기간의 범위 내에서 의무를 이행할 때까지 구금(拘禁)함으로써 의무이행을 심리적으로 압박하는 간접강제를 말한다.
3) 대체적 작위의무(代替的 作爲義務) : 채무자에게 부과된 의무가 타인이 대신 이행할 수 있으면서 어떠한 행위를 하여야 하는 의무

제3절 담보권실행을 위한 경매

여기에서 말하는 담보는 채권자가 근저당권·가등기담보권·전세권·질권 등 물적 (物的) 담보권을 가진 경우에 있어서의 담보를 말한다.

이러한 담보권자는 채무자가 채무의 이행기에 그 이행을 하지 아니하면 별도의 집행 권원이 없더라도 담보물에 대한 경매를 신청할 수 있는데, 이때의 경매는 강제경매와 구별하기 위하여 '담보권 실행을 위한 경매'라고 한다. 과거에는 '임의경매'라고 불렀다.

제4절 유치권 등에 의한 경매

법 제274조제1항은 "유치권에 의한 경매와 「민법」, 「상법」, 그 밖의 법률이 규정하 는 바에 따른 경매는 담보권 실행을 위한 경매의 예에 따라 실시한다."고 규정하였다.

여기에 해당하는 경우로는, ①「민법」제269조제2항이 규정하는 공유물의 가격분할 을 위한 경매, ②「민법」제1037조, 제1051조제3항, 제1056조제2항이 규정하는 상속 채무의 변제를 위한 경매, ③「상법」제67조제1항이 규정하는 상인간의 매매에서 매도 인의 자조매각[4]을 위한 경매, ④「상법」제443조제1항, 제461조제2항이 규정하는 단 주[5]의 경매 등이 있다.

---

4) 자조매각(自助賣却) : 상인간의 매매에 있어서 매수인이 목적물의 수령을 거부하거나 이를 수령할 수 없는 때에는 매도인은 그 물건을 공탁하거나 상당한 기간을 정하여 최 고(催告)한 후 경매할 수 있다. 이 경우에는 지체없이 매수인에 대하여 그 통지를 발송 하여야 한다. 또한 매수인에 대하여 최고를 할 수 없거나 목적물이 멸실 또는 훼손될 염려가 있는 때에는 최고 없이 경매할 수 있다.
5) 단주(端株) : 상장주(上場株)로써 거래단위인 10주에 미달하는 수의 주식

제2장 민사집행의 주체

제1절 집행기관

1. 집행법원

가. 관할의 원칙

집행행위에 관한 법원의 처분이나 그 행위에 관한 법원의 협력사항을 관할하는 집행법원은 법률에 특별히 지정되어 있지 아니하면 집행절차를 실시할 곳이나 실시한 곳을 관할하는 지방법원이 된다.

집행법원의 관할은 원칙적으로 전속관할(專屬管轄)이므로, 합의관할은 인정되지 않는다. 원칙적으로 「민사소송법」상의 관련재판적[6]에 관한 규정도 적용되지 않는다. 다만, 예외적으로 집행법원을 달리하는 여러 개의 부동산을 일괄매각하는 경우에는 관련재판적에 관한 「민사소송법」 제25조를 준용한다(법 제100조).

나. 특별히 지정된 관할

집행의 내용	관할법원	관련 법조
재산명시명령신청사건	채무자의 보통재판적[7]이 있는 곳	법 제61조제1항
부동산에 대한 강제집행	부동산이 있는곳	법 제79조제1항
자동차에 대한 강제집행	자동차등록원부에 기재된 사용본거지	「민사집행규칙」 제109조
건설기계 및 소형선박에 대한 강제집행	사용의 본거지	「민사집행규칙」 제130조제1항
채권과 그 밖의 재산권에 대한 강제집행	채무자의 보통재판적이 있는 곳	법 제224조제1항
부동산에 대한 가압류집행	가압류재판을 한 법원	법 제293조제2항
채권에 대한 가압류집행	가압류명령을 한 법원	법 제296조제2항

---

6) 관련재판적(關聯裁判籍) : 甲 권리를 청구함에 있어 乙 권리에 대한 청구와 견련관계가 있을 경우에 甲 권리를 乙 권리에 대한 재판을 관할하는 법원이 甲 권리에 대한 관할권을 가지도록 인정할 때의 乙 권리에 대한 재판적

법인 그 밖의 사단 또는 재단의 보통재판적은 이들의 주된 사무소 또는 영업소가 있는 곳에 따라 정하고, 사무소와 영업소가 없는 경우에는 주된 업무담당자의 주소에 따라 정한다.

다. 시·군법원 관할의 특례

「민사집행법」의 관련 규정

제22조(시·군법원의 관할에 관한 특례) 다음 사건은 시·군법원이 있는 곳을 관할하는 지방법원 또는 지방법원 지원이 관할한다.
    1. 시·군법원에서 성립된 화해·조정(「민사조정법」 제34조제4항의 규정에 따라 재판상의 화해와 동일한 효력이 있는 결정을 포함한다. 이하 같다) 또는 확정된 지급명령에 관한 집행문부여의 소, 청구에 관한 이의의 소 또는 집행문부여에 대한 이의의 소로써 그 집행권원에서 인정된 권리가 「소액사건심판법」의 적용대상이 아닌 사건
    2. 시·군법원에서 한 보전처분의 집행에 대한 제3자이의의 소
    3. 시·군법원에서 성립된 화해·조정에 기초한 대체집행 또는 간접강제
    4. 「소액사건심판법」의 적용대상이 아닌 사건을 본안으로 하는 보전처분

「법원조직법」의 관련 규정

제34조(시·군법원의 관할) ① 시·군법원은 다음 사건을 관할한다.
    1. 「소액사건심판법」의 적용을 받는 민사사건
    2. 화해·독촉 및 조정에 관한 사건

「소액사건심판법」의 관련 규정

제2조(적용범위 등) ① 이 법은 지방법원 및 지방법원 지원의 관할사건 중 대법원규칙

---

7) 채무자의 보통재판적(普通裁判籍) : 사람의 보통재판적은 주소에 따라 정한다. 다만, 대한민국에 주소가 없거나 주소를 알 수 없는 경우에는 거소(居所)에 따라 정하고, 거소가 일정하지 아니하거나 거소도 알 수 없으면 마지막 주소에 따라 정한다.

으로 정하는 민사사건(이하 "소액사건"이라 한다)에 적용한다.

「소액사건심판규칙」의 관련 규정

제1조의2(소액사건의 범위) 법 제2조제1항의 규정에 의한 소액사건은 제소한 때의
소송목적의 값이 3,000만원을 초과하지 아니하는 금전 기타 대체물이나 유가증
권의 일정한 수량의 지급을 목적으로 하는 제1심의 민사사건으로 한다. 다만, 다
음 각호에 해당하는 사건은 제외한다.
　　1. 소의 변경으로 본문에 해당하지 아니하게 된 사건
　　2. 당사자참가, 중간확인의 소 또는 반소의 제기 및 변론의 병합으로 인하여 본
　　　문의 경우에 해당하지 않는 사건과 병합심리하게 된 사건

위 법규들의 규정은 매우 복잡하다. 결론적으로, 시·군법원이 관할하는 민사집행사
건은 다음과 같이 요약할 수 있다. ① 「소액사건심판법」의 적용대상인 사건을 본안으
로 하는 보전처분사건, ② 소액사건을 기초로 한 판결·화해·독촉·조정에 터 잡은
집행문부여의 소, 집행문부여에 대한 이의의 소, 청구에 관한 이의의 소에 한정된다.

2. 집행관

집행관은 지방법원 또는 지방법원 지원에 소속되어 재판의 집행 및 서류의 송달 등
사무를 처리한다. 집행관의 사무소는 법원 안에 있으며, 보수는 사무를 위임하는 채권
자 등으로부터 수수료를 받아 충당한다. 그의 신분은 국가공무원이다.

민사집행은 법에 특별한 규정이 없으면 집행관이 실시한다. 집행관은 집행을 위하여
필요한 경우에는 채무자의 주거·창고, 그 밖의 장소를 수색하고, 잠긴 문을 여는 등
적절한 조치를 할 수 있다. 이 경우에 저항을 받으면 집행관은 경찰 또는 국군의 원조
를 요청할 수 있다.

집행관은 이해관계 있는 사람이 신청하면 집행기록을 볼 수 있도록 허가하고, 기록
에 있는 서류의 등본을 교부하여야 한다.

집행관은 집행조서를 작성하여야 하며, 집행조서에는 집행한 날짜와 장소, 집행의

목적물과 그 중요한 사정의 개요, 집행참여자의 표시, 집행참여자의 서명날인, 집행참여자에게 조서를 읽어주거나 보여주고, 그가 이를 승인하고 서명날인한 사실을 적고 집행관이 기명날인 또는 서명하여야 한다.

채권자가 집행관에게 집행력 있는 정본을 교부하면서 강제집행을 위임한 때에는 집행관은 특별한 권한을 받지 못하였더라도 지급이나 그 밖의 이행을 받고, 그에 대한 영수증서를 작성·교부할 수 있다.

집행관은 채무자가 그 의무이행을 완전히 이행한 때에는 집행력 있는 정본을 채무자에게 교부하여야 한다. 채무자가 그 의무의 일부를 이행한 때에는 집행관은 집행력 있는 정본에 그 사유를 덧붙여 적고, 영수증서를 채무자에게 교부하여야 한다. 채무자의 채권자에 대한 영수증 청구는 집행관의 영수증 교부에 의하여 영향을 받지 않는다(법 제42조).

집행관은 집행력 있는 정본을 가지고 있으면 채무자와 제3자에 대하여 강제집행을 하고, 채권자는 그에 대하여 위임의 흠이나 제한을 주장하지 못한다. 집행관은 집행력 있는 정본을 가지고 있다가 관계인이 요청할 때에는 그 자격을 증명하기 위하여 이를 내보여야 한다(법 제43조). 집행관의 주된 사무는 다음과 같다.

① 동산에 대한 경매 및 가압류의 집행
② 동산·부동산·자동차·건설기계·선박 등의 인도집행(引渡執行)
③ 가처분의 집행
④ 부동산·선박 등의 경매절차에서 현황조사, 경매·입찰의 실시
⑤ 채권과 그 밖의 재산권의 금전집행에서 지시채권증서의 점유·인도·매각
⑥ 매각된 부동산의 인도명령 집행
⑦ 점유이전금지가처분의 목적물인 부동산의 보관
⑧ 어음·수표에 대한 거절증서의 작성
⑨ 특별송달(야간·공휴일 송달)

제2절 당사자

1. 당사자란?

민사소송절차에서는 원고와 피고라는 당사자가 대립하는 구조를 이룬다. 이에 비하여 민사집행절차에서는 채권자(또는 집행채권자)와 채무자(또는 집행채무자)라는 명칭을 사용할 뿐 유사한 당사자 구조를 이룬다. 제3채무자도 당사자에 포함되는 경우가 있다.

2. 당사자능력과 소송능력

가. 당사자능력

당사자능력이란 민사집행절차에서 절차의 주체가 되어 관여하고, 그에 따른 효과를 받을 수 있는 능력을 말한다. 「민법」상의 권리주체인 자연인과 법인은 「민사집행법」상으로도 당사자능력자가 된다. 법인 아닌 사단(비법인사단)과 법인 아닌 재단(비법인재단)도 민사소송절차에서 당사자능력자로 취급되므로, 민사집행절차에서도 당사자능력을 갖는다.

나. 소송능력

민사집행절차의 당사자도 민사소송절차와 마찬가지로 소송능력이 있어야 유효한 집행행위를 할 수 있다. 제3채무자도 마찬가지이다. 따라서 미성년자, 피한정후견인, 피성년후견인은 법정대리인이 집행행위를 대리하여야 한다.

3. 당사자적격(當事者適格)

가. 당사자적격이란?

당사자적격의 문제는 누가 누구에 대하여 집행을 할 것이며, 법원도 누구를 위하여 또는 누구에게 집행문을 내줄 것인가의 문제이다. 이는 기판력[8]의 주관적 범위(인적 범위)와 일치한다.

---

8) 기판력(旣判力) : 기판력이란 이미 확정된 재판의 판단이 이후의 소송절차에서 법원 및 당사자를 구속하는 힘을 말한다. 따라서 기판력에 저촉되는 후소(後訴)의 제기 및 판단을 할 수 없다.

당사자적격과 관련하여 법은 특별한 규정을 두었다. 법 제52조제1항이 "강제집행을 개시한 뒤에 채무자가 죽은 때에는 상속재산에 대하여 강제집행을 계속 진행한다."고 규정한 것이 그것이다. 이 규정은 보전처분절차에서도 그대로 적용된다. 따라서 보전처분 또는 강제집행의 절차가 개시된 뒤에 당사자가 사망하더라도 그 절차들은 상속인에 의하여 속행된다.

그러나 강제집행이나 보전처분의 신청 당시를 기준으로 이미 사망한 당사자를 상대로 한 경우에는 그 강제집행이나 보전처분은 무효이다(대법원 2004다38921 판결 참조). 다만, 대법원은 임의경매절차에서는 사망한 당사자를 피신청인으로 지정하여 경매개시결정을 한 경우에도 그 경매절차가 유효하다는 입장이다. 해당 판례를 소개한다.

판례

근저당권의 실행을 위한 부동산경매는 그 근저당권설정등기에 표시된 채무자 및 저당부동산의 소유자와의 관계에서 그 절차가 진행되는 것이므로, 그 절차의 개시 전 또는 진행 중에 채무자나 소유자가 사망하였더라도 그 재산상속인이 경매법원에 대하여 사망사실을 밝히고, 경매절차를 수계(受繼)하지 아니한 이상 경매법원이 이미 사망한 등기부상의 채무자나 소유자와의 관계에서 그 절차를 속행하여 이루어진 경락허가결정(현행법에서는 '매각허가결정'이라고 함)을 무효라고 할 수는 없다(대법원 97다39131).

여기에서 또 하나 주의할 상속인에 관한 문제가 있다. 공동상속인 중에서 상속을 단순승인한 상속인은 문제될 것이 없고, 뒤에서 검토하게 될 승계집행문이 필요할 뿐이다.

그러나 상속을 한정승인한 상속인은 상속채무자가 되었을 때 책임의 범위만이 문제로 될 뿐이지, 집행절차에서는 당사자적격자임에는 틀림이 없다. 그렇지만 상속을 포기한 상속인은 채권자와 채무자의 어느 쪽에서도 당사자적격이 인정되지 않는다. 따라서 상속포기자가 집행한 경우이든 상속포기자를 상대로 집행한 경우이든 그 집행위는 모두 무효이다.

나. 집행권원에 표시된 당사자

집행권원이 판결인 경우에는 원칙적으로 판결서에 원고 및 피고로 표시된 사람이 집행적격자이다.

판결이 그 판결에 표시된 당사자 외의 사람에게 효력이 미치는 때에는 그 사람에 대하여 집행하거나 그 사람을 위하여 집행할 수 있다. 다만, 「민사소송법」 제71조의 규정에 따른 참가인에 대하여는 그러하지 아니하다(법 제25조제1항).

「민사소송법」 제71조는 "소송결과에 이해관계가 있는 제3자는 한쪽 당사자를 돕기 위하여 법원에 계속중인 소송에 참가할 수 있다."고 규정하였다. 보조참가에 관한 규정이다.

위 규정이 말하는 의미는, 보조참가인은 비록 패소판결을 받더라도 기판력을 받지 않고, 단지 참가적 효력만을 받기 때문에 집행적격자가 될 수 없음을 뜻한다.

다음부터는 소송의 당사자가 아니면서(판결서에 당사자로 표시되지 아니한 사람이면서) 집행적격자가 되는 경우를 검토한다. 이들은 기판력의 영향을 받기 때문에 집행문에 표시되어야 할 사람들이다.

다. 변론종결후의 승계인

변론종결후의 승계인이란 본안소송절차에서 변론이 종결된 뒤에 원고나 피고의 지위를 승계한 자를 말한다. 판결이 변론 없이 선고된 경우에는 판결이 선고된 뒤에 당사자의 지위를 승계한 자를 말한다. 이들은 당사자적격을 갖는다. 승계는 그 원인이나 모습이 무엇인가를 따지지 않는다.

변론종결후의 승계인이 되기 위해서는, 즉 집행문에 표시되는 당사자가 되기 위해서는 그 판결이 물권적 청구권[9]에 터 잡은 판결이어야 한다. 채권적 청구권에 터 잡은 판결의 경우에는 대세적(對世的) 효력이 없고, 당사자 사이에만 상대적인 효력이 있을 뿐이기 때문이다.

판례

재판상 화해에 의하여 소유권이전등기를 말소할 물권적 의무를 부담하는 자로부터

---

9) 물권적 청구권(物權的 請求權) : 물권적 청구권이란 소유권, 점유권, 유치권, 저당권, 전세권, 질권 등 물권이 어떤 사유로 방해를 받고 있을 때 물권자가 침해자에 대하여 갖는 청구권을 말한다. 이 청구권에는 방해배제청구권, 방해예방청구권 및 목적물 반환청구권이 있다.

그 화해 성립 후에 동 부동산에 관한 등기를 경료받은 자는 변론종결후의 승계인에 해당한다(대법원 79다1702 판결).

이 사건 재심 대상 판결의 소송물은 취득시효 완성을 이유로 한 소유권이전등기청구권으로써 채권적 청구권이므로, 그 변론종결 후에 원고로부터 소유권이전등기를 경료받은 승계인은 기판력이 미치는 변론종결 후의 제3자에 해당하지 않는다(대법원 96다41649 판결).

확정판결의 피고 측의 제1차 승계가 이미 변론종결 이전에 있었다면 비록 그 제2차 승계가 변론종결 이후에 있었다 할지라도 이 제2차 승계인은 이른바 변론종결후의 승계인으로 볼 수 없다(대법원 67마55).

소유권이전등기가 원인무효라는 이유로 그 말소등기청구를 인용한 판결이 확정되고, 그 확정판결의 변론종결 후에 패소자를 상대로 처분금지가처분등기를 경료한 자는 말소등기청구를 인용한 판결의 변론종결후의 승계인이 아니다(대법원 97다22904).

라. 추정승계인

당사자가 변론을 종결할 때(변론 없이 한 판결의 경우에는 판결을 선고할 때)까지 승계사실을 진술하지 아니한 때에는 변론을 종결한 뒤(변론 없이 한 판결의 경우에는 판결을 선고한 뒤)에 승계한 것으로 추정한다(「민사소송법」 제218조제2항). 이를 추정 승계인이라고 한다.

앞에서 검토한 변론종결후의 승계인을 패소한 피고와 같이 취급하는 이유는 이렇다. 그렇게 하지 아니한다면 패소한 피고가 목적물을 제3자에게 처분하여 판결을 무력화시킬 가능성이 있기 때문이다.

추정승계인이라는 제도를 마련한 이유는 이렇다. 가령 원고 甲으로부터 패소한 피고 乙이 목적물 인도의무를 이행하지 않기 위해서 제3자인 丙과 통모하여 변론종결 전에 이미 적법한 권원에 의하여 丙이 점유하고 있는 물건이라고 주장한다면 甲으로서는 다시 丙을 상대로 목적물인도청구소송을 제기하여야 할 것이다. 따라서 변론종결 전에 그 사실을 진술하지 아니한 경우에는 변론종결 후에 승계한 것으로 추정함으로써 甲을 보호하려는 것이다. 따라서 甲은 丙에 대한 승계집행문을 부여받아 강제집행을 실시할 수 있다.

마. 청구의 목적물 소지자

확정판결은 당사자, 변론을 종결한 뒤의 승계인(변론 없이 한 판결의 경우에는 판결을 선고한 뒤의 승계인) 또는 그를 위하여 청구의 목적물을 소지한 사람에 대하여 효력이 미친다(「민사소송법」 제218조제1항).

당사자인 법인의 직원이나 당사자의 가족이 소지하는 경우에는 당사자 본인이 소지하는 것과 같이 취급된다. 따라서 이들이 소지하고 있는 때에는 승계집행문도 필요치 않다. 여기의 '소지'는 '점유'를 포함하는 넓은 의미로 해석된다.

바. 소송담당에서의 권리귀속 주체

다른 사람의 권리에 관하여 당사자로서 소송수행권을 가진 사람이 받은 판결의 기판력과 집행력은 그 다른 사람에게 미친다(「민사소송법」 제218조제3항).

선정당사자[10]가 받은 판결의 효력은 선정자에게 미치며, 파산관재인[11]이 받은 판결의 효력은 파산자에게 미친다. 마찬가지로 회생회사의 재산에 관하여 관리인이 받은 판결의 효력은 회생회사에 미친다.

사. 소송탈퇴자

당사자가 소송을 수행하는 중에 제3자가 독립당사자참가[12], 참가승계[13] 또는 소송인수[14]를 하면 종전의 당사자는 소송에서 탈퇴할 수 있다. 이 경우 탈퇴자의 상대방과 제3자에 대한 판결의 효력은 탈퇴자에게도 미친다. 즉 탈퇴자도 민사집행의 당사자적격을 갖는다.

---

10) 선정당사자(選定當事者) : 선정당사자란 공동의 이해관계 있는 다수의 사람이 공동소송인이 되어 소송을 하여야 할 경우에 있어서 공동소송인 전부 또는 일부를 위해 소송을 수행할 당사자로 선정된 당사자를 말한다.
11) 파산관재인(破産管財人) : 파산관재인은 파산절차에서 파산재단의 관리, 환가, 배당 등의 파산절차를 운영하는 자를 말한다.
12) 독립당사자참가(獨立當事者參加) : 타인 사이에 민사소송이 계속(係屬)되고 있는 경우에 그 소송의 원고 및 피고를 상대로 하여 제3자가 당사자로서 소송에 참가하여 3면소송의 구조로 되는 일
13) 참가승계(參加承繼) : 소송이 진행되고 있는 도중에 소송의 목적인 권리나 의무를 이어받은 승계인이 독립적인 당사자로서 소송에 참가하는 일
14) 소송인수(訴訟引受) : 소송의 계속 중 제3자가 당사자의 일방의 지위를 승계하여 상대방과의 사이에서 소송을 속행하는 것

아. 집행당사자적격자의 변동

판결 등 집행권원을 가진 채권자는 일반적으로 그 집행권원에 집행문을 부여받아 강제집행에 착수할 수 있는데, 집행권원에 표시된 당사자가 바뀌면 승계집행문을 받아야 한다.

강제집행을 개시한 후에 신청채권자가 승계된 경우에 승계인이 자기를 위하여 강제집행의 속행을 신청하는 때에는 법 제31조(승계집행문)에 규정된 집행문이 붙은 집행권원의 정본을 제출하여야 한다(「민사집행규칙」 제23조제1항).

강제집행을 개시한 뒤에 채무자가 죽은 때에는 상속재산에 대하여 강제집행을 계속하여 진행한다(법 제52조제1항). 민사소송절차에서는 이 경우에 소송수계절차(訴訟受繼節次)를 밟을 때까지 소송절차가 중단되는 것과는 대비가 된다. 위 법리는 법인의 합병이 있는 경우에도 같이 적용되어야 할 것이다. 또 담보권실행을 위한 경매절차 및 보전절차에서도 같다.

그러나 위 규정에도 불구하고 상속을 한정승인한 상속인에 대하여는 예외가 적용되어야 한다는 점에 관하여는 앞에서 검토하였다.

선박이 압류된 뒤에 소유자 또는 선장이 바뀐 때에는 승계집행문을 필요로 하지 않는다(법 제179조제2항).

판례

당사자 쌍방을 소환하여 심문절차를 거치거나 변론절차를 거침이 없이 채권자 일방만의 신청에 의하여 바로 내려진 처분금지가처분결정은 신청 당시 채무자가 사망함으로 인하여 사망한 자를 채무자로 하여 내려졌다고 하더라도 이를 당연무효라고는 할 수 없는 것이다(대법원 92다48017 판결).

제3절 대리

당사자에 대한 심문이 없는 절차인 민사집행절차에서는 임의대리인의 자격에 제한이 없다. 다만, 대리권의 증명은 서면으로 해야 한다. 서면은 위임장과 위임인의 인감증명서의 제출을 의미한다.

법무사는 다른 사람이 위임한 「민사집행법」에 따른 경매사건과 「국세징수법」이나 그 밖의 법령에 따른 공매사건에서의 재산취득에 관한 상담, 매수신청 또는 입찰신청의 대리를 할 수 있다(「법무사법」 제2조제1항제5호).

개업공인중개사는 「민사집행법」에 의한 경매 및 「국세징수법」, 그 밖의 법령에 의한 공매 대상 부동산에 대한 권리분석 및 취득의 알선과 매수신청 또는 입찰신청의 대리를 할 수 있다(「공인중개사법」 제14조제2항).

제3장 민사집행의 객체(책임재산)

제1절 책임재산의 범위

1. 의의

강제집행의 대상은 채무자에게 속한 재산이어야 한다. 이를 강제집행의 대상 또는 책임재산이라고 하는데, 이는 현실적으로 채무자의 소유 재산이 대부분이겠으나, 채무자가 장래에 취득하게 될 재산이 포함될 수도 있고, 표면적으로는 채무자의 과거 재산이었더라도 이를 채무자의 소유로 되돌릴 경우도 있다. 그리고 채무자의 소유라고 하더라도 모두가 강제집행의 대상이 되는 것은 아니다. 이하 이를 나누어 살핀다.

2. 금전채권에 터 잡은 집행 대상

금전채권에 터 잡아 강제집행을 실행함에는 원칙적으로 채무자의 모든 재산이 집행의 대상이 된다. 현금으로 환가(換價)할 수 있는 것이면 집행의 대상이 되므로, 이를 열거하자면 부동산, 유체동산, 지식재산권, 아파트분양권, 골프회원권, 콘도미니엄회원권, 예탁증권, 수익증권 및 도메인주소 등이 그것들이다.

채무자가 장래에 취득하게 될 재산도 그 기초가 되는 법률요건이 이미 성립되어 있고, 기대권으로 인정하기에 충분한 것이면 집행의 대상이 된다. 채무자가 장래에 지급받게 될 임료(賃料) 및 임금(賃金) 등이 여기에 해당한다.

그러나 금전으로 환가할 수 있는 것이라고 할지라도 일신전속적(一身專屬的)인 권리인 부양료청구권이나 성명권, 초상권 등 인격권 내지 신분권은 그 대상이 되지 않는다. 압류가 금지된 물건과 압류가 금지된 채권도 있는데, 이는 뒤에서 검토한다.

3. 특정물채권에 터 잡은 집행 대상

특정물채권에 터 잡아 강제집행을 실행할 때에는 채무자의 책임재산이라는 개념은 적용될 여지가 없다. 다만, 특정물채권이 어떤 사정으로 인하여 이행불능이 되어 손해배상채권으로 변하는 때에는 채권 자체가 금전채권으로 변하게 됨은 당연하다.

작위채무나 부작위채무를 집행함에는 책임재산이 문제되지 않지만, 대체집행에서의 비용채무를 집행할 때에는 금전채권과 같이 취급된다.

담보권실행을 위한 경매절차에서는 그 담보물건이 채무자의 소유인가 또는 물상보증인15)의 소유인가에 따라 물적 책임의 한계를 달리한다.

가령 근저당권의 실행으로 부동산을 경매하는 경우에 있어서 그 부동산이 채무자의 소유인 때에는 채권자가 그 부동산만으로는 채권의 만족을 얻지 못하더라도 채권자는 채무자의 다른 재산으로부터 추가로 만족을 얻을 수 있다.

그러나 그 부동산이 물상보증인의 소유인 경우에는 그 부동산의 매각대금으로부터 채권의 만족을 얻기에 부족함이 있더라도 채권자는 물상보증인의 다른 재산으로부터는 채권의 만족을 얻을 수 없다.

제2절 책임재산의 보전수단

1. 보전처분

가압류와 가처분을 합하여 보전처분이라고 부른다. 가압류는 장래에 있을 금전채권에 터 잡은 강제집행이 불가능하게 되거나 현저히 곤란하게 될 염려가 있을 때 채권자가 미리 채무자의 재산을 처분하지 못하게 묶어두는 잠정적인 보전처분이다.

가처분이란 채무자에 대하여 다툼의 대상인 목적물의 인도청구권을 가진 채권자가 채권의 행사를 방치하게 되면 채무자 또는 제3자에 의하여 그 목적물건이 양도, 은닉 등 현상변경이 생길 수 있다. 이렇게 되면 채권자가 장래에 본안소송에서 승소확정판결을 받더라도 그 집행에 어려움을 겪게 될 것이므로, 이를 막기 위하여 미리 그 처분행위를 금지케 하는 잠정적 처분을 말한다.

2. 사해방지참가(소송상 독립당사자참가)

타인 사이에 소송이 계속중인 경우에서 소송목적의 전부나 일부가 자기의 권리라고 주장하거나 소송 결과에 따라 권리가 침해된다고 주장하는 제3자는 당사자 양쪽 또는 어느 한쪽을 상대방으로 하여 당사자로서 소송에 참가할 수 있다(「민사소송법」 제79조

---

15) 물상보증인(物上保證人) : 물상보증인이란 타인의 채무를 담보하기 위하여 자기의 재산 위에 저당권이나 질권을 설정해준 사람(제3자)을 말한다.

제1항). 이를 사해방지참가 또는 소송상 독립당사자참가라고 한다.

3. 재산명시명령

뒤에서 따로 검토하게 될 재산명시명령의 절차에서는 직접 강제집행을 할 수 있는 재산이 아님에도 불구하고 재산명시명령이 채무자에게 송달되기 전 1년 이내에 유상으로 양도한 부동산과 2년 이내에 무상으로 양도한 재산도 재산목록에 적어서 법원에 제출하도록 규정하고 있다(법 제64조제2항). 이는 채권자취소권을 행사할 수 있는 길을 열어놓은 것으로 해석된다.

4. 채권자취소권

채무자가 채권자를 해함을 알고 재산권을 목적으로 한 법률행위를 한 때에는 채권자는 그 취소 및 원상회복을 법원에 청구할 수 있다. 그러나 그 행위로 인하여 이익을 받은 자나 전득한 자가 그 행위 또는 전득 당시에 채권자를 해함을 알지 못한 경우에는 그러하지 아니하다.

이 취소의 소는 채권자가 취소원인을 안 날로부터 1년, 법률행위 있은 날로부터 5년 내에 제기하여야 한다(「민법」 제406조).

5. 채권자대위권

채권자는 자기의 채권을 보전하기 위하여 채무자의 권리를 행사할 수 있다. 그러나 일신(一身)에 전속(專屬)한 권리는 그러하지 아니하다. 채권자는 그 채권의 기한이 도래하기 전에는 법원의 허가 없이 채권자대위권을 행사하지 못한다. 그러나 보전행위[16]는 그러하지 아니하다.

채권자가 보전행위 이외의 권리를 행사한 때에는 채무자에게 통지하여야 한다. 채무자가 이 통지를 받은 후에는 그 권리를 처분하여도 이로써 채권자에게 대항하지 못한다(「민법」 제404조 및 제405조). "대항하지 못한다"는 것은 그 처분행위가 유효함을 주장하지 못한다는 뜻이다.

---

16) 보전행위(保全行爲) : 채무자의 권리에 대한 가치를 증가 내지 유지시키는 행위

제3절 유한책임(有限責任)의 문제

채무자 소유의 재산이라고 할지라도 채권자가 집행의 대상으로 삼을 수 없는 것이 있고, 특정채권을 가진 채권자는 채무자의 일반재산에 대하여는 집행을 하지 못한다. 이와 같이 채무자의 재산이지만 그 책임에 한도가 정해진 것을 두고 '유한책임'이라고 한다.

상속의 한정승인을 선택한 상속인은 피상속인의 재산의 한도에서 변제할 책임이 있고(「민법」 제1028조), 유언집행자 · 상속재산관리인 · 신탁재산의 수탁자도 각각 그가 관리하는 재산을 한도로 변제의 책임을 진다.

합자회사의 유한책임사원(「상법」 제279조), 주주대표소송에 있어서의 이사 및 사외이사(「상법」 제400조)의 책임 등도 유한책임에 해당한다.

채무자에게 유한책임이 적용되는 경우에 피고(채무자)가 그에 관하여 재판에서 항변을 하면 법원은 유보부판결(예 : 상속재산의 범위 내에서 변제하라)을 하게 된다. 그러나 피고가 이를 항변하지 아니하면 법원으로서는 유보 없는 판결을 선언하게 된다. 이 경우에 채무자를 구제하는 사후의 수단이 무엇인가에 관하여 대법원은 다음과 같이 설명한다.

판례

한정승인에 의한 책임의 제한은 상속채무의 범위 및 존재의 확정과는 관계가 없고, 다만, 판결의 집행 대상을 상속재산을 한도로 제한함으로써 판결의 집행력을 제한할 뿐이다. 특히 채권자가 피상속인의 금전채무를 상속한 상속인을 상대로 그 상속채무의 이행을 구하며 제기한 소송에서 채무자가 한정승인 사실을 주장하지 않으면 책임의 범위는 현실적인 심판 대상으로 등장하지 아니하여 주문에서는 물론 이유에서도 판단되지 않는 것이므로, 그에 관하여는 기판력이 미치지 않는다.

그러므로 채무자가 한정승인을 하고도 채권자가 제기한 소송의 사실심 변론종결 전까지 그 사실을 주장하지 아니하는 바람에 책임의 범위에 관하여 아무런 유보가 없는 판결이 선고되어 확정되었다고 하더라도 채무자는 그 후 위 한정승인 사실을 내세워 청

구에 관한 이의의 소를 제기하는 것이 허용된다고 보는 것이 옳다(대법원 2006다 23138 판결).

위 판례와 같은 기판력에 의한 실권효(失權效 : 권리 상실의 효력) 제한의 법리는 채무의 상속에 따른 책임의 제한 여부만이 문제가 되는 한정승인과는 달리 상속에 의한 채무의 존재 자체가 문제되어 그에 관한 확정판결의 주문에 당연히 미치게 되는 상속포기의 경우에는 적용될 수 없다(대법원 2008다79876 판결 참조).

제4절 압류금지재산

채무자의 책임재산일지라도 압류가 금지되는 재산은 강제집행의 대상이 되지 않는다. 법은 유체동산에 관하여는 제195조에서, 채권에 관하여는 제246조에서 각각 압류금지재산을 규정하였다.

압류를 금지하는 취지는 주로 경제적 약자의 최저생활을 보장하고, 신앙의 자유를 보장하려는 것이다.

「채무자회생 및 파산에 관한 법률」에서는 파산재단에 속하는 재산, 개인회생절차개시결정 후의 채무자의 재산 등에 대한 강제집행을 금지하고 있다. 이는 모든 채권자에게 공평한 기회를 주기 위한 조치로 평가할 수 있다. 이하 법의 관련 규정을 인용한다.

「민사집행법」의 관련 규정

제195조(압류가 금지되는 물건) 다음 각호의 물건은 압류하지 못한다.
  1. 채무자 및 그와 같이 사는 친족(사실상 관계에 따른 친족을 포함한다. 이하 이 조에서 "채무자등"이라 한다)의 생활에 필요한 의복·침구·가구·부엌기구, 그 밖의 생활필수품
  2. 채무자등의 생활에 필요한 2월간의 식료품·연료 및 조명재료
  3. 채무자등의 생활에 필요한 1월간의 생계비로서 대통령령이 정하는 액수의 금전

---

4. 주로 자기 노동력으로 농업을 하는 사람에게 없어서는 아니 될 농기구·비료·가축·사료·종자, 그 밖에 이에 준하는 물건

5. 주로 자기의 노동력으로 어업을 하는 사람에게 없어서는 아니 될 고기잡이 도구·어망·미끼·새끼고기, 그 밖에 이에 준하는 물건

6. 전문직 종사자·기술자·노무자, 그 밖에 주로 자기의 정신적 또는 육체적 노동으로 직업 또는 영업에 종사하는 사람에게 없어서는 아니 될 제복·도구, 그 밖에 이에 준하는 물건

7. 채무자 또는 그 친족이 받은 훈장·포장·기장, 그 밖에 이에 준하는 명예증표

8. 위패·영정·묘비, 그 밖에 상례·제사 또는 예배에 필요한 물건

9. 족보·집안의 역사적인 기록·사진첩, 그 밖에 선조숭배에 필요한 물건

10. 채무자의 생활 또는 직무에 없어서는 아니 될 도장·문패·간판, 그 밖에 이에 준하는 물건

11. 채무자의 생활 또는 직업에 없어서는 아니 될 일기장·상업장부, 그 밖에 이에 준하는 물건

12. 공표되지 아니한 저작 또는 발명에 관한 물건

13. 채무자등이 학교·교회·사찰, 그 밖의 교육기관 또는 종교단체에서 사용하는 교과서·교리서·학습용구, 그 밖에 이에 준하는 물건

14. 채무자등의 일상생활에 필요한 안경·보청기·의치·의수족·지팡이·장애보조용 바퀴의자, 그 밖에 이에 준하는 신체보조기구

15. 채무자등의 일상생활에 필요한 자동차로서 「자동차관리법」이 정하는 바에 따른 장애인용 경형자동차

16. 재해의 방지 또는 보안을 위하여 법령의 규정에 따라 설비하여야 하는 소방설비·경보기구·피난시설, 그 밖에 이에 준하는 물건

제196조(압류금지 물건을 정하는 재판) ① 법원은 당사자가 신청하면 채권자와 채무자의 생활형편, 그 밖의 사정을 고려하여 유체동산의 전부 또는 일부에 대한 압류를 취소하도록 명하거나 제195조의 유체동산을 압류하도록 명할 수 있다.

② 제1항의 결정이 있은 뒤에 그 이유가 소멸되거나 사정이 바뀐 때에는 법원은 직권으로 또는 당사자의 신청에 따라 그 결정을 취소하거나 바꿀 수 있다.

③ 제1항 및 제2항의 경우에 법원은 제16조제2항[17]에 준하는 결정을 할 수 있다.

④ 제1항 및 제2항의 결정에 대하여는 즉시항고를 할 수 있다.

⑤ 제3항의 결정에 대하여는 불복할 수 없다.

제246조(압류금지채권) ① 다음 각호의 채권은 압류하지 못한다.

1. 법령에 규정된 부양료 및 유족부조료(遺族扶助料)

2. 채무자가 구호사업이나 제3자의 도움으로 계속 받는 수입

3. 병사의 급료

4. 급료·연금·봉급·상여금·퇴직연금, 그 밖에 이와 비슷한 성질을 가진 급여 채권의 2분의 1에 해당하는 금액. 다만, 그 금액이 「국민기초생활보장법」에 의한 최저생계비를 감안하여 대통령령이 정하는 금액에 미치지 못하는 경우 또는 표준적인 가구의 생계비를 감안하여 대통령령이 정하는 금액을 초과하는 경우에는 각각 당해 대통령령이 정하는 금액으로 한다.

5. 퇴직금 그 밖에 이와 비슷한 성질을 가진 급여채권의 2분의 1에 해당하는 금액

6. 「주택임대차보호법」 제8조, 같은 법 시행령의 규정에 따라 우선변제를 받을 수 있는 금액

7. 생명, 상해, 질병, 사고 등을 원인으로 채무자가 지급받는 보장성보험의 보험금(해약환급 및 만기환급금을 포함한다). 다만, 압류금지의 범위는 생계유지, 치료 및 장애 회복에 소요될 것으로 예상되는 비용 등을 고려하여 대통령령으로 정한다.

8. 채무자의 1월간 생계유지에 필요한 예금(적금·부금·예탁금과 우편대체를 포함한다). 다만, 그 금액은 「국민기초생활 보장법」에 따른 최저생계비, 제195조 제3호에서 정한 금액 등을 고려하여 대통령령으로 정한다.

② 법원은 제1항제1호부터 제7호까지에 규정된 종류의 금원이 금융기관에 개설된 채무자의 계좌에 이체되는 경우 채무자의 신청에 따라 그에 해당하는 부분의 압류명령을 취소하여야 한다.

③ 법원은 당사자가 신청하면 채권자와 채무자의 생활형편, 그 밖의 사정을 고려하여 압류명령의 전부 또는 일부를 취소하거나 제1항의 압류금지채권에 대하여 압류명령을 할 수 있다.

④ 제3항의 경우에는 제196조제2항 내지 제5항의 규정을 준용한다.

17) 법 제16조제2항 : 제16조(집행에 관한 이의신청) ① 집행법원의 집행절차에 관한 재
판으로서 즉시항고를 할 수 없는 것과, 집행관의 집행처분, 그 밖에 집행관이 지킬 집
행절차에 대하여서는 법원에 이의를 신청할 수 있다.
② 법원은 제1항의 이의신청에 대한 재판에 앞서, 채무자에게 담보를 제공하게 하거나
제공하게 하지 아니하고 집행을 일시정지하도록 명하거나, 채권자에게 담보를 제공하
게 하고 그 집행을 계속하도록 명하는 등 잠정처분(暫定處分)을 할 수 있다.

제3편

강제집행

제1장 강제집행의 요건

제1절 집행권원

1. 집행권원이란?

강제집행을 개시함에는 반드시 집행권원(執行權原) 있어야 한다. 집행권원은 실체법 상의 청구권의 범위와 존재를 표시하고, 법률상 집행력이 인정된 공문서라고 정의할 수 있다. 과거 「민사소송법」에서는 이를 '채무명의(債務名義)'라고 불렀다.

강제집행을 개시하기 위해서는 두 가지 요건을 갖추어야 하는데, 그 하나는 집행권 원이 있어야 하고, 이 집행권원에는 집행문을 받아야 한다. 그러나 모든 집행권원에 집행문을 받아야 하는 것은 아니다. 집행문에 관하여는 뒤에서 검토한다.

2. 집행권원의 종류

가. 확정된 종국판결

종국판결이라 함은 소에 의하여 계속된 사건의 전부나 일부를 당해 심급(審級)에서 마친 판결을 말한다. 이를 달리 표현하면, 제1심의 판결, 제2심의 판결 및 제3심의 판 결을 뜻한다. 이 중 제1심과 제2심의 판결은 상소기간(항소기간, 상고기간)의 도과 등 에 의하여 확정이 되고, 상고심의 판결은 선고 즉시 확정된다.

확정판결은 집행력 있는 이행판결을 의미한다. 이행판결은 원고에게 어떠한 급부를 하라고 피고에게 명하는 판결을 말한다. 과거에는 이를 '급부판결'이라고 하였다.

확인판결과 형성판결에는 집행력이 인정되지 않는다. 소각하판결과 청구기각판결은 확인판결의 일종이다.

일부판결 및 추가판결은 집행권원이 되지만, 중간판결은 이에 해당하지 않는다. 이 는 종국판결이 아니기 때문이다. 판결의 확정시기는 다음 표와 같다.

판결의 유형	확정 시기
불항소의 합의가 있는 판결, 상고심 판결, 제권판결	선고 즉시
상소를 취하한 판결, 상소각하판결, 상소장각하명령, 상소기간이 도과한 판결	상소기간이 만료한 때
상고이유서 미제출에 따라 상고기각된 판결	송달 즉시
상소권을 포기한 판결	포기 즉시

나. 가집행선고부 종국판결

가집행선고라 함은 원고가 승소하는 때에 종국판결에 집행력을 주어 판결이 확정되지 아니한 상태에서도 강제집행에 착수할 수 있도록 선고하는 것을 말한다.

재산권의 청구에 관한 판결은 가집행의 선고를 붙이지 아니할 상당한 이유가 없는 한 직권으로 담보를 제공하거나 제공하지 아니하고 가집행을 할 수 있다는 것을 선고하여야 한다. 다만, 어음·수표금 청구에 관한 판결에는 담보를 제공하지 아니하고 가집행의 선고를 하여야 한다(「민사소송법」 제213조제1항).

명문의 규정이 있는 경우가 아니면 확인판결과 형성판결에는 가집행선고를 붙일 수 없다. 가집행을 붙일 수 있음을 명문으로 규정한 예로는, 강제집행의 정지·취소결정에 대한 인가·취소·변경의 재판이 있다(법 제47조제2항, 제48조제2항).

이행판결이기만 하면 금전의 지급은 물론 물건의 인도, 작위·부작위를 명하는 판결 등에 모두 가집행을 선고할 수 있다. 다만, 의사의 진술을 명하는 판결에는 그 성질상 가집행의 선고를 허용하지 않는다.

판례

민법상의 재산분할청구권은 이혼을 한 당사자의 일방이 다른 일방에 대하여 재산분할을 청구할 수 있는 권리로써 이혼이 성립한 때에 그 법적 효과로써 비로소 발생하는 것이다. 따라서 당사자가 이혼이 성립하기 전에 이혼소송과 병합하여 재산분할의 청구를 하고, <u>법원이 이혼과 동시에 재산분할을 명하는 판결을 한 경우에도 이혼판결은 확정되지 아니한 상태이므로, 그 시점에서 가집행을 허용할 수는 없다</u>(대법원 98므1193).

가집행으로 인한 변제의 효력은 확정적인 것이 아니고, 어디까지나 상소심에서 그 가집

행의 선고 또는 본안판결이 취소되는 것을 해제조건[18]으로 하여 발생하는 것에 지나지 않는다(대법원 93다26175, 26182 판결).

가집행선고 있는 판결에 기한 강제집행은 확정판결에 의한 경우와 같이 본집행이기 때문에 상소심의 판결에 의하여 가집행선고의 효력이 소멸되거나 집행채권의 존재가 부정된다 하더라도 그에 앞서 이미 완료된 집행절차나 이에 기한 경락인(현행법에서는 '매수인'이라 함)의 소유권 취득의 효력에는 아무런 영향을 미치지 아니한다고 할 것이다(대법원 93다3165 판결).

다. 집행증서

집행증서는 공증인이 작성하는 것으로서 집행력이 인정된 문서이다. 이에 관하여는 「공증인법」이 규율한다. 이 집행증서에 대한 집행문은 공증인이 내어준다.

집행증서는 일정한 금전의 지급, 대체물이나 유가증권의 일정한 수량의 급여를 목적으로 하는 경우에만 작성할 수 있다. 따라서 특정물의 급부를 목적으로 하는 채권관계에서는 성립할 수 없다.

집행증서가 집행력을 갖기 위해서는 그 집행증서에 채무자가 강제집행을 승낙한다는 의사표시를 하였다는 취지가 적혀 있어야 한다. 이를 '집행수락문언'이라고 한다.

집행증서에는 집행력이 인정된다. 그러나 기판력은 인정되지 않는다. 따라서 집행증서를 작성한 뒤에도 같은 내용에 관한 소를 제기할 수 있다.

라. 항고로만 불복할 수 있는 재판

항고로만 불복할 수 있는 재판은 결정 또는 명령의 형식에 의한 재판을 말한다. 여기에서 말하는 항고에는 즉시항고를 포함하지만, 특별항고는 이에 해당되지 않는다. 항고로만 불복할 수 있는 재판으로서 집행권원이 되는 것들은 다음과 같다.

① 소송비용상환결정(「민사소송법」 제107조)

② 강제관리개시결정(법 제164조제1항)

③ 부동산인도명령(법 제136조제1항)

---

18) 해제조건(解除條件) : 해제조건이라 함은 조건이 성취된 때에 법률행위의 효력이 소멸하는 조건을 말한다. 이에 반하여 조건이 성취되면 법률행위의 효력이 발생하는 조건은 정지조건이라고 한다.

④ 대집행비용지급결정(법 제260조제2항)

⑤ 간접강제에서의 금전지급결정(법 제262조제1항)

⑥ 비송사건의 절차비용을 명하는 재판(「비송사건절차법」)

⑦ 특허심판에 관한 비용액의 결정(「특허법」)

⑧ 가사소송상의 각종 심판(「가사소송법」)

마. 확정된 지급명령

금전 기타 대체물 등의 일정 수량의 지급을 목적으로 하는 청구에 관하여 지방법원이 내리는 명령이 지급명령이며, 이에 관한 절차를 '독촉절차'라고 부른다. 채무자가 이 명령을 송달받은 때로부터 2주 안에 이의신청을 하지 아니하면 지급명령은 확정된다.

집행권원으로서의 지급명령은 조건성취집행문[19] 또는 승계집행문[20]을 받아야 할 경우가 아니면 집행문 없이 집행에 착수할 수 있다. 지급명령 그 자체에 의하여 채무자에의 송달 및 확정된 사실이 확인되기 때문이다.

바. 이행권고결정

이행권고결정은 소액사건의 심판절차에서 소송목적의 값이 3천만원 이하인 금전, 유가증권 기타 대체물의 지급을 목적으로 하는 사건에 관하여 소를 제기한 때에 지방법원 또는 시·군법원에서 피고에게 소장부본 등을 송달하는 결정이다.

피고가 이 결정에 대하여 불복하지 아니하고 2주가 경과하면 이 결정은 집행권원이 된다. 이 집행권원은 강제집행의 개시에 집행문을 필요로 하지 않는다.

사. 화해권고결정

법원, 수명법관 또는 수탁판사는 소송계속중인 사건에 대하여 직권으로 당사자의 이익 등을 고려하여 화해권고결정을 할 수 있다. 당사자가 결정정본을 송달받은 날부터 2주 안에 이의신청을 하지 아니하면 이 결정은 확정되어 판결과 동일한 효력을 갖는다.

---

19) 조건성취집행문(條件成就執行文) : 집행권원의 주문에 특정한 조건이 붙어 있는 경우에서 그 조건이 성취되었음이 증명되었을 때 부여하는 집행문을 말한다.
20) 승계집행문(承繼執行文) : 집행권원에 표시된 채권자의 승계인을 위하여 또는 채무자의 승계인에 대하여 집행하는 경우에 부여되는 집행문을 말한다.

아. 조정에 갈음하는 결정

「민사조정법」에 의한 조정절차에서 조정담당판사등이 조정이 성립하지 아니한 사건, 피신청인이 조정기일에 불출석한 사건 등의 경우에 대하여 조정에 갈음하는 결정을 하면 조정조서정본을 당사자에게 송달한다.

이를 '강제조정'이라고 하는데, 당사자가 이 정본을 송달받은 날부터 2주 안에 이의신청을 하지 아니하면 이 조정은 재판상 화해와 같은 효력을 갖는다. 즉 판결과 같은 집행권원이 된다.

자. 가압류 · 가처분명령

가압류결정 및 가처분결정은 고지(告知)와 동시에 집행권원이 된다. 따라서 송달 전에도 집행을 할 수 있다. 강제집행을 개시할 때에도 집행문을 필요로 하지 않는다.

차. 화해조서

당사자의 신청에 의하여 지방법원 단독판사의 앞에서 화해가 성립하는 때에는 화해조서가 작성된다. 이를 '제소전화해'라고 하는데, 이 조서는 판결과 동일한 효력이 있다. 제소전화해가 재판상화해와 다른 점은 소송계속이 없는 상태에서의 화해라는 점이다.

「민사소송법」은 "당사자가 분쟁을 해결하기 위하여 신청할 수 있다."고 규정하고 있지만, 실무에서는 분쟁을 예방할 목적으로 더 많이 활용되고 있다. 한편으로는 강행법규를 위반하는 등 부작용을 낳은 사례도 적지 않다.

소송계속중 당사자가 회해를 하는 경우에는 회해조서가 작성된다. 이를 '재판상화해'라고 한다. 화해조서는 판결과 동일한 효력을 갖는다.

이 경우 제3자를 화해에 참가하게 할 수도 있는데, 이러한 때에는 그 제3자에게도 화해조서가 집행권원이 된다.

카. 청구인낙조서(請求認諾調書)

청구의 인낙은 피고가 소송계속중에 원고의 청구에 대하여 이유 있다고 인정하는 것을 말한다. 이 경우에는 조서가 작성되며, 이 조서는 판결과 같은 효력이 있다.

타. 조정조서

「민사조정법」에 따른 조정이 성립하여 조정조서가 작성되면 이 조서는 재판상화해와 동일한 효력을 갖는다. 「가사소송법」에 따른 각종의 조정도 「민사조정법」을 준용하므로, 같은 효력을 갖는다.

여기에서 말하는 조정조서는 당사자가 서로 양보하여 절차를 종결시키는 점에서 조정에 갈음하는 결정(강제조정)과는 다르다.

파. 배상명령 및 검사의 집행명령

일정한 형사사건의 피해자가 가해자에 대한 형사피고사건을 심리하는 법원에 신청하여 피고인의 형사상 판결과 함께 손해배상 등을 명령한 때에 있어서 이 명령은 민사판결과 같은 효력을 갖는다(「소송촉진 등에 관한 특례법」 제25조, 제34조).

형사사건에서 벌금·몰수·추징·과태료의 부과 등 재판을 하고, 이에 대하여 검사가 집행명령을 하면 이는 집행권원이 된다. 이들의 집행개시에는 집행문을 필요로 하지 않는다.

하. 집행판결

외국판결에 터 잡아 강제집행을 개시하기 위해서는 먼저 우리나라 법원에 집행판결 청구의 소를 제기하여 집행판결을 받아야 한다. 외국판결의 명칭이나 형식은 가리지 않는다.

우리나라의 판결은 외국의 판결에 대한 옳고 그름을 심판하는 것은 아니고, 그 외국판결이 집행요건을 갖추었는지 여부를 판단하는 것이다.

대한상사중재원 등에 의한 중재판정이나 외국의 중재판정에 대하여는 집행판결을 받아야 집행력이 생긴다. 이에 관하여는 「중재법」이 규율한다.

거. 양육비부담조서

부부가 협의이혼을 할 때에는 가정법원의 이혼의사확인을 받아야 한다. 이 경우에 부부에게 미성년인 자녀(태아 포함)가 있으면 이혼 후에 미성년인 자녀를 누가 양육할 것이며, 양육비는 누가 얼마를 어떤 방법으로 부담할 것인지 등을 협의하여야 한다.

이혼 당사자 사이에 위 사항에 관하여 협의가 성립되면 가정법원은 양육비부담조서를 작성한다(「민법」 제836조의2). 이 양육비부담조서는 「가사소송법」 제41조를 준용하므로, 협의이혼이 성립한 때(이혼신고가 수리된 때)에는 집행권원이 된다.

너. 개인회생채권자표 · 회생채권자표 · 회생담보채권자표 · 파산채권자표

「채무자회생 및 파산에 관한 법률」의 관련 규정에 의하여 개인회생채권자표, 회생채권자표, 회생담보채권자표, 파산채권자표 등이 확정되면 이는 확정판결과 동일한 효력을 갖는다.

제2절 집행문(執行文)

1. 집행문이란?

집행문이라고 함은 법원사무관등이 집행권원을 형식적으로 확인하고, 강제집행을 개시하여도 좋다는 취지를 집행권원에 표시한 공증문서를 말한다. 이 집행문이 부기(付記)된 집행권원을 가리켜 '집행력 있는 정본'이라고 한다.

일반적으로 집행권원은 기판력과 집행력을 갖는다. 그러함에도 불구하고 집행을 개시하기 전에 집행문을 별도로 받도록 한 취지는, 집행권원이 작성된 뒤 오랜 세월이 흐른 경우 등에는 사정변경이 있을 수 있기 때문이다.

집행권원이 만들어지는 과정에서 채무자가 이의를 제기하지 않았거나 신속한 집행이 필요한 경우 등 특별한 사유가 있는 때에는 집행문의 부여절차를 생략할 수 있다. 이에 해당하는 집행권원은 아래와 같다.

① 지급명령
② 이행권고결정
③ 가압류명령
④ 가처분명령
⑤ 배상명령
⑥ 부동산관리명령
⑦ 검사의 집행명령

2. 집행문의 종류

가. 통상의 집행문

집행문이라고 하면 일반적으로 법원사무관등이 부여하는 모든 집행문을 의미한다. 여기에서는 '통상의 집행문'이라고 명명하였는바, 이는 특별한 집행문과의 구별을 위하

여 편의적으로 붙인 이름이다. 즉 통상의 집행문이라 함은 조건성취집행문과 승계집행문이 아닌 모든 집행문을 뜻한다.

나. 조건성취집행문

집행권원의 내용 중에 조건이 붙어 있는 경우에는 그 조건이 성취되었음이 소명된 때에만 집행문을 내어주는데, 이 때의 집행문을 조건성취집행문이라고 부른다.

가령 "관할관청의 허가를 받을 것을 조건으로 소유권을 이전한다."와 같이 '관할관청의 허가를 받을 것'이라는 정지조건이 붙은 경우에는 이 조건이 성취되기 전까지는 그 집행권원에는 집행력이 인정되지 않기 때문에 조건이 성취된 사실을 증명해야만 집행문을 부여받을 수 있는 경우이다.

정지조건 외에도 채무의 이행에 불확정한 기한이 있거나 채권자가 일정한 의무를 선이행하여야 하는 경우 등에도 이 집행문이 필요하다.

동시이행의 관계에서는 특칙이 하나 있다. 법 제263조제2항은 "반대의무가 이행된 뒤에 권리관계의 성립을 인낙(認諾)하거나 의사를 진술할 것인 때에는 제30조(집행문부여)와 제32조(집행문부여에 대한 재판장의 명령)의 규정에 따라 집행문을 내어준 때에 그 효력이 생긴다."고 규정하였다.

부동산의 매매에서 잔대금의 지급과 동시에 소유권이전등기를 마치도록 한 판결이나 기타 조서의 기재가 여기에 해당한다. 이는 동시이행의 관계에 있는 집행권원일지라도 위 제263조제2항의 규정에 의하여 사실상으로는 채권자가 선이행을 하는 결과가 된다.

집행권원상의 급부의무가 채권자의 선택에 달린 이른바 '선택적 급부'인 경우에도 채권자가 그 선택권을 행사하였음을 소명한 뒤에 집행문을 받을 수 있다.

다. 승계집행문

승계집행문은 집행권원에 표시된 당사자가 바뀐 경우에 내어주는 집행문을 말한다. 즉 당사자적격에 변경이 생긴 경우이다.

가령 판결서에는 원고 甲과 피고 乙이 당사자로 표시되어 있으나, 그 판결의 사실심 변론이 종결된 뒤에 원고 甲으로부터 채권을 양수한 丙이 채권자의 지위에서 집행문부여신청을 하는 경우이다. 채무자가 변경되었거나 채권자 및 채무자가 모두 바뀌어도 동일하다.

승계집행문은 그 승계가 법원에 명백한 사실이거나 증명서에 의하여 승계를 증명하고, 재판장의 명령이 있는 때에만 내어준다(법 제31조, 제32조).

판례

변제할 정당한 이익이 있는 자는 변제로 당연히 채권자를 대위하는 결과 자기의 권리에 의하여 구상(求償)할 수 있는 범위에서 채권자의 채권 및 그 담보에 관한 권리를 행사할 수 있으므로, 채권자가 판결 등의 집행권원을 가지고 있는 때에는 변제자가 승계집행문을 받아 강제집행을 할 수도 있다고 할 것이다(대법원 2005다64033 판결).

소송계속중 당사자 어느 일방의 사망에 의한 소송절차 중단을 간과하고 변론이 종결되어 판결이 선고된 경우에는 그 판결은 소송에 관여할 수 있는 적법한 수계인(受繼人)의 권한을 배제한 결과가 되는 절차상 위법은 있지만 그 판결이 당연무효라 할 수 없고, 다만, 그 판결은 대리인에 의하여 적법하게 대리되지 않았던 것과 마찬가지로 보아 대리권 흠결을 이유로 상소 또는 재심에 의하여 그 취소를 구할 수 있을 뿐이라고 할 것이므로, 이와 같이 사망한 자가 당사자로 표시된 판결에 기하여 사망자의 승계인을 위한 또는 사망자의 승계인에 대한 강제집행을 실시하기 위해서는 승계집행문을 부여함이 상당하다고 할 것이다(대법원 98그7).

점유이전금지가처분은 그 목적물의 점유이전을 금지하는 것으로써, 그럼에도 불구하고 점유가 이전되었을 때에는 가처분채무자는 가처분채권자에 대한 관계에 있어서 여전히 그 점유자의 지위에 있다는 의미로서의 당사자 항정의 효력이 인정될 뿐 가처분 이후에 매매나 임대차 등에 기하여 가처분채무자로부터 점유를 이전받은 제3자에 대하여 가처분채권자가 가처분 자체의 효력으로 직접 퇴거를 강제할 수는 없고, 가처분채권자로서는 본안판결의 집행단계에서 승계집행문을 부여받아 그 제3자의 점유를 배제할 수 있다고 할 것이다(대법원 98다59118).

민사집행법 제31조제1항에서 "집행문은 판결에 표시된 채권자를 위하여 내어주거나 판결에 표시된 채무자의 승계인에 대한 집행을 위하여 내어줄 수 있다."고 규정하고 있는 바, 채무자의 채무를 소멸시켜 당사자인 채무자의 지위를 승계하는 이른바 면책적 채무인수는 위 조항에서 말하는 승계인에 해당한다고 볼 수 있지만, 중첩적 채무인수는 당사자의 채무는 그대로 존속하며 이와 별개의 채무를 부담하는 것에 불과하므로, 소극적으로 해석함이 상당하다고 할 것이다(대법원 2009그196).

집행권원에 표시된 당사자의 사망과 관련하여, 상속채권이 가분채권(可分債權)인 경우에는 자기의 상속분에 해당하는 채권만의 승계집행문을 받을 수 있다. 그러나 불가분채권(不可分債權)인 때에는 공동상속인 전원이 공동으로 승계집행문을 받는 것이 원칙이다. 법원의 실무에서는 이 경우 상속인 중 한 사람이 상속인 전원을 위하여 승계집행문을 신청하면 법원은 그 취지를 집행문에 적고, 승계집행문을 내어줄 수 있다고 한다.

상속인이 상속을 단순승인·포기 또는 상속한정승인을 할 수 있는 기간인 이른바 숙려기간 중에도 승계집행문을 받을 수 있다. 이 경우에 승계집행문을 받은 추정상속인이 상속을 포기하면 그 승계집행문은 효력이 없는 것이지만, 채무자가 이를 다투는 방법으로는 집행문부여에 대한 이의신청 및 집행문부여에 대한 이의의 소의 둘이 모두 가능하다는 것이 대법원의 입장이다(대법원 2002다64810 판결 참조).

한 가지를 더 부연하면 채권양도와 관련한 문제인데, 채권의 양수인이 승계집행문을 받기 위해서는 그 채권양도와 관련하여 채무자의 승낙이 있었거나 채무자에게 내용증명우편을 이용하여 통지한 사실을 증명하여야 한다.

3. 집행문 부여절차

집행문은 소송기록이 있는 법원에서 부여한다. 확정된 소송기록은 원칙적으로 제1심법원이 보관한다. 소송기록이 상급심법원에 있는 때에는 집행문을 상급심법원이 부여한다. 집행증서에 대한 집행문은 그 증서를 작성한 공증인이 부여한다.

조건성취에 따른 집행문과 승계집행문은 재판장(또는 단독판사)의 명령이 있어야 내어준다. 이 경우에 재판장은 명령에 앞서 채무자를 서면이나 말로 심문할 수 있다(법 제31조, 제32조).

「민사집행규칙」의 관련 규정

제19조(집행문부여신청의 방식) ① 집행문을 내어달라는 신청을 하는 때에는 다음 각호의 사항을 밝혀야 한다.

　　1. 채권자·채무자와 그 대리인의 표시

　　2. 집행권원의 표시

　　3. 법 제30조제2항, 법 제31조, 법 제35조(법 제57조의 규정에 따라 이 조항들이 준용되는 경우를 포함한다) 또는 법 제263조제2항의 규정에 따라 집행문을 내어달라는 신청을 하는 때에는 그 취지와 사유

② 확정되어야 효력이 있는 재판에 관하여 제1항의 신청을 하는 때에는 제1항의 재판이 확정되었음이 기록상 명백한 경우가 아니면 그 재판이 확정되었음을 증명하는 서류를 붙여야 한다.

③ 법 제31조(법 제57조의 규정에 따라 준용되는 경우를 포함한다)의 규정에 따라 집행문을 내어달라는 신청을 하는 때에는 법원사무관등은 승계인의 주소 또는 주민등록번호(주민등록번호가 없는 사람의 경우에는 여권번호 또는 등록번호, 법인 또는 법인 아닌 사단이나 재단의 경우에는 사업자등록번호·납세번호 또는 고유번호를 말한다)를 소명하는 자료를 제출하게 할 수 있다.

제20조(집행문의 기재사항) ① 집행권원에 표시된 청구권의 일부에 대하여 집행문을 내어주는 때에는 강제집행을 할 수 있는 범위를 집행문에 적어야 한다.

② 제19조제3항의 규정에 따른 소명자료가 제출된 때에는 집행문에 승계인의 주소 또는 주민등록번호 등을 적어야 한다.

(집행문부여신청서)

집행문 부여 신청

사건   2024가단○○○○호 대여금

원고   성명 ○ ○ ○(–   )

               주소

피고   성명 ○ ○ ○(–   )

               주소

위 사건에 관하여 귀원에서 선고한 판결의 정본 1통을 이미 송달 받았는바, 다음과 같은 사유가 있으니 집행력 있는 정본 1통을 부여하여 주시기 바랍니다.

사유 : 위 피고(채무자)의 재산에 대하여 강제집행을 개시할 필요가 있음.

첨부서류 : 판결정본 1통.

2025. 1. 1.

위 신청인 원고 ○ ○ ○(인)

○○지방법원 귀중

---

* 신청서에는 500원짜리 인지를 붙인다. 인지는 법원 구내에 있는 은행지점(또는 출장소)에서 구입이 가능하다.
* 이 서식은 얼마 전까지 사용한 서식을 소개하였는데, 법원에서는 현재 「송달증명·확정증명·집행문부여신청서」를 하나의 서식으로 만들어놓고 신청인이 해당란에 표시를 한 다음 서명날인을 하도록 하고 있다. 따라서 집행권원의 '정본'만 들고 법원으로 출석하면 즉시 집행문을 부여받을 수 있다. 그러나 소개한 서식을 사용하여도 무방하다.
* 여기에서는 첨부서류에 판결정본을 붙였는데, 집행권원이 판결서가 아닌 경우에는 그 집행권원의 명칭을 적는다. 이 경우에는 사건의 명칭도 그에 맞도록 바꾸어주면 된다.

신 청 서	※ 해당사항을 기재하고, 해당란에 "○"표

사건번호 20   가   호 (단독 20 . . . 선고)
원고(신청인)
피고(피신청인)
제3채무자

---

1. 집행문부여신청

위 당사자간 사건의(판결, 결정, 명령, 화해조서, 인낙조서, 조정조서, 양육비부담조서) 정본
에 집행문을 부여하여 주시기 바랍니다.

---

2. 송달증명원

위 사건의(판결, 결정, 명령, 화해조서, 인낙조서, 조정조서, 양육비부담조서) 정본이 상대방
에게 20   .   .   .자로 송달되었음을 증명하여 주시기 바랍니다.

---

3. 확정증명원

위 사건의(판결, 결정, 명령, 화해조서, 인낙조서, 조정조서, 양육비부담조서) 정본이 확정되
었음을 증명하여 주시기 바랍니다.

---

20   .   .   .

위 (1항, 2항, 3항) 신청인 원고 ○ ○ ○(인)

○○가정법원 귀중

위 (송달, 확정) 사실을 증명합니다.

20   .   .   .

○○가정법원 법원사무관(주사)   (인)

* 이 신청서는 가사사건에 관한 신청서 서식이다. 인지액은 신청사건마다 500원이다.

(승계집행문부여신청서)

승계집행문 부여신청

사 건   2023가합○○○○호 물품대금

원 고   성명 ○○○(–   )
                  주소

승계인   성명 ○○○(–   )
                  주소

피 고   성명 ○○○(–   )
                  주소

위 사건에 관하여 원고 ○○○는 이미 위 사건의 판결 정본을 부여 받았으나, 위 ○○○는 2024. 1. 1. 사망하였으므로, 그의 승계인인 신청인에게 집행력 있는 정본을 부여하여 주시기 바랍니다.

첨　부　서　류

1. 가족관계증명서 1통.
1. 판결정본 1통.

2025. 1. 1.

위 신청인(원고의 승계인) ○ ○ ○(인)

○○지방법원 ○○지원 귀중

---

* 인지대는 500원을 납부한다.
* 송달료는 상대방의 수 × 5,200원을 납부한다. 승계집행문은 상대방에게 송달이 되어야 집행을 개시할 수 있다.
* 상속인이 여러 명인 경우에 집행권원에 있는 채권이 가분물(加分物)이면 상속인 중 일부의 사람

만 신청할 수도 있고, 상속인들이 모두 신청할 수도 있다. 그러나 불가분물이라면 공동상속인 모두가 신청하여야 한다.

* 피상속인과 상속인의 관계를 증명할 수 있는 가족관계증명서(과거에는 호적등본이라고 했음)을 붙인다. 다만, 피상속인(원고와 피고가 같다)이 2007. 12. 31. 이전에 사망한 경우에는 '제적등본'을 붙인다.

* 원고(채권자)의 승계사유가 채권양도에 의한 경우에는 채권의 양도·양수 사실을 소명하는 서류 및 채무자에게 통지를 하였거나 채무자의 승낙이 있었다는 사실을 소명하는 서류를 붙여야 한다.

(집행문 여러 통 부여신청서)

집행문 여러 통 부여신청

사건　　　　　2024가단○○○호 구상금

원고　　　　　성명 ○○○(　　　－　　　)
　　　　　　　주소

피고　　　　　성명 ○○○(　　　－　　　)
　　　　　　　주소

위 사건에 관하여 귀원에서 선고한 판결의 집행력 있는 정본 1통을 이미 부여 받는바, 다음 사유로 집행력 있는 정본 1통을 더 부여하여 주시기기를 신청합니다.

사유 :

첨부서류 :

　　　　　　　　　　　　　2025. 1. 1.

　　　　　　　위 신청인 원고 ○ ○ ○(인)

○○지방법원 귀중

---

* 신청서에는 수입인지 500원짜리를 붙인다.

* 강제집행은 동시에 여러 곳에서 개시할 수도 있고, 순차로 여러 개의 대상물에 대하여 집행을 개시할 수도 있는 것이므로, 집행문도 여러 번에 걸쳐(또는 한꺼번에 여러 통을) 부여 받을 수 있다. 승계집행문도 마찬가지이다.
* 이 경우에는 첨부서류를 붙여야 할 경우가 드물 것이다.

(집행문 재도부여신청서)

집행문 재도부여신청

사건   2024가단○○○호 양수금
원고   성명 ○○○(–   )
      주소
피고   성명 ○○○(–   )
      주소

위 사건에 관하여 귀원에서 선고한 판결정본 1통을 이미 송달받은 바 있으나, 다음과 같은 사유로 집행력 있는 정본 1통을 다시 부여하여 주실 것을 신청합니다.

사유 : 별지 분실사유서와 같음.

첨부서류 : 분실사유서 1통.

2025. 1. 1.

위 신청인 원고 ○ ○ ○(인)

○○지방법원 귀중

(분실사유서)

분 실 사 유 서

사건번호 및 사건명		20 가 제 호
분실물		20 가 제 호 집행력 있는 □판결정본 □이행권고결정정본 □화해권고결정정본 □조정조서정본 □조정에 갈음하는 결정(조서)정본 □소송비용액확정결정정본 □기타( )
분실자	성명	주민등록번호
	주소	연락처
분실일시		
분실장소		
분실경위		
위와 같이 분실한 사유를 소명합니다. 2025. 1. 1. 신청인 ○ ○ ○(인) ○○지방법원 귀중		

* 인지는 500원짜리를 붙인다.
* 재도(다시)부여신청에는 정본교부대금(복사비)을 납부하여야 한다.
* 집행문을 다시 신청하는 사유가 도난, 멸실, 훼손 등이면 그 사유서를 제출하면 된다.

4. 집행문 부여 관련 다툼

가. 집행문부여 또는 거부에 대한 이의

채무자의 입장에서 볼 때 채권자에게 집행문을 내주어서는 안 되는 사유가 있음에도 불구하고 법원사무관등이 집행문을 내어준 경우에는 채무자가 이의신청을 할 수 있다. 공증인이 집행문을 내준 때에는 해당 공증인이 소속된 법원에 이의를 신청할 수 있다.

이의신청을 받은 법원은 집행에 관한 이의신청의 잠정처분에 준하여 집행을 정지하는 잠정처분을 할 수 있다. 즉 집행의 일시정지를 명할 수 있다(법 제34조제2항, 제16조제4항).

집행문 부여에 대하여 이의의 사유로 삼을 수 있는 사유로는, ① 조건이 성취되지 않았다는 것, ② 승계사유가 증명되지 않았다는 것(이 경우는 승계인에게만 이의신청권이 있음), ③ 집행문을 다시 부여할만한 이유가 없다는 것 등이다.

그러나 집행권원에 표시된 청구권이 소멸 또는 변경되었다는 사유는 실체법상의 문제이므로, 뒤에서 검토하는 청구이의의 사유는 될 수 있을지언정 여기의 이유사유로는 적합하지 않다.

판례

민사집행법 제34조제1항이 규정하는 집행문부여 등에 관한 이의사유 가운데 집행문부여에 대한 이의는 어떤 사람을 집행채무자로 한 집행문이 부여된 경우에 그 집행문에 표시된 채무자가 집행문 부여를 이유로 집행문부여의 취소 등 시정을 구하기 위하여 제기하는 이의를 말하는 것이므로, <u>판결에 표시된 채무자의 승계인에 대한 집행을 위하여 집행문이 부여된 경우에는 승계인만이 이의를 할 수 있는 것</u>이고, 판결에 표시된 원래의 채무자는 이의를 할 수 없다(대법원 2002카기124).

채권자의 입장에서 볼 때 집행문을 내주어야 함에도 불구하고 법원사무관등이 집행문부여신청에 대하여 거부처분을 하는 경우에는 채권자(신청인)는 해당 법원에 이의신청을 할 수 있다.

집행문부여 또는 그 신청에 대한 거부처분에 대한 이의의 재판은 법원사무관등의 처분에 대한 것이면 그 법원사무관등이 소속한 지방법원이, 공증인의 처분에 관한 것이면 그 공증인의 사무소가 있는 곳의 지방법원 소속 단독판사가 한다.

법은 이 재판에 대하여는 불복수단을 규정하지 않았다. 이의신청을 할 수 있는 기간
에 관하여는 제한이 없다.

(집행문부여에 대한 이의신청서)

집행문부여에 대한 이의신청

신청인(채무자)　　　○ ○ ○(　　　　－　　　　)
　　　　　　　　　　주소
　　　　　　　　　　전화번호

피신청인(채권자)　　　○ ○ ○(　　　　－　　　　)
　　　　　　　　　　주소

신　청　취　지

1. 신청인과 피신청인 사이의 서울중앙지방법원 2024가단○○○호 소유권 이전등기청
   구사건의 화해조서 정본에 대하여 같은 법원 법원사무관 ○○○이 2024. 5. 25. 부여
   한 집행문은 이를 취소한다.
2. 위 집행력 있는 화해조서 정본에 의한 강제집행은 이를 불허한다.
라는 재판을 구합니다.

신　청　이　유

1. 신청인과 피신청인 사이의 귀원 2024가단○○○호 소유권이전등기청구사건의 화해
   조서에 대하여 귀원 법원사무관 ○○○은 피신청인의 집행문부여신청에 대하여 집행
   문을 부여하였습니다.
2. 위 화해조서는 집행에 조건이 붙어 있는 경우이기 때문에 그에 대하여 집행문을 부여하기
   위해서는 피신청인이 그 조건을 이행하였다는 사실을 증명하여야 하고, 재판장의 명령이
   있는 때에 한하여 부여할 수 있습니다.

---

3. 그런데 피신청인은 그 조건이 성취된 사실이 없음에도 불구하고, 어떤 사유인지는 알수 없으나 위 화해조서 정본에 집행문을 부여받았습니다. 따라서 위 집행문은 그 부여에 관한 절차를 위배한 것이므로, 취소되어야 한다고 생각하여 이 신청에 이른 것입니다.

첨 부 서 류

1. 화해조서정본 1통.
1. 집행조서정본 1통.

2025. 2. 2.

위 신청인(채무자) ○ ○ ○(인)

서울중앙지방법원 귀중

---

* 인지대는 1,000원을 납부한다.
* 송달료는 당사자의 수 × 2회분 × 5,200원에 해당하는 금액을 예납한다.

나. 집행문부여의 소

집행권원에 조건이 붙은 경우에는 그 조건이 성취된 사실을 증명한 때에만 집행문을 내준다. 집행권원에 표시된 당사자가 바뀐 경우에는 그 승계사실을 증명하여야 승계집행문을 내준다.

위와 같은 경우에는 집행문부여신청서에 '조건이 성취된 사실' 또는 '승계사실'을 증명할 자료를 붙여야 하는데, 어떤 사정으로 인하여 이를 첨부할 수 없는 경우가 있다. 그러나 소를 제기하여 변론절차를 거치게 되면 위 사실들을 입증할 방법이 있는 때에 있어서 채권자가 채무자를 피고로 하여 제기하는 소를 집행문부여의 소라고 한다.

이 소는 당해 집행문에 대한 판결을 선고하거나 조서를 작성한 제1심법원, 지급명령을 한 법원 및 집행증서에 표시된 채무자의 보통재판적이 있는 법원이 관할한다.

민사집행법 제33조에 규정된 집행문부여의 소는 채권자가 집행문을 부여받기 위하여 증명서로써 증명하여야 할 사항에 대하여 그 증명을 할 수 없는 경우에 증명방법의 제한을 받지 않고 그러한 사유에 터 잡은 집행력이 현존하고 있다는 점을 주장·증명하여 판결로써 집행문을 부여받기 위한 소이고, 민사집행법 제44조에 규정된 청구이의의 소는 채무자가 집행권원에 표시되어 있는 청구권에 관하여 생긴 이의를 내세워 그 집행권원이 가지는 집행력의 배제를 구하는 소이다.

위와 같이 민사집행법이 집행문부여의 소와 청구이의의 소를 각각 인정한 취지에 비추어보면 집행문부여의 소에 있어서 심리의 대상은 조건의 성취 또는 승계사실을 비롯하여 집행문부여의 요건에 한하는 것으로 보아야 한다. 따라서 채무자가 청구에 관한 이의의 소에서의 이의사유를 집행문부여의 소에서 주장하는 것은 허용되지 않는다(대법원 2011다9308 판결).

다. 집행문부여에 대한 이의의 소

집행문부여에 대한 이의의 소는 집행문이 부여된 데 대하여 불복하는 채무자가 제기하는 소이다. 채무자의 입장에서 볼 때 채권자가 증명하여야 할 조건의 성취사실 또는 승계사실에 대한 증명이 없음에도 불구하고 법원사무관등이 집행문을 내준 경우에 그 집행문에 의한 강제집행을 허용하면 안 된다고 주장하면서 채권자를 피고로 하여 제기하는 소이다(법 제45조).

이 소는 집행절차가 종료될 때까지는 제기할 수 있다. 그리고 이 소를 제기함과 동시에 또는 그 뒤에 법 제46조에서 규정하고 있는 집행정지 등 잠정처분을 신청할 수 있다.

라. 이의의 소 관련 잠정처분

「민사집행법」의 관련 규정

제46조(이의의 소와 잠정처분) ① 제44조 및 제45조의 이의의 소는 강제집행을 계속하여 진행하는 데에는 영향을 미치지 아니한다.

② 제1항의 이의를 주장한 사유가 법률상 정당한 이유가 있다고 인정되고, 사실에 대한 소명(疎明)이 있을 때에는 수소법원(受訴法院)은 당사자의 신청에 따라 판결이 있을 때까지 담보를 제공하게 하거나 담보를 제공하게 하지 아니하고 강제집행을 정지하도록 명할 수 있으며, 담보를 제공하게 하고 그 집행을 계속하도록 명하거나 실시한 집행처분을 취소하도록 명할 수 있다.

③ 제2항의 재판은 변론 없이 하며 급박한 경우에는 재판장이 할 수 있다.

④ 급박한 경우에는 집행법원이 제2항의 권한을 행사할 수 있다. 이 경우 집행법원은 상당한 기간 이내에 제2항에 따른 수소법원의 재판서를 제출하도록 명하여야 한다.

⑤ 제4항 후단의 기간을 넘긴 때에는 채권자의 신청에 따라 강제집행을 계속하여 진행한다.

제47조(이의의 재판과 잠정처분) ① 수소법원은 이의의 소의 판결에서 제46조의 명령을 내리고 이미 내린 명령을 취소·변경 또는 인가할 수 있다.

② 판결 중 제1항에 규정된 사항에 대하여는 직권으로 가집행의 선고를 하여야 한다.

③ 제2항의 재판에 대하여는 불복할 수 없다.

제2장 강제집행의 절차

제1절 강제집행의 개시

1. 집행개시에 필요한 요건

가. 집행문의 송달

강제집행은 이를 신청한 사람과 집행을 받을 사람의 성명이 판결이나 이에 덧붙여 적은 집행문에 표시되어 있고, 판결을 이미 송달하였거나 동시에 송달한 때에만 개시할 수 있다(법 제39조제1항).

판결의 집행이 그 취지에 따라 채권자가 증명할 사실에 매인 때 또는 판결에 표시된 채권자의 승계인을 위하여 하는 것이거나 판결에 표시된 채무자의 승계인에 대하여 하는 것일 때에는 집행할 판결 외에 이에 덧붙여 적은 집행문을 강제집행을 개시하기 전에 채무자의 승계인에게 송달하여야 한다(법 제39조제2항). 즉 조건성취집행문과 승계집행문은 집행개시 전에 상대방에게 송달이 되어야 한다.

통상의 집행문은 판결정본이 이미 송달되었다는 사실이 법원에 있는 재판기록 등에 의하여 확인이 되기 때문에 특별한 절차 없이 집행문을 내준다. 따라서 별도로 채무자에게 집행문을 송달하지 않는다. 그러나 조건성취집행문과 승계집행문은 채무자에게 집행권원이 송달된 뒤에 사정변경이 있는 경우이다. 그러하므로, 채무자에게 미리 알려서 방어의 기회를 주기 위하여 집행을 개시하기 전에 송달하도록 하고 있다.

증명서에 의하여 집행문을 내어준 때에는 그 증명서의 등본을 강제집행을 개시하기 전에 채무자에게 송달하거나 강제집행과 동시에 송달하여야 한다(법 제39조제3항).

판례

채권압류 및 전부명령의 기초가 된 채무명의(현행법에서는 '집행권원'을 말함)인 가집행선고부 판결정본이 상대방의 허위주소로 송달되었다면 그 송달은 부적법하여 무효이고, 상대방은 아직도 판결정본을 송달받지 아니한 상태에 있다 할 것이므로, 그 판결정본에 기하여 행하여진 채권압류 및 전부명령은 집행개시의 요건으로서의 채무명의의 송달 없이 이루어진 것으로서 무효라 할 것이다(대법원 86다카2070).

나. 확정기한의 도래

집행을 받을 사람이 일정한 시일에 이르러야 그 채무를 이행하게 되어 있는 때에는 그 시일이 지난 뒤에 강제집행을 개시할 수 있다(법 제40조제1항).

이러한 기한 미도래 채권을 집행문부여의 절차에서 심사하지 아니하고, 집행의 개시 단계에서 조사하게 한 취지는 이러하다. 기한이 도래하기 전에 집행문을 내주더라도 기한 미도래 채권임은 집행권원에 명백하게 나타나는 것이므로, 기한이 도래하기 전에 미리 집행되는 일이 없을 것이기 때문에 집행기관에서 심사하게 한 것이다.

다만, 예외적으로 양육비 정기지급채권은 기한이 도래하지 아니한 것도 양육비 채무자에 대하여 정기적 급여채무를 부담하는 소득세원천징수의무자에게 양육비 채무자의 급여에서 정기적으로 양육비를 공제하여 직접 지급하도록 명할 수 있다(「가사소송법」 제63조의2제2항).

다. 반대의무의 이행

반대의무의 이행과 동시에 집행할 수 있다는 것을 내용으로 하는 집행권원의 집행은 채권자가 반대의무의 이행 또는 이행의 제공을 하였다는 것을 증명하여야만 집행을 개시할 수 있다(법 제41조제1항).

법 제41조제1항의 법문은 "반대의무의 이행 또는 이행의 제공을 하였다는 것을 증명하여야만" 집행을 개시할 수 있는 것으로 규정하고 있다. 그러나 법원의 실무에서는 이행 또는 이행의 제공을 한 증명서를 미리 채무자에게 송달할 필요까지는 없다고 본다. 즉 집행관에게 직접 증명할 수도 있는 것이다.

반대의무의 이행과 관련해서는 두 가지의 예외가 있다. 첫째, 주택이나 상가건물의 임차인은 그 점유를 상실하는 경우에는 우선변제권을 잃는다. 따라서 이 경우에도 임대인의 보증금반환의무와 임차인의 임차물반환의무를 동시에 이행하도록 할 수는 없다(「주택임대차보호법」 제3조의2제1항, 「상가건물임대차보호법」 제5조제1항).

둘째, 부동산 매도인의 소유권이전등기절차 이행의무와 매수인의 잔대금 지급의무는 실체법에서는 동시이행관계라고 이해되지만, 강제집행절차에서는 법 제263조제2항에 의하여 집행문을 부여받기 위한 요건에 해당하므로, 결국 채권자가 먼저 이행하여야 하는 결과가 된다. 이는 집행개시의 요건이 아니라 집행문부여의 요건이기 때문이다.

라. 대상(代償)의 집행

다른 의무의 집행이 불가능한 때에 그에 갈음하여 집행할 수 있다는 것을 내용으로 하는 집행권원의 집행은 채권자가 그 의무의 집행이 불가능하다는 것을 증명하여야만 그에 갈음하는 집행을 개시할 수 있다(법 제41조제2항). 이는 이른바 대상판결의 집행에 관한 내용이다.

가령 판결의 주문에 "甲은 乙에게 별지 목록 기재 부동산에 대하여 소유권이전등기 절차를 이행하라. 만일 이행할 수 없을 때에는 돈 1억원을 지급하라."고 적혀 있는 경우에 있어서 乙이 이 집행권원에 터 잡아 1억원의 금전집행을 하기 위해서는 乙 앞으로 부동산의 이전등기가 불가능하게 된 사실을 乙이 증명하여야만 집행을 개시할 수 있다. 증명의 방법에는 제한이 없다.

마. 담보의 제공

집행이 채권자의 담보제공에 매인 때에는 채권자는 담보를 제공한 증명서류를 제출하여야 한다. 이 경우에 집행은 담보제공 증명서류의 등본을 채무자에게 이미 송달하였거나 동시에 송달하는 때에만 개시할 수 있다(법 제40조제2항).

담보를 제공한 사실은 공탁서 등 문서에 의하여 쉽게 증명이 되는 부분이므로, 이를 집행문부여의 요건으로 하지 않고 집행개시의 요건으로 한 것이다.

2. 집행개시를 방해하는 문제

가. 집행채권의 압류·가압류

집행법원은 강제집행의 개시나 속행에 있어서 집행장애사유에 대하여 직권으로 그 존부를 조사하여야 하고, 집행개시 전부터 그 사유가 있는 경우에는 집행의 신청을 각하 또는 기각하여야 한다. 만약 집행장애사유가 존재함에도 불구하고 이를 간과하여 강제집행을 개시한 다음에 이를 발견한 때에는 이미 실시한 집행절차를 직권으로 취소하여야 한다.

나. 도산절차(倒産節次)

「채무자회생 및 파산에 관한 법률」의 규정에 의한 채무자회생절차 개시결정, 기업회생절차 개시결정 및 파산선고는 채무자의 모든 채권자들을 위한 절차이다. 따라서 개별 채권자에게는 강제집행의 장애사유가 된다.

그러나 위와 같은 결정 또는 선고가 있기 전단계인 파산신청이 있었다는 사실만으로는 아직은 장애사유에 해당하지 않는다.

다. 집행정지·취소서류의 제출

법 제49조의 규정에 의한 집행정지 또는 집행취소 사유에 해당하는 서류가 제출되면 집행장애사유가 된다. 여기에 해당하는 사유는 매우 다양하다. 뒤에서 항을 달리하여 검토한다.

라. 관련문제의 검토

공익법인·학교법인의 기본재산, 전통사찰 소유의 일정한 재산의 처분 등은 주무관청의 허가를 받도록 하고 있다. 일정 규모 이상의 농지를 취득할 때에는 농지취득자격증명이 필요하다. 그러나 이러한 제한은 경매절차의 매각허가결정 단계에서 필요한 것일 뿐 집행개시의 요건은 아니다.

제2절 강제집행의 정지 및 취소

1. 강제집행의 정지 및 제한

> ### 「민사집행법」의 관련 규정
>
> **제49조(집행의 필수적 정지·제한)** 강제집행은 다음 각호 가운데 어느 하나에 해당하는 서류를 제출한 경우에 정지하거나 제한하여야 한다.
> 1. 집행할 판결 또는 그 가집행을 취소하는 취지나, 강제집행을 허가하지 아니하거나 그 정지를 명하는 취지 또는 집행처분의 취소를 명한 취지를 적은 집행력 있는 재판의 정본
> 2. 강제집행의 일시정지를 명한 취지를 적은 재판의 정본
> 3. 집행을 면하기 위하여 담보를 제공한 증명서류
> 4. 집행할 판결이 있은 뒤에 채권자가 변제를 받았거나 의무이행을 미루도록 승낙한 취지를 적은 증서
> 5. 집행할 판결, 그 밖의 재판이 소의 취하 등의 사유로 효력을 잃었다는 것을 증명하는 조서등본 또는 법원사무관등이 작성한 증서
> 6. 강제집행을 하지 아니한다거나 강제집행의 신청이나 위임을 취하한다는 취지를 적은 화해조서(和解調書)의 정본 또는 공정증서(公正證書)의 정본
>
> **제51조(변제증서 등의 제출에 의한 집행정지의 제한)** ① 제49조제4호의 증서 가운데 변제를 받았다는 취지를 적은 증서를 제출하여 강제집행이 정지되는 경우 그 정지기간은 2월로 한다.
> ② 제49조제4호의 증서 가운데 의무이행을 미루도록 승낙하였다는 취지를 적은 증서를 제출하여 강제집행이 정지되는 경우 그 정지는 2회에 한하며 통산하여 6월을 넘길 수 없다.
>
> ### 「민사집행규칙」의 관련 규정
>
> **제50조(집행정지서류 등의 제출시기)** ① 법 제49조제1호·제2호 또는 제5호의 서류

는 매수인이 매각대금을 내기 전까지 제출하면 된다.

② 매각허가결정이 있은 뒤에 법 제49조제2호의 서류가 제출된 경우에는 매수인은 매각대금을 낼 때까지 매각허가결정의 취소신청을 할 수 있다. 이 신청에 관한 결정에 대하여는 즉시항고를 할 수 있다.

③ 매수인이 매각대금을 낸 뒤에 법 제49조 각호 가운데 어느 서류가 제출된 때에는 절차를 계속하여 진행하여야 한다. 이 경우 배당절차가 실시되는 때에는 그 채권자에 대하여 다음 각호의 구분에 따라 처리하여야 한다.

    1. 제1호 · 제3호 · 제5호 또는 제6호의 서류가 제출된 때에는 그 채권자를 배당에서 제외한다.

    2. 제2호의 서류가 제출된 때에는 그 채권자에 대한 배당액을 공탁한다.

    3. 제4호의 서류가 제출된 때에는 그 채권자에 대한 배당액을 지급한다.

판례

강제집행의 정지는 채무자 또는 제3자가 법이 정한 집행정지서류를 집행기관에 제출함으로써 집행절차를 그치게 하는 것을 말하며, 유지(留止)는 그침이 잠정적인 것을 뜻한다. 제출할 서류를 만드는 기관과 집행기관이 서로 다르기 때문에 '제출'이 정지 등의 효력발생요건이 되도록 하였다. 따라서 제49조 각호의 어느 하나에 해당하는 서류가 제출되면 집행기관은 반드시 집행을 정지하여야 한다(대법원 83그24).

확정판결 또는 이와 동일한 효력이 있는 채무명의(현행은 '집행권원'에 해당함)에 기한 강제집행의 정지는 오직 강제집행에 관한 법규 중에 그에 관한 규정이 있는 경우에 한하여 가능한 것이고, 이와 같은 규정에 의함이 없이 일반적인 가처분의 방법으로 강제집행을 정지시킨다는 것은 허용할 수 없는 것이다(대법원 86그76).

2. 강제집행의 취소 및 일시 유지(留止)

「민사집행법」의 관련 규정

제50조(집행처분의 취소·일시유지) ① 제49조제1호·제3호·제5호 및 제6호의 경우에는 이미 실시한 집행처분을 취소하여야 하며, 같은 조 제2호 및 제4호의 경우에는 이미 실시한 집행처분을 일시적으로 유지하게 하여야 한다.

② 제1항에 따라 집행처분을 취소하는 경우에는 제17조의 규정을 적용하지 아니한다.

제17조(취소결정의 효력) ① 집행절차를 취소하는 결정, 집행절차를 취소한 집행관의 처분에 대한 이의신청을 기각·각하하는 결정 또는 집행관에게 집행절차의 취소를 명하는 결정에 대하여는 즉시항고를 할 수 있다.

② 제1항의 결정은 확정되어야 효력을 가진다.

법 제49조에서 규정하고 있는 '정지'와 '제한'은 강제집행에는 착수하였으나 아직 강제집행절차가 완료되지 아니한 상태에서의 조치이다. 반면 법 제50조가 규정하는 '취소'와 '유지'는 강제집행절차가 종료한 뒤의 조치이다.

3. 집행개시 후 채무자의 사망

「민사집행법」의 관련 규정

제52조(집행을 개시한 뒤 채무자가 죽은 경우) ① 강제집행을 개시한 뒤에 채무자가 죽은 때에는 상속재산에 대하여 강제집행을 계속하여 진행한다.

② 채무자에게 알려야 할 집행행위를 실시할 경우에 상속인이 없거나 상속인이 있는 곳이 분명하지 아니하면 집행법원은 채권자의 신청에 따라 상속재산 또는 상속인을 위하여 특별대리인을 선임하여야 한다.

③ 제2항의 특별대리인에 관하여는 「민사소송법」 제62조제2항부터 제5항까지의 규정을 준용한다.

```
┌─────────────────────────────────────────────────────────────┐
│                「민사소송법」의 관련 규정                       │
│                                                               │
│  제62조(제한능력자를 위한 특별대리인) ② 법원은 소송계속 후 필요하다고 인정하는   │
│   경우 직권으로 특별대리인을 선임·개임하거나 해임할 수 있다.              │
│    ③ 특별대리인은 대리권 있는 후견인과 같은 권한이 있다. 특별대리인의 대리권의  │
│   범위에서 법정대리인의 권한은 정지된다.                            │
│    ④ 특별대리인의 선임·개임 또는 해임은 법원의 결정으로 하며, 그 결정은 특별대  │
│   리인에게 송달하여야 한다.                                      │
│    ⑤ 특별대리인의 보수, 선임비용 및 소송행위에 관한 비용은 소송비용에 포함된다. │
└─────────────────────────────────────────────────────────────┘
```

제3절 담보의 제공·보증·공탁

1. 담보의 제공

가. 담보의 제공이란?

민사집행절차에서는 채권자, 채무자 및 제3채무자 등이 담보를 제공하는 경우가 있는데, 그 제공의 목적은 여러 종류가 있다.

채권자가 집행을 개시 또는 속행하게 하기 위해서, 채무자가 집행의 정지나 취소를 구하기 위해서, 제3채무자가 집행이 정지되게 하거나 취소되게 하기 위해서 각각 담보를 제공하는 것이 그것이다.

나. 담보제공의 방법

담보를 제공할 법원은 채권자나 채무자의 보통재판적이 있는 곳을 관할하는 지방법원 또는 집행법원이다(법 제19조제1항).

담보는 금전 또는 법원이 인정하는 유가증권을 공탁하는 방법과 법원의 허가를 받아 지급보증위탁계약체결문서를 제출하는 방법으로 제공한다.

지급보증위탁계약체결문서는 담보의 제공명령을 받은 사람이 「은행법」의 규정에 의한 금융기관 또는 보험회사와 계약을 맺은 문서를 말한다.

다만, 다음에 해당하는 경우에는 원칙적으로 지급보증위탁계약체결문서로써 담보의 제공에 갈음할 수 없다(「재판예규」제1787호).

① 가집행선고 있는 판결에 대하여 상소제기가 있는 때에 있어서 강제집행 일시정지를 위한 담보
② 청구이의의 소의 제기가 있는 때에 있어서 강제집행의 일시정지를 위한 담보
③ 밖에 담보제공의 성질상 위 ① 내지 ③에 준하는 경우

담보물은 법원의 결정이나 당사자 사이의 합의에 의해서 변경이 허용될 수 있다(「민사소송법」제126조).

다. 담보의 취소

담보의 취소라 함은 더 이상 담보의 필요가 없어지게 된 때에 담보를 제공한 사람이 법원의 담보취소결정을 받아 전에 제공한 담보를 회수하는 것을 말한다.

담보취소신청을 할 수 있는 사람은 담보를 제공한 사람과 그의 승계인이며, 이에 대한 취소결정은 담보의 제공에 관한 결정을 한 법원 또는 관련 기록을 보관하는 법원이다.

담보의 취소사유로는 담보권자의 동의, 담보사유의 소멸 및 권리행사최고기간의 도과 등이 있다. 권리행사의 최고는 담보제공자의 신청에 의하여 법원이 담보권자에게 일정한 기간 안에 담보권을 행사하도록 최고하는 것을 말한다(「민사소송법」제125조제3항). 여기에서 말하는 '권리의 행사'는 소송상의 행사를 뜻한다.

판례

가집행선고 있는 판결에 대한 강제집행정지를 위한 담보는 채권자가 그 강제집행정지로 인하여 입게 될 손해의 배상채권을 확보하기 위한 것이다.
제1심판결에 붙은 가집행선고는 그 본안판결을 변경한 항소심판결에 의하여 변경의 한도에서 효력을 잃게 되지만, 그 실효는 변경된 본안판결의 확정을 해제조건으로 하는 것이어서 그 항소심판결을 파기하는 상고심판결이 선고되면 가집행선고는 다시 회복되기에, 그 항소심판결이 확정되지 아니한 상태에서는 가집행선고부 제1심판결에 기한 가집행이 정지됨으로 입은 손해의 배상을 상대방에게 청구할 수 있는 가능성이 여전히

남아 있다고 할 것이므로, 가집행선고부 제1심판결이 항소심판결에 의하여 취소되었다 하더라도 그 항소심판결이 미확정인 상태에서는 그 담보의 사유가 소멸되었다고 볼 수 없다(대법원 99마2078).

라. 담보권의 실행

담보를 제공한 사람의 상대방인 담보권자는 손해배상청구권을 피담보채권으로 하여 공탁한 금전 또는 유가증권에 관하여 질권자와 같은 우선변제권을 갖는다(법 제19조제3항, 「민사소송법」 제123조). 이 담보권을 실행하기 위해서는 손해배상 청구소송을 제기하여 승소확정판결을 받아야 한다.

> **판례**
>
> 담보권리자가 공탁금회수청구권을 압류하고, 추심명령이나 확정된 전부명령을 받은 후 담보취소결정을 받아 공탁금회수청구를 하는 경우에도 그 담보공탁금의 피담보채권을 집행권원으로 하는 이상 담보권리자의 위와 같은 담보취소신청은 어디까지나 담보권을 포기하고 일반채권자로서 강제집행을 하는 것이 아니라, 오히려 적극적인 담보권 실행 에 의하여 그 공탁물회수청구권을 행사하기 위한 방법에 불과하다고 보는 것이 합리적 이므로, 이는 담보권의 실행 방법으로 인정되고, 따라서 이 경우에도 질권자와 동일한 권리가 있다고 할 것이므로, 그에 선행하는 일반채권자의 압류 및 추심명령이나 전부명 령으로 이에 대항할 수 없다(대법원 2003다19183).

지급보증위탁계약체결문서가 담보로 제공된 경우에는 담보권자가 손해배상청구소송 의 승소확정판결을 가지고 금융기관 또는 보험회사에 가서 직접 손해배상금을 청구할 수 있다. 이때에는 소송비용도 청구할 수 있다.

상대방이 담보로써 제공한 물건이 유가증권인 때에는 담보권자는 질권자와 같은 권 리를 가지고 있으므로, 그 유가증권에 대하여 법원에 경매를 신청함으로써 그 환가대 금에서 배당을 받을 수 있다.

2. 기타 보증금의 납부

강제집행절차에서는 담보의 제공이 아니면서 보증금이라는 명칭으로 집행법원에 금전을 맡기는 경우가 있다. 이 보증금은 집행절차에서 질서를 문란하게 하는 등의 경우에 몰취하여 집행재단의 재산에 편입시키는 것이 일반적이다. 여기에 해당하는 것으로는 다음과 같은 것들이 있다.

① 경매절차에서 최저매각가격으로는 남을 가망이 없는 경우에 압류채권자가 매각절차의 취소를 막기 위하여 제공하는 보증금(법 제102조제2항, 제104조제1항).

② 부동산 또는 준부동산21)에 대한 경매절차에서 매수신청인이 제공하는 최저매각가격의 10분의 1에 해당하는 보증금(법 제113조, 제172조, 제187조).

③ 부동산의 경매절차에서 매각허가결정에 대하여 항고인이 제공하는 매각대금의 10분의 1에 해당하는 보증공탁금(법 제130조).

④ 선박에 대한 경매절차에서 채무자가 경매의 취소를 구하기 위하여 압류채권자 및 배당요구채권자의 채권과 그 집행비용에 해당하는 금액을 공탁하는 경우(법 제181조).

3. 각종의 공탁

강제집행절차에서 담보의 목적이 아니면서 공탁을 하는 경우로는 다음과 같은 것들이 있다.

① 매각대금으로 모든 채권자에게 만족을 줄 수 없을 때 또는 배당협의가 성립되지 않는 경우에 집행관이 하는 공탁(법 제222조).

② 제3채무자에 대하여 압류 및 추심명령을 받은 채권자가 하는 추심금의 공탁(법 제236조).

③ 제3채무자가 하는 가압류된 금전의 공탁(법 제296조제4항)

④ 채무자가 가압류집행의 정지 및 취소를 구할 때 하는 가압류해방금공탁(법 제282조)

⑤ 집행관이 하는 가압류된 유체동산 매각대금의 공탁(법 제296조제5항)

⑥ 채권집행의 절차에서 제3채무자가 하는 권리공탁 및 의무공탁(법 제248조제2항·제3항)

---

21) 준부동산(準不動産) : 부동산은 아니지만 등기 또는 등록으로 공시되는 동산

제4절 강제집행의 종료 및 집행비용

1. 강제집행의 종료

금전채권에 터 잡은 모든 강제집행절차는 압류, 현금화 및 배당절차에 의하여 집행절차가 종료된다. 남을 가망이 없는 경우 또는 집행불능의 경우에도 강제집행절차는 종료된다.

채권에 대한 집행절차는 추심신고 또는 배당절차가 끝난 때, 전부명령이 확정된 때에 집행절차가 끝난다.

부동산 등의 인도집행절차는 부동산·동산이 채권자에게 인도된 때, 강제집행신청이 취하된 때 및 집행취소서류의 제출에 의한 종국적 정지·취소에 의하여 집행절차가 종료된다.

2. 강제집행의 비용

가. 집행비용의 범위

강제집행에 필요한 비용은 채무자가 부담한다. 채무자가 부담한다는 것은 강제집행이 종료될 무렵 배당절차에서 채무자 소유 재산의 매각대금으로부터 이를 최우선순위로 배당한다는 의미이다. 따라서 우선은 강제집행을 신청하는 채권자가 비용을 예납하여야 한다. 일종의 체당금(替當金 : 대납금)이다.

여기에서 말하는 집행비용이라 함은 채권자가 지출한 모든 비용을 포함하는 것은 아니고, 배당재단으로부터 우선변제를 받을 집행비용만을 의미한다. 민사집행의 준비 및 실시를 위하여 필요한 비용을 포함한다. 집행비용에 포함되는 것으로는 다음과 같은 것들이 있다.

① 집행문부여절차의 비용(집행문부여 관련 비용, 집행권원 및 부속서류의 송달비용)
② 집행신청 인지대 및 집행관수수료
③ 압류등기에 필요한 등록세 및 교육세
④ 압류물의 보존·관리비용
⑤ 매각절차비용

⑥ 제3채무자의 공탁비용

⑦ 이해관계인에 대한 통지 · 송달비용

⑧ 인도 · 철거의 집행비용

⑨ 임원 등 직무대행자선임 가처분사건에서의 직무대행자의 보수

나. 집행비용의 예납

「민사집행법」의 관련 규정

제18조(집행비용의 예납 등) ① 민사집행의 신청을 하는 때에는 채권자는 민사집행에 필요한 비용으로서 법원이 정하는 금액을 미리 내야 한다. 법원이 부족한 비용을 미리 내라고 명하는 때에도 또한 같다.

② 채권자가 제1항의 비용을 미리 내지 아니한 때에는 법원은 결정으로 신청을 각하하거나 집행절차를 취소할 수 있다.

③ 제2항의 규정에 따른 결정에 대하여는 즉시항고를 할 수 있다.

다. 집행비용의 회수 및 변상

강제집행에 필요한 비용은 채무자가 부담하지만, 집행의 개시단계에서는 채권자가 예납한 다음 배당절차에서 채권자가 우선적으로 변상을 받는다. 강제집행의 기초가 된 판결이 파기된 때에는 채권자는 위 비용을 채무자에게 변상하여야 한다(법 제53조).

위에서 말하는 '파기된 때'는 재심절차에 의하여 파기된 경우만을 의미하는 것은 아니고, 화해조서 · 청구의 인낙조서 · 조정조서가 준재심절차에 의하여 취소된 경우도 포함한다.

채무자가 부담하여야 할 집행비용으로서 그 집행절차에서 변상 받지 못한 비용과 채권자가 변상하여야 할 금액은 당사자의 신청을 받아 집행법원이 결정으로 정한다. 이 신청과 결정에는 「민사소송법」 제110조(소송비용액의 확정결정)제2항 · 제3항, 제111조(상대방에 대한 최고) 제1항 및 제115조(법원사무관 등에 의한 계산)의 규정을 준용한다(규칙 제24조).

유체동산에 대한 집행을 위하여 집행관에게 지급한 수수료는 집행비용에 해당하므로, 그 집행절차에서 변상을 받지 못하였을 경우에는 별도로 집행법원에 집행비용액확정결정의 신청을 하여 그 결정을 채무명의(현행은 '집행권원'에 해당함)로 삼아 집행하여야 하고, 집행관에게 지급한 수수료 상당의 금원을 채무자에게 지급명령의 신청의 방법으로 지급을 구하는 것은 허용되지 않는다.

그러나 채권자대위권을 행사하는 경우 채권자와 채무자는 일종의 법정위임의 관계에 있다고 할 것이므로, 채권자는 민법 제688조를 준용하여 채무자에게 그 비용의 상환을 청구할 수 있다고 할 것이고, 위 비용상환청구권은 강제집행을 직접 목적으로 하여 지출된 집행비용이라고는 볼 수 없어서 지급명령신청에 의하여 지급을 구할 수 있다(대법원 96그8).

강제집행에 필요한 비용은 채무자의 부담으로 하고, 그 집행에 의하여 우선적으로 변상을 받게 되어 있으므로, 이러한 집행비용은 별도의 집행권원 없이 그 집행의 기본인 당해 집행권원에 터 잡아 당해 강제집행절차에서 그 집행권원에 표시된 채권과 함께 추심할 수 있고, 따라서 집행권원에 표시된 본래의 채무가 변제공탁으로 소멸되었다 하여도 그 집행비용을 변상 받지 아니한 이상 당해 집행권원의 집행력 전부의 배제를 구할 수는 없다(대법원 91다41620).

제3장 금전채권에 터 잡은 강제집행

제1절 채무자 소유 재산 찾기

1. 재산 찾기란?

채권자가 집행권원을 소지하고 있더라도 채무자가 채무를 스스로 이행하지 아니하면 채권자는 채권의 만족을 얻을 수 없다. 채권의 대부분이 금전채권임을 감안할 때 재산을 감춘 채무자의 재산을 찾아내는 일은 선량한 채권자에게는 매우 중요한 문제이다.

법이 채권자를 위하여 악성 채무자의 재산을 찾는 데 도움을 주고자 하는 제도로는 다음과 같은 것들이 있다.

재산명시명령제도는 채권자의 신청에 의하여 법원이 채무자에게 재산목록을 제출하게 한 후 선서를 하도록 하는 제도이다. 이에 불응하거나 거짓된 재산목록을 제출한 것임이 밝혀지면 채무자를 벌할 수 있다.

다음으로는, 채권자의 신청에 의하여 법원과 금융기관 등이 채무자의 재산을 수색하는 제도인 재산조회가 있다. 상당히 유용한 제도로써 많이 활용된다.

마지막으로, 악성 채무자의 명부를 만들어서 법원과 시·구·읍·면에 비치하여 누구라도 열람과 등사를 할 수 있도록 함으로써 채무자에게 심리적 압박을 가하는 제도인 채무불이행자명부등재가 있다.

2. 재산명시명령

가. 재산명시명령의 신청 요건 및 방식

「민사집행법」의 관련 규정

제61조(재산명시신청) ① 금전의 지급을 목적으로 하는 집행권원에 기초하여 강제집행을 개시할 수 있는 채권자는 채무자의 보통재판적이 있는 곳의 법원에 채무자의 재산명시를 요구하는 신청을 할 수 있다. 다만, 「민사소송법」 제213조에 따른 가집행의 선고가 붙은 판결 또는 같은 조의 준용에 따른 가집행의 선고가 붙어 집행력을 가지는 집행권원의 경우에는 그러하지 아니하다.

② 제1항의 신청에는 집행력 있는 정본과 강제집행을 개시하는 데 필요한 문서를 붙여야 한다.

제69조(명시신청의 재신청) 재산명시신청이 기각·각하된 경우에는 그 명시신청을 한 채권자는 기각·각하사유를 보완하지 아니하고서는 같은 집행권원으로 다시 재산명시신청을 할 수 없다.

「민사집행규칙」의 관련 규정

제25조(재산명시신청) ① 법 제61조제1항의 규정에 따른 채무자의 재산명시를 요구하는 신청은 다음 각호의 사항을 적은 서면으로 하여야 한다.

1. 채권자·채무자와 그 대리인의 표시
2. 집행권원의 표시
3. 채무자가 이행하지 아니하는 금전채무액
4. 신청취지와 신청사유

② 법원사무관등은 제1항의 신청인으로부터 집행문이 있는 판결정본(다음부터 "집행력 있는 정본"이라 한다)의 사본을 제출받아 기록에 붙인 후 집행력 있는 정본을 채권자에게 바로 돌려주어야 한다.

「가사소송법」의 관련 규정

제48조의2(재산 명시) ① 가정법원은 재산분할, 부양료 및 미성년자인 자녀의 양육비 청구사건을 위하여 특히 필요하다고 인정하는 경우에는 직권으로 또는 당사자의 신청에 의하여 당사자에게 재산상태를 구체적으로 밝힌 재산목록을 제출하도록 명할 수 있다.

② 제1항의 재산 명시 절차, 방법 등에 대하여 필요한 사항은 대법원규칙으로 정한다.

「가사소송규칙」의 관련 규정

제95조의2(재산명시신청) ① 법 제48조의2제1항에 따른 당사자의 재산명시를 요구하는 신청은 신청취지와 신청사유를 적은 서면으로 하여야 한다.

② 가정법원은 제1항의 신청서를 상대방에게 송달하여 의견을 표명할 기회를 주어야 한다.

(재산명시명령신청서)

재 산 명 시 명 령 신 청

신 청 인   성명 ○○○(－   )
            주소
            전화번호
피신청인   성명 ○○○(－   )
            주소
            전화번호

집행권원 및 채권의 표시

○○지방법원 ○○지원 2024가단○○○호 매매대금청구사건의 집행력 있는 확정판결
정본에 의한 돈 30,000,000원

신 청 취 지

채무자는 재산관계를 명시한 재산목록을 제출하라.
라는 재판을 구합니다.

신 청 이 유

1. 신청인은 피신청인에 대하여 ○○지방법원 ○○지원 2024가단○○○호 집행력 있는
   확정판결 정본에 의한 금전채권을 가지고 있습니다.
2. 신청인은 피신청인이 위 채무를 이행하지 아니하므로, 피신청인의 재산을 찾아 강제집행
   을 하기 위하여 백방으로 찾아보았으나, 피신청인은 재산을 교묘하게 빼돌리고 있어 그의
   재산을 찾는 일이 매우 어렵습니다. 따라서 이건 신청을 하기에 이르렀습니다.

첨 부 서 류

1. 집행력 있는 확정판결 정본 1통.
1. 주민등록초본 1통.
1. 송달료납부서 1통.

2025. 1. 1.

위 신청인 ○ ○ ○(인)

○○지방법원 ○○지원 귀중

* 인지대는 1,000원을 납부한다.
* 송달료는 당사자의 수 × 5회분 × 5,200원에 해당하는 금액을 예납한다.
* 주민등록초본 또는 등본은 피신청인의 것을 붙인다.
* 집행채권을 표시함에 있어서는 채권의 원본액만을 표시하면 충분할 것이다. 왜냐하면 이 절차에

서 직접 채권을 추심하거나 배당을 받는 것은 아니기 때문이다.

나. 채무자의 이의신청

「민사집행법」의 관련 규정

제63조(재산명시명령에 대한 이의신청) ① 채무자는 재산명시명령을 송달받은 날부터 1주 이내에 이의신청을 할 수 있다.

② 채무자가 제1항에 따라 이의신청을 한 때에는 법원은 이의신청사유를 조사할 기일을 정하고 채권자와 채무자에게 이를 통지하여야 한다.

③ 이의신청에 정당한 이유가 있는 때에는 법원은 결정으로 재산명시명령을 취소하여야 한다.

④ 이의신청에 정당한 이유가 없거나 채무자가 정당한 사유 없이 기일에 출석하지 아니한 때에는 법원은 결정으로 이의신청을 기각하여야 한다.

⑤ 제3항 및 제4항의 결정에 대하여는 즉시항고를 할 수 있다.

다. 법원의 채무자 소환

재산명시명령의 절차는 다음과 같은 순서에 의하여 진행되는 것이 일반적이다. 따라서 이들 절차가 진행되기 위해서는 채무자에 대한 소환과 그의 출석은 중요한 절차 중의 하나이다.

① 채권자의 신청서 제출

② 법원의 채무자에 대한 재산목록 제출명령

③ 채무자의 재산목록 제출 및 선서

④ 허위의 재산목록 제출 또는 선서거부에 대한 제재(制裁)

「민사집행법」의 관련 규정

제64조(재산명시기일의 실시) ① 재산명시명령에 대하여 채무자의 이의신청이 없거나 이를 기각한 때에는 법원은 재산명시를 위한 기일을 정하여 채무자에게 출석하도록

요구하여야 한다. 이 기일은 채권자에게도 통지하여야 한다.

「민사집행규칙」의 관련 규정

제27조(명시기일의 출석요구) ① 법 제64조제1항의 규정에 따른 채무자에 대한 출석요구는 다음 각호의 사항을 적은 서면으로 하여야 한다.

    1. 채권자와 채무자의 표시

    2. 제28조와 법 제64조제2항의 규정에 따라 재산목록에 적거나 명시할 사항과 범위

    3. 재산목록을 작성하여 명시기일에 제출하여야 한다는 취지

    4. 법 제68조에 규정된 감치와 벌칙의 개요

② 채무자가 소송대리인을 선임한 경우에도 제1항에 규정된 출석요구서는 채무자 본인에게 송달하여야 한다.

③ 채권자는 명시기일에 출석하지 아니하여도 된다.

라. 명시절차의 재판

「민사집행법」의 관련 규정

제62조(재산명시신청에 대한 재판) ① 재산명시신청에 정당한 이유가 있는 때에는 법원은 채무자에게 재산상태를 명시한 재산목록을 제출하도록 명할 수 있다.

② 재산명시신청에 정당한 이유가 없거나 채무자의 재산을 쉽게 찾을 수 있다고 인정한 때에는 법원은 결정으로 이를 기각하여야 한다.

③ 제1항 및 제2항의 재판은 채무자를 심문하지 아니하고 한다.

④ 제1항의 결정은 신청한 채권자 및 채무자에게 송달하여야 하고, 채무자에 대한 송달에서는 결정에 따르지 아니할 경우 제68조에 규정된 제재를 받을 수 있음을 함께 고지하여야 한다.

⑤ 제4항의 규정에 따라 채무자에게 하는 송달은 「민사소송법」 제187조[22] 및 제194조[23]에 의한 방법으로는 할 수 없다.

⑥ 제1항의 결정이 채무자에게 송달되지 아니한 때에는 법원은 채권자에게 상당한 기간을 정하여 그 기간 이내에 채무자의 주소를 보정하도록 명하여야 한다.

⑦ 채권자가 제6항의 명령을 받고도 이를 이행하지 아니한 때에는 법원은 제1항의 결정을 취소하고 재산명시신청을 각하하여야 한다.

⑧ 제2항 및 제7항의 결정에 대하여는 즉시항고를 할 수 있다.

⑨ 채무자는 제1항의 결정을 송달받은 뒤 송달장소를 바꾼 때에는 그 취지를 법원에 바로 신고하여야 하며, 그러한 신고를 하지 아니한 경우에는 「민사소송법」 제185조 제2항[24) 및 제189조[25)의 규정을 준용한다.

마. 재산명시기일의 실시

「민사집행법」의 관련 규정

제64조(재산명시기일의 실시) ① 재산명시명령에 대하여 채무자의 이의신청이 없거나 이를 기각한 때에는 법원은 재산명시를 위한 기일을 정하여 채무자에게 출석하도록 요구하여야 한다. 이 기일은 채권자에게도 통지하여야 한다.

② 채무자는 제1항의 기일에 강제집행의 대상이 되는 재산과 다음 각호의 사항을 명

---

22) 「민사소송법」 제187조(우편송달) 제186조의 규정에 따라 송달할 수 없는 때에는 법원사무관등은 서류를 등기우편 등 대법원규칙이 정하는 방법으로 발송할 수 있다.
23) 「민사소송법」 제194조(공시송달의 요건) ① 당사자의 주소등 또는 근무장소를 알 수 없는 경우 또는 외국에서 하여야 할 송달에 관하여 제191조의 규정에 따를 수 없거나 이에 따라도 효력이 없을 것으로 인정되는 경우에는 법원사무관등은 직권으로 또는 당사자의 신청에 따라 공시송달을 할 수 있다.
② 제1항의 신청에는 그 사유를 소명하여야 한다.
③ 재판장은 제1항의 경우에 소송의 지연을 피하기 위하여 필요하다고 인정하는 때에는 공시송달을 명할 수 있다.
④ 재판장은 직권으로 또는 신청에 따라 법원사무관등의 공시송달처분을 취소할 수 있다.
24) 민사소송법 제185조(송달장소변경의 신고의무) ① 당사자·법정대리인 또는 소송대리인이 송달받을 장소를 바꿀 때에는 바로 그 취지를 법원에 신고하여야 한다.
② 제1항의 신고를 하지 아니한 사람에게 송달할 서류는 달리 송달할 장소를 알 수 없는 경우 종전에 송달받던 장소에 대법원규칙이 정하는 방법으로 발송할 수 있다.
25) 제189조(발신주의) 제185조제2항 또는 제187조의 규정에 따라 서류를 발송한 경우에는 발송한 때에 송달된 것으로 본다.

시한 재산목록을 제출하여야 한다.

1. 재산명시명령이 송달되기 전 1년 이내에 채무자가 한 부동산의 유상양도(有償讓渡)
2. 재산명시명령이 송달되기 전 1년 이내에 채무자가 배우자, 직계혈족 및 4촌 이내의 방계혈족과 그 배우자, 배우자의 직계혈족과 형제자매에게 한 부동산 외의 재산의 유상양도
3. 재산명시명령이 송달되기 전 2년 이내에 채무자가 한 재산상 무상처분(無償處分). 다만, 의례적인 선물은 제외한다.

③ 재산목록에 적을 사항과 범위는 대법원규칙으로 정한다.

④ 제1항의 기일에 출석한 채무자가 3월 이내에 변제할 수 있음을 소명한 때에는 법원은 그 기일을 3월의 범위 내에서 연기할 수 있으며, 채무자가 새 기일에 채무액의 3분의 2 이상을 변제하였음을 증명하는 서류를 제출한 때에는 다시 1월의 범위 내에서 연기할 수 있다.

제65조(선서) ① 채무자는 재산명시기일에 재산목록이 진실하다는 것을 선서하여야 한다.

② 제1항의 선서에 관하여는 「민사소송법」 제320조 및 제321조[26])의 규정을 준용한다. 이 경우 선서서(宣誓書)에는 다음과 같이 적어야 한다.

"양심에 따라 사실대로 재산목록을 작성하여 제출하였으며, 만일 숨긴 것이나 거짓 작성한 것이 있으면 처벌을 받기로 맹세합니다."

제66조(재산목록의 정정) ① 채무자는 명시기일에 제출한 재산목록에 형식적인 흠이 있거나 불명확한 점이 있는 때에는 제65조의 규정에 의한 선서를 한 뒤라도 법원의 허가를 얻어 이미 제출한 재산목록을 정정할 수 있다.

② 제1항의 허가에 관한 결정에 대하여는 즉시항고를 할 수 있다.

제67조(재산목록의 열람·복사) 채무자에 대하여 강제집행을 개시할 수 있는 채권자는 재산목록을 보거나 복사할 것을 신청할 수 있다.

「민사집행규칙」의 관련 규정

제27조(명시기일의 출석요구) ① 법 제64조제1항의 규정에 따른 채무자에 대한 출석요구는 다음 각호의 사항을 적은 서면으로 하여야 한다.

1. 채권자와 채무자의 표시
2. 제28조와 법 제64조제2항의 규정에 따라 재산목록에 적거나 명시할 사항과 범위

3. 재산목록을 작성하여 명시기일에 제출하여야 한다는 취지

4. 법 제68조에 규정된 감치와 벌칙의 개요

② 채무자가 소송대리인을 선임한 경우에도 제1항에 규정된 출석요구서는 채무자 본인에게 송달하여야 한다.

③ 채권자는 명시기일에 출석하지 아니하여도 된다.

바. 채무자에 대한 제재

「민사집행법」의 관련 규정

제68조(채무자의 감치 및 벌칙) ① 채무자가 정당한 사유 없이 다음 각호 가운데 어느 하나에 해당하는 행위를 한 경우에는 법원은 결정으로 20일 이내의 감치(監置)에 처한다.

1. 명시기일 불출석

2. 재산목록 제출 거부

3. 선서 거부

② 채무자가 법인 또는 「민사소송법」 제52조의 사단이나 재단인 때에는 그 대표자 또는 관리인을 감치에 처한다.

③ 법원은 감치재판기일에 채무자를 소환하여 제1항 각호의 위반행위에 대하여 정당한 사유가 있는지 여부를 심리하여야 한다.

④ 제1항의 결정에 대하여는 즉시항고를 할 수 있다.

⑤ 채무자가 감치의 집행중에 재산명시명령을 이행하겠다고 신청한 때에는 법원은 바로 명시기일을 열어야 한다.

---

26) 「민사소송법」 제320조 및 제321조 : 제320조(위증에 대한 벌의 경고) 재판장은 선서에 앞서 증인에게 선서의 취지를 밝히고, 위증의 벌에 대하여 경고하여야 한다.
제321조(선서의 방식) ① 선서는 선서서에 따라서 하여야 한다. ② 선서서에는 "양심에 따라 숨기거나 보태지 아니하고 사실 그대로 말하며, 만일 거짓말을 하면 위증의 벌을 받기로 맹세합니다."라고 적어야 한다. ③ 재판장은 증인으로 하여금 선서서를 소리 내어 읽고 기명날인 또는 서명하게 하며, 증인이 선서서를 읽지 못하거나 기명날인 또는 서명하지 못하는 경우에는 참여한 법원사무관등이나 그 밖의 법원공무원으로 하여금 이를 대신하게 한다. ④ 증인은 일어서서 엄숙하게 선서하여야 한다.

⑥ 채무자가 제5항의 명시기일에 출석하여 재산목록을 내고 선서하거나 신청채권자에 대한 채무를 변제하고 이를 증명하는 서면을 낸 때에는 법원은 바로 감치결정을 취소하고 그 채무자를 석방하도록 명하여야 한다.

⑦ 제5항의 명시기일은 신청채권자에게 통지하지 아니하고도 실시할 수 있다. 이 경우 제6항의 사실을 채권자에게 통지하여야 한다.

⑧ 제1항 내지 제7항의 규정에 따른 재판절차 및 그 집행 그 밖에 필요한 사항은 대법원규칙으로 정한다.

⑨ 채무자가 거짓의 재산목록을 낸 때에는 3년 이하의 징역 또는 500만원 이하의 벌금에 처한다.

⑩ 채무자가 법인 또는 「민사소송법」 제52조의 사단이나 재단인 때에는 그 대표자 또는 관리인을 제9항의 규정에 따라 처벌하고, 채무자는 제9항의 벌금에 처한다.

3. 재산조회

재산조회제도는 채권자가 신청하면 법원이 채무자의 재산 및 신용에 관한 정보를 관리하는 공공기관, 금융기관 및 단체 등에 대하여 재산의 조회를 의뢰하고, 그 결과를 채권자가 열람·등사할 수 있게 하는 제도이다.

재산조회를 신청할 수 있는 사람은 재산명시명령을 신청했지만, 그 절차에 의해서는 채권의 만족을 얻지 못한 사람에 한정된다.

「민사집행법」의 관련 규정

제74조(재산조회) ① 재산명시절차의 관할 법원은 다음 각호의 어느 하나에 해당하는 경우에는 그 재산명시를 신청한 채권자의 신청에 따라 개인의 재산 및 신용에 관한 전산망을 관리하는 공공기관·금융기관·단체 등에 채무자명의의 재산에 관하여 조회할 수 있다.

　1. 재산명시절차에서 채권자가 제62조제6항의 규정에 의한 주소보정명령을 받고도 「민사소송법」 제194조제1항의 규정에 의한 사유로 인하 여 채권자가 이를

이행할 수 없었던 것으로 인정되는 경우

    ↳「민사소송법」 제194조(공시송달의 요건) ① 당사자의 주소등 또는 근무장소를 알 수 없는 경우 또는 외국에서 하여야 할 송달에 관하여 제191조의 규정에 따를 수 없거나 이에 따라도 효력이 없을 것으로 인정되는 경우에는 법원사무관등은 직권으로 또는 당사자의 신청에 따라 공시송달을 할 수 있다.

2. 재산명시절차에서 채무자가 제출한 재산목록의 재산만으로는 집행채권의 만족을 얻기에 부족한 경우

3. 재산명시절차에서 제68조제1항 각호의 사유 또는 동조제9항의 사유가 있는 경우

    ↳법 제68조(채무자의 감치 및 벌칙) ① 채무자가 정당한 사유 없이 다음 각호 가운데 어느 하나에 해당하는 행위를 한 경우에는 법원은 결정으로 20일 이내의 감치(監置)에 처한다.

        1. 명시기일 불출석

        2. 재산목록 제출 거부

        3. 선서 거부

        ⑨ 채무자가 거짓의 재산목록을 낸 때에는 3년 이하의 징역 또는 500만원 이하의 벌금에 처한다.

② 채권자가 제1항의 신청을 할 경우에는 조회할 기관·단체를 특정하여야 하며 조회에 드는 비용을 미리 내야 한다.

③ 법원이 제1항의 규정에 따라 조회할 경우에는 채무자의 인적사항을 적은 문서에 의하여 해당 기관·단체의 장에게 채무자의 재산 및 신용에 관하여 그 기관·단체가 보유하고 있는 자료를 한꺼번에 모아 제출하도록 요구할 수 있다.

④ 공공기관·금융기관·단체 등은 정당한 사유 없이 제1항 및 제3항의 조회를 거부하지 못한다.

제75조(재산조회의 결과 등) ① 법원은 제74조제1항 및 제3항의 규정에 따라 조회한 결과를 채무자의 재산목록에 준하여 관리하여야 한다.

② 제74조제1항 및 제3항의 조회를 받은 기관·단체의 장이 정당한 사유 없이 거짓 자료를 제출하거나 자료를 제출할 것을 거부한 때에는 결정으로 500만원 이하의 과태료에 처한다.

③ 제2항의 결정에 대하여는 즉시항고를 할 수 있다.

제76조(벌칙) ① 누구든지 재산조회의 결과를 강제집행 외의 목적으로 사용하여서는

아니 된다.

② 제1항의 규정에 위반한 사람은 2년 이하의 징역 또는 500만원 이하의 벌금에 처한다.

제77조(대법원규칙) 제74조제1항 및 제3항의 규정에 따라 조회를 할 공공기관·금융기관·단체 등의 범위 및 조회절차, 제74조제2항의 규정에 따라 채권자가 내야 할 비용, 제75조제1항의 규정에 따른 조회결과의 관리에 관한 사항, 제75조제2항의 규정에 의한 과태료의 부과절차 등은 대법원 규칙으로 정한다.

「민사집행규칙」의 관련 규정

제35조(재산조회의 신청방식) ① 법 제74조의 규정에 따른 재산조회신청은 다음 각호의 사항을 적은 서면으로 하여야 한다.

　　1. 제25조제1항 각호에 적은 사항

　　　↳「민사집행규칙」제25조(재산명시신청) ① 법 제61조제1항의 규정에 따른 채무자의 재산명시를 요구하는 신청은 다음 각호의 사항을 적은 서면으로 하여야 한다.

　　　　1. 채권자·채무자와 그 대리인의 표시

　　　　2. 집행권원의 표시

　　　　3. 채무자가 이행하지 아니하는 금전채무액

　　　　4. 신청취지와 신청사유

　　2. 조회할 공공기관·금융기관 또는 단체

　　3. 조회할 재산의 종류

　　4. 제36조제2항의 규정에 따라 과거의 재산보유내역에 대한 조회를 요구하는 때에는 그 취지와 조회기간

② 제1항의 신청을 하는 때에는 신청의 사유를 소명하여야 하고, 채무자의 주소·주민등록번호등, 그 밖에 채무자의 인적사항에 관한 자료를 내야 한다.

제36조(조회할 기관과 조회대상 재산 등) ① 재산조회는 별표 "기관·단체"란의 기관 또는 단체의 장에게 그 기관 또는 단체가 전산망으로 관리하는 채무자 명의의 재산(다만, 별표 "조회할 재산"란의 각 해당란에 적은 재산에 한정한다)에 관하여 실시한다.

↳별표 "기관·단체" 및 "조회할 기관"은 뒤에 따로 정리한다.

② 제1항의 경우 채권자의 신청이 있는 때에는 별표 순번 1에 적은 기관의 장에게 재산명시명령이 송달되기 전(법 제74조제1항제1호의 규정에 따른 재산조회의 경우에는 재산조회신청을 하기 전) 2년 안에 채무자가 보유한 재산내역을 조회할 수 있다.

③ 법원은 별표 순번 5부터 12까지, 15 기재 "기관·단체"란의 금융기관이 회원사, 가맹사 등으로 되어 있는 중앙회·연합회·협회 등(다음부터 "협회 등"이라 한다)이 개인의 재산 및 신용에 관한 전산망을 관리하고 있는 경우에는 그 협회등의 장에게 채무자 명의의 재산에 관하여 조회할 수 있다.

제37조(조회의 절차 등) ① 법 제74조제1항·제3항의 규정에 따른 재산조회는 다음 각호의 사항을 적은 서면으로 하여야 한다.

1. 채무자의 이름·주소·주민등록번호등, 그 밖에 채무자의 인적사항
2. 조회할 재산의 종류
3. 조회에 대한 회답기한
4. 제36조제2항의 규정에 따라 채무자의 재산보유내역에 대한 조회를 요구하는 때에는 그 취지와 조회기간
5. 법 제74조제3항의 규정에 따라 채무자의 재산 및 신용에 관한 자료의 제출을 요구하는 때에는 그 취지
6. 법 제75조제2항에 규정된 벌칙의 개요
7. 금융기관에 대하여 재산조회를 하는 경우에 관련법령에 따른 재산 및 신용에 관한 정보등의 제공사실 통보의 유예를 요청하는 때에는 그 취지와 통보를 유예할 기간

② 같은 협회등에 소속된 다수의 금융기관에 대한 재산조회는 협회등을 통하여 할 수 있다.

③ 재산조회를 받은 기관·단체의 장은 다음 각호의 사항을 적은 조회회보서를 정하여진 날까지 법원에 제출하여야 한다. 이 경우 법 제74조제3항의 규정에 따라 자료의 제출을 요구받은 때에는 그 자료도 함께 제출하여야 한다.

1. 사건의 표시
2. 채무자의 표시
3. 조회를 받은 다음날 오전 영시 현재 채무자의 재산보유내역. 다만, 제1항제4호와 제36조제2항의 규정에 따른 조회를 받은 때에는 정하여진 조회기간 동안의 재산보유내역

④ 제2항에 규정된 방법으로 재산조회를 받은 금융기관의 장은 소속 협회 등의 장에게 제3항 각호의 사항에 관한 정보와 자료를 제공하여야 하고, 그 협회등의 장은 제공받은 정보와 자료를 정리하여 한꺼번에 제출하여야 한다.

⑤ 재산조회를 받은 기관·단체의 장은 제3항에 규정된 조회회보서나 자료의 제출을 위하여 필요한 때에는 소속 기관·단체, 회원사, 가맹사, 그 밖에 이에 준하는 기관·단체에게 자료 또는 정보의 제공·제출을 요청할 수 있다.

⑥ 법원은 제출된 조회회보서나 자료에 흠이 있거나 불명확한 점이 있는 때에는 다시 조회하거나 자료의 재제출을 요구할 수 있다.

⑦ 제1항 내지 제6항에 규정된 절차는 별도의 대법원규칙이 정하는 바에 따라 전자통신매체를 이용하는 방법으로 할 수 있다.

제38조(재산조회결과의 열람·복사) 재산조회결과의 열람·복사절차에 관하여는 제29조와 법 제67조의 규정을 준용한다. 다만, 제37조제7항의 규정에 따라 전자통신매체를 이용하는 방법으로 재산조회를 한 경우의 열람·복사 절차에 관하여는 별도의 대법원규칙으로 정한다.

「민사집행규칙」의 관련 규정

제29조(재산목록 등의 열람·복사) 법 제67조 또는 법 제72조제4항의 규정에 따라 재산목록 또는 법원이 비치한 채무불이행자명부나 그 부본을 보거나 복사할 것을 신청하는 사람이 납부하여야 할 수수료의 액에 관하여는 「재판 기록 열람·복사 규칙」 제4조부터 제6조까지를 준용한다.

[별표]

순번	기관·단체	조회할 재산
1	법원행정처	토지·건물의 소유권
2	국토교통부	건물의 소유권
3	특허청	특허권·실용신안권·디자인권·상표권
4	(삭제)	(삭제)

5	「은행법」에 따른 은행, 「한국산업은행법」에 따른 한국산업은행 및 「중소기업은행법」에 따른 중소기업은행	「금융실명거래 및 비밀보장에 관한 법률」 제2조 제2호에 따른 금융자산(다음부터 "금융자산"이라 한다) 중 계좌별로 시가 합계액이 50만원 이상인 것
6	「자본시장과 금융투자업에 관한 법률」에 따른 투자매매업자, 투자중개업자, 집합투자업자, 신탁업자, 증권금융회사, 종합금융회사 및 명의개서대행회사	금융자산 중 계좌별로 시가 합계액이 50만원 이상인 것
7	「상호저축은행법」에 따른 상호저축은행 및 상호저축은행중앙회	금융자산 중 계좌별로 시가 합계액이 50만원 이상인 것
8	「농업협동조합법」에 따른 지역조합 및 품목조합	금융자산 중 계좌별로 시가 합계액이 50만원 이상인 것
9	「수산업협동조합법」에 따른 조합 및 중앙회	금융자산 중 계좌별로 시가 합계액이 50만원 이상인 것
10	「신용협동조합법」에 따른 신용협동조합 및 신용협동조합중앙회	금융자산 중 계좌별로 시가 합계액이 50만원 이상인 것
11	「산림조합법」에 따른 지역조합, 전문조합 및 중앙회	금융자산 중 계좌별로 시가 합계액이 50만원 이상인 것
12	「새마을금고법」에 따른 금고 및 중앙회	금융자산 중 계좌별로 시가 합계액이 50만원 이상인 것
13	(삭제)	(삭제)
14	(삭제)	(삭제)
15	「보험업법」에 따른 보험회사	해약환급금이 50만원 이상인 보험계약
16	과학기술정보통신부	금융자산 중 계좌별로 시가 합계액이 50만원 이상인 것
17	한국교통안전공단	자동차·건설기계의 소유권

4. 채무불이행자명부등재

가. 채무불이행자명부등재의 신청요건 및 신청절차

채무불이행자명부에의 등재는 금전의 지급을 목적으로 하는 채권이기만 하면 그 청구권의 금액을 불문하고, 채무자의 소재를 알 수 있는지 여부도 묻지 않으며, 재산명시명령절차나 재산조회절차를 거쳤는지 여부도 따지지 않는다.

이 명부는 누구라도 아무런 제한을 받지 않고 열람할 수 있다. 채무를 고의로 변제하지 아니하는 사람만 있는 것은 아니고, 변제할 능력이 없는 사람도 있다는 점을 고려해보면 다소 위헌적인 요소를 내포하고 있는 제도가 아닌가 하는 의문을 갖게 된다. 그러나 헌법재판소는 합헌결정을 한 바 있다(2008헌마663).

「민사집행법」의 관련 규정

제70조(채무불이행자명부 등재신청) ① 채무자가 다음 각호 가운데 어느 하나에 해당하면 채권자는 그 채무자를 채무불이행자명부(債務不履行者名簿)에 올리도록 신청할 수 있다.

    1. 금전의 지급을 명한 집행권원이 확정된 후 또는 집행권원을 작성한 후 6월 이내에 채무를 이행하지 아니하는 때. 다만, 제61조제1항 단서에 규정된 집행권원의 경우를 제외한다.

    2. 제68조제1항 각호의 사유 또는 같은 조제9항의 사유 가운데 어느 하나에 해당하는 때

② 제1항의 신청을 할 때에는 그 사유를 소명하여야 한다.

③ 제1항의 신청에 대한 재판은 제1항제1호의 경우에는 채무자의 보통재판적이 있는 곳의 법원이 관할하고, 제1항제2호의 경우에는 재산명시절차를 실시한 법원이 관할한다.

「민사집행규칙」의 관련 규정

제31조(채무불이행자명부 등재신청) ① 법 제70조제1항의 규정에 따른 채무불이행자명부 등재신청에는 제25조제1항의 규정을 준용한다.

② 채무불이행자명부 등재신청을 하는 때에는 채무자의 주소를 소명하는 자료를 내야 한다.

채무불이행자명부 등재신청의 요건과 관련하여 법 제70조제1항제2호의 사유는 재산 명시명령을 신청했던 사유이므로 특별히 의문의 여지가 없으나, 같은 항 제1호의 사유와 관련해서는 강제집행을 개시할 수 있는 요건을 갖춘 채권자가 신청할 수 있다는 견해도 있다. 그러나 법원의 실무에서는 집행권원이 확정 또는 만들어진 뒤 6월이 경과한 채권자가 신청할 수 있는 것으로 처리하고 있다(예규 제866-14호).

나. 법원의 재판

「민사집행법」의 관련 규정

제71조(등재신청에 대한 재판) ① 제70조의 신청에 정당한 이유가 있는 때에는 법원은 채무자를 채무불이행자명부에 올리는 결정을 하여야 한다.

② 등재신청에 정당한 이유가 없거나 쉽게 강제집행할 수 있다고 인정할 만한 명백한 사유가 있는 때에는 법원은 결정으로 이를 기각하여야 한다.

③ 제1항 및 제2항의 재판에 대하여는 즉시항고를 할 수 있다. 이 경우 「민사소송법」 제447조[27]의 규정은 준용하지 아니한다.

이 재판은 앞에서 검토한바 있는 재산조회절차와 더불어 사법보좌관이 담당한다. 대법원 재판예규(재민 91-6)에 의하면 채무불이행자명부에의 등재결정에 대한 즉시항고가 집행정지의 효력이 없음을 고려하여 등재신청에 대한 재판을 함에 있어서 채권자가 국가·지방자치단체·공법인·금융기관이거나 채무자의 불출석, 절차의 현저한 지연, 그 밖에 부득이한 사유가 없는 한 채무자를 심문하여 채무의 이행여부를 확인하라고 규정하였다. 그리고 채무불이행자명부 등재신청을 함에 있어서는 재산관계명시 신청의 경우와는 달리 집행권원이 요구되지 아니하므로 채권자에게 집행문을 받아오라는 요구를 하지 말라고 당부하였다.

---

27) 「민사소송법」 제447조 : 「민사소송법」 제447조는 "즉시항고는 집행을 정지하는 효력을 가진다."고 규정하였다.

다. 명부의 비치 및 말소

「민사집행법」의 관련 규정

제72조(명부의 비치) ① 채무불이행자명부는 등재결정을 한 법원에 비치한다.

② 법원은 채무불이행자명부의 부본을 채무자의 주소지(채무자가 법인인 경우에는 주된 사무소가 있는 곳) 시(구가 설치되지 아니한 시를 말한다. 이하 같다)·구·읍·면의 장(도농복합형태의 시의 경우 동지역은 시·구의 장, 읍·면지역은 읍·면의 장으로 한다. 이하 같다)에게 보내야 한다.

③ 법원은 채무불이행자명부의 부본을 대법원규칙이 정하는 바에 따라 일정한 금융기관의 장이나 금융기관 관련단체의 장에게 보내어 채무자에 대한 신용정보로 활용하게 할 수 있다.

④ 채무불이행자명부나 그 부본은 누구든지 보거나 복사할 것을 신청할 수 있다.

⑤ 채무불이행자명부는 인쇄물 등으로 공표되어서는 아니된다.

제73조(명부등재의 말소) ① 변제, 그 밖의 사유로 채무가 소멸되었다는 것이 증명된 때에는 법원은 채무자의 신청에 따라 채무불이행자명부에서 그 이름을 말소하는 결정을 하여야 한다.

② 채권자는 제1항의 결정에 대하여 즉시항고를 할 수 있다. 이 경우 「민사소송법」 제447조의 규정은 준용하지 아니한다.

↳따라서 이 즉시항고에는 집행정지의 효력이 인정되지 않는다.

③ 채무불이행자명부에 오른 다음해부터 10년이 지난 때에는 법원은 직권으로 그 명부에 오른 이름을 말소하는 결정을 하여야 한다.

④ 제1항과 제3항의 결정을 한 때에는 그 취지를 채무자의 주소지(채무자가 법인인 경우에는 주된 사무소가 있는 곳) 시·구·읍·면의 장 및 제72조제3항의 규정에 따라 채무불이행자명부의 부본을 보낸 금융기관 등의 장에게 통지하여야 한다.

⑤ 제4항의 통지를 받은 시·구·읍·면의 장 및 금융기관 등의 장은 그 명부의 부본에 오른 이름을 말소하여야 한다.

「민사집행규칙」의 관련 규정

제34조(직권말소) ① 채무불이행자명부에 등재한 후 등재결정이 취소되거나 등재신청

이 취하된 때 또는 등재결정이 확정된 후 채권자가 등재의 말소를 신청한 때에는 명부를 비치한 법원의 법원사무관등은 바로 그 명부를 말소하여야 한다.

② 제1항의 경우 제33조제1항·제2항 또는 법 제72조제2항의 규정에 따라 채무불이행자명부의 부본을 이미 보내거나 그 내용을 통지한 때에는 법원사무관 등은 바로 법 제73조제4항에 규정된 조치를 취하여야 한다.

(채무자의 재산 찾는 절차 요약표)

절차의 명칭	신청권자	관할법원	신청요건	비고
재산명시명령	강제집행 신청 가능한 금전채권자	채무자의 보통재판적 지방법원	즉시 강제집행을 개시할 수 있는 요건	가집행선고 붙은 집행권원은 제외
재산조회	재산명시명령을 신청했던 채권자	위와 같음	○재산명시명령절차에서 공시송달에 해당하는 사유로 채무자에 대한 송달불능 ○채무자가 제출한 재산목록만으로는 채권의 만족을 얻기에 부족 ○명시기일 불출석, 선서거부, 재산목록 제출거부, 허위의 재산목록 제출	채무자에게 강제집행을 실시할 수 있는 채권자는 조회결과 열람 및 등사 가능
채무불이행자명부등재	신청요건에 상응한 채권자	채무자의 보통재판적 지방법원	금전채권의 집행권원 확정(작성) 후 6월 경과할 때까지 미변제	○가집행선고 붙은 집행권원은 제외 ○집행개시의 요건은 갖추지 않아도 무방 ○명부는 누구든지 열람 및 등사 가능
		재산명시명령절차 실시 법원	재산명시기일 불출석, 선서거부, 재산목록 제출거부, 허위의 재산목록 제출	

(채무불이행자명부 등재신청서)

채무불이행자명부 등재신청

신 청 인(채권자)   ○○○(—   )
                  주소
                  전화번호
피신청인(채무자)   ○○○(—   )
                  주소

집행권원 및 금전채권의 표시

○○지방법원 2024가단○○○호 대여금청구사건의 집행력 있는 판결정본에 터 잡은 돈 50,000,000원 및 위 돈에 대한 2024. ○. ○.부터 다 갚는 날까지 연 12%의 비율에 의한 지연손해금

신 청 취 지

채무자를 채무불이행자명부에 등재한다.
라는 재판을 구합니다.

신 청 이 유

신청인은 피신청인에 대하여 위 집행권원에 표시된 금전채권을 가지고 있습니다. 위 판결은 2024. ○. ○. 확정되었고, 그 후 6월이 지났음에도 불구하고 피신청인은 그 채무를 변제하지 않고 있습니다. 따라서 신청취지와 같은 재판을 구하기 위하여 이 신청에 이르렀습니다.

첨 부 서 류

1. 집행력 있는 판결정본 1통.

1. 주민등록초본 1통.
1. 송달료납부서 1통.

2025. 1. 1.

위 신청인 ○ ○ ○(인)

○○지방법원 귀중

* 인지대는 1,000원을 납부한다.
* 송달료는 당사자의 수 × 5회분 × 5,200원에 해당하는 금액을 예납한다.
* 주민등록초본(또는 등본)은 피신청인의 것을 붙인다.

제2절 부동산에 대한 집행 총설

1. 부동산집행 개관

강제집행은 집행의 목적물이 무엇인가에 따라 큰 틀에서 ① 부동산에 대한 집행, ② 준부동산(자동차·선박·건설기계·항공기)에 대한 집행, ③ 유체동산에 대한 집행 및 ④ 채권 및 기타 재산권에 대한 집행으로 구분할 수 있다.

금전채권에 터 잡은 강제집행에서 지상권과 그 공유지분은 부동산으로 본다(규칙 제40조).

법률 또는 이 규칙에 따라 부동산으로 보거나 부동산에 관한 규정이 준용되는 것에 대한 강제집행은 그 등기 또는 등록을 하는 곳의 지방법원이 관할한다(규칙 제41조).

부동산에 대한 집행절차에는 강제경매, 담보권실행을 위한 경매 및 강제관리가 있다. 법은 부동산의 강제경매에 관하여 자세히 규정하는 한편 자동차 등 준부동산에 대한 집행은 부동산에 대한 집행에 관한 규정을 대부분 준용하도록 하고 있다. 강제관리는 부동산에만 특유한 강제집행절차이다. 강제집행의 시작단계는 압류이므로, 먼저 이에 관하여 검토한다.

2. 압류

가. 압류란?

압류라 함은 채권자가 강제집행을 신청한 때에 집행법원이 채무자에게 목적 부동산의 처분을 금지시킴으로써 그 교환가치를 유지하게 하는 조치를 말한다. 채권자가 별도의 압류신청을 할 필요는 없으며, 경매신청 또는 강제관리신청서를 제출함으로써 충분하다.

나. 압류의 방법

채권자로부터 경매신청을 받은 집행법원(사법보좌관)은 그 신청에 명백한 하자가 없으면 경매개시결정을 하게 되는데, 이 결정은 압류의 선언이 된다.

압류의 방법은 그 대상이 무엇인가에 따라 다르다. 부동산에 대한 압류는 집행법원이 등기관에게 등기를 촉탁하여 '압류등기(경매개시결정등기)'를 실행하는 방법으로 한다. 선박, 항공기, 자동차, 건설기계 등 등기나 등록으로 공시되는 준부동산에 대한 압류절차는 부동산에 대한 압류의 절차와 같다.

유체동산에 대한 압류의 공시방법은 집행관의 '봉인(封印)'이고, 채권에 대한 압류는 '제3채무자에 대한 송달(압류통지)'이다. 가압류 및 가처분의 공시절차도 위와 같다.

다. 압류의 효력

압류는 강제집행의 대상에 대한 교환가치의 감소를 방지하는 것이 주된 목적이다. 따라서 이에 저촉되지 아니하는 범위 안에서는 채무자에게 그 목적물을 관리·이용하게 한다. 다만, 강제경매절차와는 달리 강제관리절차에서는 해당 부동산을 관리·이용하는 것 자체가 강제집행의 내용이므로, 채무자로부터 관리권과 이용권을 빼앗아야 한다.

부동산에 대한 압류의 효력은 원칙적으로 저당권의 효력이 미치는 범위와 같다. 「민법」 제358조는 "저당권의 효력은 저당부동산에 부합(附合)된 물건과 종물(從物)에 미친다."고 규정하였다.

부합물은 소유자를 달리하는 여러 개의 물건이 결합하여 하나의 물건이 되었고, 이를 분리나 훼손하게 되면 비용이 과다하게 지출되는 등 사회·경제적으로 손실이 되는 경우를 말하고, 종물은 물건의 소유자가 그 물건의 상용(常用)에 이바지하게 하기 위하여 자기의 소유인 다른 물건을 주물에 부속시킨 경우에서 그 부속시킨 물건을 말한다.

부합물과 종물은 주물(主物)의 처분에 따르므로, 경매절차에서의 매수인은 부합물과 종물의 소유권을 취득한다.

판례

건물의 소유를 목적으로 하여 토지를 임차한 사람이 그 토지 위에 소유하는 건물에 저당권을 설정한 때에는 민법 제358조 본문에 따라서 저당권의 효력이 그 건물뿐만 아니라 그 건물의 소유를 목적으로 한 토지의 임차권에도 미친다고 할 것이므로, 건물에 대한 저당권이 실행되어 경락인(현행법에서는 '매수인'에 해당함)이 건물의 소유권을 취득한 때에는 특별한 사정이 없는 한 그에 수반하여 그 건물의 소유를 목적으로 한 토지의 임차권도 그 건물의 소유권과 함께 경락인에게 이전된다고 봄이 상당하다(대법원 92다24950 판결).

압류의 효력은 상대적이다. 가령 乙 소유인 부동산에 대하여 甲의 경매신청에 따라 경매개시결정등기가 마쳐진 경우에 있어서, 乙이 위 등기 이후에 이 부동산을 丙에게 처분하더라도 乙과 丙 사이의 처분행위(법률행위)는 유효하다. 다만, 乙과 丙이 그 처분행위를 가지고 甲에게 대항[28]할 수 없을 뿐이다. 왜냐하면 乙과 丙 사이의 법률행위 이후에 甲의 신청에 의하여 개시된 경매절차가 취소 또는 취하되는 경우에는 乙과 丙의 법률행위는 완전히 유효한 법률행위가 될 수 있기 때문이다. 이를 '압류효력의 상대성'이라고 한다.

그러나 압류의 효력이 발생한 뒤에 이중압류를 하거나 배당요구를 한 채권자의 경우에는 위와는 사정이 다르다. 가령 위 사례에서 압류등기 이후에 丙이 乙을 채무자로 하여 그 부동산 위에 저당권을 취득하고, 丁은 이중압류(이중경매신청)을 하였다고 가정하자. 이 경우에서 위 부동산의 매각대금이 모든 채권자에게 만족을 줄 수 없는 때에는 배당절차에서 제1차적으로는 丙과 丁에게 안분비례[29]의 방법으로 배당을 하게 되지만, 丙은 물권자이므로 丁이 없었더라면 배당을 더 받았을 범위 안에서 채권자인 丁이 배당받은 부분을 흡수하여 배당을 받게 된다. 즉 丁에게는 배당금이 돌아가지 않

---

28) 대항(對抗) : 법률행위(매매행위)가 유효하다고 주장함
29) 안분비례(按分比例) : 각 채권자의 채권액에 비례함

거나 丙에게 빼앗기고 남은 부분만의 배당금이 주어진다.

　　채권자가 채무자의 재산에 대하여 경매신청을 하면 이는 압류신청과 같은 것이므로, 채권의 소멸시효가 중단된다(「민법」 제168조제2호).

　　근저당권자가 담보권실행을 위한 경매를 신청하면 근저당권의 피담보채권이 확정되므로, 근저당권은 보통의 저당권으로 그 성질이 변한다. 따라서 압류 이후에 발생하는 새로운 채권은 더 이상은 근저당권에 의하여 담보되지 않는다.

제3절 부동산강제경매

1. 부동산경매에 있어서의 권리분석

가. 잉여주의(剩餘主義)

　　경매절차에서 잉여주의라고 함은 매각대금으로 압류채권자의 채권에 우선하는 채권 및 집행비용을 제하고 남는 것이 없을 경우에는 매각을 허용하지 않는 원칙을 말한다.

　　이는 경매절차의 개시단계에서는 물론 그 뒤에도 그러한 사실이 밝혀지면 경매절차의 취소사유가 된다. 이 원칙은 강제경매절차 및 임의경매절차 모두에 적용되고 있다.

나. 소멸주의와 인수주의(引受主義)

　　이는 부동산의 경매절차에서 압류의 효력이 생기는 경매개시결정등기 전에 설정된 용익물권30)과 담보물권31)의 처리와 관련한 문제이다.

　　경매개시결정등기 이전에 설정된 용익물권과 담보물권을 말소하여 매수인에게 부담 없는 부동산 소유권을 취득하게 하는 것을 '소멸주의'라고 하는 반면에 그들 권리를 소멸시키지 아니한 채 매수인이 인수하게 하는 경우를 '인수주의'라고 한다.

　　소멸주의는 매각대금을 높이면서도 매수인의 지위를 안정시키는 장점이 있다고 평가된다. 현행 법은 소멸주의를 원칙으로 하면서 인수주의를 병용(併用)하고 있다.

---

30) 용익물권(用益物權) : 부동산의 사용가치를 지배하는 제한물권을 말하며, 지상권, 지역권, 전세권이 여기에 해당한다.
31) 담보물권(擔保物權) : 목적물의 교환가치를 지배하는 제한물권으로서 저당권, 질권, 유치권, 가등기담보권이 여기에 해당한다.

어떤 권리가 경매절차로 인하여 소멸하는가 존속하는가를 사례별로 살펴본다. ① 경매개시결정등기보다 후순위로 등기된 권리는 모두 소멸한다. ② 경매개시결정등기보다 선순위로 등기된 권리일지라도 저당권이나 가압류등기보다 후순위에 있는 등기는 모두 말소된다. 다만, 전세권은 배당요구를 하는 경우에는 저당권·가압류보다 선순위일지라도 소멸한다. ③ 유치권은 매수인이 인수한다. ④ 등기사항전부증명서에는 보이지 않는 법정지상권32), 분묘기지권33), 특수지역권34)은 등기된 지상권과 같이 취급된다. 주택과 상가건물의 임차권 등 예외도 있지만, 이상이 원칙이라고 이해하여도 무방하다.

부동산의 경매절차와 관련하여 가장 어렵게 느껴지는 권리는 임차권이다. 우선변제권35)과 최우선변제권36)은 배당절차에서의 검토 대상 문제이므로, 여기에서는 논외로 한다.

이 단락에서 검토할 문제는 임차권이 대항력37)을 갖추었는가의 문제이다. 상가건물임대차는 주택임대차를 준용하면 될 것이기 때문에 주택임대차의 대항요건에 관하여만 검토한다.

주택임차인이 대항력을 취득하는 방법에는 두 가지가 있다. ① 임차권등기를 마치는 방법이다. 이 방법은 다시 둘로 나뉜다. 임대인과의 사이에 합의를 이루어 등기를 마치는 방법과 임차권등기명령절차에 따라 등기를 마치는 방법이 그것이다. ② 주택의 인도 및 주민등록의 전입신고이다.

---

32) 법정지상권(法定地上權) : 법정지상권은 어떤 사정으로 토지와 건물의 소유자가 각각 다르게 된 경우에 건물의 소유자에게 주어지는 법률상의 지상권을 말한다.
33) 분묘기지권(墳墓基地權) : 분묘기지권이란 다른 사람의 토지 위에 분묘를 설치한 사람에게 관습법으로 인정되는 지상권 유사의 권리를 말한다.
34) 특수지역권(特殊地役權) : 특수지역권이라고 함은 어느 지역의 주민이 집합체의 관계로 각자가 다른 사람의 토지에서 초목, 야생물 및 토사의 채취, 방목 등의 수익을 하는 관습이 있을 때 그 지역 주민들에게 주어지는 지상권 유사한 권리를 말한다.
35) 우선변제권(優先辨濟權) : 우선변제권이란 「주택임대차보호법」상 임차인의 권리로써 해당 주택이 경매나 공매에 의하여 매각될 때 다른 채권자에 우선하여 보증금을 변제받을 수 있는 권리를 말한다.
36) 최우선변제권(最優先辨濟權) : 최우선변제권이라 함은 주택임대차 계약관계에 있어서 경제적 약자인 임차인(세입자)을 보호하기 위하여 일반법인 「민법」보다 상위에 있는 특별법(「주택임대차보호법」)의 규정에 따라 일정액 미만의 소액보증금만큼은 경매절차에서 임차인이 가장 우선적으로 배당받을 수 있게 함으로써 임차인에게 특별한 권리가 된 제도를 말한다.
37) 대항력(對抗力) : 임차권은 채권이지만, 물권처럼 취급되는 힘 내지 대세적 효력을 말한다.

① 또는 ②의 요건, 즉 대항력을 갖춘 임차권은 전세권에 준하여 이해하면 무방할 것이다. 대항력을 갖추지 못한 임차인은 일반채권자에 불과하다. 이하 대법원 판례를 통하여 임차인의 대항력에 관한 이해를 돕기로 한다.

판례

주택임대차보호법 제3조제1항에서 주택임차인에게 주택의 인도와 주민등록을 요건으로 명시하여 등기된 물권에 버금가는 강력한 대항력을 부여하고 있는 취지에 비추어 볼 때, 달리 공시방법이 없는 주택임대차에 있어서 <u>주택의 인도 및 주민등록이라는 대항요건은 그 대항력 취득시에만 구비하면 족한 것이 아니고, 그 대항력을 유지하기 위하여서도 계속 존속하고 있어야 한다</u>고 할 것이다(대법원 2002다20957).

주택임대차보호법 소정의 요건을 갖춘 임차인은 임차인의 보호를 위한 같은 법의 취지에 비추어 볼 때 임차주택의 양수인에게 대항하여 보증금의 반환을 받을 때까지 임대차 관계의 존속을 주장할 수 있는 권리와 소액의 보증금에 관하여 임차주택의 가액으로부터 우선변제를 받음과 동시에 임차목적물을 명도할 수 있는 권리를 겸유하고 있다고 해석되고, 이 두 가지 권리 중 하나를 선택하여 행사할 수 있다고 할 것이다(대법원 86다카2076).

다. 평등주의와 우선주의

부동산 강제집행절차 중 배당절차에서 압류채권자인 경매신청인에게 우선권을 인정해주는 경우를 '우선주의'라 하고, 압류채권자와 일반채권자를 평등하게 취급하는 경우를 '평등주의'라고 한다. 우리 「민사집행법」은 평등주의를 채택하고 있다. 그러나 「국세징수법」에 의한 절차인 공매절차에서는 압류채권자 우선주의를 채택하였다.

2. 부동산경매 관련 기본 지식

가. 유치권(留置權)

유치권은 타인의 물건이나 유가증권을 점유한 사람이 그 물건이나 유가증권에 관하여 생긴 채권이 변제기(辨濟期 : 갚아야 할 때)에 있는 경우는 그 변제를 받을 때까지 그 물건 또는 유가증권을 유치함으로써 변제를 간접적으로 강제하는 법정의 담보물권이다.

여기에서 유치(留置)라고 함은 '자기의 지배영역 안에 두는 것'을 뜻한다. 유치권에 관한 일반적인 규정은 「민법」이, 상인 사이의 유치권에 관한 규정은 「상법」이 각각 규정한다.

「민법」의 관련 규정

제320조(유치권의 내용) ① 타인의 물건 또는 유가증권을 점유한 자는 그 물건이나 유가증권에 관하여 생긴 채권이 변제기에 있는 경우에는 변제를 받을 때까지 그 물건 또는 유가증권을 유치할 권리가 있다.
② 전항의 규정은 그 점유가 불법행위로 인한 경우에 적용하지 아니한다.
제321조(유치권의 불가분성) 유치권자는 채권 전부의 변제를 받을 때까지 유치물 전부에 대하여 그 권리를 행사할 수 있다.
제328조(점유상실과 유치권소멸) 유치권은 점유의 상실로 인하여 소멸한다.

유치권의 객체인 유치물은 타인의 물건이어야 한다. 물건은 부동산과 동산을 말한다. 토지와 건물은 각각 독립한 물건이다. 신축·증축·개축·재축의 과정에 있는 건물이 건물로 평가받기 위해서는 기둥, 지붕과 주벽(周壁, 둘레의 벽)은 있어야 한다는 것이 대법원의 일관된 입장이다.

유치권은 타물권(他物權)인 점에 비추어 볼 때 <u>수급인(受給人)의 재료와 노력으로 건축</u>되었고, 독립한 건물에 해당되는 기성부분(旣成部分)은 수급인의 소유라 할 것이므로, 수급인은 공사대금을 지급받을 때까지 이에 대하여 유치권을 가질 수 없다(대법원 91다14116 판결).

유치권의 성립요건인 점유는 직접점유이든 간접점유이든 관계없지만, 남의 부동산을 점유하는 사람이 그 부동산의 소유자로부터 승낙을 받지 않고 그 부동산을 임대한 경우에, 그 임대행위는 소유자의 처분권한을 침해하는 것으로써 소유자에게 그 임대의 효력을 주장할 수 없고, 따라서 <u>소유자의 동의 없이 유치권자로부터 유치권의 목적물을 임차한 자의 점유는 경락인(현행은 '매수인'에 해당함)에게 대항할 수 있는 권원에 의한 점유라고 할 수 없다</u>(대법원 2002마3516).

유치권자의 점유에 있는 유치물의 소유자가 변동되더라도 유치권자의 점유는 유치물에 대한 보존행위로써 하는 것이므로 적법하고, 그 소유자 변동 후 유치권자가 유치물에 관하여 새로이 유익비[38]를 지출하여 그 가격의 증가가 현존하는 경우에는 그 유익비에 대하여도 유치권을 행사할 수 있다(대법원 71다2414).

유치권이 성립하기 위해서는 채권자(유치권자)의 채권이 유치하는 물건으로부터 생긴 채권이어야 한다. 즉 물건과 채권 사이에는 견련관계(牽聯關係)가 있어야 한다. 다만, 뒤에서 검토하는 상사유치권은 예외가 인정되어 견련관계를 요구하지 않는다.

수급인의 공사잔대금채권이나 그 지연손해금청구권과 도급인의 수급인에 대한 건물 인도청구권은 모두 수급인과 도급인의 건물신축도급계약이라고 하는 동일한 법률관계로부

---

38) 유익비(有益費) : 유익비란 물건의 유지·관리를 위하여 필요한 비용은 아니지만, 물건을 개량하여 가치를 증가시키는 데 도움이 되는 비용을 말한다.

터 생긴 것임이 인정될 수 있으므로, 수급인의 손해배상채권 역시 이건 건물에 관한 채권이라 할 수 있으며, 채무불이행에 의한 손해배상채권은 원채권의 연장으로 보아야 할 것이므로, 물건과 원채권과의 사이에 견련관계가 있는 경우에는 그 손해배상채권과 그 물건과의 사이에도 견련관계가 있는 법리라 할 것이어서 이건 손해배상채권에 의한 유치권의 항변은 적법하다(대법원 76다582).

건물의 임차인이 임대차관계가 종료하면 건물을 원상으로 복구하여 임대인에게 명도하기로 약정한 것은 건물에 지출한 각종 유익비 및 필요비의 상환청구를 미리 포기하기로 한 특약이라고 볼 수 있으므로, 임차인은 유익비나 필요비의 상환청구권을 내세워 유치권을 주장할 수 없다(대법원 73다2010 판결 참조).

유치권은 물권이므로 유치권자는 제3자에게도 대항력을 갖는다. 유치권자는 변제를 받기 위하여 유치물에 대한 경매를 신청할 수 있다. 그러나 그 경매에서 우선변제권은 인정되지 않는다. 경매절차에서 목적물의 매수인은 유치권을 인수한다.

정당한 이유가 있는 때에는 유치권자는 감정인의 평가에 의하여 유치물로부터 직접 변제에 충당하게 해달라는 청구를 법원에 대하여 할 수도 있다. 이 경우에는 미리 채무자에게 통지하여야 한다. 이를 '간이변제충당권'이라고 한다.

유치권자는 과실을 수취하여 다른 채권자보다 먼저 그 채권의 변제에 충당할 수 있다. 이 경우 과실이 금전이 아닌 때에는 그 과실은 경매를 하여야 한다. 과실은 먼저 채권의 이자에 충당한 다음 남음이 있으면 원본채권에 충당한다. 과실은 천연과실이든 법정과실이든 가리지 않는다. 이를 '과실수취권'이라고 한다.

유치권자는 선량한 관리자의 주의로써 유치물을 관리하여야 하며, 채무자의 승낙 없이 유치물을 사용·대여·담보제공을 할 수는 없다. 이 의무를 위반한 경우에 채무자는 유치권의 소멸을 청구할 수 있다. 다만, 유치권자는 유치물의 보존에 필요한 범위 안에서는 유치물을 사용할 수 있다.

유치권자는 유치물에 대하여 지출한 필요비와 유익비의 상환을 청구할 수 있다. 다만, 유익비에 관하여는 채무자가 그 가액의 증가가 현존하는 경우에 한하여 유치권자가 지출한 금액이나 증가액 중 선택하여 지급할 수 있다.

「민법」 제325조는 유익비의 상환에 관하여 "법원은 상당한 기간을 허여할 수 있다."고 규정하였다. 이 경우에는 유익비 부분에 관한 유치권은 소멸한다. 그리고 유치권의 행사는 채권의 소멸시효 진행과는 무관하다.

판례

공사금채권에 터 잡아 유치권을 행사하는 사람이 스스로 유치물인 주택에 거주하며 사용하는 것은 특별한 사정이 없는 한 유치물인 주택의 보존에 도움이 되는 행위로써 유치물의 보존에 필요한 사용이라고 할 것이다. 그리고 유치권자가 유치물의 보존에 필요한 사용을 한 경우에도 특별한 사정이 없는 한 차임(借賃)에 상당한 이득을 소유자에게 반환할 의무가 있다(대법원 2009다40684).

민사집행법 제91조제5항은 매수인은 유치권자에게 그 유치권으로 담보하는 채권을 변제할 책임이 있다고 규정하고 있는바, 여기에서 "변제할 책임이 있다"의 의미는 부동산상의 부담을 승계한다는 취지이지, 인적 채무까지 승계한다는 취지는 아니므로, <u>유치권자는 매수인에 대하여 그 피담보채권의 변제가 있을 때까지 유치 목적물인 부동산의 인도를 거절할 수 있을 뿐이고, 그 피담보채권의 변제를 청구할 수는 없다</u>(대법원 95다8713).

을의 점유침탈로 갑이 점유를 상실한 이상 유치권은 소멸하고, 갑은 점유회수의 소에서 승소판결을 받아 점유를 회복하면 점유를 상실하지 않았던 것으로 되어 유치권이 되살아나지만, 위와 같은 방법으로 점유를 회복하기 전에는 유치권이 되살아나지 않는다(대법원 2011다82189).

제58조(상사유치권) 상인간의 상행위로 인한 채권이 변제기에 있는 때에는 채권자는 변제를 받을 때까지 그 채무자에 대한 상행위로 인하여 자기가 점유하고 있는 채무자 소유의 물건 또는 유가증권을 유치할 수 있다. 그러나 당사자간에 다른 약정이 있으면 그러하지 아니하다.

상사유치권이 「민법」상의 유치권과 다른 점을 살펴본다. 「민법」상의 유치권은 유치물과 채권 사이에 견련관계가 있어야 성립한다. 그러나 상사유치권은 이 견련관계를 요구하지 않는다.

상사유치권이 성립하기 위하여는 채권자와 채무자가 모두 상인(商人)이어야 한다. 그리고 채권은 '상행위로 인한 채권'이어야 한다.

나. 주택임대차보호법

「주택임대차보호법」은 서민의 주거안정 등을 목적으로 제정된 법으로서 「민법」상의 임대차에 대한 특별법이다. 따라서 이 법에 규정된 내용은 「민법」의 규정에도 불구하고 이 법의 규정이 우선적으로 적용된다.

이 법에서 규정하지 아니한 내용과 이 법의 적용범위 밖에 있는 임대차에 관하여는 당연히 「민법」을 적용한다. 상가건물에 관하여는 「상가건물임대차보호법」이 「민법」의 특별법으로 기능한다.

이 법에 위반하는 약정으로써 임차인에게 불리한 것은 효력이 없다. 즉 이 법의 모든 규정은 임차인을 위한 편면적 강행규정이다.

이 법의 특징은 이러하다. 첫째, 대항력의 인정절차, 즉 채권인 임차권에 대하여 물권과 같은 효력을 부여하는 절차를 간소화하였다. 주민등록과 점유의 개시만으로 대항력을 부여한 것이 그것이다.

둘째, 보증금의 반환을 보장받을 수 있도록 하였다. 특히 소액보증금에 대하여는 물권에 우선하는 효력까지도 부여하였다.

셋째, 최단기의 임차기간만이라도 보장받도록 하였다.

넷째, 차임의 증액에 제한을 두었다.

이 법은 주거용 건물의 전부 또는 일부의 임대차에 관하여 적용한다. 그 임차주택의 일부분이 주거 외의 목적으로 사용되는 경우에도 마찬가지이다. 여기에서 용도는 공부상의 용도가 아닌 '사실상의 용도'를 기준으로 판단한다.

판례

주택임대차보호법 소정의 주거용건물이란 공부상의 표시에 불구하고 실제 용도에 따라서 정하여야 하고, 또한 한 건물의 비주거용 부분과 아울러 주거용 부분이 함께 임대차의 목적이 되어 각기 그 용도에 따라 사용되는 경우 그 주거용 부분에 관하여 본법이 적용되느냐의 여부는 구체적인 경우에 따라 합목적적으로 결정하여야 하며, 더욱이 위 주택임대차보호법이 적용되려면 먼저 임대차계약 체결 당시를 기준으로 하여 그 건물의 구조상 주거용 또는 그와 겸용될 정도의 건물의 형태가 실질적으로 갖추어져 있어야 하고, 만일 그 당시에는 주거용건물 부분이 존재하지 아니하였는데 임차인이 그 후 임의로 주거용으로 개조하였다면 임대인이 그 개조를 승낙하였다는 등의 특별한 사정이 없는 한 위 법의 적용은 있을 수 없다(대법원 88다카1367).

물권은 등기하면 대세적(對世的) 효력, 즉 대항력을 갖는다. 그리고 배당절차에서 채권에 우선하는 효력이 있다. 채권은 공시방법이 없어 대인적 효력만 인정되기 때문이다.

이 법은 임차인을 보호하기 위하여 특별한 규정을 마련하였다. 일정한 요건을 갖춘 임차인에게는 등기를 하지 않더라도 마치 등기된 물권가 같은 취급을 한다. 채권자인 주택임차권자가 임대차계약을 체결한 뒤 ① 주택을 인도받고(입주), ② 주민등록의 전입신고를 마치면, 위 ①과 ② 중 뒤의 날을 기준으로 그 다음날부터는 대항력을 취득한다.

위와 같이 대항력을 취득한 주택임차인이 「주택임대차보호법 시행령」이 규정하는 각 지역별 소액임차보증금에 해당하는 경우에는 그 임차보증금반환청구채권은 경매절차에서 최우선변제권이 인정된다.

소액임차인이 아니더라도 대항요건을 갖춘 주택임차인은 그 대항요건에 더하여 ③

임대차계약증서 위에 확정일자를 받으면 대항요건과 ③ 중 늦은 날을 기준으로 임차보증금의 우선변제권이 인정된다.

대항요건인 주택의 인도와 주민등록이라는 두 가지 요건은 존속요건이므로, 배당요구의 종기(終期)까지는 계속하여 유지되어야 한다. 다만, 임대차기간이 종료되었음에도 불구하고 임차보증금을 반환받지 못하여 법원에 대하여 임차권등기명령을 신청한 결과 법원의 등기촉탁에 의하여 임차권이 등기된 후에는 위 대항요건을 계속하여 유지하지 않더라도 대항력을 잃지 않는다.

판례

주택임차인이 임차주택을 직접 점유하여 거주하지 않고, 간접점유하여 자신의 주민등록을 이전하지 아니한 경우라 하더라도 임대인의 승낙을 받아 임차주택을 전대(轉貸)하고, 그 전차인(轉借人)이 주택을 인도받아 자신의 주민등록을 마친 때에는 그 때로부터 임차인은 제3자에 대하여 대항력을 취득한다(대법원 94마2134).

주택임대차보호법은 주택의 임대차에 관하여 민법에 대한 특례를 규정함으로써 국민의 주거생활의 안정을 보호함을 목적으로 하고, 주택의 전부 또는 일부의 임대차에 관하여 적용된다고 규정하고 있을 뿐 임차주택이 관할관청의 허가를 받은 건물인지, 등기를 마친 건물인지 아닌지를 구별하고 있지 아니하므로, 어느 건물이 국민의 주거생활의 용도로 사용되는 주택에 해당하는 이상 비록 그 건물에 관하여 아직 등기를 마치지 아니하였다거나 등기가 이루어질 수 없는 사정이 있다고 하더라도 다른 특별한 규정이 없는 한 같은 법의 적용 대상이 된다(대법원 2004다 26133).

임차주택의 양수인(임대할 권리를 승계한 자를 포함한다)은 임대인의 지위를 승계한 것으로 본다. 이는 임차인의 동의 여부와는 관계가 없다. 그러나 임차주택의 양수인은 임대차보증금반환 채무를 면책적으로 인수하고, 양도인은 임대차관계에서 탈퇴하여 임차인에 대한 임대차보증금반환채무를 면하게 되는데, 임차인이 임대차관계의 승계를 원하지 않을 때에는 임대차기간 만료 전이라도 임대인과 합의하여 임대차계약을 해지하고 임대인으로부터 임대차 보증금을 반환받을 수 있

다. 이러한 경우에는 임차주택의 양수인은 임대인의 지위를 승계하지 않게 된다.

임대차가 끝난 후 보증금이 반환되지 아니한 경우 임차인은 임차주택의 소재지를 관할하는 지방법원, 지방법원 지원 또는 시·군법원에 임차권등기명령을 신청할 수 있다. 이 임차권등기를 마친 뒤에는 기존에 유지하던 대항요건을 더 이상 유지하지 않더라도 무방하다.

대항요건과 임대차계약증서상 확정일자를 갖춘 임차인은 「민사집행법」에 따른 경매절차 또는 「국세징수법」에 따른 공매절차에서 임차주택(대지를 포함한다)의 환가대금에서 후순위 권리자나 그 밖의 채권자보다 우선하여 보증금을 변제받을 권리가 있다.

기간을 정하지 아니하거나 2년 미만으로 정한 임대차는 그 기간을 2년으로 본다. 다만, 임차인은 2년 미만으로 정한 기간이 유효함을 주장할 수 있다. 임대차기간이 끝난 경우에도 임차인이 보증금을 반환받을 때까지는 임대차관계가 존속되는 것으로 본다.

임대인이 임대차기간이 끝나기 전 6개월 전부터 2개월 전까지의 기간에 임차인에게 갱신거절의 통지를 하지 아니하거나 계약조건을 변경하지 아니하면 갱신하지 아니한다는 뜻의 통지를 하지 아니한 경우에는 그 임대차기간이 끝난 때에 종전의 임대차와 동일한 조건으로 다시 임대차한 것으로 본다. 임차인이 임대차기간이 끝나기 2개월 전까지 통지하지 아니한 경우에도 같다. 2기의 차임액에 달하도록 연체하거나 그 밖에 임차인으로서의 의무를 현저히 위반한 임차인에 대하여는 위 자동갱신을 적용하지 않는다.

위와 같이 계약기간이 갱신된 경우에도 임차인은 언제든지 임대인에게 계약해지를 통지할 수 있다. 이 해지는 임대인이 그 통지를 받은 날부터 3개월이 지나면 효력이 발생한다.

임차인이 임차주택에 대하여 보증금반환청구소송의 확정판결이나 이에 준하는 집행권원을 가지고 경매를 신청하는 경우에는 집행개시의 요건에 관한 「민사집행법」의 규정에도 불구하고 반대의무의 이행이나 이행제공을 하지 않더라도 무방하다.

즉 임차인이 주택을 인도(引渡)하지 아니하고도 경매를 신청할 수 있다. 그러나 경매절차가 종료하여 배당을 받을 때에는 주택을 인도하였다는 취지가 기재된 매수인의 확인서를 제출하여야 한다.

다. 상가건물임대차보호법

주택임대차와 마찬가지로 상가건물의 임대차에 관하여도 이 법이 「민법」의 임대차에 관한 규정에 우선한다. 이 법의 규정에 위반된 약정으로서 임차인에게 불리한 것은 무효이다.

이 법은 사업자등록의 대상이 되는 상가건물의 임대차 중 대통령령으로 정하는 보증금액을 초과하지 않는 임대차에 적용한다. 대통령령으로 정하는 보증금은 각 지역에 따라 상이하다.

목적건물을 등기하지 아니한 전세계약에 관하여 이 법을 적용한다. 이 경우에는 '전세금'은 '임대차의 보증금'으로 본다.

임차인이 건물을 인도받고 사업자등록을 신청한 때에는 대항요건을 취득한다. 여기의 대항요건이란 물권과 같이 취급하는 것을 말한다.

기간을 정하지 아니하거나 1년 미만으로 정한 임대차는 그 기간을 1년으로 본다. 다만, 임차인은 1년 미만으로 정한 기간이 유효함을 주장할 수 있다. 임대차가 종료한 경우에도 임차인이 보증금을 반환받을 때까지는 임대차관계는 존속하는 것으로 본다.

임차인이 임차건물의 보증금반환청구소송 등의 확정판결 등 집행권원에 터 잡아 임대차의 목적물에 대하여 경매를 신청하는 경우에는 「민사집행법」의 규정에도 불구하고 반대의무의 이행을 경매개시의 요건으로 하지 않는다. 즉 임차건물을 인도하지 않고도 경매를 신청할 수 있다.

대항요건을 갖춘 임차인이 임대차계약서 위에 관할 세무서장으로부터 확정일자를 받으면 경매나 공매의 절차에서 보증금을 우선적으로 변제 받는다. 그리고 임대차기간이 종료된 때에도 임대보증금을 반환받을 때까지는 임대기간이 존속하는 것으로 본다.

라. 법정지상권

지상권은 일반적으로 당사자 사이의 법률행위, 즉 계약에 의하여 성립한다. 그러나 당사자 사이에 법률행위가 없는 경우에도 사회·경제적 목적에 의하여 「민법」이 특별히 인정하는 두 가지의 법정지상권이 있다. 이하 이를 나누어 검토한다.

저당물의 경매로 인하여 토지와 그 지상 건물이 각각 다른 소유자에게 속하게 된 경우에는 토지의 소유자는 건물의 소유자에 대하여 지상권을 설정한 것으로 본다(「민법」

제366조). 이를 법정지상권이라고 한다. 법률의 규정에 의한 지상권이므로, 등기 없이도 취득한다. 다만, 처분을 위해서는 등기를 하여야 한다.

판례

미등기건물을 대지와 함께 양수한 사람이 그 대지에 대하여서만 소유권이전등기를 넘겨받고 건물에 대하여는 그 등기를 이전받지 못하고 있는 상태에서 그 대지가 경매되어 소유자가 달라지게 된 경우에는 법정지상권이 발생할 수 없는 것이다(대법원 91다16730).

민법 제366조는 가치권과 이용권의 조절을 위한 공익상의 이유로 지상권의 설정을 강제하는 것이므로, 저당권 설정 당사자 사이의 특약으로 저당목적물인 토지에 대하여 법정지상권을 배제하는 약정을 하더라도 그 특약은 효력이 없다고 하여야 한다(대법원 87다카1564).

민법 제366조의 법정지상권은 저당권 설정 당시 동일인의 소유에 속하던 토지와 건물이 경매로 인하여 양자의 소유자가 다르게 된 때에 건물의 소유자를 위하여 발생하는 것으로서, 토지에 대하여 저당권이 설정될 당시 토지 소유자에 의하여 그 지상에 건물을 건축중이었던 경우 그것이 사회통념상 건물로 볼 수 있는 정도에 이르지 아니하였다 하더라도 건물의 구조·종류가 외형상 예상할 수 있는 정도까지 건축이 진전되어 있었고, 그 후 경매절차에서 매수인이 매각대금을 다 낸 때까지 최소한의 기둥과 지붕 그리고 주벽(主壁)이 이루어지는 등 독립된 부동산으로서 건물의 요건을 갖추면 법정지상권이 성립하며, <u>그 건물이 미등기라 하더라도 법정지상권의 성립에는 아무런 지장이 없는 것이다</u>(대법원 2004다13533).

동일인의 소유에 속하는 토지 및 그 지상건물에 관하여 공동저당권이 설정된 후 그 지상건물이 철거되고, 새로 건물이 신축된 경우에는 그 신축건물의 소유자가 토지의 소유자와 동일하고, 토지의 저당권자에게 신축건물에 관하여 토지의 저당권과 동일한 순위의 공동저당권을 설정해 주는 등 특별한 사정이 없는 한 저당물의 경매로 인하여 토지와 그 신축건물이 다른 소유자에게 속하게 되더라도 그 신축건물을 위한 법정지상권은 성립하지 않는다고 해석하여야 한다(대법원 98다43601).

대지와 건물이 동일한 소유자에 속한 경우에 건물에 전세권을 설정한 때에는 그 대지 소유권의 특별승계인은 전세권설정자에 대하여 지상권을 설정한 것으로 본다. 그러나 지료(地料)는 당사자의 청구에 의하여 법원이 정한다. 이 경우에 대지 소유자는 타인에게 그 대지를 임대하거나 이를 목적으로 한 지상권 또는 전세권을 설정하지 못한다(「민법」 제305조).

토지와 건물이 동일인에게 속하였다가 그 중 어느 하나가 매매, 증여, 강제경매, 국세징수법에 의한 공매, 그 밖의 사유로 소유자가 각각 달라진 경우에서 그 건물을 철거한다는 특약이 없으면 그 건물을 위한 법정지상권이 성립한다. 이는 '관습법상의 법정지상권'이다.

판례

제도의 취지와 그 결과의 측면에서 볼 때 그 해당 토지와 건물의 소유권의 동일인에의 귀속과 그 후 각기 다른 사람에의 귀속은 법의 보호를 받을 수 있는 권리변동으로 인한 것이어야 할 것이다.
따라서 원래 동일인에게의 그 소유권 귀속이 원인무효로 이루어졌다가 그 뒤 그 원인무효임이 밝혀져 그 등기가 말소됨으로써 그 건물과 토지의 소유자가 달라지게 된 이 사건과 같은 경우에는 관습상의 법정지상권을 허용할 수 없는 것이다(대법원 98다64189).

대지상의 건물만을 매수하면서 대지에 관한 임대차계약을 체결하였다면 건물 매수로 인하여 취득하게 될 관습법상의 지상권을 포기하였다고 보아야 할 것이다(대법원 91다1912).

강제경매의 목적이 된 토지 또는 그 지상 건물의 소유권이 강제경매로 인하여 그 절차상의 매수인에게 이전된 경우에 건물의 소유를 위한 관습상 법정지상권이 성립하는가 하는 문제에 있어서는, 그 매수인이 소유권을 취득하는 매각대금의 완납시기가 아니라 그 압류의 효력이 발생하는 때를 기준으로 하여 토지와 그 지상 건물이 동일인에게 속하였는지를 판단하여야 한다(대법원 2010다52140).

마. 분묘기지권(墳墓基地權)

분묘기지권이라 함은 타인의 토지 위에 분묘를 설치한 경우에 있어서 일정한 요건이 갖추어지면 지상권 유사한 권리를 인정하는 제도인데, 이는 관습법이 인정하는 권리이다. 다만, 평장(平葬)과 암장(暗葬)에는 이 권리가 인정되지 않는다.

2001년부터 시행된 「장사 등에 관한 법률」 제27조제4항은 토지소유자 또는 자연장지(自然葬地) 조성자의 승낙이 없으면 분묘기지권이 성립할 수 없도록 명문의 규정을 마련하였다.

과거 관습법에 의하여 분묘기지권이 성립하는 요건은 다음 세 유형 중 어느 하나에 해당하여야 하고, 이 분묘기지권이 일단 성립한 뒤에는 영구적인 권리로 다루어져 왔다. 그 면적은 분묘를 관리함에 필요한 범위 이내로 한다.

① 분묘의 설치에 관하여 토지 소유자가 승낙한 경우
② 토지 소유자의 승낙 없이 분묘를 설치한 뒤 20년 동안 평온(平穩)·공연(公然)하게 분묘를 점유한 경우
③ 자기 소유의 토지에 분묘를 설치한 이후 아무런 특약 없이 토지를 처분한 경우

판례

타인 소유 토지에 분묘를 설치하여 평온·공연하게 20년간 점유하면 그 토지에 관하여 분묘의 수호와 제사에 필요한 범위 내에서 토지권 유사의 물권인 이른바 분묘기지권을 취득한다고 할 것이고, 그 후 분묘 앞면에 접속하여 상석 1기를 설치하면 이 역시 분묘기지권의 범위 내에 속하는 권리의 행사라 하겠으므로, 토지 소유자는 위 상석의 철거를 구할 수 없다 할 것이다(대법원 83가합178 판결).

---

3. 강제경매개시신청

가. 일반적인 신청절차

강제경매신청서에는 채권자·채무자와 법원의 표시, 부동산의 표시, 경매의 이유가 된 일정한 채권과 집행할 수 있는 일정한 집행권원을 적어야 한다(법 제80조). 여기의 집행권원에는 집행문이 붙어야 한다. 집행비용도 미리 내야 한다(법 제18조).

나. 미등기부동산에 대한 신청

채무자의 소유로 등기되지 아니한 부동산에 대하여는 즉시 채무자 명의로 등기할 수 있다는 것을 증명할 서류를 붙여야 한다. 다만, 미등기건물은 그 건물이 채무자의 소유임을 증명할 서류와 그 건물의 지번·구조·면적을 증명할 서류 및 그 건물에 관한 건축허가(또는 건축신고)를 증명할 서류를 제출하여야 한다(법 제81조제1항제1호).

판례

독립된 부동산으로서의 건물이라고 하기 위하여는 최소한의 기둥과 지붕, 그리고 주벽(主壁)이 이루어지면 된다고 할 것이다. 신축건물은 매각대금 납부 당시 이미 지하 1층부터 지하 3층까지 기둥, 주벽 및 천장 슬라브 공사가 완료된 상태였을 뿐만 아니라 지하 1층의 일부 점포가 일반에 분양되기까지 한 사정을 엿볼 수 있는바, 비록 피고 등이 매각을 원인으로 이 사건 토지의 소유권을 취득할 당시 신축건물의 지상층 부분이 골조공사만 이루어진 채 벽이나 지붕 등이 설치된 바가 없다 하더라도 지하층 부분만으로도 구분소유권의 대상이 될 수 있는 구조라는 점에서 신축건물은 입찰 당시 미완성 상태이기는 하지만 독립된 건물로서의 요건을 갖추었다고 봄이 상당하다(대법원 2002다21592,21608).

다. 다른 법률에 의한 제한

법률의 규정에 의하여 처분이나 담보의 설정 등이 제한되는 부동산에 대하여는 경매도 제한을 받을 수밖에 없다. 이를테면 학교로 사용되는 토지와 건물, 전통사찰 및 향교건물, 「국가유공자 등 예우 및 지원에 관한 법률」의 규정에 따라 대부금으로 취득한 부동산 등이 여기에 해당한다.

신탁재산에 대하여는 원칙적으로 강제집행, 담보권실행을 위한 경매, 보전처분 및 국세 등의 체납처분을 할 수 없다. 다만, 신탁 전의 원인으로 발생한 권리 또는 신탁사무의 처리절차에서 발생한 권리에 터 잡은 경우에는 그러하지 아니하다(「신탁법」 제22조제1항).

그리고 아파트, 다세대주택 등 구분건물은 대지사용권과 전유부분을 분리하여 처분할 수 없다(「집합건물의 소유 및 관리에 관한 법률」 제20조).

사립학교법은 학교법인이 그 기본재산을 매도·증여·교환·임대 또는 용도변경을 하거나 담보에 제공하고자 할 때 또는 의무의 부담이나 권리의 포기를 하고자 할 때에는 감독관청의 허가를 받아야 한다고 규정하고 있으므로, 학교법인이 그 의사에 의하여 기본재산을 양도하는 경우뿐만 아니라 강제경매절차에 의하여 양도되는 경우에도 감독관청의 허가가 없다면 그 양도행위가 금지된다고 할 것이고, 따라서 학교법인의 기본재산이 감독관청의 허가 없이 경락(현행은 '매각'이라고 함)되어 경락인 명의의 소유권이전등기가 경료되었다고 하더라도 그 등기는 적법한 원인을 결여한 등기라고 할 것이다(대법원 93다42993).

전통사찰보존법상의 경내지(境內地) 등을 대여·양도·담보제공 등으로 처분을 함에는 문화체육부장관의 허가를 받게 되어 있고, 이에 위배되는 처분은 무효로 한다고 규정하고 있는바, 그 처분행위가 강제경매절차로 한 경우라고 하더라도 달리 볼 것은 아니다(대법원 97다49817).

라. 일부신청과 관련한 문제

경매신청서에 집행채권의 일부만을 기재하여 강제경매를 신청한 경우에는 뒤에 신청금액을 확장하는 것이 허용되지 않는다. 이는 담보권실행을 위한 경매절차에서도 마찬가지이다. 다만, 집행채권 외에 부대채권 부분은 해당 부대채권의 금액을 적지 않더라도 그 부대채권[39]이 존재함을 표시하면 나중에 그 기재를 토대로 금액을 확정할 수 있다.

강제경매에 있어서 채권의 일부청구를 한 경우에 그 강제경매절차 개시 후에는 청구금액의 확장은 허용되지 않고, 그 후에 청구금액을 확장하여 잔액의 청구를 하여도 배당요구의 효력밖에는 없는 것이므로, 강제경매개시결정에 의하여 압류의 효력이 발생한 후에 채무자가 경매부동산을 처분하여 그 등기를 경료하였고, 그 후 금액확장신청이 있

---

39) 부대채권(附帶債權) : 원금에 부대하는 이자채권 및 지연손해금채권 등

고, 먼저 한 강제경매사건이 강제경매에 의하지 않고 종료하게 되면 청구금액확장신청 이전에 소유권이전등기를 경료한 제3취득자는 그 소유권 취득을 확장신청인에게 대항할 수 있다고 해석할 것이다(대법원 83마393).

근저당권자인 원고가 경매신청에서 피담보채권 중 일부만을 청구금액으로 기재하여 담보권의 실행을 위한 경매를 신청한 후 그 청구금액을 확장한 채권계산서를 제출하였을 뿐 달리 경락기일(현행은 '매각기일'이라고 함)까지 이중경매를 신청하는 등의 조치를 취하지 아니한 채 그대로 확정되고, 그에 따라 배당이 실시되었다면 신청채권자가 청구하지 아니한 부분의 해당 금원이 후순위 채권자들인 피고들에게 배당되었다 하여 이를 법률상 원인이 없는 것이라고 볼 수는 없다(대법원 96다495).

집행력 있는 공정증서의 정본상 차용 원금채권 및 이에 대한 그 변제기까지의 이자 이외에 변제기 이후 다 갚을 때까지의 지연손해금채권에 대하여는 아무런 표시가 되어 있지 않는 한 그 지연손해금채권에 대하여는 강제집행을 청구할 수 없다(대법원 94마542,543).

마. 압류의 경합(이중경매신청)

가령 丙의 채권자인 甲이 강제경매신청을 하여 경매개시결정이 된 이후에 丙의 또 다른 채권자인 乙이 같은 부동산에 대하여 다시 경매신청을 한 경우의 문제이다. 이를 이중경매신청 또는 압류의 경합이라고 한다.

乙의 입장에서는 별도로 경매신청을 하지 않고 甲이 신청한 경매절차에서 배당요구를 할 수도 있지만, 경우에 따라서는 甲이 경매신청을 취하하거나 그 경매절차가 법원에 의하여 취소될 수도 있으므로, 이중의 경매신청을 하는 것이 허용된다.

강제경매절차 또는 담보권실행을 위한 경매절차를 개시하는 결정을 한 부동산에 대하여 다른 강제경매신청이 있는 때에는 법원은 다시 경매개시결정을 하고, 먼저 경매개시결정을 한 집행절차에 따라 진행한다(법 제87조제1항). 다시 경매개시결정을 한다는 것은 먼저 했던 것과 같이 채무자에 대한 송달 및 등기의 촉탁 등을 한다는 의미이다.

먼저 진행한 경매절차의 배당요구의 종기까지 이중압류를 신청한 채권자는 배당채권자가 된다(법 제148조제1호). 즉 별도로 배당요구를 하지 않더라도 선행 경매사건에 대하여 배당요구를 한 것과 같이 취급된다.

선행의 경매신청이 취하되거나 취소된 때에는 법원은 법 제91조제1항의 규정에 어긋나지 아니하는 한도 안에서 후행 경매개시결정에 따라 절차를 계속 진행하여야 한다(법 제87조제2항). 법 제91조제1항은 경매를 실시하더라도 매각대금으로 채권자에게 만족을 줄 수 없는 경우에 경매절차를 취소하도록 규정하고 있다.

이 경우에는 선행 경매절차에서 실시한 절차 중 유효한 것들은 후행 경매절차에서도 그대로 유효한 절차로 인정되며, 압류의 효력이 발생하는 시기는 후행 절차에서 경매개시결정의 등기를 한 때로 된다.

후행 경매개시결정이 배당요구의 종기 이후에 신청된 것인 때에는 집행법원은 새로운 배당요구의 종기를 정하여야 한다. 이 경우에 이미 법 제84조제2항 또는 같은 조제4항의 규정에 따라 배당요구 또는 채권신고를 한 사람에 대하여는 같은 항의 고지와 최고를 생략한다(법 제87조제3항). 법 제84조제2항·제4항은 배당요구의 종기 결정공고 및 채권신고의 최고에 관하여 규정하였다.

선행의 경매절차가 정지된 때에는 법원은 신청에 따라 결정으로 배당요구의 종기 직전까지 신청한 후행 경매개시결정에 기초하여 절차를 계속 진행할 수 있다. 다만, 선행의 경매절차가 취소되는 경우로서 법 제105조제1항제3호의 기재사항이 바뀔 때에는 그러하지 아니하다. 이 재판에 대하여는 즉시항고를 할 수 있다(법 제87조제4항·제5항). 제105조제1항제3호는 "등기된 부동산에 대한 권리 또는 가처분으로서 매각으로 효력을 잃지 아니하는 것"을 규정하였다.

따라서 선행경매절차의 취소로 후행경매절차가 개시될 경우에 선행경매절차로 진행되었더라면 매각으로 소멸되고 매수인이 인수하지 않아도 될 권리가 후행경매절차가 개시됨으로써 매각으로 소멸되지 않고 매수인이 인수하게 될 경우에는 후행경매절차를 개시하지 않겠다는 것이다.

이중경매(중복압류)의 신청은 선행절차의 매각대금이 완납될 때까지는 할 수 있다. 다만, 배당요구의 종기 이후에 신청한 경우에는 배당요구의 효력은 인정되지 않는다.

그리고 담보권실행을 위한 경매와 강제경매 상호간에도 선후와 관련 없이 이중경매의 개시결정을 하게 된다. 다만, 가압류가 집행된 뒤에 목적물인 부동산의 소유자가 바뀐 경우에서 새로운 소유자(제3취득자)의 채권자가 제1차 경매신청을 하고, 그 뒤에 가압류채권자가 집행권원을 얻어 제2차로 경매신청을 한 경우에는 이중경매라고 볼 수 없다. 왜냐하면, 이 경우에는 동일한 부동산에 대한 압류이기는 하지만, 각각 채무자가 다르기 때문이다.

(부동산강제경매신청서)

부 동 산 강 제 경 매 신 청

채권자　　　성명　○○○(　　　－　　　)
겸 신청인　　주소
　　　　　　전화번호

채무자　　　성명　○○○(　　　－　　　)
겸 소유자　　주소
　　　　　　전화번호

신 청 금 액

돈 50,000,000원 및 이에 대한 2024. 5. 5.부터 다 갚는 날까지 연 12%의 비율로 계산한 지연손해금

경매할 부동산의 표시

별지 목록 기재와 같음

경매의 원인된 채권과 집행할 수 있는 집행권원

○○지방법원 2024가단○○○호 물품대금청구사건의 집행력 있는 판결정본

신 청 취 지

채권자의 채무자에 대한 위 청구채권의 변제에 충당하기 위하여 채무자 소유인 별지 목록 기재 부동산에 대하여 강제경매절차를 개시한다.
라는 재판을 구합니다.

신 청 이 유

채권자는 채무자에 대하여 위 판결에 의한 집행권원이 있고, 이에 터 잡아 채무자에게 여러 차례에 걸쳐 채무의 변제를 촉구하였지만 채무자가 이를 이행하지 아니하므로, 위 부동산에 대하여 강제경매절차를 개시하여 주시기 바랍니다.

첨 부 서 류

1. 집행력 있는 판결 정본 1통.
1. 송달료납부서 1통.
1. 부동산등기사항전부증명서 1통.
1. 부동산강제경매신청서 부본 1통.
1. 매각물건 목록(매각할 부동산의 표시) 5통.
1. 등록세영수필통지서 1통.
1. 이해관계인 일람표 1통.

2025. 1. 1.

위 신청인(채권자) ○ ○ ○(인)

○○지방법원 귀중

(별지)

매각할 부동산의 표시

1. 강원도 ○○시 ○○길 ○○○-○○

   대 251㎡

2. 위 지상

   철근콘크리트조 슬래브지붕 2층 주택

   1층 88㎡

   2층 58㎡

* 매각할 부동산이 아파트 등 구분건물인 때에는 부동산등기사항전부증명서 표제부에 적혀있는 "1 동건물의 표시, 대지권의 목적인 토지의 표시, 전유부분 건물의 표시 및 대지권의 표시"를 모두 적어야 한다.

이해관계인 일람표

순	이해관계의 내용	성 명	주 소
1	지상권자	○○○	○○시 ○○로 ○○-○ 행복연립 ○동 ○○○호
2	채권자 겸 근저당권자	○○○	서울 ○○구 ○○○○길 ○○○-○
3	채무자 겸 소유자	○○○	서울 ○○구 ○○○길 ○○○-○○
4	근저당권자	○○○	○○시 ○○○○로 ○○-○
5	가압류채권자	○○○	서울 ○○구 ○○로 ○○-○

* 인지대, 송달료, 신문공고료, 부동산현황조사료, 등록세(교육세 포함) 등 경매를 신청할 때에 납부하여야 할 예납금은 대법원 홈페이지에서 자동계산 시스템을 활용할 수 있다. 실무상으로는 이들 비용을 신청서 제출 당시에 정확히 계산하기보다는 개략적으로 계산하여 150만 원 안팎의 금액을 예납한 다음 부족한 때에는 추가로 납부하고 있으며, 남는 경우에는 나중에 환급받는 방법으로 처리하고 있다. 위 비용은 배당절차에서 최우선순위로 상환을 받게 된다.
* 미등기인 토지 또는 건물의 경우에는 토지대장등본 또는 건축물대장등본을 첨부하여야 한다.
* 채권자나 채무자의 주소·성명이 집행권원의 기재와 등기사항전부증명서의 기재가 같지 아니한 경우에는 그 이유를 쉽게 이해할 수 있는 설명과 더불어 소명자료도 붙여야 한다.

* 공유지분에 대하여 경매신청을 하는 때에는 공유자일람표를 작성하고, 공유자별로 지분을 적어 야 한다.
* 채권자가 법인이면 법인등기부등본을, 채권자가 제한능력자이면 대리권을 증명하는 서면을, 채 무자가 법인 아닌 사단이나 재단인 경우에는 부동산등기용등록번호를 증명하는 서류를 각각 붙 여야 한다.
* 이해관계인은 압류채권자, 집행력 있는 정본에 의하여 배당을 요구한 채권자, 채무자, 소유자, 부동산등기부에 기입된 부동산 위의 권리자 및 부동산 위의 권리를 증명한 사람이다. 이해관계 인 일람표를 작성할 때에는 등기부상 나타나 있는 사람으로 한정될 수밖에 없을 것이다.
* 등록세와 교육세의 영수필증은 신청서에 첨부하여야 한다. 교육세는 등록세와 동시에 납부하게 된다.
* 송달료납부영수증도 신청서에 첨부하여야 한다.

4. 경매개시결정 및 매각준비절차

가. 압류등기(경매개시결정등기)의 등기촉탁

경매절차를 개시하는 결정은 동시에 그 부동산에 대한 압류를 명하여야 한다. 압류 는 부동산에 대한 채무자의 관리·이용에 영향을 미치지 아니한다(법 제83조제1항·제 2항). 경매개시결정이 부동산등기부에 기입되는 순간 압류의 효력이 생긴다.

등기관이 법원의 촉탁에 따라 미등기부동산에 대하여 소유권 처분제한의 등기를 할 때에는 직권으로 소유권보존등기를 하고, 처분제한을 명하는 법원의 재판에 따라 소유 권의 등기를 한다는 뜻을 기록하여야 한다.

나. 채무자에 대한 송달

압류는 채무자에게 그 결정이 송달된 때 또는 경매개시결정의 등기가 된 때 중 빠른 것에 따라 효력이 생긴다. 채무자에 대한 경매개시결정 정본의 송달은 압류의 효력발 생요건이기도 하면서 경매절차의 유효요건이다.

판례
경매개시결정은 비단 압류의 효력을 발생시키는 것일 뿐만 아니라 경매절차의 기초가 되는 재판이어서 그것이 당사자에게 고지되지 않으면 효력이 있다고 할 수 없고, 따로

압류의 효력이 발생하였는지 여부에 관계없이 경매개시결정의 고지 없이는 유효하게 경매절차를 속행할 수 없다(대법원 91마239).

경매법원이 이중경매신청에 기한 경매개시결정을 하면서 그 결정을 채무자에게 전혀 송달함이 없이 경매절차를 진행하였다면 그 경매는 경매개시결정의 효력이 발생하지 아니한 상태에서 이루어진 것이어서 당연히 무효라고 보아야 할 것이다(대법원 93다9477).

다. 배당요구의 종기(終期) 결정ㆍ공고 및 채권신고의 최고(催告)

「민사집행법」의 관련 규정

제84조(배당요구의 종기결정 및 공고) ① 경매개시결정에 따른 압류의 효력이 생긴 때(그 경매개시결정 전에 다른 경매개시결정이 있은 경우를 제외한다)에는 집행법원은 절차에 필요한 기간을 감안하여 배당요구를 할 수 있는 종기(終期)를 첫 매각기일 이전으로 정한다.

② 배당요구의 종기가 정하여진 때에는 법원은 경매개시결정을 한 취지 및 배당요구의 종기를 공고하고, 제91조제4항 단서의 전세권자 및 법원에 알려진 제88조제1항의 채권자에게 이를 고지하여야 한다.

③ 제1항의 배당요구의 종기결정 및 제2항의 공고는 경매개시결정에 따른 압류의 효력이 생긴 때부터 1주 이내에 하여야 한다.

④ 법원사무관등은 제148조제3호 및 제4호의 채권자 및 조세, 그 밖의 공과금을 주관하는 공공기관에 대하여 채권의 유무, 그 원인 및 액수(원금ㆍ이자ㆍ비용, 그 밖의 부대채권(附帶債權)을 포함한다)를 배당요구의 종기까지 법원에 신고하도록 최고하여야 한다.

⑤ 제148조제3호 및 제4호의 채권자가 제4항의 최고에 대한 신고를 하지 아니한 때에는 그 채권자의 채권액은 등기사항증명서 등 집행기록에 있는 서류와 증빙(證憑)에 따라 계산한다. 이 경우 다시 채권액을 추가하지 못한다.

⑥ 법원은 특별히 필요하다고 인정하는 경우에는 배당요구의 종기를 연기할 수 있다.

⑦ 제6항의 경우에는 제2항 및 제4항의 규정을 준용한다. 다만, 이미 배당요구 또는

채권신고를 한 사람에 대하여는 같은 항의 고지 또는 최고를 하지 아니한다.

제88조(배당요구) ① 집행력 있는 정본을 가진 채권자, 경매개시결정이 등기된 뒤에 가압류를 한 채권자, 「민법」·「상법」, 그 밖의 법률에 의하여 우선변제청구권이 있는 채권자는 배당요구를 할 수 있다.

제91조(인수주의와 잉여주의의 선택 등) ③ 지상권·지역권·전세권 및 등기된 임차권은 저당권·압류채권·가압류채권에 대항할 수 없는 경우에는 매각으로 소멸된다.
④ 제3항의 경우 외의 지상권·지역권·전세권 및 등기된 임차권은 매수인이 인수한다. 다만, 그중 전세권의 경우에는 전세권자가 제88조에 따라 배당요구를 하면 매각으로 소멸된다.

제148조(배당받을 채권자의 범위) 제147조제1항에 규정한 금액을 배당받을 채권자는 다음 각호에 규정된 사람으로 한다.
  1. 배당요구의 종기까지 경매신청을 한 압류채권자
  2. 배당요구의 종기까지 배당요구를 한 채권자
  3. 첫 경매개시결정등기 전에 등기된 가압류채권자
  4. 저당권·전세권, 그 밖의 우선변제청구권으로서 첫 경매개시결정등기 전에 등기되었고 매각으로 소멸하는 것을 가진 채권자

채권신고의 최고(催告 : 통지) 대상은 배당요구를 하지 않더라도 배당을 받을 수 있는 채권자 및 부동산의 소재지를 관할하는 세무서장 등이다. 전세권자와 가등기담보권자는 배당요구를 하는 경우에만 배당을 받는 채권자이므로, 최고 대상에서 제외된다.

채권신고의 최고를 받은 사람은 배당요구의 종기까지 채권계산서 또는 배당요구신청서를 집행법원에 제출하여야 한다. 다만, 채권계산서(배당요구신청서)를 제출하지 않더라도 배당에서 제외되는 것은 아니지만, 이자 등 부대채권에서 불이익을 받을 수도 있다.

법원은 경매개시결정을 한 때로부터 1주 안에 배당요구의 종기를 정하고(첫 매각기일 전의 날 중에서 정함), 법원이 개별적으로 알릴 수 있는 사람(등기기록에 주소가 표시된 사람 등)에게는 채권신고를 하도록 최고를 한다. 그리고 법원에서 알 수 없는 채권자들을 위하여 공고를 한다.

위의 절차들과 구별하여야 할 절차로는 '권리신고'가 있다. 권리신고는 경매절차에서 '이해관계인'으로 될 사람이 그 신분을 취득하기 위하여 배당요구종기까지

스스로 신고하는 절차이다.

　권리신고를 했다고 하여 배당요구를 한 것과 같이 취급되지는 않는다. 권리신고를 하는 사람 중에는 배당요구를 할 수 있는 자격이 없는 사람(예 : 유치권자)도 있기 때문이다. 권리신고는 경매절차에 참여할 권리(절차권)를 보장받기 위하여 하는 신고이다.

(권리신고서)

권 리 신 고

사　　　건　　　2024타경○○○호 부동산강제경매
채 권 자　　　김 ○ ○
채 무 자　　　이 ○ ○
소 유 자　　　이 ○ ○
권리신고인　　성명 　박 ○ ○(　　　　　-　　　　)
　　　　　　　주소
　　　　　　　전화번호

권리신고인은 이 사건 경매목적물인 별지 목록 부동산에 대하여 유치권자이므로, 그 권리를 신고합니다.

유 치 권 의 내 용

1. 유치권의 취득원인 : 건물증축 및 인테리어공사대금채권
2. 유치권신고금액 : 돈 130,000,000원
3. 유치권 관련 채권자 : 박○○
4. 유치권 관련 채무자 : 이○○

유 치 권 성 립 의 개 요

1. 권리신고인은 이 사건 경매목적물인 별지 목록 부동산에 대하여 채무자인 이○○과 공사도급계약을 체결한 후 2023. 1. 1.부터 2023. 12. 12.까지 사이에 3층 부분의 증축공사 및 지하1층부터 지상2층까지의 인테리어공사를 시공한 사실이 있습니다.

---

2. 위 공사의 전체 도급공사비는 230,000,000원으로 약정하였고, 일부 공사대금은 받았으나 나머지 130,000,000원은 위 공사의 종료와 동시에 지급 받기로 약정하였으며, 위 공사는 2023. 12. 12. 완공되었습니다.

3. 그런데 위 이○○는 위 공사대금을 변제하지 아니하므로, 권리신고인은 위 이○○에 대하여 유치권을 행사한다는 뜻을 통지한 다음 이 사건 경 매개시결정등기가 마쳐지기 이전(등기일 : 2024. 5. 1.)인 2024. 1. 1.부터 점유를 시작하였으며, 현재 그 점유를 계속하고 있습니다.

소명자료 및 첨부서류

1. 공사도급계약서 1통.
1. 부동산 목록 1통.

2024. ○. ○.

위 권리신고인 ○ ○ ○(인)

○○지방법원 귀중

* 이 신고서를 제출함에는 비용을 지출하지 않는다. 이 신고는 배당요구의 종기까지는 해야만 신고로서의 효력이 있다.

* 유치권자가 유치권이 있다는 사실을 법원에 신고하지 않더라도 그 경매절차의 매수인은 종전의 소유자(채무자)가 부담하던 유치권을 고스란히 인수하므로, 유치권자는 그 점유를 잃지만 아니한다면 경매절차의 매수인으로부터 유치권으로 담보된 채권의 변제를 받을 수 있다. 다만, 변제청구권은 인정되지 않는다. 배당채권자에 포함되지도 않는다.

* 법원이 경매개시결정을 한 직후 집행관에게 현황조사를 하도록 하므로, 이 조사과정에서 유치권에 관하여 조사가 되고, 법원은 이를 토대로 매각물건명세서에 이를 기록하는 것이 일반적이지만, 반드시 그러한 것만은 아니다. 누락될 수도 있다는 뜻이다. 만약 매각물건명세서에 기재되지 아니한 유치권자가 매수인이 매수대금(매각대금)을 모두 지급한 뒤에 불쑥 나타난다면 이는 분쟁으로 비화될 것이 불을 보듯 뻔하다.

그리고 유치권자가 이 권리신고를 해두면 경매절차의 이해관계인이라는 신분을 취득하게 되며, 이해관계인에게는 경매절차에서 각종 절차의 통지를 받을 권리, 이의신청권, 즉시항고권 등이 주어진다.

라. 경매개시결정에 대한 이의신청

경매개시결정에 대하여 이의를 신청할 수 있는 사람은 이해관계인이다. 이해관계인은 법 제90조에 규정된 사람을 말한다.

「민사집행법」의 관련 규정

제90조(경매절차의 이해관계인) 경매절차의 이해관계인은 다음 각호의 사람으로 한다.
1. 압류채권자와 집행력 있는 정본에 의하여 배당을 요구한 채권자
2. 채무자 및 소유자
3. 등기부에 기입된 부동산 위의 권리자
4. 부동산 위의 권리자로서 그 권리를 증명한 사람

법 제90조제4호는 "부동산 위의 권리자로서 그 권리를 증명한 사람"이라고 규정하였는바, 여기에 해당하는 사람은 등기 없이도 대항력을 갖는 권리자, 즉 ① 유치권자, ② 「주택임대차보호법」 및 「상가건물임대차보호법」의 규정에 의한 대항력을 갖는 임차인, ③ 법정지상권자, ④ 분묘기지권자, ⑤ 특수지역권자를 말한다. 이들을 가리켜 '등기되지 않은 권리증명자'라고도 부른다. 이들은 권리신고에 의해서 드러난다.

```
┌────────────────────────────────────────────────────────────────┐
│                「민사집행법」의 관련 규정                          │
│                                                                  │
│ 제86조(경매개시결정에 대한 이의신청) ① 이해관계인은 매각대금이 모두 지급될 때 │
│   까지 법원에 경매개시결정에 대한 이의신청을 할 수 있다.            │
│   ② 제1항의 신청을 받은 법원은 제16조제2항에 준하는 결정을 할 수 있다. │
│   ③ 제1항의 신청에 관한 재판에 대하여 이해관계인은 즉시항고를 할 수 있다. │
│ 제16조(집행에 관한 이의신청) ① 집행법원의 집행절차에 관한 재판으로서 즉시항고를 │
│   할 수 없는 것과, 집행관의 집행처분, 그 밖에 집행관이 지킬 집행절차에 대하여서는 │
│   법원에 이의를 신청할 수 있다.                                   │
│   ② 법원은 제1항의 이의신청에 대한 재판에 앞서, 채무자에게 담보를 제공하게 하거 │
│   나 제공하게 하지 아니하고 집행을 일시정지하도록 명하거나, 채권자에게 담보를 제 │
│   공하게 하고 그 집행을 계속하도록 명하는 등 잠정처분(暫定處分)을 할 수 있다. │
└────────────────────────────────────────────────────────────────┘
```

여기의 이의사유는 경매개시결정절차에 관한 것만 해당한다. 즉 개시결정 이후의 집행절차에서의 이의사유는 집행에 관한 이의로 다투어야 하므로, 여기에 해당하지 않는다.

이의신청에 대한 재판에 관하여는 즉시항고를 할 수 있다. 이 경우에는 이의신청서가 아닌 즉시항고장을 제출하여야 한다. 경매개시결정은 사법보좌관의 업무에 해당하지만, 이의신청에 대한 재판은 판사가 담당하는 업무이기 때문이다.

마. 매각물건의 가격감소행위 방지조치

경매절차를 개시하는 결정을 한 뒤에는 법원은 직권으로 또는 이해관계인의 신청에 따라 부동산에 대한 침해행위를 방지하기 위하여 필요한 조치를 할 수 있다(법 제83조 제3항).

경매의 목적물에 압류를 당한 채무자 등은 경매 목적물에 대하여 선량한 관리자로서의 주의의무를 다 하지 않아 그 부동산의 가격이 하락하게 될 위험성이 상존한다. 따라서 가격의 하락을 방지할 필요성이 있다.

「민사집행규칙」의 관련 규정

제44조(침해행위 방지를 위한 조치) ① 채무자·소유자 또는 부동산의 점유자가 부동산의 가격을 현저히 감소시키거나 감소시킬 우려가 있는 행위(다음부터 이 조문 안에서 "가격감소행위등"이라 한다)를 하는 때에는 법원은 압류채권자(배당요구의 종기가 지난 뒤에 강제경매 또는 담보권 실행을 위한 경매신청을 한 압류채권자를 제외한다. 다음부터 이 조문 안에서 같다) 또는 최고가매수신고인의 신청에 따라 매각허가결정이 있을 때까지 담보를 제공하게 하거나 담보를 제공하게 하지 아니하고 그 행위를 하는 사람에 대하여 가격감소행위 등을 금지하거나 일정한 행위를 할 것을 명할 수 있다.

② 부동산을 점유하는 채무자·소유자 또는 부동산의 점유자로서 그 점유 권원을 압류채권자·가압류채권자 혹은 법 제91조제2항 내지 제4항의 규정에 따라 소멸되는 권리를 갖는 사람에 대하여 대항할 수 없는 사람이 제1항의 규정에 따른 명령에 위반한 때 또는 가격감소행위등을 하는 경우에 제1항의 규정에 따른 명령으로는 부동산 가격의 현저한 감소를 방지할 수 없다고 인정되는 특별한 사정이 있는 때에는 법원은 압류채권자 또는 최고가매수신고인의 신청에 따라 매각허가결정이 있을 때까지 담보를 제공하게 하고 그 명령에 위반한 사람 또는 그 행위를 한 사람에 대하여 부동산의 점유를 풀고 집행관에게 보관하게 할 것을 명할 수 있다.

③ 법원이 채무자·소유자 외의 점유자에 대하여 제1항 또는 제2항의 규정에 따른 결정을 하려면 그 점유자를 심문하여야 한다. 다만, 그 점유자가 압류채권자·가압류채권자 또는 법 제91조제2항 내지 제4항의 규정에 따라 소멸되는 권리를 갖는 사람에 대하여 대항할 수 있는 권원에 기초하여 점유하고 있지 아니한 것이 명백한 때 또는 이미 그 점유자를 심문한 때에는 그러하지 아니하다.

④ 법원은 사정의 변경이 있는 때에는 신청에 따라 제1항 또는 제2항의 규정에 따른 결정을 취소하거나 변경할 수 있다.

⑤ 제1항·제2항 또는 제4항의 규정에 따른 결정에 대하여는 즉시항고를 할 수 있다.

⑥ 제4항의 규정에 따른 결정은 확정되어야 효력이 있다.

⑦ 제2항의 규정에 따른 결정은 신청인에게 고지된 날부터 2주가 지난 때에는 집행할 수 없다.

⑧ 제2항의 규정에 따른 결정은 상대방에게 송달되기 전에도 집행할 수 있다.

제45조(미지급 지료 등의 지급) ① 건물에 대한 경매개시결정이 있는 때에 그 건물의 소유를 목적으로 하는 지상권 또는 임차권에 관하여 채무자가 지료나 차임을 지급하지 아니하는 때에는 압류채권자(배당요구의 종기가 지난 뒤에 강제경매 또는 담보권 실행을 위한 경매신청을 한 압류채권자를 제외한다)는 법원의 허가를 받아 채무자를 대신하여 미지급된 지료 또는 차임을 변제할 수 있다.

② 제1항의 허가를 받아 지급한 지료 또는 차임은 집행비용으로 한다.

바. 집행관의 부동산 현황조사

법원은 경매개시결정을 한 뒤에 곧바로 집행관에게 부동산의 현상, 점유관계, 차임 또는 보증금의 액수, 그 밖의 현황에 관하여 조사하도록 명하여야 한다(법 제85조제1항). 이를 '현황조사명령'이라 한다.

이 명령을 받은 집행관은 현황 등을 조사하고, '현황조사보고서'를 작성하여 집행법원에 보고한다. 이후 이 보고서는 일반에 공시된다.

사. 감정평가 및 최저매각가격 결정

법원은 감정인에게 부동산을 평가하게 하고, 그 평가액을 참작하여 최저매각가격을 정하여야 한다(법 제97조제1항). 감정인은 감정한 결과에 관하여 '감정평가서'를 작성하여 집행법원에 제출한다.

법원은 이 때 결정한 최저매각가격보다 낮은 가격으로는 매각할 수 없다. 이 최저매각가격은 법정의 매각조건이므로, 이해관계인들의 합의에 의해서도 바꿀 수 없다.

> **판례**
>
> 지상의 미등기건물이 같이 경매되는 경우와 그렇지 아니한 경우는 경매목적물인 그 부지의 평가액에도 영향이 있다 할 것인데, 집행법원이 미등기건물을 경매목적물에서 제외하면서 감정인에게 미등기건물이 제외된 경우의 토지평가액의 보정을 명하는 등의 조치를 취하지 아니하고, 종전에 제출된 평가서의 미등기건물이 포함된 전체 평가액에서 미등기건물의 가액만을 공제하고 최저매각가격을 정한 것은 최저경매가격결정에 중대한 하자가 있다 할 것이다(대법원 91마608).

아. 매각물건명세서 작성·비치·열람

법원은 매각물건명세서를 작성·비치하여 누구든지 열람할 수 있도록 하고 있다. 그 목적은 경매 대상 부동산을 가능한 한 정확히 파악하여 일반인에게 그 현황과 권리관계를 공시함으로써 매수희망자에게 필요한 정보를 제공함에 있다. 매수희망자에게는 매우 유익하고도 중요한 자료이다.

「민사집행법」의 관련 규정

제105조(매각물건명세서 등) ① 법원은 다음 각호의 사항을 적은 매각물건명세서를 작성하여야 한다.
  1. 부동산의 표시
  2. 부동산의 점유자와 점유의 권원, 점유할 수 있는 기간, 차임 또는 보증금에 관한 관계인의 진술
  3. 등기된 부동산에 대한 권리 또는 가처분으로서 매각으로 효력을 잃지 아니하는 것
  4. 매각에 따라 설정된 것으로 보게 되는 지상권의 개요
② 법원은 매각물건명세서·현황조사보고서 및 평가서의 사본을 법원에 비치하여 누구든지 볼 수 있도록 하여야 한다.

「민사집행규칙」의 관련 규정

제55조(매각물건명세서 사본 등의 비치) 매각물건명세서·현황조사보고서 및 평가서의 사본은 매각기일(기간입찰의 방법으로 진행하는 경우에는 입찰 기간의 개시일)마다 그 1주 전까지 법원에 비치하여야 한다. 다만, 법원은 상당하다고 인정하는 때에는 매각물건명세서·현황조사보고서 및 평가서의 기재내용을 전자통신매체로 공시함으로써 그 사본의 비치에 갈음할 수 있다.

자. 잉여주의에 따른 경매의 취소

「민사집행법」의 관련 규정

제102조(남을 가망이 없을 경우의 경매취소) ① 법원은 최저매각가격으로 압류채권자의 채권에 우선하는 부동산의 모든 부담과 절차비용을 변제하면 남을 것이 없겠다고 인정한 때에는 압류채권자에게 이를 통지하여야 한다.

② 압류채권자가 제1항의 통지를 받은 날부터 1주 이내에 제1항의 부담과 비용을 변제하고 남을 만한 가격을 정하여 그 가격에 맞는 매수신고가 없을 때에는 자기가 그 가격으로 매수하겠다고 신청하면서 충분한 보증을 제공하지 아니하면, 법원은 경매절차를 취소하여야 한다.

③ 제2항의 취소결정에 대하여는 즉시항고를 할 수 있다.

잉여와 무잉여의 판단에 관하여 살펴본다. 가령 甲의 경매개시신청에 의하여 경매절차가 진행되는 과정에서 乙이 이중경매신청을 하였다고 가정하자. 이 경우에는 甲과 乙 중 선순위 권리자의 권리를 기준으로 그에 우선하는 권리 및 경매비용의 총액과 최저매각가격을 비교하여 잉여의 여부를 판단하여야 한다.

여기의 취소결정에 대한 즉시항고는 사법보좌관의 처분에 대한 즉시항고이므로, 「사법보좌관규칙」 제4조제1항의 규정에 의하여 즉시항고장이 아닌 '이의신청서'를 제출하여 사법보좌관이 소속한 판사의 결정에 따라야 한다.

판례

민사집행법 제102조제3항의 규정은 압류채권자가 집행에 의해서 변제를 받을 가망이 전혀 없는 데도 무익한 경매가 행해지는 것을 막고, 또 우선채권자가 그 의사에 반한 시기에 투자의 회수를 강요당하는 결과를 피하기 위한 것으로서 우선채권자나 압류채권자를 보호하기 위한 규정일 뿐 결코 채무자나 그 목적 부동산 소유자의 법률상 이익이나 권리를 위한 것이 아니므로, 채무자 겸 소유자는 경매절차에 있어서 위 규정에 어

긋난 잘못이 있음을 다툴 수 있는 이해관계인에 해당하지 않는다(대법원 84마238).

5. 매각기일·매각결정기일의 지정·공고·통지

법원이 부동산에 대한 경매절차에서 매수인을 결정하는 방법은 기일입찰이다. 기일입찰은 일정한 기일 및 시각을 미리 정하고, 법원의 경매법정에서 실시하는 입찰이다.

이 입찰기일을 '매각기일'이라고 한다. 매각기일은 후에 최고가매수신고인에 대하여 매각할 것인지 여부를 결정하는 날인 '매각결정기일'과는 구별하여야 한다.

「민사집행법」의 관련 규정

제106조(매각기일의 공고내용) 매각기일의 공고내용에는 다음 각호의 사항을 적어야 한다.
1. 부동산의 표시
2. 강제집행으로 매각한다는 취지와 그 매각방법
3. 부동산의 점유자, 점유의 권원, 점유하여 사용할 수 있는 기간, 차임 또는 보증금약정 및 그 액수
4. 매각기일의 일시·장소, 매각기일을 진행할 집행관의 성명 및 기간입찰의 방법으로 매각할 경우에는 입찰기간·장소
5. 최저매각가격
6. 매각결정기일의 일시·장소
7. 매각물건명세서·현황조사보고서 및 평가서의 사본을 매각기일 전에 법원에 비치하여 누구든지 볼 수 있도록 제공한다는 취지
8. 등기부에 기입할 필요가 없는 부동산에 대한 권리를 가진 사람은 채권을 신고하여야 한다는 취지
9. 이해관계인은 매각기일에 출석할 수 있다는 취지

「민사집행규칙」의 관련 규정

제56조(매각기일의 공고내용 등) 법원은 매각기일(기간입찰의 방법으로 진행하는 경우
에는 입찰기간의 개시일)의 2주 전까지 법 제106조에 규정된 사항과 다음 각호의 사
항을 공고하여야 한다.
1. 법 제98조의 규정에 따라 일괄매각결정을 한 때에는 그 취지
2. 제60조의 규정에 따라 매수신청인의 자격을 제한한 때에는 그 제한의 내용
3. 법 제113조의 규정에 따른 매수신청의 보증금액과 보증 제공방법

법원은 매각기일과 매각결정기일을 이해관계인에게 통지하여야 한다. 이 통지는 집
행기록에 표시된 이해관계인의 주소에 발송송달을 할 수 있다. 채무자가 외국에 있거
나 있는 곳이 분명하지 아니한 때에는 집행행위에 속한 송달이나 통지를 하지 아니하
여도 된다. 그러나 이해관계인에게는 생략할 수 없다.

매각기일의 경매법정에서는 매수희망자가 매수가격을 적은 매수신청서와 최저매각가
격의 10분의 1에 해당하는 보증금을 담은 봉투를 집행관에게 제출한다. 집행관은 최저
매각가격보다 높은 매수가를 적어낸 매수희망자들 중에서 가장 높은 금액을 적어낸 사
람을 최고가매수신고인으로 선정하고, 두 번째로 높은 가격을 적어낸 응찰자를 차순위
매수신고인으로 선정한다.

6. 매각조건

매각조건이라고 함은 매각절차에서 반드시 지켜야 할 조건을 말한다. 중요한 매각조
건은 다음과 같다.
① 집행비용 및 우선채권을 변제하고 남을 것이 있을 것(법 제91조제1항, 제102조)
② 최저매각가격보다 높은 가격으로 매각할 것(법 제97조)
③ 매수인의 소유권 취득시기는 매각대금을 완납하는 때(법 제135조)
④ 매각대금 미지급시 매각 실효(법 제138조)
⑤ 공유자의 우선매수권(법 제140조)
위 ①을 제외한 매각조건은 배당요구의 종기 이전까지는 이해관계인의 합의에 따라
법원이 이를 바꿀 수 있다. 거래의 실상을 반영하거나 경매절차를 효율적으로 진행하
기 위하여 필요한 경우에 법원은 배당요구의 종기 이전에는 매각조건을 바꾸거나 새로

운 매각조건을 설정할 수도 있다. 이와 같이 변경된 매각조건을 '특별매각조건'이라고
한다.

7. 일괄매각

경매절차에서 부동산은 원칙적으로 개별적으로 매각하는 분리경매를 하여야 한다.
그러나 일괄매각을 하는 것이 채권자 및 채무자에게 유리하거나 일괄매각을 할 수밖에
없는 경우에는 예외적으로 일괄매각이 허용된다.

「민사집행법」의 관련 규정

제98조(일괄매각결정) ① 법원은 여러 개의 부동산의 위치·형태·이용관계 등을 고려
하여 이를 일괄매수하게 하는 것이 알맞다고 인정하는 경우에는 직권으로 또는 이해
관계인의 신청에 따라 일괄매각하도록 결정할 수 있다.
　② 법원은 부동산을 매각할 경우에 그 위치·형태·이용관계 등을 고려하여 다른 종
류의 재산(금전채권을 제외한다)을 그 부동산과 함께 일괄매수하게 하는 것이 알맞
다고 인정하는 때에는 직권으로 또는 이해관계인의 신청에 따라 일괄매각하도록 결
정할 수 있다.
　③ 제1항 및 제2항의 결정은 그 목적물에 대한 매각기일 이전까지 할 수 있다.
제99조(일괄매각사건의 병합) ① 법원은 각각 경매신청 된 여러 개의 재산　또는 다
른 법원이나 집행관에 계속된 경매사건의 목적물에 대하여 제98조제1항 또는 제2항
의 결정을 할 수 있다.
　② 다른 법원이나 집행관에 계속된 경매사건의 목적물의 경우에 그 다른　법원 또는
집행관은 그 목적물에 대한 경매사건을 제1항의 결정을 한 법원에 이송한다.
　③ 제1항 및 제2항의 경우에 법원은 그 경매사건들을 병합한다.
제100조(일괄매각사건의 관할) 제98조 및 제99조의 경우에는 「민사소송법」 제31조에
불구하고 같은 법 제25조의 규정을 준용한다. 다만, 등기할 수 있는 선박40)에 관한
경매사건에 대하여서는 그러하지 아니하다.
제101조(일괄매각절차) ① 제98조 및 제99조의 일괄매각결정에 따른 매각 절차는 이
관의 규정에 따라 행한다. 다만, 부동산 외의 재산의 압류는 그 재산의 종류에 따라
해당되는 규정에서 정하는 방법으로 행하고, 그 중에서 집행관의 압류에 따르는 재산

의 압류는 집행법원이 집행관에게 이를 압류하도록 명하는 방법으로 행한다.

② 제1항의 매각절차에서 각 재산의 대금액을 특정할 필요가 있는 경우에는 각 재산에 대한 최저매각가격의 비율을 정하여야 하며, 각 재산의 대금액은 총대금액을 각 재산의 최저매각가격비율에 따라 나눈 금액으로 한다. 각 재산이 부담할 집행비용액을 특정할 필요가 있는 경우에도 또한 같다.

③ 여러 개의 재산을 일괄매각하는 경우에 그 가운데 일부의 매각대금으로 모든 채권자의 채권액과 강제집행비용을 변제하기에 충분하면 다른 재산의 매각을 허가하지 아니한다. 다만, 토지와 그 위의 건물을 일괄매각하는 경우나 재산을 분리하여 매각하면 그 경제적 효용이 현저하게 떨어지는 경우 또는 채무자의 동의가 있는 경우에는 그러하지 아니하다.

④ 제3항 본문의 경우에 채무자는 그 재산 가운데 매각할 것을 지정할 수 있다.

⑤ 일괄매각절차에 관하여 이 법에서 정한 사항을 제외하고는 대법원규칙으로 정한다.

「민사집행규칙」의 관련 규정

제52조(일괄매각 등에서 채무자의 매각재산 지정) 법 제101조제4항 또는 법 제124조제2항의 규정에 따른 지정은 매각허가결정이 선고되기 전에 서면으로 하여야 한다.

「민사소송법」의 관련 규정

제31조(전속관할에 따른 제외) 전속관할(專屬管轄)이 정하여진 소에는 제2조, 제7조 내지 제25조, 제29조 및 제30조의 규정을 적용하지 아니한다.

제25조(관련재판적) ① 하나의 소로 여러 개의 청구를 하는 경우에는 제2조 내지 제24조의 규정에 따라 그 여러 개 가운데 하나의 청구에 대한 관할권이 있는 법원에 소를 제기할 수 있다.

② 소송목적이 되는 권리나 의무가 여러 사람에게 공통되거나 사실상 또는 법률상 같은 원인으로 말미암아 그 여러 사람이 공동소송인(共同訴訟人)으로서 당사자가 되는 경우에는 제1항의 규정을 준용한다.

「민법」의 관련 규정

제365조(저당지상의 건물에 대한 경매청구권) 토지를 목적으로 저당권을 설정한 후
그 설정자가 그 토지에 건물을 축조한 때에는 저당권자는 토지와 함께 그 건물에 대
하여도 경매를 청구할 수 있다. 그러나 그 건물의 경매대가에 대하여는 우선변제를
받을 권리가 없다.

법 제101조제3항의 규정에 따르면 남을 가망이 있음에도 불구하고 일괄매각이 허용
되는 경우로는, ① 토지의 저당권자가 그 지상건물에 대하여 토지와 함께 일괄매각을
신청하는 경우, ② 분리매각하면 경제적 효용이 현저히 떨어지는 경우 및 ③ 일괄매각
에 관하여 채무자가 동의를 한 경우이다.

일괄매각을 결정함에 있어서 경매신청인이 서로 다른 경우, 매각 대상인 물건의 소
유자가 서로 다른 경우 및 집행법원이 서로 다른 경우는 일괄매각의 장애사유가 되지
않는다.

법 제98조제3항은 일괄매각결정은 "매각기일 이전까지" 할 수 있다고 규정하였고,
법 시행규칙 제52조에서는 채무자가 일괄매각할 물건을 지정할 수 있는 시기에 관하여
"매각허가결정이 선고되기 전까지"라고 규정하였다. 한편 대법원은 일괄경매의 신청은
"경매기일 공고시까지"는 해야 한다고 설명한다(대법원 2001마1632 참조). 실무에서는
대법원의 태도를 따르고 있는 것으로 파악된다.

판례

경매목적 부동산이 2개 이상 있는 경우 분할경매를 할 것인지 일괄경매를 할 것인지
여부는 집행법원의 자유재량에 의하여 결정할 성질의 것이나, 토지와 그 지상건물이 매
각되는 경우, 토지와 건물이 하나의 기업시설을 구성하고 있는 경우, 2필지 이상의 토
지를 매각하면서 분할경매에 의하여 일부 토지만 매각되면 나머지 토지가 맹지(盲地)가
되어 값이 현저히 하락하게 될 경우 등 분할경매를 하는 것보다 일괄경매를 하는 것이
당해 물건 전체의 효용을 높이고, 그 가액도 현저히 고가로 될 것이 명백히 예측되는

---

40) 등기할 수 있는 선박 : 등기할 수 있는 선박은 총톤수 20톤 이상의 기선(機船)과 범
선(帆船) 및 총톤수 100톤 이상의 부선(艀船)을 말한다.

경우 등에는 일괄경매를 하는 것이 부당하다고 인정할 특별한 사유가 없는 한 일괄경매의 방법에 의하는 것이 타당하고, 이러한 경우에도 이를 분리경매 하는 것은 그 부동산이 유기적 관계에서 갖는 가치를 무시하는 것으로써 집행법원의 재량권의 범위를 넘어 위법한 것이 된다(대법원 2004마94).

농지와 농지 아닌 토지를 일괄하여 매각하게 되면 농지취득자격증명을 받을 수 없는 사람은 매수신고를 할 수 없게 되어 매수희망자를 제한하게 되므로, 경매목적인 토지 중 일부 토지만이 농지에 해당하는 경우에는 일괄매각의 요건을 갖추지 못한 것이다 (2004마796).

대지사용권이 존재함에도 그에 대한 경매신청이 없다는 이유로 집행법원이 대지사용권의 존부 등에 관하여 조사를 함이 없이 전유부분 및 공용부분에 대하여만 경매절차를 진행한 경우에 있어서도 대지사용권에 관하여 분리처분이 가능한 규약이나 공정증서가 없는 때에는 전유부분에 대한 경매개시결정 및 압류의 효력이 그 대지사용권에 미치므로, 일괄경매를 할 필요가 없다(대법원 97마814).

공장저당의 목적이 된 토지 또는 건물과 거기에 설치된 기계·기구 등은 이를 분리하여 경매할 수 없으므로, 그 부동산에 신청근저당권자 이외의 근저당권자의 공장저당이 있을 때에는 그 근저당권자의 공장저당의 목적이 된 기계·기구 등도 일괄매각 하여야 한다(대법원 2001마785).

법 제101조제2항이 규정하는 "각 재산의 대금액을 특정할 필요가 있는 경우"란, 가령 일괄매각의 대상인 갑토지와 을건물이 있는 경우에서 갑의 배당채권자와 을의 배당채권자가 다른 경우이다. 이 때에는 갑과 을은 배당재단을 따로 구성하여 배당표를 각각 작성하여야 한다. 이를 지키지 아니하면 매각허가결정에 대한 즉시항고사유가 된다(대법원 94마1729).

8. 매각의 실시

가. 매각기일의 개시

부동산의 경매절차에서 매각기일은 집행관이 주재한다. 매각의 방법은 기일입찰의 방법이다.

법원은 해당 부동산을 기일입찰의 방법으로 매각할 것인지, 기간입찰의 방법으로 매각할 것인지를 정하는데 실무상으로는 기일입찰의 방법으로 매각한다. 최초 매각기일은 공고일로부터 2주 후 20일 안의 날로 정하며, 매각기일에서의 매각절차는 집행관이 주재한다.

현재 전국의 모든 법원에서는 일정한 날(매각기일)에 입찰희망자들로 하여금 경매법정에 모이게 한 다음 짧은 기간(2~3시간) 안에 입찰절차를 끝내는 방식인 기일입찰을 실시하고 있다.

집행관은 매각기일에는 매각물건명세서 · 현황조사보고서 및 평가서의 사본을 볼 수 있게 하고, 특별한 매각조건이 있는 때에는 이를 고지한다.

나. 기일입찰의 실시

매각기일은 법원 안에서 여는 것을 원칙으로 한다. 다만, 특히 필요한 때에는 집행관이 법원의 허가를 얻어 다른 장소에서 열 수도 있다.

집행관은 경매법정의 질서유지를 위하여 다른 사람의 매수신청을 방해한 사람이나 부당하게 다른 사람과 담합(談合)한 사람 등은 경매법정에 들어오지 못하게 하거나 내보내거나 입찰에 참여하지 못하게 할 수 있다.

집행관은 매각기일에 경매법정에 출석한 이해관계인 및 매수희망자들에게 매각을 시작한다는 취지를 선언함으로써 매각절차를 개시한다. 각 매수희망자는 입찰표를 작성하는 부스(booth) 안에 들어가 입찰표를 작성하고, 최저매각가격의 10분의 1에 해당하는 현금, 자기앞수표(지급기가 5일 이상 남은 것이어야 한다) 또는 금융기관 등과 체결한 지급보증위탁계약체결문서를 봉투에 담아 집행관에게 제출함으로써 입찰에 참가한다. 매수신청은 취소 · 변경 · 교환이 허용되지 않는다.

입찰표의 제출을 최고한 후 1시간이 지나지 아니하면 입찰을 마감하지 못한다(규칙 제65조제1항).

민법 제124조는 "대리인은 본인의 허락이 없으면 본인을 위하여 자기와 법률행위를 하거나 동일한 법률행위에 관하여 당사자 쌍방을 대리하지 못한다."고 규정하고 있으므로, 부동산 입찰절차에서 동일물건에 대하여 이해관계가 다른 2인 이상의 대리인이 된 경우에는 그 대리인이 한 입찰은 무효이다(대법원 2003마44).

집행관이 입찰표(매수신청서)를 개봉할 때에는 모든 신청인의 성명과 신청가격을 낭독한다. 투명성을 보장하는 것이다.

최고가매수신고인은 최저매각가격 이상으로 적어낸 사람들 중에서 가장 높은 금액을 적고, 최저매각가격의 10분의 1 이상에 해당하는 신청보증금을 제출한 사람으로 결정한다.

최고가매수희망자가 2인 이상인 때에는 그 사람들만을 대상으로 추가입찰을 실시한다. 이 추가입찰절차에서는 종전의 매수희망가격보다 낮은 금액으로는 입찰이 허용되지 않는다. 최고가매수희망자와 차순위매수희망자를 제외한 사람들의 신청보증금은 매각절차가 종결되는 즉시 반환한다.

부동산 입찰절차에서 여러 명이 공동입찰을 한 경우 수인의 공동입찰인은 각자 매수할 지분을 정하여 입찰하였더라도 일체로서 그 권리를 취득하고 의무를 부담하는 관계에 있으므로, 그 공동입찰인에 대하여는 일괄하여 그 낙찰 허부를 결정하여야 하고, 공동입찰인 중의 일부에 낙찰불허가사유가 있으면 전원에 대하여 낙찰을 불허하여야 한다(대법원 2001마1226).

최고가매수신고인 외의 매수신고인은 매각기일을 마칠 때까지 집행관에게 최고가매수신고인이 대금지급기한까지 그 의무를 이행하지 아니하면 자기의 매수신고에 대하여 매각을 허가하여 달라는 취지의 신고를 할 수 있다(법 제114조제1항). 집행관은 차순위매수신고인의 성명과 가격을 부른 다음 매각기일을 마친다.

부동산에 대한 강제경매절차에 있어서 최고가매수신고인에 대한 매각이 불허된 경우에는 민사집행법 제114조 소정의 차순위매수신고 제도에 의한 차순위매수신고인이 있더라도 그에 대하여 매각허가결정을 하여서는 안 되고, 새로 매각을 실시하여야 한다(대법원 2010마1793).

경매의 목적물이 공유지분인 때에는 다른 공유자는 매각의 종결을 선언하기 전까지 최저매각가격의 10분의 1의 보증을 제공하고, 최고가매수신고가격과 같은 가격으로 채무자의 지분을 매수하겠다고 신고할 수 있으며, 법원은 최고가매수신고인이 있더라도 그 신고한 공유자에게 우선 매각하여야 한다(법 제140조제1항·제2항). 이 경우에 최고가매수신고인은 자동적으로 차순위매수신고인으로 된다(법 제140조제4항). 따라서 최고가매수신고인은 집행관이 매각기일을 종결한다는 고지를 하기 전까지 차순위매수신고인의 지위를 포기할 수 있다(행규칙 제76조제3항).

다른 공유자가 여러 명인 경우에 2명 이상의 공유자가 우선매수신청을 한 때에는 그들 사이에 매수할 지분에 관하여 협의가 없다면 공유자들이 가지고 있는 지분의 비율에 따라 나누어서 매수하게 된다(법 제140조제3항).

공유자가 우선매수신고를 하였으나 다른 매수신고인이 없는 경우에는 최저매각가격을 최고매수신고가격으로 본다(규칙 제76조제2항).

공유물분할판결에 기하여 공유물 전부를 경매에 붙여 그 매득금을 분배하기 위한 환가의 경우에는 공유자의 우선매수권에 관한 규정은 적용이 없다(대법원 91마239).

법원이 일괄매각결정을 유지하는 이상 매각 대상 부동산 중 일부에 대한 공유자는 특별한 사정이 없는 한 매각 대상 부동산 전체에 대하여 공유자의 우선매수권을 행사할 수 없다고 봄이 상당하다(대법원 2005마1078).

다. 매수신청

경매는 매매의 일종이므로, 「민법」상의 행위능력이 있는 사람이어야 매수인이 될 수 있다. 따라서 미성년자·피한정후견인·피성년후견인은 대리인이 나서지 않으면 매수신청을 할 수 없다. 채무자, 매각절차에 관여한 집행관, 감정인 및 그들의 친족[41]은 매수신청인이 될 수 없다(규칙 제59조, 「집행관법」 제15조).

농지취득자격증명은 매각허가결정 전까지만 제출하면 된다. 그리고 경매로 토지거래허가구역 내의 부동산을 취득할 때에는 토지거래허가를 받지 않아도 되므로 토지거래허가증을 제출할 필요가 없다(부동산 거래신고 등에 관한 법률 제14조 제2항 제2호).

허가할 매수가격의 신고 없이 매각기일이 최종적으로 끝난 때에는 법 제91조제1항의 규정에 어긋나지 아니하는 한도에서 법원은 최저매각가격을 상당히 낮추고 새 매각기일을 정하여야 한다. 새 매각기일에 허가할 매수가격의 신고가 없을 때에도 같다. 이를 '새 매각'이라고 부른다.

법 제91조제1항은 남을 가망이 없는 경우의 경매금지를 규정하였다. 새 매각에서도 이 매각조건은 지켜져야 한다.

매각가격을 낮추는 정도나 비율은 경매법원이 재량으로 결정하는데, 실무에서는 일반적으로 새 매각기일마다 20 내지 30%씩 낮추고 있다.

적법한 매각기일에 최고가매수신고인이 정해지고, 그에게 매각허가결정이 있었지만, 이 매수인이 대금납부기한까지 매수대금을 전액 납부하지 않고 차순위매수인도 없는 경우에는 '재매각'을 실시한다. 또한 최고가매수신고인이 의무를 이행하지 않아 차순위매수신고인에 대하여 매각허가결정을 하였으나, 차순위매수신고인마저도 매수대금을 납부하지 아니하는 경우에도 재매각을 실시한다.

이 경우에는 위 두 사람 중에서 재매각기일의 3일 전까지 매수대금과 비용을 먼저 납부하는 사람이 경매목적물에 대한 소유권을 취득한다. 종전의 매수인은 재매각절차에는 참여할 수 없다.

라. 매각결정절차와 이의진술

---

41) 친족(親族) : 친족은 8촌 이내의 혈족, 4촌 이내의 인척 및 그들의 배우자를 말한다.

매각기일에 집행관에게 최고가매수신고인이나 차순위매수신고인을 선정하는 절차 또는 공유자우선매수신고의 절차 등에서 이의를 신청할 사유가 생긴 때에는 매각허부결정기일에 이 기일을 주재하는 사법보좌관에게 이의를 진술할 수 있다. 매각결정기일은 매각기일로부터 1주 안의 날로 정한다.

이의의 진술은 미리 신청할 수도 있고, 매각결정기일에 출석하여 진술할 수도 있으며, 미리 신청한 경우에도 매각의 허부를 결정하는 날에 출석하여 진술하여야 한다.

이의를 진술할 수 있는 사람은 법 제90조에 규정된 이해관계인, 최고가매수신고인 및 차순위매수신고인이다. 이의사유는 다음과 같다.

「민사집행법」의 관련 규정

제121조(매각허가에 대한 이의신청사유) 매각허가에 관한 이의는 다음 각호 가운데 어느 하나에 해당하는 이유가 있어야 신청할 수 있다.

1. 강제집행을 허가할 수 없거나 집행을 계속 진행할 수 없을 때
2. 최고가매수신고인이 부동산을 매수할 능력이나 자격이 없는 때
3. 부동산을 매수할 자격이 없는 사람이 최고가매수신고인을 내세워 매수신고를 한 때
4. 최고가매수신고인, 그 대리인 또는 최고가매수신고인을 내세워 매수신고를 한 사람이 제108조 각호 가운데 어느 하나에 해당되는 때
5. 최저매각가격의 결정, 일괄매각의 결정 또는 매각물건명세서의 작성에 중대한 흠이 있는 때
6. 천재지변, 그 밖에 자기가 책임을 질 수 없는 사유로 부동산이 현저하게 훼손된 사실 또는 부동산에 관한 중대한 권리관계가 변동된 사실이 경매절차의 진행중에 밝혀진 때
7. 경매절차에 그 밖의 중대한 잘못이 있는 때

제122조(이의신청의 제한) 이의는 다른 이해관계인의 권리에 관한 이유로 신청하지 못한다.

법 제122조의 이의신청의 제한과 관련하여 대법원의 태도를 정리하면 다음과 같이 요약할 수 있다.

① 다른 이해관계인에게 매각기일의 통지를 누락했다는 사유는 그 통지를 받은 이해관계인이 이의를 제기할 수 없다.

② 채무자 겸 경매목적물의 소유자는 남을 가망이 없음에도 매각이 실시되었다는 사유로 이의하지 못한다. 잉여주의는 채권자를 보호하기 위한 제도이기 때문이다.

③ 채권자에 대한 송달의 흠에 관하여 채무자나 목적물의 소유자는 이의를 제기할 수 없다.

④ 매각기일공고에 임대차관계에 관한 정보가 누락된 사유로는 채무자가 이의를 제기할 수 없다. 그리고 재매각절차에서 종전의 매수인은 이의를 신청할 자격이 없다.

판례

경매개시결정은 비단 압류의 효력을 발생시키는 것일 뿐 아니라 경매절차의 기초가 되는 재판이어서 그것이 당사자에게 고지되지 않으면 효력이 있다고 할 수 없고, 따라서 따로 압류의 효력이 발생되었는지 관계없이 채무자에 대한 경매개시결정의 고지 없이는 유효하게 경매절차를 속행할 수 없으므로, 채무자가 아닌 이해관계인으로서도 채무자에 대한 경매개시결정 송달의 흠결을 낙찰허가결정(현행은 '매각허가결정'에 해당함)에 대한 항고사유로 삼을 수 있는 반면, 낙찰허가에 대한 이의는 다른 이해관계인의 권리에 관한 이유에 의하여는 하지 못하므로, 설사 채무자에 대한 입찰기일(현행은 '매각기일'에 해당함)의 송달에 하자가 있다고 할지라도 다른 이해관계인이 이를 낙찰허가결정에 대한 항고사유로 주장할 수는 없다(대법원 97마814).

매각을 허가하거나 허가하지 아니하는 결정은 선고하여야 한다. 매각허부결정은 확정되어야 효력이 생긴다(법 제126조제1항·제3항). 매각허가결정은 선고하는 외에 공고하여야 한다(법 제128조). 매각허부결정은 선고한 때에 고지의 효력이 생긴다(규칙 제74조).

마. 매각허부결정에 대한 불복

이해관계인은 매각허가 여부의 결정에 따라 손해를 볼 경우에만 그 결정에 대하여 즉시항고를 할 수 있다. 매수인 또는 매각허가를 주장하는 매수신고인은 매각허가에 정당한 이유가 없거나 결정에 적은 것 외의 조건으로 허가하여야 한다고 주장하는 때에 즉시항고를 할 수 있다(법 제129조제1항 · 제2항).

부동산에 대한 강제경매절차에 관한 업무의 대부분은 2005년 사법보좌관 제도가 마련된 뒤부터는 사법보좌관이 처리하고 있다. 매각허가 및 매각불허가에 관한 선고도 마찬가지이다.

법 제129조는 매각허가결정을 선고한 재판에 대하여 즉시항고를 할 수 있다고 규정하였다. 이에 대하여 「사법보좌관규칙」 제4조제1항은 "판사가 처리하는 경우에 항고 · 즉시항고 및 특별항고에 해당하는 처분에 대하여 사법보좌관이 처리하는 경우에는 이의신청을 할 수 있다."고 규정하였다.

위 규정들에 따르면 매각허가 여부의 결정 중 사법보좌관의 허가결정에 대하여는 법은 즉시항고로 불복할 수 있다고 규정함에도 불구하고 이의신청으로 불복하여야 한다.

「사법보좌관규칙」의 관련 규정

제2조(업무범위) ① 「법원조직법」 제54조제2항 각호의 업무 가운데 사법보좌관이 행할 수 있는 업무는 다음 각호와 같다.

1. 「민사소송법」 제110조 내지 제115조(「행정소송법」 제8조제2항, 「가사소송법」 제12조 및 「민사집행법」 제23조제1항의 규정에 따라 「민사소송법」 제110조 내지 제115조의 규정이 준용되는 경우를 포함한다)의 규정에 따른 소송비용액 또는 집행비용액 확정결정절차에서의 법원의 사무
2. 「민사소송법」 제462조 내지 제474조 및 「소송촉진 등에 관한 특례법」 제20조의2의 규정에 따른 독촉절차에서의 법원의 사무
3. 「민사소송법」 제477조 내지 제479조의 규정에 따른 공시최고에 관한 법원의 사무
3의2. 「소액사건심판법」 제5조의3 내지 제5조의8의 규정에 따른 이행권고결정절차에서의 법원의 사무
4. 「민사집행법」 제32조 및 제35조(동법 제57조의 규정에 따라 「민사집행법」 제32조 및 제35조의 규정이 준용되는 경우를 포함한다)의 규정에 따른 집행문부

여 명령에 관한 법원의 사무

5. 「민사집행법」 제70조 내지 제73조의 규정에 따른 채무불이행자명부등재절차에서의 법원의 사무

6. 「민사집행법」 제74조 및 제75조제1항의 규정에 따른 재산조회절차에서의 법원의 사무

7. 「민사집행법」 제78조 내지 제162조의 규정에 따른 부동산에 대한 강제경매절차 및 동법 제187조의 규정에 따른 자동차·건설기계·소형선박에 대한 강제경매절차에서의 법원의 사무. 다만, 다음 각목에 해당하는 사무를 제외한다.

　가. 「민사집행법」 제86조의 규정에 따른 경매개시결정에 대한 이의신청에 대한 재판

　나. 「민사집행법」 제136조의 규정에 따른 부동산의 인도명령 및 관리명령

8. 「민사집행법」 제193조의 규정에 따른 압류물의 인도명령, 같은 법 제214조의 규정에 따른 특별현금화명령 및 같은 법 제216조의 규정에 따른 매각실시명령에 관한 법원의 사무

9. 「민사집행법」 제223조 내지 제251조의 규정에 따른 채권과 그 밖의 재산권에 대한 강제집행절차에서의 법원의 사무. 다만, 다음 각목에 해당하는 사무를 제외한다.

　가. 「민사집행법」 제232조제1항 단서의 규정에 따른 채권추심액의 제한허가

　나. 「민사집행법」 제241조제1항의 규정에 따른 특별현금화명령

　다. 「민사집행법」 제246조제2항부터 제4항까지의 규정에 따른 압류금지채권의 범위변경

10. 「민사집행법」 제252조 내지 제256조의 규정에 따른 배당절차에 관한 법원의 사무

10의2. 「민사집행법」 제258조, 제259조의 규정에 따른 강제집행절차에서의 법원의 사무

11. 「민사집행법」 제264조 내지 제268조의 규정에 따른 부동산을 목적으로 하는 담보권의 실행을 위한 경매절차 및 동법 제270조의 규정에 따른 자동차·건설기계·소형선박을 목적으로 하는 담보권의 실행을 위한 경매절차에서의 법원의 사무. 다만, 제7호 가목 및 나목의 「민사집행법」 규정이 준용되는 사무를 제외한다.

12. 「민사집행법」 제271조 내지 제273조의 규정에 따른 유체동산, 채권과 그 밖

의 재산권을 목적으로 하는 담보권의 실행절차에 관한 법원의 사무 가운데 제
8호 내지 제10호의 「민사집행법」 규정이 준용되는 사무. 다만, 제9호 가목 내
지 다목의 「민사집행법」 규정이 준용되는 사무를 제외한다.

13. 「민사집행법」 제274조의 규정에 따른 유치권 등에 의한 경매절차에서의 법
원의 사무 가운데 제11호 및 제12호의 「민사집행법」 규정이 준용되는 사무.
다만, 제7호 가목·나목 및 제9호 가목 내지 다목의 「민사집행법」 규정이 준
용되는 사무를 제외한다.

14. 제7호 내지 제9호·제10의2호 내지 제13호의 규정에 따른 집행절차에서의
법원의 사무 가운데 다음 각목의 사무

가. 「민사집행법」 제49조의 규정에 따른 집행의 정지 및 제한

나. 「민사집행법」 제50조의 규정에 따른 집행처분의 취소 및 일시유지

다. 「민사집행법」 제52조제2항, 제3항의 규정에 따른 채무자 유산에 대한 강
제집행을 위한 특별대리인의 선임 및 개임

라. 「민사집행법」 제54조의 규정에 따른 군인·군무원에 대한 강제집행의 촉탁

마. 「민사집행법」 제266조(동법 제270조·제272조 및 제274조제1항의 규정
에 따라 준용되는 경우를 포함한다)의 규정에 따른 경매절차의 정지 및
경매절차의 취소·일시유지

15. 「민사집행법」 제287조제1항(「민사집행법」 제301조, 「가사소송법」 제63조의
규정에 의하여 준용되는 경우를 포함한다)의 규정에 따른 본안의 제소명령

16. 「민사집행법」(「가사소송법」 제63조의 규정에 의하여 준용되는 경우를 포함한
다)의 규정에 따른 가압류·가처분집행의 취소에 관한 법원의 사무

17. 「주택임대차보호법」 제3조의3 및 「상가건물임대차보호법」 제6조의 규정에
따른 임차권등기명령 및 그 집행의 취소에 관한 법원의 사무

18. 그 밖에 다른 법률에서 사법보좌관이 담당하는 것으로 규정하는 사무

19. 제1호 내지 제18호의 규정에 따른 처분에 잘못된 계산이나 기재 그 밖에 이
와 비슷한 잘못이 있음이 분명한 때에 직권으로 또는 당사자의 신청에 따라
이를 경정하는 사무

② 사법보좌관은 제1항 각호의 업무를 독립하여 처리한다.

제4조(즉시항고 등의 대상이 되는 처분에 대한 이의신청) ① 제2조제1항의 규정에
따른 사법보좌관의 처분중 단독판사 또는 합의부(다음부터 "단독판사 등"이라 한다)
가 처리하는 경우 항고·즉시항고 또는 특별항고의 대상이 되는 처분에 대하여는 제

2항 내지 제10항에서 규정하는 절차에 따라 이의신청을 할 수 있다.

② 제1항의 규정에 따른 이의신청은 이의신청대상이 되는 처분의 표시와 그 처분에 대한 이의신청 취지를 밝히는 방법으로 사법보좌관에게 하여야 한다. 다만, 제2조제1항 각호의 해당법률(이하 이 조에서 "해당법률"이라 한다)에서 이의신청 방법을 서면으로 한정한 때에는 이들 사항을 적은 서면을 사법보좌관에게 제출하여야 한다.

③ 제1항의 규정에 따른 처분 중 단독판사등이 처리하는 경우 즉시항고 또는 특별항고의 대상이 되는 처분에 대한 이의신청은 그 처분을 고지받은 날부터 7일 이내에 하여야 한다. 이 경우 그 기간은 불변기간42)으로 한다.

④ 제1항의 규정에 따라 이의신청을 하는 때에는 「민사소송 등 인지법」에서 정하는 인지를 붙일 필요가 없다.

⑤ 사법보좌관은 제2항의 규정에 따라 이의신청을 받은 때에는 이의신청사건을 지체 없이 소속법원의 단독판사등에게 송부하여야 한다.

⑥ 제5항의 규정에 따라 이의신청사건을 송부받은 단독판사등은 다음 각호의 규정에 따라 이를 처리하여야 한다. 이 경우 판사는 해당법률에 규정된 절차에 따라 사법보좌관의 처분의 집행을 정지하거나 그 밖의 필요한 처분을 할 수 있다.

  1. 이의신청이 제2항의 규정에 위배되는 경우에는 상당한 기간을 정하여 그 기간 내에 흠을 보정하도록 명할 것

  2. 이의신청인이 흠을 보정하지 아니하는 때와 이의신청기간을 경과한 때에는 결정으로 이의신청을 각하할 것. 이 경우 각하결정은 해당 법률에 규정된 불복신청에 대한 각하재판으로 본다.

  3. 이의신청이 이유 있다고 인정되는 때에는 사법보좌관의 처분을 경정할 것

  4. 사법보좌관의 처분 중 단독판사등이 처리하는 경우 특별항고의 대상이 되는 처분에 대한 이의신청이 이유 없다고 인정되는 때에는 결정으로 이를 각하할 것

  5. 사법보좌관의 처분 중 단독판사등이 처리하는 경우 항고 또는 즉시항고의 대상이 되는 처분에 대한 이의신청이 이유 없다고 인정되는 때에는 사법보좌관의 처분을 인가하고 이의신청사건을 항고법원에 송부할 것. 이 경우 이의신청은 해당법률에 의한 항고 또는 즉시항고로 본다.

  5-2. 제5호의 인가결정은 이의신청인에게 고지한다.

  6. 제5호의 경우 이의신청에 「민사소송 등 인지법」에서 정하는 인지가 붙어 있지 아니한 때에는 상당한 기간을 정하여 이의신청인에게 보정을 명하고 이의신청

인이 보정하지 아니한 때에는 이의신청을 각하할 것

⑦ 제6항제2호·제3호 및 제6호의 규정에 따른 재판에 대하여는 해당법률에서 정한 절차에 따라 불복할 수 있다.

⑧ 제6항제4호의 각하결정과 제6항제5호의 인가결정에 대하여는 불복할 수 없다.

⑨ 제6항제5호의 규정에 따라 이의신청사건을 송부받은 항고법원은 단독 판사 등이 한 인가처분에 대한 항고 또는 즉시항고로 보아 재판절차를 진행한다.

⑩ 이의신청의 요건 및 절차 등에 관하여는 그 성질에 반하지 아니하는 한 해당법률에서 정하고 있는 불복절차에 관한 규정을 준용한다.

「민사집행법」의 관련 규정

제130조(매각허가여부에 대한 항고) ① 매각허가결정에 대한 항고는 이 법에 규정한 매각허가에 대한 이의신청사유가 있다거나 그 결정절차에 중대한 잘못이 있다는 것을 이유로 드는 때에만 할 수 있다.

② 「민사소송법」 제451조제1항 각호[43]의 사유는 제1항의 규정에 불구하고 매각허가 또는 불허가결정에 대한 항고의 이유로 삼을 수 있다.

③ 매각허가결정에 대하여 항고를 하고자 하는 사람은 보증으로 매각대금의 10분의 1에 해당하는 금전 또는 법원이 인정한 유가증권을 공탁하여야 한다.

④ 항고를 제기하면서 항고장에 제3항의 보증을 제공하였음을 증명하는 서류를 붙이지 아니한 때에는 원심법원은 항고장을 받은 날부터 1주 이내에 결정으로 이를 각하하여야 한다.

⑤ 제4항의 결정에 대하여는 즉시항고를 할 수 있다.

⑥ 채무자 및 소유자가 한 제3항의 항고가 기각된 때에는 항고인은 보증으로 제공한 금전이나 유가증권을 돌려줄 것을 요구하지 못한다.

⑦ 채무자 및 소유자 외의 사람이 한 제3항의 항고가 기각된 때에는 항고인은 보증으로 제공한 금전이나 유가증권을 현금화한 금액 가운데 항고를 한 날부터 항고기각 결정이 확정된 날까지의 매각대금에 대한 대법원 규칙이 정하는 이율에 의한 금액

---

42) 불변기간(不變期間) : 늘이거나 줄일 수 없는 기간
43) 「민사소송법」 제451조제1항 각호 : 이는 재심사유를 말한다.

(보증으로 제공한 금전이나 유가증권을 현금화한 금액을 한도로 한다)에 대하여는 돌려줄 것을 요구할 수 없다. 다만, 보증으로 제공한 유가증권을 현금화하기 전에 위의 금액을 항고인이 지급한 때에는 그 유가증권을 돌려줄 것을 요구할 수 있다.

⑧ 항고인이 항고를 취하한 경우에는 제6항 또는 제7항의 규정을 준용한다.

판례

경매법원이 이해관계인 등에게 경매기일 등의 통지를 하지 아니하여 그가 경락허가결정에 대한 항고기간을 준수하지 못하였다면 특단의 사정이 없는 한 그 이해관계인은 자기 책임에 돌릴 수 없는 사유로 항고기간을 준수하지 못한 것으로 보아야 하며, 그러한 경우에는 형평의 원칙으로부터 인정된 구제방법으로서의 추완44)이 허용되어야 할 것이다(대법원 2001마1047).

항고법원이 집행법원의 결정을 취소하는 경우에 그 매각허부의 결정은 집행법원이 한다(법 제132조).

바. 매수인의 매각허가 취소신청

천재지변, 기타 자기가 책임질 수 없는 사유로 부동산이 현저하게 훼손된 사실 또는 부동산에 관한 중대한 권리관계가 변동된 사실이 매각허가 뒤에 밝혀진 때에는 매수인은 대금을 낼 때까지 매각허가결정의 취소신청을 할 수 있다. 이 결정에 대하여는 즉시항고를 할 수 있다(법 제127조제1항·제2항).

9. 매수대금의 지급

가. 매수대금 납부기한의 통지

매각허가결정이 확정되면 법원은 매수대금의 지급기한을 정하고, 이를 매수인과 차순위매수신고인에게 통지하여야 한다(법 제142조제1항).

---

44) 추완(追完) : 당사자가 책임질 수 없는 사유로 인하여 불변기간을 준수하지 못한 경우에 그 사유가 해소된 후 보완하는 것

매수대금의 납부기한은 매각허가결정이 확정된 날로부터 1월 안의 기간으로 정하여야 한다. 다만, 경매사건기록이 상급심법원에 있는 때에는 그 기록을 송부 받은 날로부터 1월 안의 날로 정하여야 한다(규칙 제78조).

나. 인수지급

매수인은 매수신청금액을 포함한 매수대금을 전액 현금으로 지급하여야 한다(법 제142조제3항).

매수인은 매각조건에 따라 부동산을 인수하는 외에 배당표의 실시에 관하여 매수대금의 한도에서 관계 채권자의 승낙이 있으면 대금의 지급에 갈음하여 채무를 인수할 수 있다. 다만, 매수인이 인수한 채무에 대하여 이의가 제기된 때에는 배당기일이 끝날 때까지는 그에 해당하는 금액을 내야 한다(법 제143조제1항·제3항).

다. 융자지급

매수대금을 지급할 때까지 매수인과 부동산을 담보로 제공받으려고 하는 사람이 합의하여 매수인 앞으로 소유권이전등기를 마침과 동시에 제1순위 저당권을 설정하는 방법으로 매수대금을 지급할 수 있다. 이 경우에 법원사무관등은 매수인이 지정하는 법무사나 변호사에게 촉탁등기의 신청을 위임하여야 한다(법 제144조제2항).

라. 배당채권자의 지급(차액지급)

채권자가 매수인인 경우에는 매각결정기일이 끝날 때까지 법원에 신고하고 자신이 배당받아야 할 금액과 매수보증금을 제외한 매수대금을 지급할 수 있다. 다만, 배당받아야 할 금액에 대하여 이의제기가 있으면 배당기일이 끝날 때까지는 그 배당예정금액도 내야 한다(법 제143조제2항·제3항). 실무에서는 이를 '차액지급'이라고 하는데, 상계(相計)에 의한 지급인 셈이다.

10. 매수대금 지급기한 후의 조치

가. 매수대금을 지급하지 아니한 경우

매수인이 매수대금을 모두 지급한 때에는 등기를 마치지 아니하더라도 그 즉시 해당 부동산의 소유권을 취득한다.

만약 매수인이 매수대금을 지급하지 아니한 경우에는 매수인의 매수신청보증금은 몰취된다(법 제138조제4항). 이 경우에는 차순위매수신고인에 대한 매각허가 여부를 결정한다(법 제137조).

　매수인이 매수대금을 전액 완납하면 차순위매수신고인은 이 때에 신청보증금을 반환받을 수 있다(법 제142조제6항).

나. 재매각

「민사집행법」의 관련 규정

제138조(재매각) ① 매수인이 대금지급기한 또는 제142조제4항의 다시 정한 기한까지 그 의무를 완전히 이행하지 아니하였고, 차순위매수신고인이 없는 때에는 법원은 직권으로 부동산의 재매각을 명하여야 한다.

　② 재매각절차에도 종전에 정한 최저매각가격, 그 밖의 매각조건을 적용한다.

　③ 매수인이 재매각기일의 3일 이전까지 대금, 그 지급기한이 지난 뒤부터 지급일까지의 대금에 대한 대법원규칙이 정하는 이율에 따른 지연이자와 절차비용을 지급한 때에는 재매각절차를 취소하여야 한다. 이 경우 차순위매수신고인이 매각허가결정을 받았던 때에는 위 금액을 먼저 지급한 매수인이 매매목적물의 권리를 취득한다.

　④ 재매각절차에서는 전의 매수인은 매수신청을 할 수 없으며 매수신청의 보증을 돌려 줄 것을 요구하지 못한다.

제142조(대금의 지급) ④ 매수신청의 보증으로 금전 외의 것이 제공된 경우로서 매수인이 매각대금중 보증액을 뺀 나머지 금액만을 낸 때에는 법원은 보증을 현금화하여 그 비용을 뺀 금액을 보증액에 해당하는 매각대금 및 이에 대한 지연이자에 충당하고, 모자라는 금액이 있으면 다시 대금지급기한을 정하여 매수인으로 하여금 내게 한다.

다. 매수대금 완납의 효과

　매수인이 매수대금을 모두 지급한 때에는 법원사무관등은 매수인 앞으로의 소유권이전등기 및 매수인이 인수하지 아니하는 등기의 말소등기를 촉탁하여야 한다. 이때에 경매개시결정등기도 함께 말소하도록 촉탁한다. 이들 등기에 필요한 비용은 모두 매수인이 부담한다.

　매수인이 인수하지 아니하는 등기라 함은, 경매개시결정등기보다 앞선 지상권·지역권·배당요구를 하지 아니한 전세권의 각 설정등기, 소유권이전청구권보전가등기, 임차권 및 가처분에 관한 등기를 말한다.

　매수대금을 완납한 매수인은 부동산의 불법점유자에 대한 부동산인도명령을 신청할 수 있다.

판례

가집행선고 있는 판결에 기한 강제집행은 확정판결에 기한 경우와 같이 본집행이므로, 상소심의 판결에 의하여 가집행선고의 효력이 소멸되거나 집행채권의 존재가 부정된다 하더라도 그에 앞서 이미 완료된 집행절차나 이에 기한 경락인(현행은 '매수인'이라 함)의 소유권 취득의 효력에는 아무런 영향을 미치지 아니한다 할 것이고, 다만, 강제경매가 반사회적 법률행위의 수단으로 이용된 경우에는 그러한 강제경매의 결과를 용인할 수 없다(대법원 93다3165).

---

11. 매각부동산의 관리명령 및 인도명령(引渡命令)

가. 부동산관리명령

　법원은 매수인 또는 채권자가 신청하면 매각허가가 결정된 후 인도할 때까지 관리인에게 부동산을 관리하게 할 수 있다(법 제136조제2항). 이 관리는 부동산의 인도명령에 준하도록 한다.

　인도명령 또는 관리명령에 대하여 채무자·소유자 및 점유자가 따르지 아니하면 매수인 또는 채권자는 그 집행을 집행관에게 위임할 수 있다(법 제136조제6항).

나. 부동산인도명령

　부동산의 매수인이 매수대금을 전부 지급하면 즉시 그 부동산의 소유권을 취득한다. 이 경우에 있어서 대다수의 부동산에는 그 부동산을 권원 없이 점유하는 사람이 있다. 이와 같은 불법점유자가 그 부동산을 스스로 인도(引渡)하지 아니하면 매수인으로서는 인도청구의 소라는 절차를 거쳐야만 부동산을 인도받을 수 있다. 소송절차는 오랜 기간이 필요하다. 따라서 법은 간이한 절차에 의하여 불법점유자를 내보낼 수 있도록 '부동산인도명령'이라는 제도를 마련하였다.

인도명령은 매수인이 대항력을 갖추지 못한 채무자·소유자·점유자를 상대로 매수대금을 완납한 때부터 6월 이내에 집행법원에 신청할 수 있다. 상대방은 현재 부동산을 직접 점유하고 있는 자이다.

판례

인도명령의 상대방은 경매목적물의 소유자나 채무자 외에도 경락허가결정(현행은 '매각허가결정'에 해당함) 후의 일반승계인, 경매개시결정으로 인한 압류의 효력발생 후의 특정승계인 및 불법점유자를 포함한다(대법원 73마734).

경매부동산의 인도청구는 매수인에게 허용된 경매절차상의 권리에 속하는 것이므로, 제3자가 매수인으로부터 경매부동산의 소유권을 취득하였다 하더라도 그 제3자가 승계를 이유로 인도청구를 할 수 없다(대법원 66마713).

인도명령신청서를 접수한 법원은 채무자 및 소유자 외의 점유자에 대하여 인도명령을 하기 위해서는 그 점유자를 심문하여야 한다. 다만, 그 점유자가 매수인에게 대항할 수 있는 권원에 의하여 점유하고 있지 아니함이 명백한 때 또는 그 점유자를 이미 심문한 때에는 그러하지 아니하다(법 제136조제4항).

인도명령신청에 대한 결정에는 즉시항고를 할 수 있다(법 제136조제5항). 이 결정은 판사가 담당하는 업무이다. 따라서 즉시항고장은 결정이 고지된 때로부터 7일 안에 제출하여야 하고, 다시 그로부터 10일 안에 항고이유서를 제출하여야 한다. 이 둘을 동시에 제출하여도 무방하다.

채무자, 소유자 또는 점유자가 인도명령에 따르지 아니할 때에는 매수인은 집행관에게 그 집행을 위임할 수 있다. 인도명령의 결정문이 집행권원이 되기 때문이다. 인도명령이 내려진 뒤에 부동산의 점유자가 바뀐 때에는 승계집행문을 부여받아 집행에 착수할 수 있다. 그러나 그 점유자가 상대방의 가족이거나 종업원 등 상대방과 동일시할 수 있는 사람인 경우에는 승계집행문이 필요하지 않다.

인도명령을 받은 상대방이 인도집행을 저지하기 위해서는 청구이의의 소 또는 제3자
이의의소를 제기하고, 법 제46조에 따른 잠정처분을 받아 집행관에게 제출하여야 한다.

판례

집행방법에 관한 이의는 강제집행의 방법이나 집행행위에 있어서 집행관이 준수할 집
행절차에 관한 형식적·절차상의 하자가 있는 경우에 한하여 집행당사자 또는 이해관
계가 있는 제3자가 집행법원에 대하여 하는 불복신청을 말하는 것으로, 집행법원이 그
재판 전에 강제집행의 일시정지의 처분을 하지 아니하는 한 집행정지의 효력이 없고,
이의 기각결정에 대한 즉시항고의 경우에도 법률에 특별한 규정이 있는 경우에 한하여
집행정지의 효력이 있으므로, 이미 강제집행이 종료된 후에는 집행방법에 관한 이의를
할 수 있을 뿐만 아니라 집행방법에 관한 이의신청사건이나 그 기각결정에 대한 즉시
항고사건이 계속중에 있는 때 강제집행이 종료된 경우에도 그 불허가를 구하는 이의신
청이나 즉시항고는 이의나 불복의 대상을 잃게 되므로, 이의나 항고의 이익이 없어 부
적법하게 되는바, 위와 같은 법리는 부동산인도명령에 대한 즉시항고의 경우에도 마찬
가지로 적용된다(대법원 2010마458).

부동산의 인도명령의 상대방이 채무자인 경우에 그 인도명령의 집행력은 당해 채무자
는 물론 채무자와 한 세대를 구성하여 독립된 생계를 영위하지 아니하는 가족과 같이
그 채무자와 동일시되는 사람에게도 미친다(대법원 96다30786).

유치권의 성립요건인 유치권자의 점유는 직접점유이든 간접점유이든 관계없지만, 유치
권자는 채무자의 승낙이 없는 이상 그 목적물을 타에 임대할 수 있는 처분권한이 없으
므로, 유치권자의 그러한 임대행위는 소유자의 처분권한을 침해하는 것으로써 소유자에
게 그 임대의 효력을 주장할 수 없고, 따라서 소유자의 동의 없이 유치권자로부터 유치
권의 목적물을 임차한 자의 점유는 "경락인(현행은 '매수인'에 해당함)에게 대항할 수
있는 권원"에 기한 것이라고 볼 수 없다(대법원 2002마3516).

주택임대차보호법에서 임차인에게 대항력과 우선변제권의 두 가지 권리를 인정하고 있

는 취지가 보증금을 반환받을 수 있도록 보장하기 위한 데에 있는 점을 고려하여 볼 때, 두 가지 권리를 가진 임차인이 우선변제권을 선택하여 임차주택에 대하여 진행되고 있는 경매절차에서 보증금에 대하여 배당요구를 하였다 하더라도 순위에 따른 배당을 실시할 경우 보증금 전액을 배당받을 수 없는 때에는 보증금 중 경매절차에서 배당받을 수 있는 금액을 공제한 잔액에 관하여 매수인에게 대항하여 이를 반환받을 때까지 임대차관계의 존속을 주장할 수 있고, 보증금 전액을 배당받을 수 있는 때에는 다른 특별한 사정이 없는 한 임차인이 경매절차에서 보증금 상당의 배당금을 지급받을 수 있는 때, 즉 임차인에 대한 배당표가 확정될 때까지는 매수인에 대하여 임차주택의 인도를 거절할 수 있다(대법원 97다11195).

(부동산인도명령신청서)

부 동 산 인 도 명 령 신 청

신 청 인(매수인)   성명 ○○○(-   )
                    주소
                    전화번호
피신청인(채무자)   성명 ○○○(-   )
                    주소
                    전화번호

신 청 취 지

○○지방법원 ○○지원 2024타경○○○호 부동산강제경매신청사건에 관하여 피신청인은 신청인에게 별지 목록 기재 부동산을 인도하라.
라는 재판을 구합니다.

신 청 이 유

1. 신청인은 ○○지방법원 ○○지원 2024타경○○○호 부동산강제경매신청사건의 경매절차에서 별지 목록 기재 부동산을 매수하였으며, 2024. ○. ○. 매수대금을 모두 지급하여 위 부동산의 소유권을 취득하였습니다.

2. 따라서 피신청인은 위 부동산을 신청인에게 인도할 의무가 있음에도 불구하고 정당한 이유 없이 인도를 거부하고 있으므로, 위 부동산을 인도받기 위하여 이 신청에 이르렀습니다.

첨 부 서 류

1. 부동산목록 1통.
1. 매수대금납부확인서 1통.
1. 송달료납부서 1통.

2024. ○. ○.

위 신청인(매수인) ○ ○ ○(인)

○○지방법원 ○○지원 귀중

* 인지대는 1,000원을 납부한다.
* 송달료는 당사자의 수 × 2회분 × 5,200원에 해당하는 금액을 예납한다.
* 인도명령은 확정이 필요하지 아니한 결정이지만, 상대방에 대하여 송달이 되어야 집행력이 생긴다. 따라서 상대방의 송달주소를 정확이 기재할 필요가 있다. 상대방의 가족이 생계를 같이 하는 사람인 경우에는 그들은 상대방으로 표시할 필요는 없다. 빌딩과 같이 점유자가 여러 명인 경우에도 하나의 신청서에 그들 상대방을 모두 피신청인으로 기재할 수 있다.
* 인도명령은 당사자를 심문하지 아니하므로, 1주 내지 2주 안에 명령이 결정된다.
* 인도명령을 신청할 수 있는 사람은 매수인과 그의 포괄승계인(상속인 또는 합병 후 존속하는 회사)에 한정된다. 따라서 특정승계인이나 매수인의 채권자(대위채권자)는 신청인이 될 수 없다.

12. 매각대금의 배당

가. 배당기일의 지정·통지 및 배당요구

매각대금이 지급되면 법원은 배당절차를 밟아야 한다. 매각대금으로 배당에 참가한 모든 채권자를 만족하게 할 수 없는 때에는 법원은 「민법」, 「상법」, 그 밖의 법률에 의한 우선순위에 따라 배당하여야 한다(법 제145조).

집행력 있는 정본을 가진 채권자, 경매개시결정이 등기된 뒤에 가압류를 한 채권자, 「민법」·「상법」, 그 밖의 법률에 의하여 우선변제청구권이 있는 채권자는 배당요구를 할 수 있다. 배당요구에 따라 매수인이 인수하여야 할 부담이 바뀌는 경우 배당요구를 한 채권자는 배당요구의 종기가 지난 뒤에는 이를 철회하지 못한다(법 제88조). 예를 들어, 최선순위의 전세권자가 배당요구를 하게 되면 전세권자는 배당을 받고 전세권은 말소가 되는데, 이러한 전세권자가 배당요구를 하였다가 철회하게 되면 매수인이 전세권을 인수하는 부담을 안게 되므로 배당요구의 종기 이후에는 배당요구를 철회하지 못하도록 규정한 것이다.

판례

배당요구를 함에 있어 채권액의 일부만을 배당요구 한 경우 배당요구의 종기 이후에는 증액하는 변경도 할 수 없다(대법원 2008다65242 판결).

매수인이 매각대금을 지급하면 법원은 배당에 관한 진술 및 배당을 실시할 기일을 정하고, 이해관계인과 배당을 요구한 채권자에게 통지하여야 한다. 다만, 채무자가 외국에 있거나 있는 곳이 분명하지 아니한 때에는 통지하지 아니한다(법 제146조). 여기에서 말하는 통지란 채권계산서를 작성하여 제출하라는 취지의 통지를 말한다.

배당요구는 채권(이자, 비용 및 그 밖의 부대채권을 포함한다)의 원인과 액수를 적은 서면으로 하여야 한다. 배당요구서에는 집행력 있는 정본 또는 그 사본, 그 밖에 배당요구의 자격을 소명하는 자료를 붙여야 한다(규칙 제48조).

배당요구와 관련하여 착오를 일으키는 일이 잦은 권리는 임차권이다. 특히 주택과 상가건물의 임차권이 그러하다. 이들과 관련한 내용들을 정리해본다.

임차인이 경매절차에서 권리행사를 할 수 있는 모습은 임차권의 공시방법에 따라 약간의 차이가 있다.

주택임대차에서 공시방법의 모습을 구분하면, ① 등기된 임차권, ② 등기하지는 않았으나 대항력을 갖춘 임차권(주민등록+주택의 점유), ③ 등기하지는 않았으나, 대항력 및 우선변제권을 모두 갖춘 임차권(주민등록+주택의 점유+확정일자), ④ 아무런 대항력도 갖추지 못한 임차권으로 나누어 볼 수 있다.

여기에서의 대항력이라고 함은 경매개시결정등기가 마쳐지는 때를 기준으로 주민등록 전입신고의 다음 날과 주택의 인도를 받은 날 중 나중의 날에 대항력을 갖춘다. 이때부터는 등기된 임차권과 동일한 효력을 갖는다.

소액임차인이 최우선변제권을 행사하기 위해서는 ㉮ 「주택임대차보호법 시행령」이 각 지역별로 정하는 소액임차인의 범위에 포함되어야 하며, ㉯ 경매개시결정등기 전까지 대항력을 취득했으면서 배당요구의 종기까지 이를 유지하여야 하고, ㉰ 배당요구를 하여야 한다. 확정일자는 요구하지 않는다.

소액임차인의 범위에 포함되지 아니하는 주택임차인으로서 우선변제권을 행사하기 위하여는 위 ㉯와 ㉰ 외에 확정일자라는 요건이 필요하며, 이 확정일자는 경매개시결정등기 전에 받아두었어야 한다.

임차권등기명령에 따라 등기를 마친 임차인은 그 등기가 경매개시결정등기 전에 마쳐진 경우에는 배당요구를 하지 않더라도 배당절차에서 배당을 받는 채권자가 되며, 만약 배당절차에서 임대차보증금 전액을 변제받지 못하면 그 나머지 임대차보증금은 경매절차의 매수인이 임대인의 지위를 승계한다. 이때 그 나머지 임대차보증금으로 대항할 수 있는 임차인이란, (근)저당권, (가)압류, 담보가등기, 경매개시결정등기 중 가장 먼저 등기된 권리보다 대항요건을 먼저 갖춘 임차인을 말한다. 즉 이 경우의 임차인은 유치권자와 유사한 지위를 갖게 된다.

판례

근저당권이 확정되면 그 이후에 발생한 원금채권은 그 근저당권에 의하여 담보되지 않는 것인바, 근저당권자 자신이 그 피담보채무의 불이행을 이유로 경매신청을 한 때에는 경매신청시에 근저당권은 확정된다고 보는 것이 타당하다(대법원 87다카545).

저당권의 피담보채무의 범위에 관하여, 민법 제360조가 지연배상에 대하여는 원본의 이행기일을 경과한 후의 1년분에 한하여 저당권을 행사할 수 있다고 규정하고 있는 것은 저당권자의 제3자에 대한 관계에서의 제한이며, 채무자가 저당권자에 대하여 대항할 수 있는 것이 아니다(대법원 90다8855).

배당요구와 관련하여 각 권리자의 지위를 정리하면 다음과 같다.

① 경매개시결정등기일자보다 빠른 등기부상의 권리자(이하 '선순위 권리자'라 한다)로서 소멸되는 권리를 가진 자(저당권자, 압류채권자 및 조세채권에 따른 압류권자)는 배당요구를 하지 않더라도 배당을 받을 수 있다.

② 선순위권리자 중 가등기담보권자는 배당요구를 하여야만 배당절차에 참가할 수 있다.

③ 선순위권리자 중 전세권자는 배당요구를 하는 경우에만 배당절차에 참가할 수 있다.

④ 경매개시결정등기의 선후와 비교할 것도 없이 우선변제권이 있는 미등기 임차권자, 임금 등 근로관계 채권자, 이른바 4대보험(고용ㆍ건강ㆍ연금ㆍ산업재해보상보험) 채권자는 배당요구를 하여야 배당절차에 참가할 수 있다.

⑤ 경매개시결정등기보다 늦은 조세압류채권자는 교부청구를, 가압류채권자는 배당요구를 하여야만 각각 배당절차에 참가할 수 있다.

⑥ 나머지 일반채권자(집행력 있는 정본을 가졌으나, 우선변제권 없는 채권자, 벌금, 추징금 및 과태료 등) 및 경매개시결정등기보다 후순위이면서 등기된 임차권자ㆍ전세권자ㆍ가등기담보권자는 배당요구를 하여야만 배당절차에 참가할 수 있다.

⑦ 선박우선특권자도 배당요구를 하여야만 배당절차에 참가할 수 있다.

⑧ 가처분권리자와 순위보전가등기권리자는 그 등기가 소멸되는 경우에도 배당절차에 참가할 수 없다.

(배당요구신청서)

배 당 요 구 신 청

사　건　　　　　2024타경○○○○호 부동산강제경매
채권자　　　　　○○○
　　　　　　　　주소
채무자　　　　　○○○
　　　　　　　　주소
배당요구채권자　○○○(　　　－　　　)
　　　　　　　　주소

배당요구 채권의 표시

돈 25,000,000원(○○지방법원 2023가단○○○호 집행력 있는 판결정본) 및 이에 대한 2023. ○. ○.부터 배당실시일까지 연 12%의 비율로 계산한 지연손해금

신 청 원 인

배당요구채권자는 채무자에 대하여 위 배당요구 채권에 기재한 채권을 가지고 있으므로, 배당을 실시하여 주시기 바랍니다.

첨 부 서 류

1. 집행력 있는 판결정본 1통.

2024. ○. ○.

위 신청인(배당요구채권자)　○ ○ ○(인)

○○지방법원 ○○지원 귀중

* 이 신청서에는 500원짜리 인지를 붙이면 된다.
* 배당요구채권자가 가압류채권자 등 부동산등기사항전부증명서에 표시된 이해관계인이면 부동산
  등기사항전부증명서를 붙이면 된다.

(채권계산서)

채 권 계 산 서

사 건   2024타경○○○호 부동산 담보권실행을 위한 경매
채권자   ○ ○ ○
채무자   ○ ○ ○
배당요구채권자   ○ ○ ○

위 사건에 관하여 배당요구채권자는 다음과 같이 채권계산서를 제출합니다.

다   음

원금 : 돈 50,000,000원
이자 : 돈 500,000원(2021. ○. ○.부터 2023. ○. ○.까지 연 12%의 비율에 의한
       지연손해금)

2024. ○. ○.

위 배당요구채권자 ○ ○ ○(인)

○○지방법원 귀중

---

* 이 채권계산서는 배당요구신청서에 첨부하는 문서에 불과한 것이므로, 별도의 비용은 지출하지
  않는다.
* 배당기일이 정해지면 법원사무관등이 각 채권자에게 원금, 배당기일까지의 이자, 그 밖의 부대
  채권 및 집행비용을 적은 계산서를 1주일 안에 제출하도록 최고한다.

(권리신고 및 배당요구 신청서)

권리신고 및 배당요구 신청

사건번호   2024타경○○호 부동산강제경매
채 권 자   ○○○
채 무 자   ○○○
소 유 자   ○○○
신 청 인   성명 홍길동
(임차인)   주민등록번호
          주소
          전화번호
          전자우편주소

임차인은 이 사건 매각절차에서 임차보증금을 반환받기 위하여 아래와 같이 권리신고 및 배당요구를 신청합니다.

1	임차부분	전부, 일부(층 전부), 일부(층 중 ㎡)
2	임차보증금 및 차임	보증금 원에 월세 원
3	점유(임대차)기간	20 . . .부터 20 . . .까지
4	사업자등록신청일	20 . . .
5	확정일자	20 . . .
6	임차권(전세권)등기	유(20 . . .), 무
7	계약일	20 . . .
8	계약당사자	임대인(소유자) : 임차인 :
9	건물의 인도일	20 . . .

첨 부 서 류

1. 임대차계약서 사본 1통.
1. 부동산등기사항전부증명서 1통.

2024. ○. ○.

권리신고 겸 배당요구 신청인 홍 길 동(인)

○○지방법원 ○○지원 귀중

* 임차한 건물이 어떤 사정으로 인하여 경매가 진행되는 경우에 상가건물임차인의 지위에서 권리 신고와 동시에 배당요구를 하는 경우의 서식이다. 수입인지는 500원짜리를 붙인다.

* 임차인은 집행관의 현황조사 단계에서 집행관의 조사에 의하여 경매법원에 보고가 되므로, 배당 요구를 하라는 통지를 받게 된다. 이 경우 배당요구의 종기(終期)까지는 이 신청서를 제출하여야 만 배당을 받을 수 있다. 이 절차는 강제경매와 담보권실행을 위한 경매(임의경매)가 동일하다.

* 임차부분이 건물의 일부이면서 한 개의 층을 전부 임차한 경우가 아니면 임차부분을 특정할 수 있는 내부의 구조도를 붙여야 한다.

* 상가건물의 대항력 및 우선변제권은 사업자등록신청, 점유 및 확정일자에 의하여 결정된다.

* 배당요구를 해야만 배당을 받는 채권자는 당연히 말소되지 않는 전세권자, 가등기담보권자, 우 선변제권이 있는 임차권자(주택 · 상가건물), 집행력 있는 정본을 가진 채권자, 경매개시결정등 기 뒤에 가압류를 한 채권자, 최종 3월분의 임금채권자 및 최종 3년분의 퇴직금채권자 등이다.

나. 배당할 금액(배당재단)

「민사집행법」의 관련 규정

제147조(배당할 금액 등) ① 배당할 금액은 다음 각호에 규정한 금액으로 한다.

1. 대금

2. 제138조제3항 및 제142조제4항의 경우에는 대금지급기한이 지난 뒤부터 대금의 지급·충당까지의 지연이자

3. 제130조제6항의 보증(제130조제8항에 따라 준용되는 경우를 포함한다.)

4. 제130조제7항 본문의 보증 가운데 항고인이 돌려줄 것을 요구하지 못하는 금액 또는 제130조제7항 단서의 규정에 따라 항고인이 낸 금액(각각 제130조제8항에 따라 준용되는 경우를 포함한다.)

5. 제138조제4항의 규정에 의하여 매수인이 돌려줄 것을 요구할 수 없는 보증(보증이 금전 외의 방법으로 제공되어 있는 때에는 보증을 현금화하여 그 대금에서 비용을 뺀 금액)

② 제1항의 금액 가운데 채권자에게 배당하고 남은 금액이 있으면, 제1항제4호의 금액의 범위 안에서 제1항제4호의 보증 등을 제공한 사람에게 돌려준다.

③ 제1항의 금액 가운데 채권자에게 배당하고 남은 금액으로 제1항제4호의 보증 등을 돌려주기 부족한 경우로서 그 보증 등을 제공한 사람이 여럿인 때에는 제1항제4호의 보증 등의 비율에 따라 나누어 준다.

법 제147조제1항제1호의 '대금'은 매각대금을 말한다. 위 같은 항제2호가 규정하는 내용은 이러하다. 매수인이 재매각기일의 3일 이전까지 대금, 그 지급기한이 지난 뒤부터 지급일까지의 대금에 대한 대법원규칙이 정하는 이율에 따른 지연이자와 절차비용을 지급한 때에는 재매각절차를 취소하여야 하는데, 이때 발생한 지연이자 및 매수신청의 보증으로 금전 외의 것이 제공된 경우로서 매수인이 매각대금 중 보증액을 뺀 나머지 금액만을 낸 때에는 법원은 보증을 현금화하여 그 비용을 뺀 금액을 보증액에 해당하는 매각대금 및 이에 대한 지연이자에 충당하고, 모자라는 금액이 있으면 다시 대금지급기한을 정하여 매수인으로 하여금 내게 해야 하는데, 이때 발생한 지연이자를 배당재단에 포함시켜야 함을 의미한다.

위 같은 항제3호가 규정하는 내용은 이러하다. 매각허가 여부에 대한 항고절차에서 매각허가결정에 대하여 항고를 하고자 하는 사람은 보증으로 매각대금의 10분의 1에 해당하는 금전 또는 법원이 인정한 유가증권을 공탁하여야 한다. 채무자 및 소유자가 한 제3항의 항고가 기각된 때에는 항고인은 보증으로 제공한 금전이나 유가증권을 돌려줄 것을 요구하지 못한다. 항고인이 항고를 취하한 경우에도 마찬가지인데, 이렇게 몰취한 항고보증금은 배당재단에 편입시켜야 함을 뜻한다.

위 같은 항제4호가 규정하는 내용의 의미는 이러하다. 매각허가 여부에 대한 항고절차에서 채무자 및 소유자 외의 사람이 한 항고가 기각된 때에는 항고인은 보증으로 제공한 금전이나 유가증권을 현금화한 금액 가운데 항고를 한 날부터 항고기각결정이 확정된 날까지의 매각대금에 대한 대법원규칙이 정하는 이율에 의한 금액(보증으로 제공한 금전이나 유가증권을 현금화한 금액을 한도로 한다)에 대하여는 돌려줄 것을 요구할 수 없다. 항고인이 항고를 취하한 경우에도 마찬가지인데, 이와 같이 돌려달라고 요구하지 못하는 이율에 해당하는 금액은 배당재단에 포함시켜야 한다는 의미이다.

위 같은 항제5호가 규정하는 내용의 의미는 이러하다. 재매각절차에서는 전의 매수인은 매수신청을 할 수 없으며, 매수신청의 보증을 돌려줄 것을 요구하지 못하는데, 이 보증금은 배당재단에 편입시켜야 함을 뜻한다.

다. 배당표의 작성

법원은 채권자와 채무자에게 보여주기 위하여 배당기일의 3일 전에 배당표 원안을 작성하여 법원에 비치하여야 한다(법 제149조제1항).

배당표에는 매각대금, 채권자의 채권 원금·이자·비용·배당의 순위와 배당의 비율을 적어야 한다. 출석한 이해관계인과 배당을 요구한 채권자가 합의한 때에는 이에 따라 배당표를 작성하여야 한다(법 제150조).

법원은 출석한 이해관계인과 배당을 요구한 채권자를 심문하여 배당표를 확정하여야 한다(법 제149조제2항).

라. 배당이의

배당기일에 출석한 채무자는 채권자의 채권 또는 그 채권자의 순위에 대하여 이의할 수 있다. 이에도 불구하고 채무자는 법 제149조제1항에 따라 법원에 배당표 원안이 비치된 때부터 배당기일이 끝날 때까지 채권자의 채권 또는 그 채권의 순위에 대하여 서면으로 이의할 수 있다. 기일에 출석한 채권자는 자기의 이해에 관계되는 범위 안에서 다른 채권자를 상대로 그의 채권 또는 그 채권의 순위에 대하여 이의할 수 있다(법 제151조). 따라서 채권자는 배당기일에 출석한 자리에서만 이의를 제기할 수 있다. 그리고 채권자의 배당액이 증액하지 않는 사유는 이의사유가 되지 않는다.

이의에 관계된 채권자는 이에 대하여 진술하여야 한다. 그 이의가 정당하다고 관계인이 인정하거나 다른 방법으로 합의한 때에는 이에 따라 배당표를 경정하여 배당을 실시하여야 한다. 이의가 완결되지 아니한 때에는 이의가 없는 부분에 한하여 배당을 실시하여야 한다(법 제152조).

기일에 출석하지 아니한 채권자는 배당표와 같이 배당을 실시하는 데에 동의한 것으로 본다. 그러나 기일에 출석하지 아니한 채권자가 다른 채권자가 제기한 이의에 관계된 때에는 그 채권자는 이의가 정당하다고 인정하지 아니한 것으로 본다(법 제153조).

마. 배당의 실행

채권 전부의 배당을 받을 채권자에게는 배당액지급증을 교부하는 동시에 그가 가진 집행력 있는 정본 또는 채권증서를 받아 채무자에게 교부하여야 한다. 채권 일부의 배당을 받을 채권자에게는 집행력 있는 정본 또는 채권증서를 제출하게 한 뒤 배당액을 적어서 돌려주고, 배당액지급증을 교부하는 동시에 영수증을 받아 채무자에게 교부하여야 한다(법 제159조제2항 · 제3항).

바. 배당금의 공탁

┌───┐

「민사집행법의 관련 규정」

제160조(배당금액의 공탁) ① 배당을 받아야 할 채권자의 채권에 대하여 다음 각호 가운데 어느 하나의 사유가 있으면 그에 대한 배당액을 공탁하여야 한다.
  1. 채권에 정지조건 또는 불확정기한이 붙어 있는 때
  2. 가압류채권자의 채권인 때
  3. 제49조제2호 및 제266조제1항제5호에 규정된 문서가 제출되어 있는 때
     ↳제49조제2호는 강제집행의 일시정지를 명한 취지를 적은 재판의 정본을 말하고, 제266조제1항제5호는 담보권 실행을 일시정지하도록 명한 재판의 정본을 말한다.
  4. 저당권설정의 가등기가 마쳐져 있는 때
  5. 제154조제1항에 의한 배당이의의 소가 제기된 때
  6. 「민법」 제340조제2항 및 같은 법 제370조에 따른 배당금액의 공탁청구가 있는 때
     ↳「민법」 제340조제2항은 질권자의 공탁청구를, 같은 법 제370조는 저당권자의 공탁청구를 각각 규정하였다.
② 채권자가 배당기일에 출석하지 아니한 때에는 그에 대한 배당액을 공탁하여야 한다.

└───┘

사. 추가배당의 실시

「민사집행법」의 관련 규정

제161조(공탁금에 대한 배당의 실시) ① 법원이 제160조제1항의 규정에 따라 채권자에 대한 배당액을 공탁한 뒤 공탁의 사유가 소멸한 때에는 법원은 공탁금을 지급하거나 공탁금에 대한 배당을 실시하여야 한다.

② 제1항에 따라 배당을 실시함에 있어서 다음 각호 가운데 어느 하나에 해당하는 때에는 법원은 배당에 대하여 이의하지 아니한 채권자를 위하여서도 배당표를 바꾸어야 한다.

    1. 제160조제1항제1호 내지 제4호의 사유에 따른 공탁에 관련된 채권자에 대하여 배당을 실시할 수 없게 된 때

    2. 제160조제1항제5호의 공탁에 관련된 채권자가 채무자로부터 제기당한 배당이의의 소에서 진 때

    3. 제160조제1항제6호의 공탁에 관련된 채권자가 저당물의 매각대가로부터 배당을 받은 때

③ 제160조제2항의 채권자가 법원에 대하여 공탁금의 수령을 포기하는 의사를 표시한 때에는 그 채권자의 채권이 존재하지 아니하는 것으로 보고 배당표를 바꾸어야 한다.

④ 제2항 및 제3항의 배당표 변경에 따른 추가 배당기일에 제151조의 규정에 따라 이의할 때에는 종전의 배당기일에서 주장할 수 없었던 사유만을 주장할 수 있다.

아. 배당을 받을 수 있는 사람의 범위

「민사집행법」의 관련 규정

제148조(배당받을 채권자의 범위) 제147조제1항에 규정한 금액을 배당받을 채권자는 다음 각호에 규정된 사람으로 한다.
1. 배당요구의 종기까지 경매신청을 한 압류채권자
2. 배당요구의 종기까지 배당요구를 한 채권자
3. 첫 경매개시결정등기 전에 등기된 가압류채권자
4. 저당권·전세권, 그 밖의 우선변제청구권으로서 첫 경매개시결정등기 전에 등기되었고 매각으로 소멸하는 것을 가진 채권자

판례

등기는 물권의 효력발생요건이고 존속요건이 아니어서 등기가 원인 없이 말소된 경우에는 그 물권의 효력에 아무런 영향이 없고, 그 회복등기가 마쳐지기 전이라도 말소된 등기의 등기명의인은 적법한 권리자로 추정되므로, 근저당권설정등기가 위법하게 말소되어 회복등기를 경료하지 못한 연유로 그 부동산에 대한 경매절차의 배당기일에서 피담보채권액에 해당하는 금액을 배당받지 못한 근저당권자는 배당기일에 출석하여 이의를 하고, 배당이의의 소를 제기하여 구제받을 수 있고, 가사 배당기일에 출석하지 않음으로써 배당표가 확정되었다고 하더라도 확정된 배당표에 의하여 배당을 실시하는 것은 실체법상의 권리를 확정하는 것이 아니기 때문에 위 경매절차에서 실제로 배당받은 자에 대하여 부당이득반환청구로써 배당금의 한도 내에서 그 근저당권설정등기가 말소되지 아니하였더라면 배당받았을 금액의 지급을 구할 수 있다(대법원 2000다59676).

자. 배당의 순위

법은 배당받을 채권자의 범위에 관하여는 제148조에서 규정하였지만, 그들 채권이 경합하는 경우에 배당받는 순위에 관하여는 아무런 규정을 두지 않았다.

부동산의 매각대금 등으로 구성된 배당재단의 돈으로 경매의 실행비용과 모든 배당채권자들의 채권을 만족시킬 수 있는 경우라면 배당의 순위를 따질 필요가 없겠지만, 배당재단의 돈이 부족할 때에는 반드시 법률의 규정에 근거하여 배당의 순위를 정하여야 하고, 법률의 규정에 의해서도 순위를 정하기 어려운 때에는 대법원의 견해(판례)에 의존하여 그 순위를 결정할 수밖에 없다.

이하 나열하는 순위는 각 법률의 규정과 대법원의 입장을 정리한 것이다. 다만, 같은 순위의 그룹 안에서는 선후가 없다.

① 제1순위 : 경매실행비용
② 제2순위 : 당해 부동산의 제3취득자가 당해 부동산에 대하여 지출한 필요비, 유익비
③ 제3순위 : 소액임차인의 최우선변제권이 있는 임차보증금반환청구채권 중 일정액, 최종 3월분의 임금채권, 최종 3년분의 퇴직금·재해보상금채권
④ 제4순위 : 당해세, 일반조세, 일반임금, 담보물권으로 담보된 채권, 우선변제권이 있는 임차인의 보증금반환청구채권, 공과금채권
⑤ 제5순위 : 일반채권, 과태료채권, 벌금 등 재산형에 해당하는 채권

판례

부동산경매의 배당절차에 있어서 「주택임대차보호법」 제8조의 규정에 의한 보증금 중 일정액과 「근로기준법」 제37조제2항에 규정된 최종 3월분의 임금, 최종 3년간의 퇴직금 재해보상금채권이 서로 경합하는 경우, 두 채권은 모두 우선채권으로서 양법 다 같이 상호간의 우열을 정하고 있지 아니하며, 양쪽의 입법취지를 모두 존중할 필요가 있으므로, 상호 등등한 순위의 채권으로 보아 배당을 실시하여야 한다(재판예규 재민 91-2).

근로기준법의 규정에는 최우선변제권이 있는 채권으로 원본채권만을 열거하고 있으므로, 임금 등에 대한 지연손해금에 대한 채권에는 최우선변제권이 인정되지 않는다(대법

원 99마5143).

근로기준법 제38조제2항은 최종 3개월분의 임금채권이 같은 조제1항에도 불구하고 사용자의 총재산에 대하여 질권 또는 저당권에 따라 담보된 채권에 우선하여 변제되어야 한다고 규정하고 있을 뿐 사용자가 사용자 지위를 취득하기 전에 설정한 질권 또는 저당권에 따라 담보된 채권에 우선하여 변제받을 수 없는 것으로 규정하고 있지 아니하므로, 최종 3개월분의 임금채권은 사용자의 총재산에 대하여 사용자가 사용자 지위를 취득하기 전에 설정한 질권 또는 저당권에 따라 담보된 채권에도 우선하여 변제되어야 한다(대법원 2011다68777).

부동산에 대하여 가압류등기가 먼저 되고 나서 근저당권설정등기가 마쳐진 경우에, 그 근저당권등기는 가압류에 의한 처분금지의 효력 때문에 그 집행보전의 목적을 달성하는 데 필요한 범위 안에서 가압류채권자에 대한 관계에서만 상대적으로 무효이다.
위의 경우 가압류채권자와 근저당권자 및 근저당권설정등기 후 강제경매신청을 한 압류채권자 사이의 배당관계에 있어서 근저당권자는 선순위 가압류채권자에 대하여는 우선변제권을 주장할 수 없으므로, 1차로 채권액에 따른 안분비례(按分比例)에 의하여 평등배당을 받은 다음 후순위 경매신청 압류채권자에 대하여는 우선변제권이 인정되므로, 경매신청 압류채권자가 받을 배당액으로부터 자기의 채권액을 만족시킬 때까지 이를 흡수하여 배당받을 수 있다(94마417).

13. 배당이의의 소

집행력 있는 집행권원의 정본을 갖지 아니한 채권자(가압류채권자를 제외한다)에 대하여 이의한 채무자와 다른 채권자에 대하여 이의한 채권자는 배당이의의 소를 제기하여야 한다(법 제154조제1항).

여기에서 말하는 이의는 '배당표에 대한 이의'를 말한다. 소를 제기할 수 있는 사유는 피고에게는 채권이 없다거나 피고에 대한 배당액이 너무 많다는 이유 및 배당의 순위가 잘못되었다는 것 등의 사유이다.

법 제154조제1항이 집행력 있는 정본을 갖지 아니한 배당요구채권자들 중에서 가압류채권자만을 제외하고 있는데, 가압류채권자에게는 우선변제권도 없기 때문에 별도의 본안소송으로 다투라는 뜻이다.

법 제154조제1항은 "다른 채권자에 대하여 이의한 채권자는 배당이의의 소를 제기하여야 한다."고 규정하고 있어 마치 채권자가 채무자를 상대로 하는 소송을 제기할 수 없는 것처럼 해석될 여지가 있다. 그러나 배당하고도 남는 돈이 채무자(종전의 소유자)에게 지급되는 것으로 배당표가 작성되었음에도 채권자로서는 자기에게 배당될 것으로 예정된 배당액에 불만이 있으면 채무자를 피고로 하는 배당이의의 소를 제기할 수 있다.

판례

제3자 소유의 물건이 채무자 소유로 오인되어 강제집행의 목적물로써 매각된 경우에도 그 제3자는 경매절차의 이해관계인에 해당하지 아니하므로, 배당기일에 출석하여 배당표에 대한 이의를 신청하였다고 하더라도 이는 부적법한 이의신청에 불과하고, 그 제3자에게 배당이의의 소를 제기할 원고적격이 없다(2001다63155).
↳이 경우에 제3자로서는 제3자이의의 소를 제기하고, 그와 동시에 또는 그 후에 집행절차를 정지케 하는 잠정처분을 신청하여야 할 것이다.

배당이의의 소는 타 채권자가 배당표에 따라 배당을 받는 것을 저지하고 원고 주장과 같은 배당액의 확정액을 구하는 데 목적이 있는 것이므로, 설사 배당법원의 잘못에 기인한 것이라고 하더라도 이미 배당이 실시되어 배당절차가 종결된 이상 배당이의의 소를 제기할 실익이 없다 할 것이므로, 다른 절차에 의하여 구제를 받는 것은 별문제로 하고, 소의 이익이 없다(65다647).

채무자가 집행력 있는 집행권원의 정본을 가진 채권자를 상대로 이의를 한 경우에는 청구이의의 소를 제기하고, 소를 제기한 사실을 증명하는 서면을 1주일 이내에 제출하여야 배당을 보류시킬 수 있다. 배당이의의 소를 제기한 경우에도 마찬가지이다. 1주일 이내에 소제기증명원을 제출하지 아니하면 이의를 취하한 것으로 본다(법 제154조제3항).

이의한 채권자가 법 제154조제3항의 기간을 지키지 아니한 경우에도 배당표에 따른 배당을 받은 채권자에 대하여 소로 우선권 및 그 밖의 권리를 행사하는 데 영향을 미치지 아니한다(법 제155조). 여기에서 말하는 소는 부당이득반환청구의 소 등 실체법상의 소를 의미한다.

배당이의의 소는 배당을 실시한 집행법원이 속한 지방법원의 전속관할로 한다. 다만, 소송물이 합의부의 사건 및 합의부에 병합될 사건은 그 법원의 합의부가 관할하지만, 당사자의 합의에 의하여 단독판사가 관할하게 할 수 있다(법 제156조).

이의한 사람이 배당이의의 소에 관한 첫 변론기일에 출석하지 아니한 때에는 소를 취하한 것으로 본다(법 제158조). 이 규정은 「민사소송법」상의 규정에 대한 특칙이다.

배당이의의 소에 대한 판결에서는 배당액에 대한 다툼이 있는 부분에 관하여 배당을 받을 채권자와 그 액수를 정하여야 한다. 이를 정하는 것이 적당하지 아니하다고 인정하는 때에는 판결에서 배당표를 다시 만들고 다른 배당절차를 밟도록 명하여야 한다(법 제157조).

판례

통정(通情)한 허위의 의사표시는 당사자 사이에서는 물론 제3자에 대하여도 무효이고, 선의의 제3자에 대하여만 이를 대항하지 못한다고 할 것이므로, 채권자취소의 소로써 취소되지 않았다 하더라도 그 무효를 주장하여 그에 기한 채권의 존부, 범위, 순위에 관한 배당이의의 소를 제기할 수 있다(2000다9611).

채권자가 제기한 배당이의의 소는 대립하는 당사자인 채권자들 사이의 배당액을 둘러싼 분쟁을 해결하는 것에 지나지 아니하고, 그 판결의 효력은 오직 소송당사자인 채권자들 사이에만 미칠 뿐이므로, 배당이의소송의 판결에서 계쟁 배당부분에 관하여 배당받을 채권자와 그 수액(數額)을 정함에 있어서는 피고의 채권이 존재하지 않는 것으로 인정되는 경우에도 이의신청을 하지 아니한 다른 채권자의 채권을 참작함이 없이 그 계쟁 배당부분을 원고가 가지는 채권액의 한도 내에서 구하는 바에 따라 원고의 채권액으로 하고, 그 나머지 부분은 피고의 채권액으로 유지함이 상당하다(98다3818).

배당이의의 소에서 원고의 청구를 인용한 판결은 원고가 채권자인 경우에는 원고와 피고 사이에만 효력이 있다. 그러나 채무자가 원고로서 승소한 경우에는 그 판결의 효력은 모든 채권자에게 미친다. 따라서 배당에 이의를 하지 아니한 채권자에 대해서도 배당표를 변경할 수 있다.

(배당이의의 소장)

소   장

원고   성명   김○○(-   )
                  주소
                  전화번호
                  전자우편주소

피고   1.   성명   이○○(-   )
                  주소
                  전화번호

피고   2.   성명   박○○(-   )
                  주소
                  전화번호

청 구 취 지

1. 위 당사자 사이의 ○○지방법원 2024타경○○○호 부동산강제경매신청사건의 배당
에 관하여 법원이 작성한 배당표를 변경하여 원고에게 돈 55,000,000원을 배당한다.
2. 소송비용은 피고들의 부담으로 한다.
라는 판결을 구합니다.

청 구 원 인

1. 원고는 2024. ○. ○. 귀원에서 실시한 2024타경○○○호 부동산강제경매신청사건
에 관하여 돈 55,000,000원을 원고에게 배당하여 줄 것을 신청한 사실이 있습니다.
2. 그런데 집행법원에서는 존재하지 아니하는 채권으로 배당을 신청한 피고 박○○의 채권을
채무자인 피고 이○○가 승인하자 위 박○○에게 돈 60,000,000원을 배당하는 내용의
배당표를 작성하였습니다.
3. 그 결과 원고는 원고가 배당받아야 할 돈에서 30,000,000원이 부족한 돈 25,000,000원
만을 배당받는 것으로 배당표가 작성되었고, 피고들은 부당한 방법(통정허위표시에 의한

사해행위)으로 배당받을 돈을 나누기로 약정을 하였습니다.
4. 따라서 배당표의 변경을 구하기 위하여 이 소에 이르게 되었습니다.

입증방법 및 첨부서류

1. 배당기일조서 등본 1통.
1. 배당표 사본 1통.
1. 소장 부본 3통.
1. 송달료납부서 1통.
1. 나머지 입증방법은 변론준비기일 또는 변론기일에 제출하겠습니다.

2024. ○. ○.

위 원고   김 ○ ○(인)

○○지방법원 귀중

---

* 채무자가 채권자를 피고로 소를 제기하는 경우에 있어서의 소가는 피고가 배당받을 금액에서 감소하는 금액만큼이, 채권자가 다른 채권자를 상대로 소를 제기할 때에는 원고의 배당액이 증가하게 되는 부분이 각각 소가로 된다. 따라서 위 사례의 경우에는 30,000,000원 × 0.0045 + 5,000원의 방법으로 계산한 금액에 해당하는 인지대를 납부하여야 한다. 이 소는 집행법원이 전속관할권을 갖지만 일반 소송절차이다.
* 송달료는 당사자의 수 × 15회분 × 5,200원에 해당하는 금액을 예납한다.
* 소의 제기는 배당기일로부터 1주일 안에 하여야 하며, 채권자는 배당기일에 출석하여 이의를 한 때에만 소를 제기할 수 있다. 채무자는 배당표원안이 비치된 때부터 배당기일이 끝날 때까지 서면으로 이의를 하거나 배당기일에 이의를 하였을 때에만 소를 제기할 수 있다.
* 소를 제기한 뒤에는, ① 채권자가 소를 제기하였으면 배당기일로부터 1주일 안에 '소제기증명원'을 집행법원(배당하는 법원)에 제출하여야 하고, ② 채무자가 집행권원 없는 채권자를 상대로 소를 제기하였으면 배당기일로부터 1주일 안에 '소제기증명원'을 집행법원에 제출하여야 하며, ③ 채무자가 집행권원을 가진 채권자를 상대로 소(청구이의의 소)를 제기하였으면 '소제기증명원'과 '집행정지를 명하는 잠정처분의 정본'을 배당기일로부터 1주일 안에 집행법원에 제출하여야 한다.

(배당절차정지신청서)

배 당 절 차 정 지 신 청

사　　건　　2024타경○○○호 부동산강제경매
신 청 인　　성명 ○○○(　　　－　　　)
　　　　　　주소
피신청인　　성명 ○○○
　　　　　　주소

위 사건에 관하여 신청인은 피신청인을 상대로 배당이의를 한 사실이 있고, 나아가 귀원에 배당이의의 소를 제기하였으므로, 위 소송이 완결될 때까지 배당절차를 정지하여 주시기 바랍니다.

첨부 : 소제기증명원 1통.

2024.　○.　○.

위 신청인　○　○　○(인)

○○지방법원 귀중

(소제기증명원)

```
                     소 제 기 증 명 원

사건          2024가단○○호 배당이의
원고          ○○○
피고          ○○○

위 당사자 사이의 귀원 2024타경○○○호 부동산강제경매신청사건은 원고 ○○○에
의하여 피고 ○○○를 상대로 하는 배당이의의 소가 제기된 사실을 증명하여 주시기
바랍니다.

                         2024.  ○.  ○.

                     위 원고  ○ ○ ○(인)

○○지방법원 귀중
```

* 이 신청서에는 500원짜리 인지를 붙인다.
* 소제기증명원은 소장을 제출하면서 그 자리에서 즉시 교부를 신청할 수 있다.
* 배당절차에 이의를 한 채무자나 채권자는 배당이의의 소(집행력 있는 정본 미소지자 상대) 또는
  청구이의의 소(집행력 있는 정본 소지자 상대)를 제기한 뒤 7일 이내에 소를 제기한 사실을 증
  명할 수 있는 문서를 배당법원에 제출하지 아니하면 소를 취하한 것으로 간주되어 배당정지의
  효력을 잃는다. 일반적으로 이 소제기증명서는 배당절차정지신청서와 함께 제출하고 있다. 그러
  나 배당절차정지신청서를 반드시 제출하여야 할 의무는 없다.

14. 부동산경매절차의 이해관계인

가. 이해관계인의 범위

부동산 경매절차에서 이해관계인이라 함은 경매의 목적물인 부동산 또는 그 매각대금의 배당에 관하여 권리나 의무를 갖는 사람을 말한다. 이해관계인은 다음과 같다.

① 압류채권자 및 집행력 있는 정본에 의하여 배당을 요구한 채권자

② 채무자 및 소유자

③ 등기부에 기입된 부동산 위의 권리자

④ 부동산 위의 권리자로서 그 권리를 증명한 자

⑤ 공유물의 지분에 대한 경매절차에서 다른 공유자

판례

"등기부에 기입된 부동산 위의 권리자"라 함은 경매개시결정의 시점이 아닌 기입등기 시점을 기준으로 그 당시에 이미 등기가 되어 등기부에 나타난 자를 말하며, 용익권자45), 담보권자46) 등이 이에 해당한다(대법원 99마5901).

경매법원은 공유물의 지분을 경매함에 있어 다른 공유자에게 경매기일과 경락기일을 통지하여야 하므로, 경매부동산의 다른 공유자들이 그 경매기일을 통지받지 못한 경우에는 이해관계인으로서 그 절차상의 하자를 들어 항고를 할 수 있다(대법원 97마962).

나. 이해관계인이 될 수 없는 사람

처분금지가처분권리자, 가압류채권자, 대항력을 갖추지 못한 미등기 임차인, 후순위 저당채권자, 명의신탁자, 재매각을 실시하는 경우에서 종전의 매수인, 배당요구를 하지 아니한 집행력 있는 정본을 가진 채권자 등은 이해관계인이 될 수 없다.

---

45) 용익권자(用益權者) : 용익권자는 타인의 소유물에 대하여 그 원형을 변경하지 않고 일정기간 사용(使用)·수익(收益)하는 권리자를 말한다. 여기에 해당하는 권리자로는 지상권자, 지역권자, 전세권자 및 임차권자가 있다.

46) 담보권자(擔保權者) : 담보권자란 어떤 물건을 채권의 담보로 제공하는 것을 목적으로 하는 경우에 있어서의 권리자를 말한다. 여기에 해당하는 권리자로는 저당권자(근저당권자 포함), 유치권자, 질권자 및 가등기담보권자가 있고, 넓은 의미에서는 양도담보권자도 포함한다.

법원은 경매기일과 경락기일을 이해관계인에게 통지하여야 하는바, 여기서 이해관계인이라 함은 민사집행법 제90조에서 열거한 자를 말하는 것이고, 경매절차에 관하여 사실상의 이해관계를 가진 자라 할지라도 동 조항에서 열거한 자에 해당하지 아니한 경우에는 경매절차에서의 이해관계인이라 할 수 없으므로, 가압류를 한 자는 위 조항에서 말하는 이해관계인이라 할 수 없고, 배당을 요구하지 않은 집행력 있는 정본을 가진 채권자도 위 조항에서 말하는 이해관계인이 아님은 문언상 명백하다(대법원 98다53240).

다. 이해관계인의 경매절차 참여권

이해관계인이 경매절차에 참여할 수 있는 권리를 열거하면 다음과 같다.

① 경매개시결정의 통지를 받을 권리

② 경매개시결정에 대한 이의신청권 및 즉시항고권

③ 매각기일 및 매각결정기일을 통지받을 권리

④ 경매부동산에 대한 침해방지조치 신청권

⑤ 매각조건의 변경을 합의하는 권리

⑥ 매각허부결정기일에서의 진술권

⑦ 이해관계인의 즉시항고권

⑧ 배당기일을 통지받을 권리

⑨ 배당기일에서의 이의진술권

15. 매수인에 대한 구제방법

가. 구제방법 개관

부동산에 대한 경매절차에서 매수인은 매수신청을 한 때로부터 배당절차가 종료될 때까지 관여를 하게 된다.

매수인이 최고가매수신고인 또는 매수인의 지위에서 권리를 주장하는 것도 가능하고, 부동산의 소유권을 취득한 뒤에 밝혀진 사정으로 인하여 소유권을 잃거나 손해를 입게 되는 경우도 있을 수 있다. 이하 이와 관련한 문제들을 검토한다.

나. 최고가매수신고인 및 매수인의 지위

천재지변, 그 밖에 자기가 책임질 수 없는 사유로 부동산이 현저하게 훼손된 사실 또는 부동산에 관한 중대한 권리관계가 변동된 사실이 경매절차의 진행 중에 밝혀진 때에는 매각허가에 대한 이의신청에 의하여 다툴 수 있다(법 제121조제6호).

법 제121조제6호에서 규정한 사실(매각허가에 대한 이의신청사유)이 매각허가결정의 확정 뒤에 밝혀진 경우에는 매수인은 대금을 낼 때까지 매각허가결정의 취소신청을 할 수 있다. 이 신청에 대한 결정에 대하여는 즉시항고를 할 수 있다(법 제127조).

이해관계인은 매각허가 여부의 결정에 따라 손해를 볼 경우에만 그 결정에 대하여 즉시항고를 할 수 있다. 매각이유에 정당한 이유가 없거나 결정에 적은 것 외의 조건으로 허가하여야 한다고 주장하는 매수인 또는 매각허가를 주장하는 매수신고인도 즉시항고를 할 수 있다. 매각허가를 주장하는 매수신고인은 그가 신청한 가격에 대하여 구속을 받는다(법 제129조).

판례

소유권에 관한 가등기의 목적이 된 부동산을 낙찰받아 낙찰대금(현행법은 '매수대금'이라고 함)까지 납부하여 그 소유권을 취득한 낙찰인(현행법은 '매수인'이라고 함)이 그 뒤 가등기에 기한 본등기가 경료됨으로써 일단 취득한 소유권을 상실하게 된 때에는 매각으로 인하여 소유권의 이전이 불가능하였던 것도 아니므로, 민사소송법 제613조(현행은 민사집행법 제127조에 해당함)에 따라 집행법원으로부터 그 경매절차의 취소결정을 받아 납부한 낙찰대금을 반환받을 수는 없다고 할 것이나, 이는 매매의 목적부동산에 설정된 저당권 또는 전세권의 행사로 인하여 매수인이 취득한 소유권을 상실한 경우와 유사하므로, 민법 제578조, 제576조를 유추적용하여 담보책임을 추급할 수는 있다고 할 것이다.

그리고 이러한 담보책임은 낙찰인이 경매절차 밖에서 별소에 의하여 채무자 또는 채권자를 상대로 추급하는 것이 원칙이라고 할 것이나, 아직 배당이 실시되기 전이라면 이러한 때에도 낙찰인으로 하여금 배당이 실시되는 것을 기다렸다가 경매절차 밖에서 별소에 의하여 담보책임을 추급하게 하는 것은 가혹하므로, 이 경우 낙찰인은 민사소송법 제613조(현행은 민사집행법 제96조에 해당함)를 유추적용하여 집행법원에 대하여 경매에 의한 매매계약을 해제하고, 납부한 낙찰대금의 반환을 청구하는 방법으로 위 담보책임을 추급할 수 있다고 봄이 상당하다(대법원 96그64).

배당절차가 종료한 뒤에는 집행절차는 모두 종결이 된 상태이므로, 매수인이 채권자나 채무자를 상대로 부당이득반환청구권을 행사할 수 있다.

한편 경매에서 매수인은 권리의 하자(경매 목적물의 전부 또는 일부가 채무자의 소유가 아닌 타인의 소유인 경우, 경매 목적물의 수량이 부족하거나 일부 멸실된 경우, 경매 목적물이 지상권, 지역권, 전세권, 질권, 유치권의 목적이 된 경우)로 인하여 소유권을 상실하거나 그에 준하는 경우에는 「민법」의 규정에 의해 채무자나 경매신청채권자를 상대로 담보책임을 물을 수 있지만, 경매목적물인 물건의 하자에 대하여는 담보책임을 물을 수 없다(「민법」제578조, 제570조 내지 제577조, 제580조).

16. 매각에 따른 등기기록의 정리

가. 법령의 관련 규정

「민사집행법」의 관련 규정

제144조(매각대금 지급 뒤의 조치) ① 매각대금이 지급되면 법원사무관등은 매각허가결정의 등본을 붙여 다음 각호의 등기를 촉탁하여야 한다.

1. 매수인 앞으로 소유권을 이전하는 등기
2. 매수인이 인수하지 아니한 부동산의 부담에 관한 기입을 말소하는 등기
3. 제94조 및 제139조제1항의 규정에 따른 경매개시결정등기를 말소하는 등기

② 매각대금을 지급할 때까지 매수인과 부동산을 담보로 제공받으려고 하는 사람이 대법원규칙으로 정하는 바에 따라 공동으로 신청한 경우, 제1항의 촉탁은 등기신청의 대리를 업으로 할 수 있는 사람으로서 신청인이 지정하는 사람에게 촉탁서를 교부하여 등기소에 제출하도록 하는 방법으로 하여야 한다. 이 경우 신청인이 지정하는 사람은 지체 없이 그 촉탁서를 등기소에 제출하여야 한다.

③ 제1항의 등기에 드는 비용은 매수인이 부담한다.

「민사집행규칙」의 관련 규정

제78조의2(등기촉탁 공동신청의 방식 등) ① 법 제144조제2항의 신청은 다음 각호의

사항을 기재한 서면으로 하여야 한다.

　　1. 사건의 표시

　　2. 부동산의 표시

　　3. 신청인의 성명 또는 명칭 및 주소

　　4. 대리인에 의하여 신청을 하는 때에는 대리인의 성명 및 주소

　　5. 법 제144조제2항의 신청인이 지정하는 자(다음부터 이 조문 안에서 "피지정자"라 한다)의 성명, 사무소의 주소 및 직업

② 제1항의 서면에는 다음 각 호의 서류를 첨부하여야 한다.

　　1. 매수인으로부터 부동산을 담보로 제공받으려는 자가 법인인 때에는 그 법인의 등기사항증명서

　　2. 부동산에 관한 담보 설정의 계약서 사본

　　3. 피지정자의 지정을 증명하는 문서

　　4. 대리인이 신청을 하는 때에는 그 권한을 증명하는 서면

　　5. 등기신청의 대리를 업으로 할 수 있는 피지정자의 자격을 증명하는 문서의 사본

나. 말소촉탁의 대상인 등기

법 제144조제1항제1호에서 규정하고 있는 "매수인 앞으로 소유권을 이전하는 등기" 중 매수인이 경매개시결정등기 이후에 소유권을 이전한 제3취득자인 경우에는 이 소유권이전등기는 촉탁할 필요가 없다. 이미 매수인 앞으로 소유권이전등기가 마쳐졌기 때문이다.

법 제144조제1항제2호와 관련하여 "매수인이 인수하지 아니한 부동산의 부담에 관한 기입"에 해당하는 등기는 경매개시결정등기에 대항할 수 없는 등기를 말한다. 즉 압류의 효력이 있는 경매개시결정등기보다 늦은 모든 등기는 원칙적으로 여기에 해당하며, 경매개시결정등기보다 먼저 기입된 등기일지라도 저당권·압류·가압류등기와 이들 등기보다 후순위에 있는 등기는 원칙적으로 말소의 대상이므로, 등기촉탁의 대상이 된다. 다만, 전세권설정등기로서 배당요구를 하지 아니한 것은 말소의 대상이 되지 않는다.

어떤 이유로든 매각이 이루어지지 않아 경매개시결정등기만을 말소해달라고 촉탁하는 경우에는 그 촉탁에 관한 비용은 채권자가 부담한다(규칙 제77조).

소유권이전등기청구권보전을 위한 가등기 후에 등기된 강제경매신청에 의하여 강제경매
가 실시된 경우에 그 가등기보다 선순위로서 강제경매에 의한 매각 당시 유효히 존재
하고, 그 매각에 의하여 소멸되는 저당권설정등기가 존재하는 경우에는 그 가등기는 저
당권에 대항할 수 없고, 그 저당권이 강제경매에 의하여 소멸하는 한 그보다 후순위로
가등기된 권리도 소멸한다(대법원 80마491).

부동산에 대한 선순위 가압류등기 후 가압류의 목적물의 소유권이 제3자에게 이전되고,
그 후 제3취득자의 채권자가 경매를 신청하여 매각된 경우, 가압류채권자는 그 매각절
차에서 당해 가압류 목적물의 매각대금 중 가압류결정 당시의 청구금액을 한도로 배당
을 받을 수 있고, 이 경우 종전 소유자를 채무자로 하는 가압류등기는 말소촉탁의 대상
이 될 수 있다.
그러나 경우에 따라서는 집행법원이 종전 소유자를 채무자로 하는 가압류등기의 부담
을 매수인이 인수하는 것을 전제로 하여 위 가압류채권자를 배당절차에서 배제하고 매
각절차를 진행시킬 수도 있으며, 위와 같이 매수인이 위 가압류등기의 부담을 인수하는
것을 전제로 매각절차를 진행시킨 경우에는 위 가압류의 효력이 소멸하지 아니하므로,
집행법원의 말소촉탁 대상이 될 수 없다(대법원 2005다8682).

제4절 부동산 등에 대한 담보권실행을 위한 경매

1. 부동산 임의경매에 관한 이해

담보권실행을 위한 경매절차에서는 법 제275조의 규정에 따라 부동산에 대한 강제경매와 관련한 법 제42조(집행관에 의한 영수증의 작성·교부), 제43조(집행관의 권한), 제44조(청구에 관한 이의의 소), 제46조(이의의 소와 잠정처분), 제47조(이의의 재판과 잠정처분), 제48조(제3자이의의 소), 제49조(집행의 필수적 정지·제한), 제50조(집행처분의 취소·일시유지), 제51조(변제증서 등의 제출에 의한 집행정지의 제한), 제52조(집행을 개시한 뒤 채무자가 죽은 경우) 및 제53조(집행비용의 부담)를 준용한다.

이상의 규정들은 모든 담보물에 관한 담보권실행을 위한 경매절차(이하 "임의경매절차"라고 한다)에 준용된다. 특히 부동산에 대한 임의경매절차에서는 부동산의 강제경매에 관한 규정인 법 제79조부터 제162조까지의 규정들을 준용한다(법 제268조).

부동산에 대하여 임의경매를 신청할 수 있는 담보물권에는 저당권, 가등기담보권, 유치권 및 질권이 있다. 그리고 전세권은 「민법」상 용익물권으로 분류되지만, 실질적으로는 담보물권적 성질도 아울러 가지고 있다.

위 담보물권들 중에서 질권은 부동산 위에는 설정이 허용되지 않으므로, 부동산에 대한 임의경매를 신청할 수 있는 권리는 전세권, 유치권, 가등기담보권 및 저당권뿐이다.

법은 다음에 열거하는 4개의 조문을 제외하고는 부동산에 대한 강제경매에 관한 규정들을 준용하도록 규정하고 있다. 따라서 임의경매와 관련한 부분에서는 다음 4개 조문과 관련한 내용 및 임의경매라는 특수성으로 인하여 강제경매와는 다른 점이 있는 부분에 관하여만 검토하기로 한다. 임의경매에만 적용되는 법과 규칙의 특칙은 다음과 같다.

「민사집행법」의 특칙

제264조(부동산에 대한 경매신청) ① 부동산을 목적으로 하는 담보권을 실행하기 위한 경매신청을 함에는 담보권이 있다는 것을 증명하는 서류를 내야 한다.

② 담보권을 승계한 경우에는 승계를 증명하는 서류를 내야 한다.

③ 부동산 소유자에게 경매개시결정을 송달할 때에는 제2항의 규정에 따라 제출된 서류의 등본을 붙여야 한다.

제265조(경매개시결정에 대한 이의신청사유) 경매절차의 개시결정에 대한 이의신청 사유로 담보권이 없다는 것 또는 소멸되었다는 것을 주장할 수 있다.

제266조(경매절차의 정지) ① 다음 각호 가운데 어느 하나에 해당하는 문서가 경매법원에 제출되면 경매절차를 정지하여야 한다.

   1. 담보권의 등기가 말소된 등기사항증명서
   2. 담보권 등기를 말소하도록 명한 확정판결의 정본
   3. 담보권이 없거나 소멸되었다는 취지의 확정판결의 정본
   4. 채권자가 담보권을 실행하지 아니하기로 하거나 경매신청을 취하하겠다는 취지 또는 피담보채권을 변제받았거나 그 변제를 미루도록 승낙한다는 취지를 적은 서류
   5. 담보권 실행을 일시정지하도록 명한 재판의 정본

② 제1항제1호 내지 제3호의 경우와 제4호의 서류가 화해조서의 정본 또는 공정증서의 정본인 경우에는 경매법원은 이미 실시한 경매절차를 취소하여야 하며, 제5호의 경우에는 그 재판에 따라 경매절차를 취소하지 아니한 때에만 이미 실시한 경매절차를 일시적으로 유지하게 하여야 한다.

③ 제2항의 규정에 따라 경매절차를 취소하는 경우에는 제17조47)의 규정을 적용하지 아니한다.

제267조(대금완납에 따른 부동산취득의 효과) 매수인의 부동산 취득은 담보권 소멸로 영향을 받지 아니한다.

「민사집행규칙」의 특칙

제192조(신청서의 기재사항) 담보권 실행을 위한 경매, 법 제273조의 규정에 따른 담

보권 실행이나 권리행사 또는 제201조에 규정된 예탁유가증권에 대한 담보권 실행 (다음부터 "경매등"이라 한다)을 위한 신청서에는 다음 각호의 사항을 적어야 한다.

1. 채권자 · 채무자 · 소유자(광업권 · 어업권, 그 밖에 부동산에 관한 규정이 준용 되는 권리를 목적으로 하는 경매의 신청, 법 제273조의 규정에 따른 담보권 실행 또는 권리행사의 신청 및 제201조에 규정된 예탁유가증권에 대한 담보권 실행 신청의 경우에는 그 목적인 권리의 권리자를 말한다. 다음부터 이 편 안 에서 같다)와 그 대리인의 표시
2. 담보권과 피담보채권의 표시
3. 담보권 실행 또는 권리행사의 대상인 재산의 표시
4. 피담보채권의 일부에 대하여 담보권 실행 또는 권리행사를 하는 때에는 그 취 지와 범위

제193조(압류채권자 승계의 통지) 경매등이 개시된 후 압류채권자가 승계되었음을 증 명하는 문서가 제출된 때에는 법원사무관등 또는 집행관은 채무자와 소유자에게 그 사실을 통지하여야 한다.

제194조(부동산에 대한 경매) 부동산을 목적으로 하는 담보권 실행을 위한 경매에는 제40조 내지 제82조의 규정을 준용한다. 다만, 매수인이 매각대금을 낸 뒤에 화해조 서의 정본 또는 공정증서의 정본인 법 제266조제1항제4호의 서류가 제출된 때에는 그 채권자를 배당에서 제외한다.

제195조(선박에 대한 경매) ① 선박을 목적으로 하는 담보권 실행을 위한 경매신청서 에는 제192조에 규정된 사항 외에 선박의 정박항 및 선장의 이름과 현재지를 적어야 한다.

② 법원은 경매신청인의 신청에 따라 신청인에게 대항할 수 있는 권원을 가지지 아 니한 선박의 점유자에 대하여 선박국적증서등을 집행관에게 인도할 것을 명할 수 있 다.

③ 제2항의 신청에 관한 재판에 대하여는 즉시항고를 할 수 있다.

④ 제2항의 규정에 따른 결정은 상대방에게 송달되기 전에도 집행할 수 있다.

⑤ 선박을 목적으로 하는 담보권 실행을 위한 경매에는 제95조제2항 내지 제104조 및 제194조의 규정을 준용한다.

제196조(항공기에 대한 경매) 항공기를 목적으로 하는 담보권 실행을 위한 경매에는 제106조, 제107조, 제195조(다만, 제5항을 제외한다) 및 법 제264조 내지 법 제267 조의 규정을 준용한다. 이 경우 제195조제1항 중 "정박항 및 선장의 이름과 현재지를

적어야 한다"는 "정류 또는 정박하는 장소를 적어야 한다"로 고쳐 적용하며, 제195조 제2항에 "선박국적증서"라고 규정된 것은 "항공기등록증명서"로 본다.

제197조(자동차에 대한 경매) ① 자동차를 목적으로 하는 담보권 실행을 위한 경매(「자동차저당법」 제6조의2 규정에 따른 양도명령을 포함한다)를 신청하는 때에는 제192조에 규정된 사항 외에 자동차등록원부에 기재된 사용본거지를 적고, 자동차등록원부등본을 붙여야 한다.

② 제1항의 규정에 따른 경매에는 제108조, 제109조, 제111조 내지 제129조, 제195조제2항 내지 제4항 및 법 제264조 내지 법 제267조의 규정을 준용한다. 이 경우 제111조 내지 제113조, 제115조, 제123조, 제126조 및 제127조에 "채무자"라고 규정된 것은 "소유자"로 보며, 제195조제2항에 "선박의"라고 규정된 것은 "자동차의"로, 같은 항에 "선박국적증서등"이라고 규정된 것은 "자동차"로 본다.

제198조(건설기계·소형선박에 대한 경매) 건설기계·소형선박을 목적으로 하는 담보권 실행을 위한 경매(「자동차 등 특정동산 저당법」 제8조의 규정에 따른 양도명령을 포함한다)에는 제197조의 규정을 준용한다. 이 경우 "자동차등록원부"는 각 "건설기계등록원부", "선박원부·어선원부·수상레저기구등록원부"로 보며, "사용본거지"는 소형선박에 대하여는 "선적항" 또는 "보관장소"로 본다.

제199조(유체동산에 대한 경매) ① 유체동산을 목적으로 하는 담보권 실행을 위한 경매신청서에는 제192조에 규정된 사항 외에 경매의 목적물인 유체동산이 있는 장소를 적어야 한다.

② 유체동산에 대한 경매에는 이 규칙 제2편제2장제7절제1관(다만, 제131조, 제132조 및 제140조제1항을 제외한다)의 규정과 법 제188조제3항 및 제2편제2장제4절제4관의 규정을 준용한다.

제200조(채권, 그 밖의 재산권에 대한 담보권의 실행) ① 법 제273조제1항·제2항의 규정에 따른 담보권 실행 또는 권리행사를 위한 신청서에는 제192조에 규정된 사항 외에 제3채무자가 있는 경우에는 이를 표시하여야 한다.

② 제1항의 규정에 따른 절차에는 제160조 내지 제175조, 법 제264조 내지 법 제267조 및 법 제2편제2장제4절제4관의 규정을 준용한다.

제201조(예탁유가증권에 대한 담보권의 실행) ① 예탁원 또는 예탁자는 예탁유가증권지분에 관한 질권자의 청구가 있는 때에는 그 이해관계 있는 부분에 관한 예탁자계좌부 또는 고객계좌부의 사본을 교부하여야 한다.

② 예탁유가증권에 대한 질권의 실행을 위한 신청서에는 그 질권에 관한 기재가 있

는 예탁자계좌부 또는 고객계좌부의 사본을 붙여야 한다.

③ 예탁유가증권에 대한 담보권의 실행절차에 관하여는 제2편제2장제7절제3관(다만, 제182조에서 준용하는 제159조와 법 제188조제2항을 제외한다), 제200조제1항, 법 제265조 내지 법 제267조, 법 제273조제1항 및 법 제275조의 규정을 준용한다. 이 경우 제200조제1항에 "제3채무자"라고 규정된 것은 "예탁원 또는 예탁자"로 본다.

제201조의 2(전자등록주식등에 대한 담보권의 실행) ① 전자등록기관 또는 계좌관리기관은 전자등록주식등에 관한 질권자의 청구가 있는 때에는 그 이해관계 있는 부분에 관한 계좌관리기관 등 자기계좌부 또는 고객계좌부의 사본을 교부하여야 한다.

② 전자등록주식등에 대한 질권의 실행을 위한 신청서에는 그 질권에 관한 기재가 있는 계좌관리기관 등 자기계좌부 또는 고객계좌부의 사본을 붙여야 한다.

③ 전자등록주식등에 대한 담보권의 실행절차에 관하여는 제2장 제7절제3관의 2(다만, 제182조의 9에서 준용하는 제159조와 제188조 제2항을 제외한다), 제200조 제1항, 법 제265조, 법 제266조, 법 제267조, 법 제273조 제1항 및 법 제275조의 규정을 각각 준용한다. 이 경우 제 200조 제1항에 "제3채무자"라고 규정된 것은 "전자등록기관 또는 계좌관리기관"으로 본다.

제202조(강제집행규정의 준용) 이 편에 규정된 경매등 절차에는 그 성질에 어긋나지 아니하는 범위 안에서 제2편제1장의 규정을 준용한다.

---

47) 제17조(취소결정의 효력) ① 집행절차를 취소하는 결정, 집행절차를 취소한 집행관의 처분에 대한 이의신청을 기각·각하하는 결정 또는 집행관에게 집행절차의 취소를 명하는 결정에 대하여는 즉시항고를 할 수 있다.
② 제1항의 결정은 확정되어야 효력을 가진다.

2. 임의경매의 신청

부동산을 목적으로 하는 임의경매신청을 함에는 담보권이 있다는 것을 증명하는 서류를 내야 한다. 이 점이 집행력 있는 집행권원을 제출하여야 하는 강제경매절차와 다른 점이다.

담보권이 있다는 것을 증명하는 서류로는 전세권·저당권·가등기담보권이 설정되어 있음이 표시된 부동산등기사항전부증명서를 제출하면 된다.

이와 관련하여, 저당권으로 담보된 채권을 전액 변제한 대위변제자는 「민법」 제480조에 의하여 당연히 채권자를 대위하므로, 저당권이전의 부기등기를 할 필요도 없이 저당권으로 담보된 채무 전액을 변제하였다는 소명자료만 붙이면 임의경매를 신청할 수 있다.

그러나 저당권에 의하여 담보된 채무의 일부만을 대위변제한 사람은 원래의 채권자가 담보권을 실행하지 않는 한 단독으로 저당권을 실행할 수는 없고, 원래의 저당권자와 함께 경매를 신청하여야 한다.

또 저당권부채권이 질권의 목적으로 된 경우에 있어서의 질권자, 즉 위 권리질권자는 「민법」 제353조의 규정에 의하여 임의경매를 신청할 수 있다. 위 권리질권자가 그 권리를 행사하기 위해서는 「민법」 제348조의 규정에 의한 저당권등기에 질권의 부기등기를 마쳐야 한다.

(부동산임의경매신청서)

부 동 산 임 의 경 매 신 청

채권자　　　성명 ○○○(　　　－　　　)
　　　　　　주소
　　　　　　전화번호
채무자　　　성명 ○○○(　　　－　　　)
(소유자)　　주소
　　　　　　(등기부상 주소 :　　　　　　　　　　　　　)

담보권과 피담보채권의 표시

돈 150,000,000원(근저당권에 의하여 담보된 대여금) 및 이에 대한 2024. ○. ○.부터 다 갚는 날까지 연 ○○%의 비율로 계산한 지연이자

매각할 부동산의 표시

별지 부동산목록 기재와 같음

신 청 취 지

채권자의 채무자에 대한 위 피담보채권의 변제에 충당하기 위하여 별지 목록 기재 부동산에 대하여 담보권실행을 위한 경매개시결정을 한다.
라는 재판을 구합니다.

신 청 원 인

1. 채권자는 2024. ○. ○. 채무자에게 돈 150,000,000원을 대여하면서 채무자 소유인 별지 목록 기재 부동산에 대하여 ○○지방법원 ○○등기소 접수 제○○○호로 근저당권설정등기를 마쳤습니다.
2. 위 채권의 변제기는 2025. ○. ○.이므로, 그 변제기가 지났음에도 불구하고 채무자는 이를 변제하지 않고 있습니다. 따라서 채권자는 채무자에 대하여 여러 차례에 걸쳐 변제할 것을 촉구하였으나 계속하여 이에 불응하므로, 부득이 이 신청에 이르게 되었습니다.

첨 부 서 류

1. 부동산등기사항전부증명서 1통.
1. 근저당권설정계약서 사본 1통.
1. 매각할 부동산 목록 5통.
1. 송달료납부서 1통.

2025. ○○. ○○.

위 신청인(채권자) ○ ○ ○(인)

○○지방법원 귀중

* 신청에 필요한 비용에 관하여는 부동산강제경매신청에 관한 부분에서 설명하였다.

3. 일괄경매의 특칙

부동산에 대한 임의경매절차에서는 부동산에 대한 강제경매절차에 관하여 규정하고 있는 법 제98조 내지 제101조의 일괄매각에 관한 규정들을 준용한다.

그리고 「민법」 제365조는 "토지를 목적으로 저당권을 설정한 후 그 설정자가 그 토지에 건물을 축조한 때에는 저당권자는 토지와 함께 그 건물에 대하여도 경매를 청구할 수 있다. 그러나 그 건물의 경매대가에 대하여는 우선변제를 받을 권리가 없다."고 규정하였다.

판례

민법 제365조가 토지를 목적으로 한 저당권을 설정한 후 그 저당권설정자가 그 토지에 건물을 축조한 때에는 저당권자가 토지와 건물을 일괄하여 경매를 청구할 수 있도록 규정한 취지는, 저당권은 담보물의 교환가치의 취득을 목적으로 할 뿐 담보물의 이용을 제한하지 아니하여 저당권설정자는 저당권 설정 후에도 그 지상에 건물을 신축할 수 있는데, 후에 그 저당권의 실행으로 토지가 제3자에게 경락될 경우에 건물을 철거해야 한다면 사회·경제적으로 현저하게 불이익이 생기게 되어 이를 방지할 필요가 있으므로 이러한 이해관계를 조절하고, 저당권자에게도 저당 토지상의 건물의 존재로 인하여 생기게 되는 경매의 어려움을 해소하여 저당권의 실행을 쉽게 할 수 있도록 한 데에 있다는 점에 비추어 볼 때 저당 지상의 건물에 대한 일괄경매청구권은 저당권설정자가 건물을 축조한 경우뿐만 아니라 저당권설정자로부터 저당 토지에 대한 용익권을 설정

받은 자가 그 토지에 건물을 축조한 경우라도 그 후 저당권설정자가 그 건물의 소유권을 취득한 경우에는 저당권자는 토지와 함께 그 건물에 대하여 경매를 청구할 수 있다고 할 것이다(대법원 2003다3850).

민법 제365조는 저당권설정자가 저당권을 설정한 후 저당목적물인 토지상에 건물을 축조함으로써 저당권의 실행이 곤란하여지거나 저당목적물의 담보가치의 하락을 방지하고자 함에 그 규정취지가 있다고 할 것이므로, 저당권설정 당시에 건물의 존재가 예측되고, 또한 당시 사회·경제적 관점에서 그 가치의 유지를 도모할 정도로 그 건물의 축조가 진행되어 있는 경우에는 위 규정은 적용되지 아니할 것이다(대법원 86다카2856).

건물의 일부에 대하여 전세권이 설정되어 있는 경우, 그 전세권자는 민법 제303조제1항 및 제318조의 규정에 의하여 그 건물 전부에 대하여 후순위권리자 기타 채권자보다 우선변제를 받을 수 있고, 전세권설정자가 전세금의 반환을 지체한 때에는 전세권의 목적물의 경매를 청구할 수 있다고 할 것이나, 전세권의 목적물이 아닌 나머지 건물 부분에 대하여는 우선변제권은 별론으로 하고, 경매신청권은 없다(대법원 91마257).

민법 제365조에 기한 일괄경매청구권은 토지의 저당권자가 토지에 대하여 경매를 신청한 후에도 그 토지상의 건물에 대하여 토지에 대한 경매기일 공고시까지는 일괄경매의 추가신청을 할 수 있고, 이 경우에 집행법원은 두 개의 경매사건을 병합하여 일괄경매절차를 진행함이 상당하다.
따라서 건물에 대한 일괄경매를 신청하는 경우에 그 신청서에는 민법 제365조의 일괄경매 요건사실 외에 이미 선행하여 토지에 대하여 부동산경매사건이 계속되어 있다는 취지와 그 토지의 경매신청에 추가하여 지상 건물에 대하여 일괄경매를 신청하는 취지를 기재하여 소정의 인지를 붙여야 하며, 반드시 담보권의 등기가 되어있는 토지등기사항전부증명서를 첨부하여 법원에 제출하여야 하는 것이다(대법원 2001마1632).

4. 피담보채권의 소멸과 매수인의 소유권 취득 관련 문제

매수인의 소유권취득은 담보권의 소멸로 영향을 받지 아니한다(법 제267조). 이 규정의 의미는 채무가 이미 소멸했더라도 채무자가 매각대금이 전부 지급될 때까지 이의를 제기하지 아니하여 매수대금이 완납되면 매수인은 소유권을 취득한다는 뜻이다.

위 규정은 담보된 채무가 경매개시결정등기 이후에 소멸한 경우에만 적용된다. 즉 피담보채권이 경매개시결정등기 이전에 이미 소멸하였거나 채무가 불성립인 경우에는 경매절차가 진행되는 과정에서 채무자가 이의신청 등을 하지 않았다고 하더라도 매수인이 소유권을 취득하지 못한다. 이 점이 강제경매절차와 다른 점이다. 임의경매절차에는 공신력48)이 인정되지 않기 때문이다.

5. 담보권실행에 대한 구제

부동산에 대한 임의경매절차에서는 부동산 강제경매에 관한 법 제79조 내지 제162조를 준용하므로, 경매개시결정에 대하여 이의를 제기할 수 있고, 이를 기각한 결정에 대하여는 즉시항고를 할 수 있다.

경매개시결정에 대한 이의신청사유로 담보권이 없다는 것 또는 소멸되었다는 것을 주장할 수 있다(법 제265조). 부동산 강제경매개시결정에 대하여는 절차상의 이유만을 이의사유로 규정하고 있음에 반하여 부동산 임의경매절차에서는 실체법상의 이유도 이의사유로 삼고 있는 점이 특색이다. 변제·공탁·상계·면제 등 채무 소멸의 원인, 변제기의 연기 및 변제기의 미도래 등 실체법상의 이유가 여기에 해당한다.

판례

부동산 임의경매절차에 있어서 경락허가결정(현행은 '매각허가결정'에 해당함)이 확정된 이후라도 경락대금 완납시까지는 채무자는 저당채무를 변제할 수 있고, 채권자는 채무자에 대하여 채무의 면제 또는 변제기한의 유예 등을 할 수 있으며, 위와 같은 실체법상의 이유는 경매개시결정의 이의사유로 될 수 있을 뿐만 아니라 그 경우 저당채무가 소멸되었을 때에는 법원은 그 경매개시결정을 취소할 수도 있는 것이므로, 경매절차 진행 중에 경매채권자와 채무자 사이에 대환49)의 약정이 있어서 기존채무가 소멸하였다면 그 경우 또한 경매개시결정에 대한 이의사유나 경매개시결정의 취소사유로 될 수 있다고 보아야 할 것이다(대법원 87다카671).

---

48) 공신력(公信力) : 공신력은 등기부에 기재된 외형적 사실을 믿고 거래한 사람을 보호하는 공적인 신용의 힘을 말한다.

임의경매에 있어서 저당채무가 일부라도 잔존하는 한 법원은 저당목적물 전부에 관하여 경매개시결정을 하여야 하고, 그 개시결정에 표시된 채권액이 현존 채권액과 상위하다 하여 채권액이 확정되는 것도 아니므로, 이를 이유로 그 결정에 대한 이의를 할 수 없다(대법원 71마96).

민사소송법 제727조(현행은 '민사집행법 제267조'에 해당함)는 "대금의 완납에 의한 매수인의 부동산취득은 담보권의 소멸에 의하여 방해받지 아니한다."고 규정하고 있으나, 이는 경매개시결정 후에 담보권이 소멸된 경우에만 적용되고, 경매개시결정 전에 이미 담보권이 소멸된 경우에는 적용되지 않는 것이다(대법원 98다51855).

임의경매절차에서는 강제경매절차와는 달리 실체법상의 사유도 경매개시결정에 대한 이의사유로 삼을 수 있지만, 절차상의 이유만큼은 경매개시결정 이후에 발생한 사유는 경매개시결정에 관한 이의사유로 삼을 수 없다. 이러한 사유는 매각허가결정의 단계에서의 이유사유가 될 수 있을 뿐이다.

판례

경매개시결정 이후의 경매부동산의 가격평가절차나 경매준비단계에 있어서의 경매기일공고 등에 관한 사유들은 경매개시결정에 대한 이의사유로 삼을 수는 없는 것이다(대법원 71마467).

---

49) 대환(代換) : 대환 또는 대환대출이라 함은 현실적인 금전의 수수 없이 은행 등 금융기관이 형식적으로만 신규대출을 하여 기존 채무를 소멸시키는 것을 말한다.

(담보권실행을 위한 부동산경매개시결정에 대한 이의신청서)

담보권실행을 위한 부동산경매개시결정에 대한 이의신청

신 청 인(채무자)　　성명 ○○○(　　 － 　　)
　　　　　　　　　　주소
　　　　　　　　　　전화번호
피신청인(채권자)　　성명 ○○○(　　 － 　　)
　　　　　　　　　　주소

신　　청　　취　　지

1. 위 당사자 사이의 ○○지방법원 2024타경○○○호 담보권실행을 위한 부동산경매사
   건에 관하여 2024. ○. ○. ○○지방법원이 한 담보권실행을 위한 부동산경매개시결
   정은 이를 취소한다.
2. 채권자의 이 사건 담보권실행을 위한 부동산경매신청을 각하한다.
라는 재판을 구합니다.

신　　청　　원　　인

1. 피신청인은 신청인과의 사이에 2022. ○. ○. 체결한 금전소비대차계약 및 근저당권
   설정계약에 터 잡아 2022. ○. ○. ○○지방법원 ○○등기소 접수 제○○○○호로
   이 사건 근저당권설정등기를 마쳤습니다.
2. 피신청인은 2024. ○. ○. 위 계약에 터 잡아 신청인 소유 부동산인 이 사건 부동산에
   대하여 담보권실행을 위한 부동산경매신청을 하였고, ○○지방법원에서는 2024.
   ○. ○. 이 사건 경매개시결정을 하였습니다.
3. 그런데 신청인은 피신청인의 채권자인 신청외 ○○○로부터 양수한 채권인 돈
   70,000,000원 중 55,000,000원을 자동채권으로 하여 피신청인의 신청인에 대한 채권
   및 이자를 합한 금액 55,000,000원과 상계처리를 한 사실이 있습니다.
4. 따라서 피신청인은 신청인에 대한 채권이 존재하지 아니함에도 불구하고 이 사건 부동산
   경매를 신청한 것이므로, 이의신청에 이른 것입니다.

```
┌─────────────────────────────────────────────────────────┐
│                                                           │
│                  첨   부   서   류                         │
│                                                           │
│  1. 채권양도양수약정서 1통.                               │
│  1. 채권양도통지서(내용증명우편) 사본 1통.                │
│  1. 송달료납부서 1통.                                     │
│                                                           │
│                            2024.  ○.  ○.                  │
│                                                           │
│              위 신청인(채무자)   ○  ○  ○(인)            │
│                                                           │
│  ○○지방법원 귀중                                         │
│                                                           │
└─────────────────────────────────────────────────────────┘
```

* 인지대는 1,000원을 납부한다.
* 송달료는 당사자의 수 × 2회분 × 5,200원에 해당하는 금액을 예납하여야 한다.
* 이 신청은 경매개시결정 이후 매각대금이 모두 지급될 때까지 할 수 있고(법 제86조제1항), 집행법원은 집행정지의 잠정처분을 할 수 있다(법 제86조제2항). 이 신청에 대한 재판에 대하여는 이해관계인은 즉시항고를 할 수 있다(법 제86조제3항).
* 변제 등에 의하여 채무가 소멸한 경우, 피담보채권의 불성립 또는 저당권의 무효 등에는 저당권도 소멸한 것이므로, 이 신청을 하지 아니하고 저당권부존재확인청구의 소 또는 저당권설정등기말소청구의 소를 제기하여 집행정지의 잠정처분을 받은 다음 승소판결을 받아 집행취소신청을 할 수도 있다.
* 만약 이 사례가 강제경매절차라면 채무가 소멸하였다는 사유는 청구에 관한 이의사유가 되므로, '청구이의의 소'를 제기하여야 한다.

6. 청구채권의 확장과 관련한 검토

임의경매신청서에 채권액의 일부만을 청구채권으로 기재한 신청서를 제출하고, 그에 따라 경매절차가 진행된 경우에서 나머지 채권을 같은 경매절차에서 추가로 청구할 수 있는가의 문제이다.

임의경매절차에서는 강제경매절차와는 달리 채권계산서를 제출하여 청구금액을 확장하는 방법은 허용되지 않는다. 따라서 나머지 채권을 실행하기 위해서는 배당요구의 종기까지 이중경매신청을 하는 방법으로만 구제를 받을 수 있다(대법원 96다39479 판결 참조).

이중경매신청에서도 확장이 가능한 청구채권은 선행의 경매신청 당시까지 발생한 채권에 한한다. 왜냐하면 저당권에 의하여 담보되는 채권의 범위는 선행의 경매신청에 대한 경매개시결정 당시에 확정되었기 때문이다. 그 뒤에 발생한 채권은 더 이상 저당권에 의하여 담보되지 않는 채권, 즉 무담보채권이 된다. 따라서 배당요구도 할 수 없다(대법원 95다22788 판결 참조).

위와는 달리 강제경매절차와 관련이 있는 저당채권자의 채권은 매수인이 매수대금을 완납하는 때에 확정이 되므로, 그 때까지는 채권계산서를 제출함으로써 청구채권을 확장할 수 있다.

(부동산에 대한 경매절차 요약표)

순서	세부절차	내 용	근거 법규
1	경매신청	이중·삼중의 신청 가능. 관할은 부동산의 소재지 지방법원임	법 제80조
	미등기건물의 조사신청	경매신청의 대상이 미등기건물인 때 신청함. 법원은 신청일로부터 3일 안에 집행관에게 조사를 명함	법 제81조제3항·제4항
2	경매개시결정 / 등기촉탁	법원이 신청서를 접수한 날로부터 2일 안에 촉탁. 등기부에는 '경매개시결정'이라고 기재됨. 공매절차에서는 '압류'라고 기재됨	법 제94조
	채무자에 대한 송달	법원이 경매개시결정의 등기필통지서 접수일로부터 3일 안에 채무자에게 통지	법 제83조제4항
	배당요구종기 결정·공고	법원이 등기필통지서 접수일로부터 3일 안에 결정 및 공고	법 제84조제1항 내지 제3항
	채권신고 최고	위와 같음	법 제84조제4항
3	현황조사	법원이 등기필통지서 접수일로부터 3일 안에 집행관에게 명령. 조사기간 : 2주. 집행관은 '현황조사보고서' 작성·제출함	법 제85조제1항
	감정평가	법원이 등기필통지서 접수일로부터 3일 안에 감정평가사에게 위임. 조사기간 : 2주. 감정인이 '감정평가서' 작성·제출함	법 제97조제1항
4	최저매각가격 결정	최저매각가격보다 낮은 가격으로는 매각 불가	위와 같음

	매각물건명세서 작성	집행법원이 작성		법 제105조제1항
	서류의 비치·열람	현황조사보고서·감정평가서·매각물건명세서를 매각기일마다 1주일 전까지 법원에 비치하여 열람 제공. 대법원 경매사이트에서 상시 제공(www.courtauction.go.kr)		법 제105조제2항
5	매각기일·매각결정기일의 지정·공고·통지	대법원홈페이지에 공시하고 있음. 최초 매각기일은 일간신문에 공고		법 제104조
6	최고가매수인결정·신고	경매법정에서 기일입찰. 공고일로부터 2주 뒤 20일 이내		규칙 제56조
	차순위매수인 신고	최고가매수인의 신고 직후		법 제114조제1항
	공유자우선매수 신고	입찰종결선언 전까지(대법원 2002마234 참조)		법 제140조제1항·제2항
	유찰(流札)의 경우 새 매각	최저매각가격 이상으로 매수하겠다는 사람이 없는 때. 다음에는 매각가격을 20 내지 30% 낮춤		법 제119조
7	매각허부결정선고	매각기일로부터 1주일 이내		법 제109조제2항
8	매각허가결정에 대한 불복	사법보좌관에 대한 이의신청 (즉시항고로의 전환)		「사법보좌관규칙」 제4조
9	매각허가취소신청·직권취소	매각허가결정 뒤 부동산의 멸실 또는 권리의 하자가 발견된 때		법 제127조제1항, 제96조제1항
10	매각대금지급통지	매각허가결정 확정일로부터 1월 안의 기간 정하여 통지		법 제142조제1항, 규칙 제78조
11	매각대금지급	일시불지급	매수신청보증금을 제외한 나머지 매각대금	
		인수지급	채무인수와 매수신청보증금을 제외한 나머지 지급	법 제143조제1항
		융자지급	이전등기와 동시에 저당권설정등기의 동시처리. 법무사나 변호사에게 등기촉탁을 위임하여야 함	법 제144조제2항
		배당채권자의 지급	배당채권자가 매수인인 경우 매각결정기일까지 신고하여야 함	법 제143조제2항
12	등기촉탁	이전등기	매수인 앞으로의 소유권이전등기. 등기비용은 매수인 부담	
		말소등기	매수인이 인수하지 않는 모든 등기와 경매개시결정등기의 말소등기. 매수인이 비용 부담	법 제144조

13	부동산관리명령		법원이 관리인 선임. 활용가치가 거의 없는 제도임	법 제136조
14	부동산인도명령		인도명령이 집행권원이 됨. 집행문 불요	법 제136조
15	배당	배당기일지정·통지	대금지급 직후. 이해관계인 및 배당요구채권자에게 통지·최고	법 제146조
		채권계산서제출 최고	위와 같음. 배당기일의 3일 전까지 제출하도록 최고	법 제146조
		배당표작성·비치	배당기일의 3일 전까지	법 제149조, 제150조
		배당이의·합의	채무자 및 배당채권자들의 합의가 성립하면 그에 따라 배당 실시	
		배당실시	금전배당실시	법 제152조, 제159조
		배당유보공탁	일정한 사유 있는 채권 및 가압류채권자 등의 채권	법 제160조
		추가배당	유보공탁 부분의 사유 해소 뒤 실시	법 제161조
16	배당이의의 소		이의를 한 채무자가 채권자에 대하여 또는 이의를 한 배당채권자가 다른 배당채권자에 대하여 배당기일로부터 7일 안에 제기 가능	법 제154조
	부당이득반환청구		배당이의의 소를 제기하지 못한 경우 가능. 일반 민사소송절차임	「민법」

7. 부동산 아닌 물건에 대한 담보권실행을 위한 경매

선박을 목적으로 하는 담보권실행을 위한 경매절차에는 법 제269조에 따른다.

자동차·건설기계·소형선박(「자동차 등 특정동산저당법」 제3조제2호에 따른 소형선박을 말한다) 및 항공기를 목적으로 하는 담보권실행을 위한 경매절차는 법 제264조 내지 제269조, 제270조 및 제271조의 규정에 준하여 대법원규칙인 「민사집행규칙」 제197조 및 제198조가 규정하였다.

유체동산을 목적으로 하는 담보권실행을 위한 경매는 채권자가 그 목적물을 제출하거나 그 목적물의 점유자가 압류를 승낙한 때 개시한다(법 제271조). 법 제271조의 경매절차에는 법 제2편제2장제4절제2관(유체동산에 관한 강제집행)의 규정과 제265조(부동산 강제경매개시결정에 대한 이의신청사유) 및 제266조(경매절차의 정지)의 규정을 준용한다(법 제272조).

채권, 그 밖의 재산권을 목적으로 하는 담보권의 실행은 담보권의 존재를 증명하는 서류(권리의 이전에 관하여 등기나 등록을 필요로 하는 경우에는 그 등기사항증명서 또는 등록원부의 등본)가 제출된 때에 개시한다. 「민법」 제342조(동산질권의 물상대위)에 따라 담보권설정자가 받을 금전, 그 밖의 물건에 대하여 권리를 행사하는 경우에도 같다. 위 권리실행절차에는 법 제2편제2장제4절제3관(채권과 그 밖의 재산권에 대한 강제집행)의 규정을 준용한다(법 제273조).

유치권에 의한 경매와 「민법」, 「상법」, 그 밖의 법률이 규정하는 바에 따른 경매(이하 "유치권 등에 의한 경매"라고 한다)는 담보권실행을 위한 경매의 예에 따라 실시한다. 유치권 등에 의한 경매절차는 목적물에 대하여 강제경매 또는 담보권실행을 위한 경매절차가 개시된 경우에는 이를 정지하고, 채권자 또는 담보권자를 위하여 그 절차를 계속하여 진행한다. 이 경우에 강제경매 또는 담보권실행을 위한 경매가 취소되면 유치권 등에 의한 경매를 계속하여 진행하여야 한다(법 제274조).

법 제274조가 위와 같은 규정을 둔 취지는, 유치권에는 우선변제권이 없고, 유치권은 경매절차에서 매수인이 인수하는 권리이기 때문이다.

제5절 부동산 강제관리

1. 강제관리란?

부동산의 강제관리라 함은 채무자 소유의 재산을 국가기관이 그 점유를 빼앗아 관리하면서 그로부터 생기는 천연과실 및 법정과실로 채권자의 채권에 충당하는 절차를 말한다. 이를 '수익집행'이라고 한다.

강제관리에 관하여는 부동산의 강제경매에 관한 규정 중 매각절차에 관한 규정을 제외하고는 대부분의 규정을 준용하도록 하였다(법 제163조). 강제관리는 부동산에 대한 집행에만 존재하는 제도이다.

2. 강제관리의 개시

「민사집행규칙」의 관련 규정

제83조(강제관리신청서) 강제관리신청서에는 법 제163조에서 준용하는 법 제80조에 규정된 사항 외에 수익의 지급의무를 부담하는 제3자가 있는 경우에는 그 제3자의 표시와 그 지급의무의 내용을 적어야 한다.

「민사집행법」의 관련 규정

제80조(강제경매신청서) 강제경매신청서에는 다음 각호의 사항을 적어야 한다.
1. 채권자 · 채무자와 법원의 표시
2. 부동산의 표시
3. 경매의 이유가 된 일정한 채권과 집행할 수 있는 일정한 집행권원

강제관리를 개시하는 결정에서는, 채무자에게는 관리사무에 간섭하여서는 아니 되고 부동산의 수익을 처분하여서도 아니 된다고 명시하여야 하며, 수익을 채무자에게 지급할 제3자에게는 관리인에게 이를 지급하도록 명하여야 한다. 수확하였거나 수확할 과실과 이행기에 이르렀거나 이르게 될 과실은 수익에 속한다. 강제관리개시결정은 제3자에게는 송달하여야 효력이 생긴다. 강제관리신청을 기각하거나 각하하는 재판에 대하여는 즉시항고를 할 수 있다(법 제154조).

강제관리에 관한 업무는 판사의 업무이다. 따라서 즉시항고를 할 때에는 사법보좌관의 업무와는 달리 즉시항고장을 제출하고, 항고장에 항고이유를 기재하지 아니하였으면 그로부터 10일 안에 항고이유서를 제출하여야 한다.

3. 관리인

관리인은 법원이 임명하며, 채권자는 적당한 사람을 관리인으로 추천할 수 있다. 관리인은 관리와 수익을 위하여 부동산을 점유할 수 있다. 이 경우에 저항을 받게 되면 집행관에게 원조를 구할 수 있다. 관리인은 제3자가 채무자에게 지급할 수익을 추심할

권한이 있다(법 제166조).

신탁회사, 은행, 그 밖의 법인도 관리인이 될 수 있다. 관리인이 임명된 때에는 법원사무관등은 압류채권자·채무자 및 수익의 지급의무를 부담하는 제3자에게 그 사유를 통지하여야 한다(규칙 제82조제2항·제3항).

관리인이 여러 사람일 때에는 공동으로 직무를 수행한다. 다만, 법원의 허가를 받아 직무를 분담할 수 있다. 관리인이 여러 사람인 때에는 제3자의 관리인에 대한 의사표시는 그 중 한 사람에게 할 수 있다(규칙 제86조).

4. 배당절차

법 제169조제1항에 규정된 관리인의 부동산 수익처리는 법원이 정하는 기간마다 하여야 한다. 이 경우 위 종기까지 배당요구를 하지 아니한 채권자는 그 수익의 처리와 배당절차에 참가할 수 없다(규칙 제91조제1항).

집행력 있는 정본을 가진 채권자, 경매개시결정이 등기된 뒤에 가압류를 한 채권자, 「민법」·「상법」, 그 밖의 법률에 의하여 우선변제청구권이 있는 채권자는 배당요구를 할 수 있다(법 제88조제1항).

관리인은 그 부동산 수익에서 그 부동산이 부담하는 조세, 그 밖의 공과금을 뺀 뒤에 관리비용을 변제하고, 그 나머지 금액을 채권자에게 지급한다. 이 경우 모든 채권자를 만족하게 할 수 없는 때에는 관리인은 채권자 사이의 배당협의에 따라 배당을 실시하여야 한다. 채권자 사이에 배당협의가 이루어지지 못한 때에는 관리인은 그 사유를 법원에 신고하여야 한다(법 제169조). 이 경우에는 법원은 배당표에 따라 배당을 실시한다.

5. 관리인의 계산보고 및 이의신청

「민사집행법」의 관련 규정

제170조(관리인의 계산보고) ① 관리인은 매년 채권자·채무자와 법원에 계산서를 제출하여야 한다. 그 업무를 마친 뒤에도 또한 같다.

② 채권자와 채무자는 계산서를 송달받은 날부터 1주 이내에 집행법원에 이에 대한

이의신청을 할 수 있다.

③ 제2항의 기간 이내에 이의신청이 없는 때에는 관리인의 책임이 면제된 것으로 본다.

④ 제2항의 기간 이내에 이의신청이 있는 때에는 관리인을 심문한 뒤 결정으로 재판하여야 한다. 신청한 이의를 매듭지은 때에는 법원은 관리인의 책임을 면제한다.

6. 강제관리의 정지·취소

법 제49조제2호가 규정하는 강제집행의 일시정지를 명한 취지를 적은 재판의 정본 또는 같은 조제4호가 규정하는 집행할 판결이 있은 뒤에 채권자가 변제를 받았거나 의무이행을 미루도록 승낙한 취지를 적은 증서가 제출된 때에는 배당절차를 제외한 나머지 절차는 그 당시의 상태로 계속하여 진행할 수 있다. 이 경우에 관리인은 배당에 충당될 금전을 공탁하고 그 사유를 법원에 신고하여야 한다. 이 경우에 있어서 공탁된 금전으로 채권자의 채권과 집행비용의 전부를 변제할 수 있는 때에는 법원은 배당절차를 제외한 나머지 절차를 취소하여야 한다(규칙 제88조).

수익에서 그 부동산이 부담하는 조세, 그 밖의 공과금 및 관리비용을 빼면 남을 것이 없겠다고 인정하는 때에는 법원은 강제관리절차를 정지하여야 한다(행규칙 제89조).

강제관리의 취소는 법원이 결정으로 한다. 채권자들이 부동산 수익으로 전부 변제를 받았을 때에는 법원은 직권으로 취소결정을 한다. 취소결정에 대하여는 즉시항고를 할 수 있다. 강제관리의 취소결정이 확정된 때에는 법원사무관등은 강제관리에 관한 기입등기를 말소하도록 촉탁하여야 한다(법 제171조).

제6절 준부동산에 대한 강제집행

선박은 등기에 의하여, 자동차·건설기계·항공기는 등록에 의하여 각각 공시된다. 이들은 토지에 정착한 물건이 아니기 때문에 동산으로 분류된다. 그러나 등기나 등록에 의하여 공시되는 특성상 강제집행절차에서는 부동산에 관한 규정들을 준용한다. 따라서 '준부동산에 대한 집행'이라고도 말한다.

1. 선박에 대한 강제집행

가. 선박의 범위 및 집행방법

등기할 수 있는 선박에 대한 강제집행은 부동산의 강제경매에 관한 규정에 따른다. 다만, 사물의 성질에 따른 차이가 있거나 특별한 규정이 있는 경우에는 그러하지 아니하다(법 제172조).

「선박등기법」 제2조는 "이 법은 총톤수 20톤 이상의 기선[50]과 범선[51] 및 총톤수 100톤 이상의 부선[52]에 대하여 적용한다. 다만, 「선박법」 제26조제4호 본문에 따른 부선에 대하여는 적용하지 아니한다."고 규정하였다.

선박법 제26조제4호 본문에 규정된 것은 "총톤수 20톤 이상인 부선 중 선박계류용·저장용 등으로 사용하기 위하여 수상에 고정하여 설치하는 부선"을 말한다.

선박에 대한 집행은 세 종류로 나뉜다. 등기할 수 있는 선박은 선박에 대한 강제집행절차에 의하여 집행한다. 등기할 수 없는 선박, 즉 20톤 미만의 모든 선박과 100톤 미만의 부선은 유체동산의 집행절차에 따라 집행한다. 그리고 선박지분에 대한 강제집행은 '그 밖의 재산권에 관한 집행절차'에 따라 집행한다.

「상법」 제871조제1항은 등기한 선박은 저당권의 목적으로 할 수 있다고 규정하였고, 이 규정은 같은 법 제874조에 의하여 건조중인 선박에도 준용한다.

선박에 대한 저당권은 「민법」의 저당권에 관한 규정을 준용한다(「상법」 제871조제3

---

50) 기선(汽船) : 증기기관의 힘으로 움직이는 배
51) 범선(帆船) : 선체 위에 세운 돛에 의하여 풍력으로 움직이는 배
52) 부선(艀船) : 자체에 동력이 없어 다른 배의 힘에 의하여 움직이는 배

항). 따라서 건조중인 선박은 임의경매의 대상이 될 수 있다.

법 제186조는 "외국선박에 대한 강제집행에는 등기부에 기입할 절차에 관한 규정을 적용하지 아니한다."고 규정하고 있다. 이 규정의 해석이 문제되는데, 대법원은 다음과 같이 설명한다.

판례

외국선박에 대한 강제집행에는 등기부에 기입할 절차에 관한 규정도 적용하지 아니한다고 규정하고 있는바, 이는 국내에 외국선박의 등기부가 있을 수 없으므로, 경매개시결정 등을 촉탁할 수 없다는 취지이다(대법원 2002다25693).

나. 선박에 대한 경매신청

「민사집행법」의 관련 규정

제175조(선박집행신청 전의 선박국적증서등의 인도명령) ① 선박에 대한 집행의 신청 전에 선박국적증서등을 받지 아니하면 집행이 매우 곤란할 염려가 있을 경우에는 선적(船籍)이 있는 곳을 관할하는 지방법원(선적이 없는 때에는 대법원규칙이 정하는 법원)은 신청에 따라 채무자에게 선박국적증서등을 집행관에게 인도하도록 명할 수 있다. 급박한 경우에는 선박이 있는 곳을 관할하는 지방법원도 이 명령을 할 수 있다.
② 집행관은 선박국적증서등을 인도받은 날부터 5일 이내에 채권자로부터 선박집행을 신청하였음을 증명하는 문서를 제출받지 못한 때에는 그 선박국적증서등을 돌려주어야 한다.
③ 제1항의 규정에 따른 재판에 대하여는 즉시항고를 할 수 있다.
④ 제1항의 규정에 따른 재판에는 제292조제2항 및 제3항의 규정을 준용한다.
제292조(집행개시의 요건) ② 가압류에 대한 재판의 집행은 채권자에게 재판을 고지한 날부터 2주를 넘긴 때에는 하지 못한다.
③ 제2항의 집행은 채무자에게 재판을 송달하기 전에도 할 수 있다.

선박에 대한 강제집행에서 집행법원은 압류 당시에 그 선박이 있는 곳을 관할하는 지방법원으로 한다(법 제173조). 압류된 선박이 관할구역 밖으로 떠난 때에는 집행법원은 선박이 있는 곳을 관할하는 법원으로 사건을 이송할 수 있다. 이 결정에 대하여는 불복할 수 없다(법 제182조).

선박에 대한 강제경매신청서에는 법 제80조(부동산 경매신청서의 기재사항)에 규정된 사항 외에 선박의 정박항 및 선장의 이름과 현재지를 적어야 한다(규칙 제95조제1항).

신청서에 첨부할 서류로는, 채무자가 소유자인 경우에는 소유자로서 선박을 소유하고 있다는 것을, 채무자가 선장인 경우에는 선장으로서 선박을 지휘하고 있다는 것을 소명할 수 있는 증서를 붙여야 하고, 대한민국의 미등기선박은 그 선박이 채무자의 소유임을 증명하는 문서와 함께 「선박등기규칙」 제11조제2항에 규정된 서면(선박 총톤수 측정증명서 또는 어선 총톤수측정증명서) 및 제12조제1항(권리자가 대한민국 국민임을 증명하는 서면) 또는 제2항에 규정된 증명서면(법인이 소유하는 선박이 「선박법」 제2조제3호 또는 제4호의 요건을 갖추었음을 증명하는 서면), 외국선박은 그 선박이 「선박등기법」 제2조에 규정된 선박임을 증명할 문서를 붙여야 한다(규칙 제95조제2항).

다. 선박의 압류

법원은 집행절차를 실행하는 동안에 선박이 압류 당시의 장소에 계속 머무르도록 명하여야 한다(법 제176조제1항). 법원은 경매개시결정을 한 때에는 집행관에게 선박국적증서 그 밖에 선박 운행에 필요한 문서를 선장으로부터 받아 법원에 제출하도록 명하여야 한다(법 제174조제1항).

선박에 대한 압류의 효력은 경매개시결정이 채무자에게 송달된 때, 경매개시결정의 등기가 된 때, 집행관이 선박국적증서 등을 받은 때 및 감수ㆍ보존처분을 한 때 중 가장 빠른 때에 생긴다.

경매개시결정이 있은 날부터 2월이 지나기까지 집행관이 선박국적증서 등을 넘겨받지 못하고, 선박이 있는 곳이 분명하지 아니한 때에는 법원은 강제경매절차를 취소할 수 있다(법 제183조).

압류 당시 그 선박이 법원의 관할 안에 없었음이 판명된 때에는 그 절차를 취소하여야 한다(법 제180조).

법원은 채권자의 신청에 따라 선박을 감수(監守 : 감독하며 지킴)하고 보존하기 위하여 필요한 처분을 할 수 있다(법 제178조).

법원이 감수 또는 보존처분을 하는 때에는 집행관 그 밖에 적당하다고 인정되는 사람을 감수인 또는 보존인으로 정하고 감수 또는 보존을 명하여야 한다. 감수인은 선박을 점유하고, 선박이나 그 속구53)의 이동을 방지하기 위하여 필요한 조치를 취할 수 있다. 보존인은 선박이나 그 속구의 효용가치의 변동을 방지하기 위하여 필요한 조치를 취할 수 있다. 감수처분과 보존처분은 중복하여 할 수 있다. 감수 또는 보존처분은 경매개시결정 전에도 할 수 있다(규칙 제102조·제103조).

법원은 영업상의 필요, 그 밖에 상당한 이유가 있다고 인정할 경우에는 채무자의 신청에 따라 선박의 운행을 허가할 수 있다. 이 경우 채권자·최고가매수신고인·차순위매수신고인 및 매수인의 동의가 있어야 한다. 선박운행허가에 대하여는 즉시항고를 할 수 있다. 선박운행허가는 확정되어야 효력이 생긴다(법 제176조).

채무자가 법 제49조제2호(강제집행의 일시정지를 명한 취지를 적은 재판의 정본) 또는 제4호(집행할 판결이 있은 뒤에 채권자가 변제를 받았거나 의무이행을 미루도록 승낙한 취지를 적은 증서)의 서류를 제출하고, 압류채권자 및 배당을 요구한 채권자의 채권과 집행비용에 해당하는 보증을 매수신고 전에 제공한 때에는 법원은 신청에 따라 배당절차 외의 절차를 취소하여야 한다. 이 서류를 제출함에 따른 집행정지가 효력을 잃는 때에는 법원은 위 보증금을 배당하여야 한다(법 제181조제1항·제2항).

위 보증의 제공은 금전, 법원이 상당하다고 인정하는 유가증권을 공탁한 사실을 증명하는 문서 또는 미리 법원의 허가를 얻어 지급위탁계약체결문서로 할 수 있다(규칙 제104조제1항).

라. 선장에 대한 판결의 집행

선장에 대한 판결로 선박채권자를 위하여 선박을 압류하면 그 압류는 선박의 소유자

---

53) 속구(屬具) : 선박의 구성부분은 아니지만 선박에서 늘 사용하는 것이므로, 선박에 부속된 것으로 인정되는 물건인 나침반, 해도(海圖), 구명기구 등

에게도 효력이 미친다. 압류한 뒤에 소유자나 선장이 바뀌더라도 집행절차에는 영향을 미치지 아니한다. 압류한 뒤에 선장이 바뀐 때에는 바뀐 선장만이 이해관계인이 된다 (법 제179조).

마. 현금화 및 배당

선박에 대한 매각절차 및 매각대금의 배당절차는 부동산 강제경매에 관한 규정을 준용한다. 다만, 배당절차에서는 「상법」이 규정하는 선박우선특권[54]에 의하여 예외가 인정된다.

판례

선박우선특권제도는 원래 해상기업에 수반되는 위험성으로 인하여 해사채권자(海事債權者)에게 확실한 담보를 제공할 필요성과 선박소유자에게 책임제한을 인정하는 대신 해사채권자를 두텁게 보호해야 한다는 형평상의 요구에 의하여 생긴 제도임에 비하여 임금우선특권제도는 근로자의 생활안정, 특히 사용자가 파산하거나 사용자의 재산이 다른 채권자에 의해 압류되었을 경우에 사회·경제적인 약자인 근로자의 최저생활 보장을 하기 위한 사회정책적 고려에서 일반 담보물권자 등의 희생 아래 인정되어진 제도로써 그 공익적 성격이 매우 강하므로, 양 우선특권제도의 입법취지를 고려하면 선박우선특권 있는 채권을 가진 자는 다른 채권자보다 우선변제를 받을 권리가 있되, 이 경우에 그 성질에 반하지 아니하는 한 민법상의 저당권에 관한 규정을 준용하도록 규정되어 있는 점, 조세채권우선원칙의 예외사유를 규정한 국세기본법 제35조제1항 단서나 지방세법 제31조제2항에서 임금우선특권은 그 예외사유로 규정되어 당해세보다도 우선하는 반면에 선박우선특권은 예외사유에서 빠져있는 점, 근로기준법은 임금우선특권 있는 채권은 조세·공과금채권에도 우선한다는 취지로 규정하고 있음에 반하여 상법에는 선박우선특권 있는 채권과 조세채권 상호간의 순위에 관하여 아무런 규정이 없을 뿐만 아니라, 오히려 상법 제861조(현행은 '제777조'에 해당함)제1항은 "항해에 관하여 선박에

---

54) 선박우선특권(船舶優先特權) : 선박우선특권이라 함은 「상법」이 규정하는 일정한 법정채권(「상법」 제777조제1항제1호 내지 제4호)의 채권자가 선박과 그 부속물 (속구·운임·그 선박과 운임에 부수한 채권)로부터 다른 채권자보다 자기채권의 우선변제(優先辨濟)를 받을 수 있는 해상법상의 특수한 담보물권(擔保物權)을 말한다(「상법」 제777조제2항). 이는 「민법」상의 저당권에 관한 규정을 준용한다.

과한 제세금"을 제1호 소정의 채권에 포함시켜 선박우선특권 내부에서 가장 앞선 순위로 규정하고 있는 점 등을 감안하면 <u>임금우선특권을 선박우선특권보다 우선시키는 것이 합리적인 해석이라고 할 것</u>이다(대법원 2004다26799 판결).

선박의 지분에 대한 강제집행은 법 제251조에서 규정한 강제집행의 예에 따른다(법 제185조제1항). 제251조는 그 밖의 재산권의 집행에 관하여 규정하면서 법 제3관(채권과 그 밖의 재산권에 대한 강제집행)의 규정 및 제98조(일괄매각결정), 제99조(일괄매각사건의 병합), 제100조(일괄매각사건의 관할) 및 제101조(일괄매각절차)를 준용하도록 규정하였다.

채권자가 선박의 지분에 대하여 강제집행의 신청을 하기 위해서는 채무자가 선박의 지분을 소유하고 있다는 사실을 증명할 수 있는 선박등기부의 등본이나 그 밖의 증명서를 내야 한다. 압류명령은 채무자 외의 「상법」 제764조에 의하여 선임된 선박관리인에게도 송달하여야 한다. 압류명령은 선박관리인에게 송달되면 채무자에게 송달된 것과 같은 효력을 가진다(법 제185조).

2. 자동차에 대한 강제집행

가. 집행방법의 구분 등

자동차에 대한 강제집행은 다음과 같이 3종류로 구분된다. 등록된 자동차는 규칙 제108조 내지 제129조의 규정에 따라, 무등록자동차는 유체동산의 집행방법에 따라, 공유지분에 대한 집행은 '그 밖의 재산권에 대한 집행방법'에 따라 각각 집행을 실시한다.

법원은 매각기일(기간입찰의 방법으로 진행할 경우에는 입찰기간의 개시일)의 1주 전까지 평가서의 사본을 법원에 비치하고, 누구든지 볼 수 있도록 하여야 한다(규칙 제128조·제107조). 그러나 자동차에 대한 집행절차에서는 현황조사는 하지 않고, 매각물건명세서도 작성하지 않는다. 그리고 기간입찰의 방법에 의한 매각절차도 없다.

집행관이 점유를 취득한 자동차가 집행관이 소속한 법원의 관할구역 밖에 있게 된 경우에 이를 회수하기 위하여 필요한 때에는 집행관은 소속 법원의 관할구역 밖에서도 그 직무를 수행할 수 있다. 이 경우에 압류물을 회수하기 위하여 지나치게 많은 비용이 든다고 인정하는 때에는 집행관은 압류채권자의 의견을 들어 압류물이 있는 곳을 관할하는 법원 소속 집행관에게 사건을 이송할 수 있다(규칙 제128조·제138조).

나. 집행법원 및 사건의 이송

자동차에 대한 집행의 집행법원은 자동차등록원부에 기재된 사용본거지를 관할하는 지방법원으로 한다. 다만, 법 제119조제1항(집행곤란 및 비용과다에 따른 이송)에 따라 이송한 때에는 그러하지 아니하다. 법 제113조(강제집행 전의 자동차인도명령) 제1항에 규정된 결정에 따라 집행관이 자동차를 인도받은 경우에는 자동차가 있는 곳을 관할하는 지방법원도 집행법원으로 한다(규칙 제109조).

집행법원은 다른 법원 소속 집행관이 자동차를 점유하고 있는 경우에 자동차를 집행법원 관할구역 안으로 이동하는 것이 매우 곤란하거나 지나치게 많은 비용이 든다고 인정하는 때에는 사건을 그 법원으로 이송할 수 있다. 이 결정에 대하여는 불복할 수 없다(규칙 제119조).

다. 경매개시결정 전의 인도집행(引渡執行)

「민사집행규칙」의 관련 규정

제113조(강제경매신청 전의 자동차인도명령) ① 강제경매신청 전에 자동차를 집행관에게 인도하지 아니하면 강제집행이 매우 곤란할 염려가 있는 때에는 그 자동차가 있는 곳을 관할하는 지방법원은 신청에 따라 채무자에게 자동차를 집행관에게 인도할 것을 명할 수 있다.

② 제1항의 신청에는 집행력 있는 정본을 제시하고, 신청의 사유를 소명하여야 한다.

③ 집행관은 자동차를 인도받은 날부터 10일 안에 채권자가 강제경매신청을 하였음을 증명하는 문서를 제출하지 아니하는 때에는 자동차를 채무자에게 돌려주어야 한다.

④ 제1항의 규정에 따른 결정에 대하여는 즉시항고를 할 수 있다.

⑤ 제1항의 규정에 따른 결정에는 법 제292조제2항·제3항의 규정을 준용한다.

「민사집행법」의 관련 규정

제292조(집행개시의 요건) ② 가압류에 대한 재판의 집행은 채권자에게 재판을 고지

한 날부터 2주를 넘긴 때에는 하지 못한다.

③ 제2항의 집행은 채무자에게 재판을 송달하기 전에도 할 수 있다.

라. 강제경매개시결정 및 인도집행

법원은 강제경매개시결정을 하는 때에는 법 제83조제1항(부동산강제경매개시결정)에 규정된 사항을 명하는 외에 채무자에 대하여 자동차를 집행관에게 인도할 것을 명하여야 한다. 다만, 그 자동차에 대하여 제114조(자동차를 인도받은 때의 집행관의 신고)제1항의 규정에 따른 신고가 되어있는 때에는 채무자에 대하여 자동차인도명령을 할 필요가 없다. 개시결정에 기초한 인도집행은 그 개시결정이 채무자에게 송달되기 전에도 할 수 있다. 강제경매개시결정이 송달되거나 등록되기 전에 집행관이 자동차를 인도받은 경우에는 그 때에 압류의 효력이 생긴다(규칙 제111조).

경매개시결정이 있은 날부터 2월이 지나기까지 집행관이 자동차를 인도받지 못한 때에는 법원은 집행절차를 취소하여야 한다(규칙 제116조).

마. 자동차의 보관 및 운행허가

집행관은 상당하다고 인정하는 때에는 인도받은 자동차를 압류채권자, 채무자, 그 밖의 적당한 사람에게 보관시킬 수 있다. 이 경우에는 공시서(公示書)를 붙여두거나 그 밖의 방법으로 자동차를 집행관이 점유하고 있음을 분명하게 표시하고, 제117조의 규정에 따라 운행이 허가된 경우를 제외하고는 운행을 하지 못하도록 적당한 조치를 하여야 한다(규칙 제115조).

법원은 영업상의 필요, 그 밖의 상당한 이유가 있다고 인정하는 때에는 이해관계를 가진 사람의 신청에 따라 자동차의 운행을 허가할 수 있다. 법원이 허가를 하는 때에는 운행에 관하여 적당한 조건을 붙일 수 있다(규칙 제117조).

바. 매각에 관한 특칙

법원은 그 관할구역 안에서 집행관이 자동차를 점유하게 되기 전에는 집행관에게 매각을 실시하게 할 수 없다(규칙 제120조).

법원은 상당하다고 인정하는 때에는 집행관으로 하여금 거래소에 자동차의 시세를 조회하거나 그 밖의 상당한 방법으로 매각할 자동차를 평가하게 하고, 그 평가액을 참작하여 최저매각가격을 정할 수 있다(규칙 제121조제1항).

법원은 상당하다고 인정하는 때에는 압류채권자의 매수신청에 따라 그에게 자동차의 매각을 허가할 수 있다. 이를 '양도명령'이라고 한다.

양도명령에 따른 매각을 허가하는 결정은 이해관계인에게 고지하여야 한다. 이 매각절차에서의 매각허부결정은 선고한 때에 효력이 발생하도록 규정한 규칙 제74조, 매각결정기일은 매각기일로부터 1주 이내로 정하고, 매각결정절차는 법원 안에서 진행하도록 규정한 법 제109조, 매수신청보증에 관한 법 제126조제1항·제2항 및 매각허가결정은 선고하는 외에 공고하도록 규정하고 있는 법제128조제2항의 규정은 적용하지 않는다(규칙 제124조).

매수인이 매각대금을 납부하였음을 증명하는 서류를 제출한 때에는 집행관은 자동차를 매수인에게 인도하여야 한다. 이 경우 자동차를 집행관 외의 사람이 보관하고 있는 때에는 매수인의 동의를 얻어 보관자에 대하여 매수인에게 그자동차를 인도할 것을 통지하는 방법으로 인도할 수 있다(규칙 제125조제1항).

사. 집행정지중의 매각

「민사집행규칙」의 관련 규정

제126조(집행정지중의 매각) ① 법 제49조제2호 또는 제4호에 적은 서류가 제출된 때에는 법원사무관등은 집행관에게 그 사실을 통지하여야 한다.
  ↳법 제49조(집행의 필수적 정지·제한) 강제집행은 다음 각호 가운데 어느 하나에 해당하는 서류를 제출한 경우에 정지하거나 제한하여야 한다.
    2. 강제집행의 일시정지를 명한 취지를 적은 재판의 정본
    4. 집행할 판결이 있은 뒤에 채권자가 변제를 받았거나 의무이행을 미루도록 승낙한 취지를 적은 증서
② 집행관은 제1항의 규정에 따른 통지를 받은 경우 인도를 받은 자동차의 가격이 크게 떨어질 염려가 있거나 그 보관에 지나치게 많은 비용이 드는 때에는 압류채권자·채무자 및 저당권자에게 그 사실을 통지하여야 한다.
③ 제2항에서 규정하는 경우에 압류채권자 또는 채무자의 신청이 있는 때에는 법원은 자동차를 매각하도록 결정할 수 있다.
④ 제3항의 규정에 따른 결정이 있은 때에는 법원사무관등은 제3항의 신청을 하지

아니한 압류채권자 또는 채무자에게 그 사실을 통지하여야 한다.

⑤ 제3항의 규정에 따른 결정에 기초하여 자동차가 매각되어 그 대금이 집행법원에 납부된 때에는 법원사무관등은 매각대금을 공탁하여야 한다.

(자동차강제경매신청서)

자 동 차 강 제 경 매 신 청

신 청 인   성명 ㅇㅇㅇ(-   )
(채권자)   주소
                전화번호
피신청인   성명 ㅇㅇㅇ(-   )
(채무자)   주소

청구채권의 표시

돈 15,000,000원(ㅇㅇ지방법원 2024가소ㅇㅇㅇ호 집행력 있는 이행권고결정 정본에 의한 대여금) 및 위 돈에 대하여 2024. ㅇ. ㅇ.부터 다 갚는 날까지 연 12%의 비율에 의한 지연손해금

경매할 자동차의 표시

별지 자동차 목록과 같음

신 청 취 지

채권자의 채무자에 대한 위 청구채권의 변제에 충당하기 위하여 별지 목록 기재 자동차에 대하여 강제경매를 개시한다.
라는 재판을 구합니다.

신 청 원 인

1. 신청인은 피신청인에 대하여 ㅇㅇ지방법원 2024가소ㅇㅇㅇ호 집행력 있는 이행권고 결정 정본에 의한 대여금으로써 돈 15,000,000원 및 그에 대한 지연손해금의 채권을 가지고 있습니다.
2. 그런데 피신청인은 정당한 이유 없이 위 돈을 변제하지 아니하므로, 신청인은 부득이

위 채권의 변제에 충당하고자 피신청인의 소유인 별지목록 기재 자동차에 대한 강제경매 절차의 개시를 구하기 위하여 이 신청을 하게 되었습니다.

첨 부 서 류

1. 집행력 있는 이행권고결정 정본 1통.
1. 자동차등록원부 1통.
1. 자동차 목록(또는 자동차등록원부 갑구의 사본) 5통.
1. 송달료납부서 1통.
1. 등록세 및 교육세 영수필통지서 1통.

2025. ○. ○.

위 신청인(채권자)　○　○　○(인)

○○지방법원 귀중

(자동차 목록)

(별지)

자 동 차 목 록

자동차등록번호 :
차명 :
형식 및 연식 :
차대번호 :
원동기형식 :
사용본거지 :
등록연월일 :
등록원부상 채무자의 주소 :

* 인지대는 5,000원을 납부한다.

* 송달료는 (이해관계인의 수 + 3) × 10회분 × 5,200원에 해당하는 금액을 예납한다.
* 신청서에는 법 제80조(부동산강제경매신청서 기재사항)에 규정된 사항과 사용본거지를 적고, 집행력 있는 정본 외에 자동차등록원부등본을 붙여야 한다.
* 이행권고결정, 지급명령 및 배상명령은 집행문을 부여받을 필요가 없다.
* 시·군·구청에 자동차 1대마다 등록세 7,500원 및 교육세 1,500원(등록세의 20%)를 납부하여야 한다.
* 자동차 목록을 별도로 작성하지 아니하고 자동차등록원부 갑구의 사본으로 제출하여도 무방하다.
* 자동차 임의경매신청서도 이를 준용하면 되고(근저당권에 의한 집행이라는 사실만 다름), 건설기계에 대한 강제경매와 임의경매신청서도 요령은 같다.

(자동차인도명령신청서)

자 동 차 인 도 명 령 신 청

신 청 인(채권자)   성명 ○○○(　　　－　　　)
　　　　　　　　　　　주소
　　　　　　　　　　　전화번호
피신청인(채무자)   성명 ○○○(　　　－　　　)
　　　　　　　　　　　주소
　　　　　　　　　　　전화번호

인도할 자동차의 표시

별지 자동차등록원부의 기재와 같음

신 청 취 지

채무자는 별지 자동차목록에 기재된 자동차를 ○○지방법원 소속 집행관에게 인도하라.
라는 재판을 구합니다.

신 청 원 인

1. 신청인은 피신청인에 대하여 ○○지방법원 2024가소○○호 집행력 있는 이행권고결정 정본에 의한 대여금채권 25,000,000원 및 그에 대한 지연손해금에 충당하기 위하여 별지 자동차목록에 기재된 채무자 소유의 자동차에 대한 강제경매를 신청하고자 합니다.
2. 그런데 자동차를 미리 집행관에게 인도하지 아니하면 채무자가 도주할 우려가 있어 나중에는 자동차의 인도집행이 매우 곤란할 염려가 있습니다. 따라서 위 자동차를 ○○지방법원 소속 집행관에게 인도하게 할 필요가 있으므로, 이 신청에 이르게 되었습니다.

첨 부 서 류

1. 자동차등록원부 1통.
1. 집행력 있는 이행권고결정 정본 1통.
1. 송달료납부서 1통.
1. 자동차목록(또는 자동차등록원부 갑구 사본) 3통.

2025. ○. ○.

위 신청인(채권자) ○ ○ ○(인)

○○지방법원 귀중

* 인지대는 1,000원을 납부한다.
* 송달료는 당사자의 수 × 2회분 × 5,200원에 해당하는 금액을 예납한다.
* 자동차가 집행관에게 인도되지 아니하면 강제집행을 할 수 없다. 인도명령의 신청은 강제경매신청과 동시에 하는 것이 일반적이겠으나, 그 이전에도 가능하다. 인도명령신청만을 먼저 한 때에는 자동차가 집행관에게 인도된 때로부터 10일 안에 강제경매신청을 하지 아니하면 자동차를 다시 채무자에게 돌려주어야 한다.
* 인도명령은 채무자에게 송달이 되어야 하므로, 채무자에게 송달될 수 있는 주소를 정확히 기재하는 것도 중요하다.
* 이 신청서를 제출할 법원은 자동차가 등록된 곳(사용의 본거지)을 관할하는 지방법원(또는 지원)이다.

(자동차인도명령 야간 및 휴일 집행허가신청서)

자동차인도명령 야간 및 휴일 집행허가신청

신 청 인(채권자)　성명　○○○(　　－　　)
　　　　　　　　　주소
　　　　　　　　　전화번호
피신청인(채무자)　성명　○○○(　　－　　)
　　　　　　　　　주소
　　　　　　　　　전화번호

위 당사자 사이의 ○○지방법원 2024타기○○○호 자동차인도명령사건에 관하여 2016. ○. ○. 귀원에서 피신청인에게 자동차인도명령을 하였으나, 주간에는 그 집행이 어렵습니다. 따라서 야간 및 휴일에도 그 인도집행을 할 수 있도록 허가하여 주시기 바랍니다.

첨부서류 : 송달료납부서 1통.

2025. ○. ○.

위 신청인(채권자)　○ ○ ○(인)

○○지방법원 귀중

* 인지대는 1,000원을 납부한다.
* 송달료는 당사자의 수 × 2회분 × 5,200원에 해당하는 금액을 예납한다.
* 자동차에 대한 강제경매개시결정이 있은 뒤 2개월이 지나도록 인도집행이 되지 아니하면 강제경매는 취소된다. 따라서 이 신청을 하는 경우는 집행관의 일과시간에 집행이 어려운 사정이 있는 때가 될 것이다.

3. 건설기계에 대한 강제집행

「건설기계관리법」에 따른 등록된 건설기계에 대한 강제집행은 자동차의 집행방법에 의한다(법 제130조제1항).

건설기계의 범위는 타이어식 불도저, 자체중량 1톤 이상인 타이어식 굴삭기, 자체중량 2톤 이상인 타이어식 로더, 타이어식 지게차, 적재용량 12톤 이상인 덤프트럭, 타이어식 기중기, 콘크리트살포기, 믹서트럭, 펌프, 아스팔트살포기, 골재살포기, 쇄석기, 준설선 및 타워크레인 등이다(「건설기계관리법 시행규칙」 제2조).

4. 항공기에 대한 강제집행

「항공법」에 따른 등록된 항공기에 대한 강제집행은 선박에 대한 강제집행의 예에 따라 실시한다(법 제106조제1항).

등록할 수 있는 항공기는 비행기, 비행선, 활공기(滑空機), 회전익항공기(回轉翼航空機 : 헬리콥터) 등이다(「항공법」 제2조제1호).

제7절 유체동산에 대한 강제집행

1. 유체동산이란?

민사집행을 큰 틀에서 분류하면, 부동산에 대한 집행, 동산에 대한 집행, 채권에 대한 집행 및 그 밖의 재산권에 대한 집행으로 나뉜다. 여기에서의 동산은 「민법」상의 동산과는 그 개념과 의미가 다르다.

동산에 대한 강제집행은 압류에 의하여 개시한다. 압류는 집행력 있는 정본에 적은 청구금액의 변제와 집행비용의 변상에 필요한 한도에서 하여야 한다. 압류물을 현금화하여도 집행비용 외에 남을 것이 없는 경우에는 집행하지 못한다(법 제188조).

법은 「민법」상의 동산 및 「민사집행법」상의 '동산'과 구별하기 위하여 '유체동산'이라는 용어를 사용하고 있다. 이하 법이 적용되는 유체동산의 범위를 살펴본다.

「민법」은 토지 및 그 지상 정착물은 부동산이라고 규정한다. 따라서 부동산이 아닌 물건은 모두 동산이라고 할 수 있다. 「민사집행법」에서 유체동산으로 다루고 있는 것으로는 현금, 사무실의 비품, 가재도구, 상점의 상품, 금은붙이, 그림·도자기 등 예술품, 사육하는 동물 및 무기명채권 등이다.

법이 유체동산에 대한 집행절차에 따라 집행하는 대상은, ① 등기할 수 없는 토지의 정착물로서 독립하여 거래의 객체가 될 수 있는 것, ② 토지에서 분리하기 전의 과실로서 1개월 이내에 수확할 수 있는 것 및 ③ 유가증권으로서 배서가 금지되지 아니한 것이다.

은행예금증서나 차용증서는 채권에 대한 집행방법에 따라 집행하고, 예탁유가증권55)은 그 밖의 재산권에 대한 집행방법에 따라 집행한다.

2. 유체동산의 압류절차

가. 강제집행의 신청

「민사집행규칙」의 관련 규정

제131조(유체동산 집행신청의 방식) 유체동산에 대한 강제집행신청서에는 다음 각호의 사항을 적고 집행력 있는 정본을 붙여야 한다.

1. 채권자·채무자와 그 대리인의 표시
2. 집행권원의 표시
3. 강제집행 목적물인 유체동산이 있는 장소
4. 집행권원에 표시된 청구권의 일부에 관하여 강제집행을 구하는 때에는 그 범위

---

55) 예탁유가증권(預託有價證券) : 「증권거래법」에 의하여 예탁자인 증권회사나 외국환은행으로부터 증권예탁원이 예탁 받은 유가증권

(유체동산 강제경매신청서)

유체동산 강제경매신청

신 청 인   성명 ○○○(－   )
(채권자)   주소
              전화번호
피신청인   성명 ○○○(－   )
(채무자)   주소

집행권원 및 청구채권의 표시

돈 10,000,000원(○○지방법원 2024가소○○○호 집행력 있는 이행권고결정 정본에 의한 대여금) 및 이에 대한 2024. ○. ○.부터 다 갚는 날까지 연 12%의 비율에 의한 지연손해금

집행할 목적물이 있는 곳

○○시 ○○길 ○○-○ 소재 채무자 경영의 공장

신 청 취 지

채권자의 채무자에 대한 2024가소○○○호 집행력 있는 이행권고결정 정본에 의한 채권에 충당하게 하기 위하여 위 집행할 목적물이 있는 곳 안에 있는 채무자 소유의 유체동산에 대한 강제경매절차를 개시한다.
라는 결정을 구합니다.

신 청 원 인

신청인은 위 집행권원 및 신청채권에 터 잡아 피신청인에게 여러 차례에 걸쳐 위 채무의 변제를 촉구한 사실이 있지만, 피신청인은 정당한 이유 없이 변제하지 아니하고 있으므로 부득이 이 신청을 하게 되었습니다.

<pre>
                     첨   부   서   류

1. 집행력 있는 이행권고결정 정본 1통.
1. 송달료납부서 1통.

                              2025. ○. ○.

                  위 신청인(채권자)   ○ ○ ○(인)

○○지방법원 귀중
</pre>

* 집행비용(송달료, 집행관의 출장비, 집행관수수료 등)을 예납하여야 한다.

* 압류한 물건의 매각대금만으로는 채권자의 채권에 만족을 줄 수 없는 경우에는 매각을 하지 않
  는 것이 일반적이다. 이러한 예는 매우 많다. 따라서 유체동산에 대한 강제집행을 신청할 때에
  는 채무자가 소유하고 있는 물건의 가치를 잘 파악하여야 할 것이다.

  그리고 사무실과 가정에서 사용하는 물건 중에는 압류가 금지된 물건도 많다는 점을 기억해야
  한다. 더구나 가정에서 사용하는 물건은 부부의 공유가 되므로, 매각대금의 절반은 채무자의 배
  우자에게 배당하여야 한다.

나. 압류의 방법

다른 물건에 대한 강제집행절차와는 달리 유체동산에 대한 강제집행에서는 집행의
목적물은 채권자가 지정하지 않고, 집행관이 선택을 한다. 따라서 채권자는 물건들이
있는 곳을 집행관에게 알려주기만 하면 된다.

집행관이 압류할 유체동산을 선택하는 때에는 채권자의 이익을 해치지 아니하는 범
위 안에서 채무자의 이익을 고려하여야 한다.

집행관은 동시에 압류하고자 하는 여러 개의 유체동산 가운데 일부가 소속법원 관할
구역 밖에 있는 경우에는 관할구역 밖의 유체동산에 대하여도 압류할 수 있다(규칙 제
133조).

집행관이 특히 필요하다고 인정하는 때에는 압류물 보관자로 하여금 소속법원의 관

할구역 밖에서 압류물을 보관하게 할 수 있다(규칙 제135조).

채무자가 점유하고 있는 유체동산의 압류는 집행관이 그 물건을 점유함으로써 한다. 다만, 채권자의 승낙이 있거나 운반이 곤란한 때에는 봉인(封印), 그 밖의 방법으로 압류물임을 명확히 하여 채무자에게 보관시킬 수 있다(법 제189조제1항).

채무자가 점유하고 있는 유체동산이기만 하면 누구의 소유인지 또는 채무자의 점유가 정당한 권원에 터 잡은 것인지는 묻지 않는다. 그러나 진정한 소유자인 제3자는 제3자이의의 소를 제기할 수 있음은 물론이다.

유가증권에 대한 압류는 집행관이 그 증권을 채무자로부터 빼앗아 보관하는 방법으로 한다.

채권자 또는 물건의 제출을 거부하지 아니하는 제3자가 점유하고 있는 물건은 채무자가 점유하는 물건의 압류방법에 준하여 압류한다(법 제191조). 제3자가 제출을 거부하는 때에는 뒤에서 검토하게 될 방법인 "채무자가 제3자에 대하여 갖는 목적물의 반환청구권 또는 인도청구권"을 집행하는 방법에 따라 압류한다(법 제242조).

채무자와 그 배우자의 공유로서 채무자가 점유하거나 그 배우자와 공동으로 점유하고 있는 유체동산은 채무자가 단독으로 점유하는 물건과 같은 방법으로 압류할 수 있다(법 제190조).

이와 관련하여 채무자 아닌 배우자에게는 가혹하지 않도록 배려하고 있는 규정이 있다. 법 제190조의 규정에 의하여 압류한 유체동산을 매각하는 경우에 배우자는 매각기일에 출석하여 우선매수할 것을 신고할 수 있다(법 제206조제1항). 이는 부동산에 대한 경매절차에서 공유자가 우선매수신청권을 행사하는 것과 같다.

또 압류한 유체동산에 대하여 공유지분을 주장하는 배우자는 자신의 지분에 상당하는 매각대금의 지급을 요구할 수 있다(법 제221조제1항).

민사소송법 제527조의2(현행은 '민사집행법 제190조'에 해당함)는 채무자와 그 배우자의 공유에 속하는 유체동산은 채무자가 점유하거나 그 배우자와 공동점유하는 때에는 압류할 수 있다고 규정하고 있는바, 위와 같은 규정은 부부공동생활의 실체를 갖추고 있으면서 혼인신고만을 하지 아니한 사실혼관계에 있는 부부의 공유 유체동산에 대하여도 유추적용된다 할 것이다(대법원 97다34273).

국가에 대한 강제집행은 국고금을 압류함으로써 한다(법 제192조). 즉 국가의 다른 재산은 압류할 수 없다.

그러나 지방자치단체를 상대로 하는 강제집행은 일반채권자를 상대로 집행하는 절차와 동일하다.

압류물을 보존하기 위하여 필요한 때에는 집행관은 적당한 처분을 하여야 한다. 이 경우에 비용이 필요한 때에는 채권자로 하여금 이를 미리 내게 하여야 한다. 법 제49조제2호(강제집행의 일시정지를 명한 취지를 적은 재판의 정본) 또는 제4호(집행할 판결이 있은 뒤에 채권자가 변제를 받았거나 의무이행을 미루도록 승낙한 취지를 적은 증서)의 문서가 제출된 경우에 압류물을 즉시 매각하지 아니하면 값이 크게 내릴 염려가 있거나 보관에 지나치게 많은 비용이 드는 때에는 집행관은 그 물건을 매각할 수 있다. 이 경우에는 집행관은 매각대금을 공탁하여야 한다(법 제198조). 이 공탁금은 나중에 채권자에게 지급하거나 배당을 실시한다.

다. 압류의 효력

압류의 효력은 압류물에서 생기는 천연물에도 미친다(법 제194조). 이는 압류된 물건을 채무자가 보관·관리하더라도 채무자는 그 물건으로부터 생기는 천연과실을 수취할 수 없다는 의미이다.

압류의 효력범위와 관련하여, 가령 채권자 甲의 위임에 따라 집행관이 채무자가 점유하는 유체동산을 압류한 뒤에 같은 채무자에 대한 다른 채권자 乙의 위임에 따라 채무자가 점유하는 다른 물건을 압류한 경우에서 선행압류와 후행압류의 효력은 두 건의 압류물을 합하여 甲과 乙 모두에게 효력이 미친다.

압류는 압류물에 대한 채무자의 처분을 금지하는 것이다. 그러나 이 처분금지의 효력은 상대적이다. 가령 압류채권자 甲이 채무자 乙의 유체동산을 압류한 뒤에 乙이 이를 제3자인 丙에게 처분한 경우에 있어서 乙의 그 처분행위는 甲에게는 대항할 수 없다.

압류에 따른 부수적인 효력으로는 시효중단이 있다. 시효중단의 효력은 압류를 신청한 때에 생긴다.

압류물을 제3자가 점유한 경우에는 법원은 채권자의 신청에 따라 그 제3자에 대하여 그 물건을 집행관에게 인도하도록 명할 수 있다. 이 신청은 제3자가 압류물을 점유하고 있는 것을 안 날부터 1주일 이내에 하여야 한다. 이 재판은 상대방에게 송달되기 전에도 집행할 수 있고, 신청인에게 고지된 날부터 2주가 지난 때에는 집행할 수 없다. 이 재판에 대하여는 즉시항고를 할 수 있다(법 제193조).

그러나 이 업무는 사법보좌관의 업무이므로, 즉시항고에 앞서 '사법보좌관의 처분에 대한 이의'로 다투어야 한다(「사법보좌관규칙」 제4조).

법은 인도명령을 집행할 수 있는 기간을 마치 가압류나 가처분의 집행과 마찬가지로 짧은 기간으로 규정하고 있다. 따라서 재판의 확정 여부를 묻지 않고, 집행문도 필요치 않다.

인도명령을 받은 제3자가 점유할 정당한 권원이 있어 다투고자 할 때에는 제3자이의의 소로 다투어야 한다.

라. 압류금지물건

「민사집행법」의 관련 규정

제195조(압류가 금지되는 물건) 다음 각호의 물건은 압류하지 못한다.
1. 채무자 및 그와 같이 사는 친족(사실상 관계에 따른 친족을 포함한다. 이하 이 조에서 "채무자등"이라 한다)의 생활에 필요한 의복·침구·가구·부엌기구, 그 밖의 생활필수품
2. 채무자등의 생활에 필요한 2월간의 식료품·연료 및 조명재료
3. 채무자등의 생활에 필요한 1월간의 생계비로서 대통령령이 정하는 액수의

금전[56]

4. 주로 자기 노동력으로 농업을 하는 사람에게 없어서는 아니 될 농기구·비료·가축·사료·종자, 그 밖에 이에 준하는 물건

5. 주로 자기의 노동력으로 어업을 하는 사람에게 없어서는 아니 될 고기잡이 도구·어망·미끼·새끼고기, 그 밖에 이에 준하는 물건

6. 전문직 종사자·기술자·노무자, 그 밖에 주로 자기의 정신적 또는 육체적 노동으로 직업 또는 영업에 종사하는 사람에게 없어서는 아니 될 제복·도구, 그 밖에 이에 준하는 물건

7. 채무자 또는 그 친족이 받은 훈장·포장·기장, 그 밖에 이에 준하는 명예증표

8. 위패·영정·묘비, 그 밖에 상례·제사 또는 예배에 필요한 물건

9. 족보·집안의 역사적인 기록·사진첩, 그 밖에 선조숭배에 필요한 물건

10. 채무자의 생활 또는 직무에 없어서는 아니 될 도장·문패·간판, 그 밖에 이에 준하는 물건

11. 채무자의 생활 또는 직업에 없어서는 아니 될 일기장·상업장부, 그 밖에 이에 준하는 물건

12. 공표되지 아니한 저작 또는 발명에 관한 물건

13. 채무자등이 학교·교회·사찰, 그 밖의 교육기관 또는 종교단체에서 사용하는 교과서·교리서·학습용구, 그 밖에 이에 준하는 물건

14. 채무자등의 일상생활에 필요한 안경·보청기·의치·의수족·지팡이·장애보조용 바퀴의자, 그 밖에 이에 준하는 신체보조기구

15. 채무자등의 일상생활에 필요한 자동차로서「자동차관리법」이 정하는 바에 따른 장애인용 경형자동차

16. 재해의 방지 또는 보안을 위하여 법령의 규정에 따라 설비하여야 하는 소방설비·경보기구·피난시설, 그 밖에 이에 준하는 물건

제196조(압류금지 물건을 정하는 재판) ① 법원은 당사자가 신청하면 채권자와 채무자의 생활형편, 그 밖의 사정을 고려하여 유체동산의 전부 또는 일부에 대한 압류를 취소하도록 명하거나 제195조의 유체동산을 압류하도록 명할 수 있다.

② 제1항의 결정이 있은 뒤에 그 이유가 소멸되거나 사정이 바뀐 때에는 법원은 직권으로 또는 당사자의 신청에 따라 그 결정을 취소하거나 바꿀 수 있다.

③ 제1항 및 제2항의 경우에 법원은 제16조제2항에 준하는 결정을 할 수 있다.

④ 제1항 및 제2항의 결정에 대하여는 즉시항고를 할 수 있다.

⑤ 제3항의 결정에 대하여는 불복할 수 없다.

위 제196조제3항이 말하는 "제16조제2항에 준하는 결정"은 당사자에게 담보를 제공하게 하거나 제공하게 하지 아니하고 집행을 일시정지하도록 명하거나, 당사자에게 담보를 제공하게 하고 그 집행을 계속하도록 명하는 등 잠정처분(暫定處分)을 할 수 있다는 것을 의미한다.

> **판례**
>
> 공장저당의 목적인 동산은 유체동산집행의 대상이 되지 아니하는 이른바 압류금지물에 해당하므로 집행관은 압류해서는 아니 되지만, 금지규정을 어겨 압류한 경우에는 집행관은 집행에 관한 이의에 의한 법원의 결정이나 채권자의 신청에 의하지 아니하고는 스스로 압류를 해소할 수는 없다(대법원 2001다52773 판결).

특별법에 따라 압류가 금지되는 물건도 있다. 건설업자가 도급받은 건설공사의 도급금액 중 그 공사(하도급 한 공사를 포함한다)의 근로자에게 지급하여야 할 임금에 상당한 금액은 압류할 수 없다(「건설산업기본법」 제88조제1항).

공장재단의 구성물은 공장재단과 분리하여 양도하거나 소유권 외의 권리, 압류, 가압류 또는 가처분의 목적으로 하지 못한다(「공장 및 광업재단저당법」 제14조).

수급자에게 지급된 수급품과 이를 받을 권리는 압류할 수 없다(「국민기초생활보장법」 제35조제1항).

신탁재산에 대하여는 강제집행, 담보권실행 등을 위한 경매, 보전처분 또는 국세 등 체납처분을 할 수 없다. 다만, 신탁 전의 원인으로 발생한 권리 또는 신탁사무의 처리상 발생한 권리에 기한 경우에는 그러하지 아니하다(「신탁법」 제22조제1항).

파산재단에 속하는 재산, 회생절차개시결정 후의 재산도 압류가 금지된다(「채무자회생 및 파산에 관한 법률」).

---

56) 대통령령이 정하는 액수의 금전 : 월 150만원을 말한다.

마. 채권자의 경합

「민사집행법」의 관련 규정

제215조(압류의 경합) ① 유체동산을 압류하거나 가압류한 뒤 매각기일에 이르기 전에 다른 강제집행이 신청된 때에는 집행관은 집행신청서를 먼저 압류한 집행관에게 교부하여야 한다. 이 경우 더 압류할 물건이 있으면 이를 압류한 뒤에 추가압류조서를 교부하여야 한다.

② 제1항의 경우에 집행에 관한 채권자의 위임은 먼저 압류한 집행관에게 이전된다.

③ 제1항의 경우에 각 압류한 물건은 강제집행을 신청한 모든 채권자를 위하여 압류한 것으로 본다.

④ 제1항의 경우에 먼저 압류한 집행관은 뒤에 강제집행을 신청한 채권자를 위하여 다시 압류한다는 취지를 덧붙여 그 압류조서에 적어야 한다.

판례

민사집행법 제215조제1항은 "유체동산을 압류하거나 가압류한 뒤 매각기일에 이르기 전에 다른 강제집행이 신청된 때에는 집행관은 집행신청서를 먼저 압류한 집행관에게 교부하여야 한다."고 규정하고 있는데, 부동산과 채권에 대한 이중압류는 배당요구의 종기와 관계없이 매각대금 완납, 제3채무자의 공탁 또는 지급 등 집행대상 재산이 채무자의 책임재산에서 벗어날 때까지 가능한 것으로 폭넓게 인정되고 있고, 유체동산 매각절차에서는 매각 또는 입찰기일에 매수허가 및 매각대금 지급까지 아울러 행해짐이 원칙인 점에 비추어 볼 때 위 법 제215조제1항에서 "매각기일에 이르기 전"이라 함은 "실제로 매각이 된 매각기일에 이르기 전"을 의미하는 것으로서 그 때까지의 이중압류는 허용된다고 보아야 한다.

더군다나 동산집행에서의 이중압류는 우선변제청구권이 없는 일반채권자가 배당에 참가할 수 있는 유일한 방법인 점, 우선변제청구권이 있는 채권자의 배당요구의 종기가 집행관이 매각대금을 영수한 때 등으로 정해져 있는 점 등에 비추어 보더라도 앞서 본 법리와 달리 "매각기일"을 "첫 매각기일"로 해석하여 이중압류의 종기를 앞당기는 것은 바람직하지 않다(대법원 2010다83939 판결).

「민법」, 「상법」, 그 밖의 법률에 따라 우선변제청구권이 있는 채권자는 매각대금의 배당을 요구할 수 있다(법 제217조). 질권자, 임금·퇴직금·재해보상금 등 근로관계 채권자가 여기에 해당한다.

채무자의 배우자는 공유지분권을 주장하여 배당요구를 할 수 있다(법 제221조제1항). 사실혼관계에 있는 배우자도 같다. 그러나 이는 엄밀히 말하자면 배당요구가 아니라 자기 소유지분에 관한 반환청구에 해당한다.

유체동산의 집행절차에서는 법률상 우선변제청구권자가 아니면 집행력 있는 정본을 가진 채권자라고 할지라도 배당요구를 할 수 없는 점이 부동산에 대한 집행절차와 다르다. 따라서 집행력 있는 정본을 가진 채권자가 배당절차에 참가하기 위해서는 매각기일 전까지 이중압류를 하여야 한다. 배당요구의 종기는 다음과 같다.
① 집행관이 금전을 압류한 때
② 집행관이 매각대금을 영수한 때
③ 집행관이 어음 등 유가증권에 관하여 금전을 지급받은 때
④ 집행관이 긴급매각에 따른 매각대금을 공탁한 경우에는 집행을 속행할 수 있게 된 때
⑤ 집행관이 가압류절차에서 긴급매각대금을 공탁한 경우에는 본압류의 신청이 있는 때

바. 압류의 취소

집행관은 압류 후에 그 압류가 법 제188조제2항의 한도를 넘는 사실이 분명하게 된 때에는 넘는 한도에서 압류를 취소하여야 한다. 집행관은 압류 후에 압류물의 매각대금으로 압류채권자의 채권에 우선하는 채권과 집행비용을 변제하면 남는 것이 없겠다고 인정하는 때에는 압류를 취소하여야 한다(규칙 제140조).

집행관은 압류물에 관하여 상당한 방법으로 매각을 실시하였음에도 매각의 가망이 없는 때에는 그 압류물의 압류를 취소할 수 있다(규칙 제141조).

3. 현금화절차

가. 일반적인 현금화절차

집행관은 법 제200조에 규정된 경우 외에도 필요하다고 인정하는 때에는 적당한 감정인을 선임하여 압류물을 평가하게 할 수 있다. 이 경우 집행관은 평가서의 사본을 매각기일마다 그 3일 전까지 집행관사무실 또는 그 밖에 적당한 장소에 비치하고 누구

든지 볼 수 있도록 하여야 한다(규칙 제144조제1항·제3항). 법 제200조는 매각할 물건 가운데 값이 비싼 물건이 있는 때에는 집행관이 적당한 감정인에게 평가하도록 규정하였다.

매각은 매각대금으로 채권자에게 변제하고 강제집행비용을 지급하기에 충분하게 되면 즉시 중지하는 것이 원칙이다. 그러나 집행관은 여러 개의 유체동산의 형태, 이용관계 등을 고려하여 일괄매수하게 하는 것이 알맞다고 인정하는 때에는 직권으로 또는 이해관계인의 신청에 따라 일괄하여 매각할 수 있다(법 제187조제1항).

금은붙이는 금은의 시장가격 이상의 금액으로 일반 현금화의 규정에 따라 매각하여야 한다. 시장가격 이상의 금액으로 매각할 수 없을 때에는 집행관은 그 시장가격에 따라 적당한 방법으로 매각할 수 있다(법 제209조).

토지에서 분리되기 전에 압류한 과실은 충분히 익은 다음에 매각하여야 한다. 집행관은 매각하기 위하여 수확하게 할 수 있다(법 제213조).

상당한 기간이 지나도록 집행관이 매각하지 아니하는 때에는 압류채권자는 집행관에게 일정한 기간 이내에 매각하도록 최고할 수 있다. 집행관이 이 최고에 따르지 아니하는 때에는 압류채권자는 법원에 필요한 명령을 신청할 수 있다(법 제216조).

나. 유가증권의 현금화절차

집행관이 유가증권을 압류할 때에는 시장가격이 있는 것은 매각하는 날의 시장가격에 따라 적당한 방법으로 매각하고, 그 시장가격이 형성되지 아니한 것은 일반 현금화의 규정에 따라 매각하여야 한다(법 제210조).

유가증권이 기명식(記名式)인 때에는 집행관은 매수인을 위하여 채무자에 갈음하여 배서 또는 명의개서[57]에 필요한 행위를 할 수 있다(법 제211조).

집행관은 어음·수표, 그 밖의 금전의 지급을 목적으로 하는 유가증권으로서 일정한 기간 안에 인수 또는 지급을 위한 제시 또는 지급의 청구를 필요로 하는 것을 압류하였을 경우에 그 기간이 개시되면 채무자에 갈음하여 필요한 행위를 하여야 한다. 집행관은 미완성어음 등을 압류한 경우에 채무자에게 기한을 정하여 어음 등에 적을 사항을 보충하도록 최고하여야 한다(법 제212조). 유가증권의 현금화절차에서 채무자는 유가증권의 매수를 신청할 수 없다(규칙 제158조, 제59조제1호).

---

57) 명의개서(名義改書) : 권리자의 변경에 따라 장부 또는 증권상의 명의인의 표시를 고쳐 쓰는 일

유가증권이지만 배서가 금지된 유가증권, 발행 전의 주식 및 예탁유가증권은 '채권 그 밖의 유가증권의 집행방법'에 따라 집행한다.

은행예금증서 등 면책증권은 유가증권이 아니므로, '일반채권의 집행방법'에 따라 집행한다.

다. 매각방법

법 제221조제3항의 규정에 따라 채권자가 배우자의 공유 주장에 대하여 이의하고, 그 이의가 완결되지 아니한 때에는 집행관은 배우자가 주장하는 공유지분에 해당하는 매각대금에 관하여 법 제222조에 규정된 조치를 취하여야 한다(규칙 제154조). 이 조치는 공탁을 말한다.

매각은 압류한 유체동산이 있는 시·구·읍·면에서 진행한다. 다만, 압류채권자와 채무자가 합의하면 합의된 장소에서 진행한다. 매각일자와 장소는 대법원규칙이 정하는 방법으로 공고한다.

압류일과 매각일 사이에는 1주 이상의 기간을 두어야 한다. 다만, 압류물을 보관하는 데 지나치게 많은 비용이 들거나 시일이 지나면 그 물건의 값이 크게 내릴 염려가 있는 때에는 그러하지 아니하다(법 제202조).

집행관은 호가경매의 방법으로 압류물을 매각하는 때에는 경매기일의 일시와 장소를 정하여야 한다. 이 경우 부득이한 사정이 없는 한 압류일로부터 1월 안의 날로 정하여야 한다(규칙 제145조제1항).

집행관은 호가경매기일 또는 그 기일 전에 매각할 유체동산을 일반인에게 보여주어야 한다(규칙 제148조제1항). 호가경매기일에서 매수가 허가된 때에는 그 기일이 마감되기 전에 매각대금을 지급하여야 한다. 집행관은 압류물의 매각가격이 고액으로 예상되는 때에는 호가경매기일로부터 1주 안의 날을 대금지급기일로 정할 수 있다. 이 경우에는 매수신고인은 매수신고가격의 10분의 1에 상당하는 액의 보증을 제공하여야 한다(규칙 제149조제1항·제2항·제3항).

집행관은 최고가매수신고인의 성명과 가격을 말한 뒤에 매각을 허가한다. 매각물건은 대금과 서로 맞바꾸어 인도하여야 한다. 매수인이 매각조건에 정한 지급기일에 대금의 지급과 물건의 인도청구를 게을리 한 때에는 재매각을 하여야 한다. 지급기일을 정하지 아니한 경우로서 매각기일의 마감에 앞서 대금의 지급과 물건의 인도청구를 게을리 한 때에도 또한 같다. 이 경우에는 전의 매수인은 재매각절차에 참가하지 못하며, 뒤의 매각대금이 처음의 매각대금보다 적은 때에는 그 부족한 액수를 부담하여야 한다 (법 제205조).

유체동산 매각을 위한 입찰은 매각기일에 입찰을 시킨 후 개찰을 하는 방법으로 한다. 개찰이 끝난 때에는 집행관은 최고의 가격으로 매수신고를 한 매수신고인의 이름·매수신고가격 및 그에 대하여 매수를 허가한다는 취지를 고지하여야 한다. 유체동산의 매각절차에는 「민사집행규칙」의 규정 중 부동산 경매에 관한 규정들을 준용한다(규칙 제151조).

그러나 유체동산의 경매는 기일입찰보다는 대부분 호가경매의 방법으로 실시되고 있다.

법원은 필요하다고 인정하면 직권으로 또는 압류채권자, 배당을 요구한 채권자 또는 채무자의 신청에 따라 일반 현금화의 규정에 의하지 아니하고 다른 방법이나 다른 장소에서 압류물을 매각하게 할 수 있다. 또는 집행관에게 위임하지 아니하고 다른 사람으로 하여금 매각하도록 위임할 수 있다. 이 재판에 대하여는 불복할 수 없다(법 제214조). 위 규정은 '수의계약(隨意契約)' 및 '위탁매각'에 관한 내용이다.

4. 배당절차

가. 배당에 참가할 수 있는 채권자

유체동산에 대한 경매의 배당절차에서 배당을 받을 수 있는 사람은 압류채권자·이중압류채권자 및 배당요구를 한 우선변제청구권자이다. 집행력 있는 정본을 가진 채권자도 배당요구를 할 수 없다. 집행력 있는 정본을 가진 채권자가 배당절차에 참가하기 위해서는 현실적으로 매각이 실시되기 전까지 이중압류를 하는 방법이 있다.

부부 공동소유인 압류물이 매각된 경우에는 채무자의 배우자도 지급요구를 할 수 있다. 배우자의 지급요구는 매각기일에 출석한 때에는 말로도 할 수 있지만, 매각기일에 출석하지 아니한 경우에는 서면으로 하여야 한다(규칙 제153조).

나. 배당요구의 종기(終期)

「민사집행법」의 관련 규정

제220조(배당요구의 시기) ① 배당요구는 다음 각호의 시기까지 할 수 있다.
  1. 집행관이 금전을 압류한 때 또는 매각대금을 영수한 때
  2. 집행관이 어음·수표 그 밖의 금전의 지급을 목적으로 한 유가증권에 대하여
     그 금전을 지급받은 때
② 제198조제4항에 따라 공탁된 매각대금에 대하여는 동산집행을 계속하여 진행할
수 있게 된 때까지, 제296조제5항 단서에 따라 공탁된 매각대금에 대하여는 압류의
신청을 한 때까지 배당요구를 할 수 있다.

판례

배당요구를 하지 아니한 우선변제청구권이 있는 채권자라도 배당요구를 해야만 배당받
을 수 있고, 채권액의 일부 금액만을 배당요구를 한 뒤에는 그 채권액을 추가 또는 확
장할 수 없다(대법원 2005다14595 판결).

(배당요구신청서)

배 당 요 구 신 청

채권자   ○○○
             주소
채무자   주식회사 ○○○○(대표이사 ○○○)
             주사무소
배당요구채권자 ○○○(-   )
             주소

전화번호

위 당사자 사이의 귀원 집행관실 2025본○○○호 유체동산강제경매사건에 관하여 다음과 같이 배당을 요구합니다.

배당요구채권의 표시

돈 6,209,000원(2024. ○. ○.부터 2025. ○. ○.까지의 임금채권 합계 돈 6,209,000원)

배 당 요 구 원 인

위 배당요구채권자는 채무자와의 사이에 2023. ○. ○. 근로계약을 체결하고, 계속 근로를 제공하던 중 채무자가 임금을 지급하지 아니하여 2015. ○. ○. 근로계약을 해지하였습니다. 따라서 「근로기준법」이 정한 우선변제청구권이 있는 채권(최종 3월분의 임금)으로 배당을 요구합니다.

소명자료 및 첨부서류

1. 퇴직(또는 재직사실확인)증명서 1통.
1. 임금체불내역서 1통.
1. 동산압류조서 1통.
1. 배당요구서 부본 1통.

2025. ○. ○.

위 배당요구채권자   ○ ○ ○(인)

서울중앙지방법원 집행관 귀하

* 이 신청서에는 500원짜리 인지를 붙이며, 송달료는 납부하지 않는다.

* 유체동산에 대한 경매의 배당절차에서는 집행력 있는 정본을 가진 채권자라고 하더라도 경매신청을 하지 아니한 때에는 배당요구를 할 수 없다.

다. 배당의 실시

채권자가 한 사람인 경우 또는 두 사람 이상으로서 매각대금 또는 압류금전으로 각 채권자의 채권과 집행비용의 전부를 변제할 수 있는 경우에는 집행관은 채권자에게 채권액을 교부하고, 나머지가 있으면 채무자에게 교부하여야 한다.

압류금전이나 매각대금으로 각 채권자의 채권과 집행비용의 전부를 변제할 수 없는 경우에는 집행관은 법 제222조(매각대금의 공탁)제1항이 규정한 기간 안의 날(매각허가일로부터 2주)을 배당협의기일로 지정하고, 각 채권자에게 그 일시와 장소를 서면으로 통지하여야 한다. 이 통지는 매각대금 또는 압류금전, 집행비용, 각 채권자의 채권액, 비용에 따라 배당될 것으로 예상되는 금액을 적은 배당계산서를 붙여야 한다. 집행관은 배당협의기일까지 채권자 사이에 배당협의가 이루어진 때에는 배당계산서를 다시 작성하여 그 협의에 따라 배당을 실시하여야 한다.

집행관은 배당협의가 이루어지지 아니한 때에는 바로 법 제222조에 규정된 조치를 취하여야 한다(규칙 제155조). 법 제222조에 규정된 조치란 매각대금을 공탁하고, 법원에 신고하는 것을 말한다.

「민사집행법」의 관련 규정

제222조(매각대금의 공탁) ① 매각대금으로 배당에 참가한 모든 채권자를 만족하게 할 수 없고 매각허가 된 날부터 2주 이내에 채권자 사이에 배당협의가 이루어지지 아니한 때에는 매각대금을 공탁하여야 한다.

② 여러 채권자를 위하여 동시에 금전을 압류한 경우에도 제1항과 같다.

③ 제1항 및 제2항의 경우에 집행관은 집행절차에 관한 서류를 붙여 그 사유를 법원에 신고하여야 한다.

「민사집행규칙」의 관련 규정

제156조(집행관의 배당액 공탁) ① 제155조제1항 또는 제3항의 규정에 따라 집행관이 채권액의 배당등을 실시하는 경우 배당등을 받을 채권자의 채권에 관하여 다음 각호 가운데 어느 하나의 사유가 있는 때에는 집행관은 그 배당등의 액에 상당하는 금액

을 공탁하고 그 사유를 법원에 신고하여야 한다.

1. 채권에 정지조건 또는 불확정기한이 붙어 있는 때
2. 가압류채권자의 채권인 때
3. 법 제49조제2호 또는 법 제272조에서 준용하는 법 제266조제1항제5호에 적은 문서가 제출되어 있는 때

② 집행관은 배당등을 수령하기 위하여 출석하지 아니한 채권자 또는 채무자에 대한 배당등의 액에 상당하는 금액을 공탁하여야 한다.

법 제266조제1항제5호에 적은 문서는 "담보권실행을 일시정지하도록 명한 재판의 정본"을 말한다.

압류한 유체동산에 대하여 공유지분을 주장하는 배우자는 매각대금의 지급을 요구할 수 있다. 이를 요구하기 위해서는 압류된 목적물인 유체동산이 부부의 공유이거나 공유로 추정되는 물건이어야 한다.

만약 부부의 공유가 아니라 배우자의 단독소유(특유재산)인 경우에는 '제3자이의의 소'를 제기하고, 그에 터 잡아 경매절차를 정지하도록 명하는 잠정처분을 신청하여야 할 것이다.

위 신청에 대하여 채권자는 부부공유가 아님을 입증할 수 있는 때에는 '공유관계 부인의 소'를 제기할 수 있다.

경매절차에서 배우자는 우선매수신청을 할 수도 있는데, 매각되어서는 아니 될 물건이라면 우선매수를 신청하여 최고가매수인으로 결정된 사람이 매수희망가격으로 제시한 가격으로 매수할 수 있다. 따라서 그 가격의 절반에 해당하는 매수대금을 내면 된다.

제8절 채권에 대한 강제집행

1. 채권에 대한 강제집행이란?

여기에서 다루는 강제집행은 채무자가 제3채무자에 대하여 갖고 있는 채권에 대한 집행이다. 금전채권에 터 잡은 집행방법으로서 집행의 대상이 무엇인가에 따라 이를 큰 틀에서 나누어보면, ① 부동산에 대한 집행, ② 준부동산에 대한 집행, ③ 유체동산에 대한 집행, ④ 채권에 대한 집행 및 ⑤ 그 밖의 재산권에 대한 집행으로 구분할 수 있다.

지금까지는 ① 내지 ③과 관련한 강제집행을 검토하였다. 여기에서 검토하는 ④까지의 집행절차를 제외한 모든 강제집행은 ⑤에 해당한다.

법 제223조는 "제3자에 대한 채무자의 금전채권 또는 유가증권, 그 밖의 유체물의 권리이전이나 인도(引渡)를 목적으로 하는 채권에 대한 강제집행은 집행법원의 압류명령에 의하여 개시된다."고 규정하였다.

채권에 대한 집행은 다시 현금에 대한 집행, 유체동산 인도청구권에 대한 집행, 부동산 인도청구권에 대한 집행 및 유체물의 권리이전청구권에 대한 집행으로 나뉜다.

현금의 집행은 압류를 전제로 하는 추심명령과 전부명령이 있는데, 전부명령의 집행을 다시 세분하면, 현금채권에 대한 전부(轉付), 양도명령, 매각명령 및 관리명령으로 나뉜다. 이어서 이들을 검토한다.

2. 금전채권에 대한 집행

가. 압류

실무에서는 일반적으로 '압류 및 추심명령' 또는 '압류 및 전부명령'과 같이 압류와 추심, 압류와 전부를 구별함이 없이 한꺼번에 신청하여 금전채권을 집행하고 있다. 다만, 여기에서는 압류, 추심 및 전부의 각각 다른 효력을 이해함에 도움이 될 수 있도록 이들을 구별하여 검토한다.

그리고 미리 가압류집행을 해두었던 경우에는 집행권원을 얻은 다음 '가압류를 본압류로 이전하는 압류 및 추심명령' 또는 '가압류를 본압류로 이전하는 압류 및 전부명령'의 형식으로 집행한다.

「민사집행법」의 관련 규정

제223조(채권의 압류명령) 제3자에 대한 채무자의 금전채권 또는 유가증권, 그 밖의 유체물의 권리이전이나 인도를 목적으로 한 채권에 대한 강제집행은 집행법원의 압류명령에 의하여 개시한다.

제224조(집행법원) ① 제223조의 집행법원은 채무자의 보통재판적이 있는 곳의 지방법원으로 한다.

② 제1항의 지방법원이 없는 경우 집행법원은 압류한 채권의 채무자(이하 "제3채무자"라 한다)의 보통재판적이 있는 곳의 지방법원으로 한다. 다만, 이 경우에 물건의 인도를 목적으로 하는 채권과 물적 담보권 있는 채권에 대한 집행법원은 그 물건이 있는 곳의 지방법원으로 한다.

③ 가압류에서 이전되는 채권압류의 경우에 제223조의 집행법원은 가압류를 명한 법원이 있는 곳을 관할하는 지방법원으로 한다.

제225조(압류명령의 신청) 채권자는 압류명령신청에 압류할 채권의 종류와 액수를 밝혀야 한다.

제228조(저당권이 있는 채권의 압류) ① 저당권이 있는 채권을 압류할 경우 채권자는 채권압류사실을 등기부에 기입하여 줄 것을 법원사무관등에게 신청할 수 있다. 이 신청은 채무자의 승낙 없이 법원에 대한 압류명령의 신청과 함께 할 수 있다.

② 법원사무관등은 의무를 지는 부동산 소유자에게 압류명령이 송달된 뒤에 제1항의 신청에 따른 등기를 촉탁하여야 한다.

「민사집행규칙」의 관련 규정

제159조(압류명령신청의 방식) ① 채권에 대한 압류명령신청서에는 법 제225조에 규정된 사항 외에 다음 각호의 사항을 적고 집행력 있는 정본을 붙여야 한다.

  1. 채권자·채무자·제3채무자와 그 대리인의 표시
  2. 집행권원의 표시
  3. 집행권원에 표시된 청구권의 일부에 관하여만 압류명령을 신청하거나 목적채권의 일부에 대하여만 압류명령을 신청하는 때에는 그 범위

② 법 제224조제3항의 규정에 따라 가압류를 명한 법원이 있는 곳을 관할하는 지방

법원에 채권압류를 신청하는 때에는 가압류결정서 사본과 가압류 송달증명을 붙여야
한다.

압류의 대상인 채권이 금전채권인 때에는 그 채권의 발생원인은 공법관계이든 사법
관계이든 가리지 않는다. 외화채권도 무방하다. 기한이 남아있는 채권, 정지조건이 붙
은 채권 및 장래의 채권도 그 대상이 될 수 있다.

판례

채권에 대한 압류 및 전부명령이 유효하기 위하여 채권압류 및 전부명령이 제3채무자
에게 송달될 당시 반드시 피압류 및 전부채권이 현실적으로 존재하고 있어야 하는 것
은 아니고, 장래의 채권이라도 채권발생의 기초가 확정되어 있어 특정이 가능할 뿐 아
니라 권면액이 있고, 가까운 장래에 채권이 발생할 것이 상당한 정도로 기대되는 경우
에는 채권압류 및 전부명령의 대상이 될 수 있다(대법원 2002다7527).

민사집행법 제188조제2항은 "압류는 집행력 있는 정본에 적은 청구금액의 변제와 집행
비용의 변상에 필요한 한도 안에서 하여야 한다."고 규정하고 있는바, 금전채권의 압류
에 있어 피압류채권의 액면가액이 채권자의 집행채권 및 집행비용의 액을 초과하는 경
우에는 그 피압류채권의 실제 가액이 채권자의 집행채권 및 집행비용에 미달한다고 볼
만한 특별한 사정이 없는 한 다른 채권을 중복하여 압류하는 것은 허용되지 않는다(대
법원 2010마1791).

압류명령은 제3채무자와 채무자를 심문하지 아니하고 한다(법 제226조). 금전채권을
압류할 때에는 법원은 제3채무자에 대한 지급을 금지하고 채무자에게 채권의 처분과
영수를 금지하여야 한다. 압류명령은 제3채무자와 채무자에게 송달하여야 한다. 압류
명령이 제3채무자에게 송달되면 압류의 효력이 생긴다. 압류명령의 신청에 관한 재판
에 대하여는 즉시항고를 할 수 있다(법 제27조).

압류명령이 제3채무자에게 송달시에 피압류채권이 존재하지 아니한 경우에는 압류의 효력은 생기지 않는다(대법원 2008다47930).

압류할 채권의 내용이 특정되지 아니하고, 또 압류통지서의 필요적 기재사항인 제3채무자에 대한 채무이행 금지명령의 기재가 누락됨으로써 채권압류가 무효로 될 경우에는 뒤에 그러한 보완조치를 하였다 하여 소급적으로 유효하게 치유될 수는 없는 것이다(대법원 72다2151).

　채권의 처분을 금지하는 명령을 받은 채무자가 이를 처분하더라도 채무자와 양수인 사이에는 유효하다(상대적 효력).

　압류의 통지가 제3채무자에게 송달되면 제3채무자가 압류된 채권을 처분할 수 없고, 채무자는 이를 영수할 수 없다. 처분과 영수는 압류채권자에게는 무효가 된다. 그리고 압류채권자의 채무자에 대한 채권은 소멸시효가 중단된다.

　채무자는 채권에 관한 증서가 있으면 압류채권자에게 인도하여야 한다. 채권자는 압류명령에 의하여 강제집행의 방법으로 그 증서를 인도받을 수 있다(법 제234조).

「민사집행법」의 관련 규정

제237조(제3채무자의 진술의무) ① 압류채권자는 제3채무자로 하여금 압류명령을 송달받은 날부터 1주 이내에 서면으로 다음 각호의 사항을 진술하게 하도록 법원에 신청할 수 있다.

　　1. 채권을 인정하는지의 여부 및 인정한다면 그 한도
　　2. 채권에 대하여 지급할 의사가 있는지의 여부 및 의사가 있다면 그 한도
　　3. 채권에 대하여 다른 사람으로부터 청구가 있는지의 여부 및 청구가 있다면 그 종류
　　4. 다른 채권자에게 채권을 압류당한 사실이 있는지의 여부 및 그 사실이 있다면

그 청구의 종류

② 법원은 제1항의 진술을 명하는 서면을 제3채무자에게 송달하여야 한다.

③ 제3채무자가 진술을 게을리 한 때에는 법원은 제3채무자에게 제1항의 사항을 심문할 수 있다.

　채권자에게 진술신청권을 인정한 취지는, 채권자가 압류 이후에 추심명령을 신청할 것인지 또는 전부명령을 신청할 것인지를 판단할 수 있는 자료를 얻게 하는 중요한 의미가 있다. 제3채무자가 금융기관인 때에는 더욱 그러하다.

　제3채무자는 압류에 관련된 금전채권의 전액을 공탁할 수 있다(법 제248조제1항). 이를 제3채무자의 권리공탁이라고 한다. 이 경우 제3채무자로서는 자기 채무의 일부만 압류된 때에도 그 채무 전부를 공탁할 수 있다.

　금전채권에 관하여 배당요구서를 송달받은 제3채무자는 배당에 참가한 채권자의 청구가 있으면 압류된 부분에 해당하는 금액을 공탁하여야 한다. 금전채권 중 압류되지 아니한 부분을 초과하여 거듭 압류명령 또는 가압류명령이 내려진 경우에 그 명령을 송달받은 제3채무자는 압류 또는 가압류채권자의 청구가 있으면 그 채권의 전액에 해당하는 금액을 공탁하여야 한다(법 제248조제2항·제3항). 이 경우에도 제3채무자가 채무자에 대하여 동시이행관계에 있는 채권을 갖고 있거나 채무자가 먼저 이행하여야 하는 채무인 경우 등에는 제3채무자에게 공탁의무는 없다.

　제3채무자가 공탁을 하면 그것이 권리공탁인지 의무공탁인지를 가리지 않고 배당절차를 개시하게 한다. 따라서 이때부터는 다른 채권자가 배당요구를 할 수 없게 된다. 이 효력을 '배당요구 차단효'라고 부른다.

　이 배당요구 차단효는 집행공탁 부분에만 발생하므로, 집행공탁과 변제공탁이 합쳐진 이른바 혼합공탁의 경우에서 변제공탁 부분에는 배당요구 차단효가 미치지 않는다.

　가령 乙의 丙에 대한 채권 1천만원이 있다고 가정한다. 이 경우에서 乙의 채권자인 甲이 600만원을 압류하자 제3채무자인 丙이 1천만원 전액을 공탁하면 600만원 부분은 집행공탁이고, 나머지400만원 부분은 변제공탁이 된다. 이러한 경우 甲의 압류는 위 400만원 부분에는 압류의 차단효가 미치지 아니하므로, 乙의 또 다른 채권자인 丁은 위

400만원 부분에 대하여 압류를 신청할 수 있다.

「민사집행법」의 관련 규정

제248조(제3채무자의 채무액의 공탁) ④ 제3채무자가 채무액을 공탁한 때에는 그 사유를 법원에 신고하여야 한다. 다만, 상당한 기간 이내에 신고가 없는 때에는 압류채권자, 가압류채권자, 배당에 참가한 채권자, 채무자, 그 밖의 이해관계인이 그 사유를 법원에 신고할 수 있다.

「민사집행규칙」의 관련 규정

제172조(제3채무자 등의 공탁신고의 방식) ① 법 제248조제4항의 규정에 따른 신고는 다음 각호의 사항을 적은 서면으로 하여야 한다.

1. 사건의 표시
2. 채권자·채무자 및 제3채무자의 이름
3. 공탁사유와 공탁한 금액

② 제1항의 서면에는 공탁서를 붙여야 한다. 다만, 법 제248조제4항 단서에 규정된 사람이 신고하는 때에는 그러하지 아니하다.

③ 압류된 채권에 관하여 다시 압류명령 또는 가압류명령이 송달된 경우에 제1항의 신고는 먼저 송달된 압류명령을 발령한 법원에 하여야 한다.

(제3채무자의 공탁사유신고서)

제3채무자의 공탁사유신고

채 권 자   성명 ○○○
                 주소
채 무 자   성명 ○○○
                 주소
제3채무자   성명 ○○○(–   )
                 주소
                 전화번호

위 당사자 사이의 귀원 2025타기○○○호 채권압류 및 추심명령사건에 관하여 제3채무자는 신청외 김○○가 신청한 ○○지방법원 2025카단○○○○호 가압류결정을 2025. ○. ○. 송달받았으며, 신청외 임○○가 신청한 ○○지방법원 2025카단○○호 채권압류명령을 2025. ○. ○. 송달받았는바, 이에 신고인은 제3채무자로서 「민사집행법」 제248조제4항의 규정에 따라 그 사유를 신고합니다.

첨   부   서   류

1. 채권가압류명령 사본 1통.
1. 채권압류명령 사본 1통.
1. 공탁서 원본 1통.

2025. ○. ○.

위 신고인 ○ ○ ○(인)

○○지방법원 귀중

---

* 공탁사유신고에는 별도의 비용을 지출하지 않는다.

* 사유신고를 하여야 할 법원은 최초의 압류를 한 법원이 된다. 따라서 가압류가 먼저 이루어졌더

라도 나중에 압류집행을 한 법원에 신고한다.
* 이 신고서가 집행법원에 접수되면 다른 채권자들은 더 이상 배당요구를 할 수 없게 된다.
* 만약 제3채무자(신고인)가 채무자에 대하여 즉시 변제하여야 할 이유가 없는 경우(항변사유가 있는 때)에는 공탁을 하지 아니하여도 무방함은 앞에서 언급하였다.

유체동산에 대한 강제집행절차에서는 압류금지물에 관하여 소개하였다. 여기에서는 압류가 금지되는 채권에 관하여 소개한다.

압류가 금지되는 채권과 관련하여 그 특징을 살펴보면, 채무자의 최저생계비로 월 185만원을 보장하고, 월 300만원 이상의 소득에 대하여는 그 초과금액이 많아질 때마다 압류 가능한 금액이 누진적으로 증액이 되며, 복수의 급료는 합산하는 방식으로 채무자의 소득을 계산하는 점이다.

「민사집행법」의 관련 규정

제246조(압류금지채권) ① 다음 각호의 채권은 압류하지 못한다.
1. 법령에 규정된 부양료 및 유족부조료(遺族扶助料)
2. 채무자가 구호사업이나 제3자의 도움으로 계속 받는 수입
3. 병사의 급료
4. 급료·연금·봉급·상여금·퇴직연금, 그 밖에 이와 비슷한 성질을 가진 급여 채권의 2분의 1에 해당하는 금액. 다만, 그 금액이 「국민기초생활보장법」에 의한 최저생계비를 감안하여 대통령령이 정하는 금액에 미치지 못하는 경우 또는 표준적인 가구의 생계비를 감안하여 대통령령이 정하는 금액을 초과하는 경우에는 각각 당해 대통령령이 정하는 금액으로 한다.
5. 퇴직금 그 밖에 이와 비슷한 성질을 가진 급여채권의 2분의 1에 해당하는 금액
6. 「주택임대차보호법」 제8조, 같은 법 시행령의 규정에 따라 우선변제를 받을 수 있는 금액
7. 생명, 상해, 질병, 사고 등을 원인으로 채무자가 지급받는 보장성보험의 보험금(해약환급 및 만기환급금을 포함한다). 다만, 압류금지의 범위는 생계유지, 치료 및 장애 회복에 소요될 것으로 예상되는 비용 등을 고려하여 대통령령으로 정한다.

8. 채무자의 1월간 생계유지에 필요한 예금(적금·부금·예탁금과 우편대체를 포함한다). 다만, 그 금액은 「국민기초생활보장법」에 따른 최저생계비, 제195조제3호에서 정한 금액 등을 고려하여 대통령령으로 정한다.

② 법원은 제1항제1호부터 제7호까지에 규정된 종류의 금원이 금융기관에 개설된 채무자의 계좌에 이체되는 경우 채무자의 신청에 따라 그에 해당하는 부분의 압류명령을 취소하여야 한다.

③ 법원은 당사자가 신청하면 채권자와 채무자의 생활형편, 그 밖의 사정을 고려하여 압류명령의 전부 또는 일부를 취소하거나 제1항의 압류금지채권에 대하여 압류명령을 할 수 있다.

④ 제3항의 경우에는 제196조제2항 내지 제5항의 규정을 준용한다.

　　위 법의 규정 외에도 특별법에 의하여 압류가 금지되는 채권도 있다. 국가배상금, 공무원연금, 군인연금, 사학연금 및 산업재해보상보험급여 등이 그것이다.

판례

건설산업기본법 및 동법 시행령에 의하면 건설업자가 도급받은 건설공사의 도급금액 중 당해 공사의 근로자에게 지급하여야 할 노임에 상당하는 금액에 대하여는 이를 압류할 수 없고, "노임에 상당하는 금액"은 당해 건설공사의 도급금액 중 설계서에 기재된 노임을 합산하여 이를 산정하며, 건설공사의 발주자는 위 노임을 도급계약서 또는 하도급계약서에 명시하여야 한다고 규정하고 있는바, 위와 같이 건설산업기본법에서 건설업자가 도급받은 건설공사의 도급금액 중 근로자에게 지급하여야 할 노임에 상당하는 금액에 대하여 압류를 금지한 것은 근로자의 생존권을 최소한도로 보장하려는 헌법상의 사회보장적 요구로서 근로자의 임금 등 채권에 대하여 우선변제권을 인정하고 있는 근로기준법 규정과 함께 근로자의 생활안정을 실질적으로 보장하기 위한 또 다른 규정이라고 할 것이므로, 이와 같은 압류가 금지된 채권에 대한 압류명령은 강행법규에 위반되어 무효라 할 것이다(대법원 2000다21048).

사립학교법 제29조제2항과 제28조제3항에서는 학교법인의 각 회계의 세입·세출에 관한 사항은 대통령령으로 정하되 수업료 기타 납부금(입학금·학교운영지원비 또는 기성

회비를 말한다)은 교비회계의 수입으로 하여 이를 별도 계좌로 관리하여야 하고, 이와 같이 별도 계좌로 관리되는 수입에 대한 예금채권은 이를 압류하지 못한다고 규정하고 있다(대법원 2000마7801).

퇴직위로금이나 명예퇴직수당은 그 직에서 퇴임하는 자에 대하여 그 재직 중 직무집행의 대가로서 지급되는 후불적 임금으로서의 보수의 성질을 아울러 갖고 있다고 할 것이므로 퇴직금과 유사하다고 할 것이고, 따라서 이들은 민사소송법 제579조제4호(현행은 '민사집행법 제246조제1항제4호'에 해당함) 소정의 압류금지채권인 퇴직금 기타 유사한 채권에 해당한다(대법원 2000마439).

보험계약에 관한 해약환급금채권은 보험계약자가 해지권을 행사할 것을 조건으로 발생하는 조건부권리이기는 하지만 금전지급을 목적으로 하는 재산적 권리로서 민사집행법 등 법령에서 정한 압류금지재산이 아니어서 압류 및 추심명령의 대상이 되며, 그 채권을 청구하기 위해서는 보험계약의 해지가 필수적이어서 추심명령을 얻은 채권자가 해지권을 행사하는 것은 그 채권을 추심하기 위한 목적 범위 내의 행위로서 허용된다고 봄이 상당하다(대법원 2007다26165).

채권 일부가 압류된 뒤에 그 나머지 부분을 초과하여 다시 압류명령이 내려진 때에는 각 압류의 효력은 그 채권 전부에 미친다. 채권 전부가 압류된 뒤에 그 채권 일부에 대하여 다시 압류명령이 내려진 때 그 압류의 효력도 같다(법 제235조). 이는 배당절차를 염두에 두고 마련한 규정이다.

「민사집행법」의 관련 규정

제247조(배당요구) ① 「민법」·「상법」, 그 밖의 법률에 의하여 우선변제청구권이 있는 채권자와 집행력 있는 정본을 가진 채권자는 다음 각호의 시기까지 법원에 배당요구를 할 수 있다.
  1. 제3채무자가 제248조제4항에 따른 공탁의 신고를 한 때
  2. 채권자가 제236조에 따른 추심의 신고를 한 때

나. 추심명령(推尋命令)

'추심(推尋)'을 국어사전적으로 풀이하면 "찾아서 가지거나 받아내는 것"을 뜻한다. 여기에서는 채무자의 채권자(압류채권자)가 제3채무자(채무자의 채무자)에 대하여 채무자를 갈음하여 채권을 받아내는 것을 말한다. 여기의 압류채권자는 마치 집행관이 갖는 권능과 유사한 권능을 행사하는 것이다.

압류 및 추심명령절차에서 사용하는 명칭 및 용어는 다음과 같다. 채권자는 '압류채권자' 또는 '추심채권자'라 하고, 채무자의 채무자는 '제3채무자'라고 부르며, 채권자 甲이 채무자 乙에 대하여 갖는 채권은 '압류채권', 채무자 乙이 제3채무자 丙에 대하여 갖는 채권을 '피압류채권'이라고 한다.

추심명령을 받은 추심채권자는 피압류채권으로부터 채권의 만족을 얻지 못하면 다시 채무자의 다른 재산에 대하여 강제집행을 실시할 수 있다. 그러나 뒤에서 검토하는 전부명령을 받은 전부채권자는 일단 전부명령의 대상이 된 피압류채권으로부터 채권의 만족을 얻지 못하더라도 채무자의 다른 재산에 대하여는 강제집행을 실시하지 못한다. 전부명령은 피압류채권 자체를 전부채권자에게 이전하는 효력이 있기 때문이다.

따라서 추심명령절차에서는 권면액이 없는 금전채권, 유체물의 인도청구권 및 권리이전청구권도 집행의 목적으로 할 수 있고, 같은 집행 대상에 대하여 여러 명의 추심채권자가 존재할 수 있다는 점이 전부명령절차와 다른 점이다.

앞에서 검토한 압류명령과 여기에서 검토하는 추심명령은 각각 다른 절차이다. 그러나 실무상으로는 위 두 개의 절차는 동시에 집행이 된다. 압류명령과 추심명령은 모두 제3채무자에게 송달된 때에 효력이 생긴다.

추심명령을 신청할 법원은 원칙적으로는 채무자의 보통재판적이 있는 곳을 관할하는 지방법원이고, 채무자에게 보통재판적이 없는 때에는 제3채무자의 보통재판적이 있는 곳을 관할하는 지방법원이 되며, 저당권 등 물적 담보권이 있는 채권에 대한 집행은 그 물건의 소재지를 관할하는 지방법원이 관할한다. 이미 가압류가 집행되어 있어 가압류를 본압류로 이전하면서 동시에 추심명령을 신청하는 경우에는 가압류명령을 한 법원에 신청하여야 한다.

추심명령의 신청서에는 당사자의 표시, 청구채권의 표시, 압류 및 추심할 채권의 표시, 신청취지, 신청원인, 신청연월일 및 집행법원을 표시하고, 기명날인을 하여야 한다.

저당권이 있는 채권을 압류할 경우 채권자는 채권압류사실을 등기부에 기입하여 줄 것을 법원사무관등에게 신청할 수 있다. 이 신청은 채무자의 승낙 없이 법원에 대한 압류명령과 함께 신청할 수 있다.

어음이나 수표와 같이 배서로 이전할 수 있는 증권으로서 배서가 금지된 증권채권의 압류는 압류와 동시에 추심명령을 신청할 수 없다. 압류명령이 있은 뒤에 집행관이 그 증권을 점유하여야만 압류의 효력이 생기기 때문이다(법 제233조).

(채권압류 및 추심명령신청서)

채권압류 및 추심명령신청

채 권 자   성명 ○○○(-   )
             주소
채 무 자   성명 주식회사 ○○(대표이사 ○○○)
             본점소재지
제3채무자   성명 ○○○
             주소

청구채권의 표시

돈 32,000,000원(○○지방법원 2024가단○○○호 손해배상금청구사건의 집행력 있는 판결 정본에 터 잡은 채권) 및 이에 대한 2024. ○. ○.부터 다 갚는 날까지 연 15%의 비율로 계산한 지연손해금

압류 및 추심할 채권의 표시

채무자의 제3채무자에 대한 임대차보증금반환청구채권 50,000,000원 중 위 청구채권에 이르기까지의 금액(단, ○○시 ○○구 ○○길 ○○-○에 있는 상가건물의 임대차보증금에 한함)

신 청 취 지

1. 채무자의 제3채무자에 대한 위 압류 및 추심할 채권에 표시된 채권을 압류한다.
2. 제3채무자는 채무자에 대하여 이를 지급하여서는 아니 된다.
3. 채무자는 위 채권의 처분과 영수를 하여서는 아니 된다.
4. 채권자의 신청에 의하여 압류된 채권은 이를 지급에 갈음하여 채권자가 추심할 수 있다.
라는 재판을 구합니다.

신 청 원 인

1. 채권자는 채무자에 대하여 귀원 2016가단○○○호 집행력 있는 판결 정본에 터 잡은 원금 32,000,000원 및 그에 대한 지연손해금채권을 가지고 있습니다.
2. 그런데 채무자는 위 확정판결에도 불구하고 정당한 이유 없이 그 채무를 변제하지 않고 있으므로 이 신청에 이르렀습니다.

첨 부 서 류

1. 집행력 있는 판결정본 1통.
1. 송달료납부서 1통.

2025. ○. ○.

위 신청인(채권자) ○ ○ ○(인)

○○지방법원 귀중

---

* 인지대는 4,000원을 납부한다.
* 송달료는 당사자(채권자+채무자+제3채무자)의 수 × 3회분 × 5,200원에 해당하는 금액을 예납한다.
* 이 신청을 함에 있어서는 신중하게 고려하여야 할 사항이 있다. 추심명령은 제3채무자가 자력(資力)이 부족한 때, 즉 추심명령을 받은 후에 채권자가 제3채무자로부터 추심하지 못하더라도 채무자의 다른 재산을 강제집행을 할 수 있는 장점이 있다. 반면에 채무자의 다른 채권자들이 가압류나 압류를 하는 경우에는 채권자는 독점적인 지위를 가질 수 없으므로, 다른 채권자들과 채권액에 비례하여 배당을 받게 된다.

  전부명령은 제3채무자에게 명령이 송달되면 채무자의 다른 채권자들이 가압류나 압류를 할 수 없다. 따라서 채권자는 독점적인 만족을 얻을 수 있는 반면에 제3채무자에게 자력이 부족하더라도 전부(轉付)된 채권의 범위만큼을 채무자의 다른 재산에 대하여 청구할 수 없다는 단점이 있다. 채권양도와 같은 효력이 있기 때문이다.

  또한 제3채무자가 협력하지 아니하여 추심이 어려운 때에는 추심의 소를 제기하여야 하는 것이 추심명령의 단점이라면, 전부명령의 경우에는 별도의 소송 없이 제3채무자의 채무자에 대한 채무의 내용을 채권자가 직접 강제집행을 할 수 있다. 추심의 소에 관하여는 뒤에서 검토한다.

추심명령에 관하여는 압류명령에 관한 법 제227조제2항의 규정을 준용한다. 압류명령은 채무자와 제3채무자에게 송달하여야 한다(법 제227조제2항). 추심명령에 관한 재판에 대하여는 즉시항고를 할 수 있다(법 제229조제6항).

추심명령의 효력은 그 채권 전액에 대하여 미친다. 다만, 법원은 채무자의 신청에 따라 압류채권자를 심문하여 압류액수를 그 채권자의 요구액수로 제한하고, 채무자에게 그 초과된 액수의 처분과 영수를 허가할 수 있다(법 제232조제1항). 이를 '채권압류액의 제한허가'라고 한다.

압류한 금전채권에 대하여 압류채권자는 추심명령이나 전부명령을 신청할 수 있다. 이 신청에 관한 재판에 대하여는 즉시항고를 할 수 있다.

판례

채권압류 및 추심명령의 신청에 관한 재판에 대하여 집행채권이 변제나 시효완성 등에 의하여 소멸되었다거나 존재하지 아니한다는 등의 실체상의 사유는 특별한 사정이 없는 한 적법한 항고이유가 되지 못하지만, 채권압류 및 추심명령의 기초가 된 가집행의 선고가 있는 판결을 취소한 상소심판결의 정본은 민사집행법 제49조제1호 소정의 집행취소서류에 해당하므로, 채권압류 및 추심명령의 기초가 된 가집행의 선고가 있는 판결이 상소심에서 취소되었다는 사실은 적법한 항고이유가 될 수 있다(대법원 2006마75).

채권자는 채무자가 제3채무자에 대하여 행사할 수 있는 모든 권한을 채무자를 대리하는 것이 아니라 채권자의 이름으로 행사한다. 따라서 채권의 추심을 위해서는 최고·해제·해지·취소권을 행사할 수 있고, 법정소송담당자가 되어 지급명령을 신청하거나 추심의 소를 제기할 수 있다. 또 채무자가 제3채무자에 대하여 담보권을 가지고 있는 때에는 담보권실행을 위한 경매를 신청할 수도 있다.

추심명령을 받은 채권자가 제3채무자로부터 추심한 때에는 피압류채권은 소멸하고, 이 때 경합하는 다른 채권자가 없으면 추심금은 추심채권자의 채권에 충당된다.
채권자가 채권의 추심행위를 게을리 한 때에는 선량한 관리자의 주의의무를 위반한 것이 되므로, 이로 인하여 생긴 채무자의 손해를 배상하여야 한다(법 제239조).

채권자는 추심명령에 따라 얻은 추심권능을 포기할 수 있다. 이 포기는 기본채권에는 영향이 없다. 이 포기는 법원의 허가를 얻어야 한다. 법원이 이 포기를 허가하는 때에는 법원사무관등은 등본을 제3채무자와 채무자에게 송달하여야 한다(법 제240조).

채권자에게 추심권능을 포기할 수 있도록 하고 있는 취지는 이렇다. 채권자의 입장에서 보아 제3채무자로부터 추심하는 것이 어렵다고 판단한 경우에는 이 추심권능을 포기함으로써 다른 수단이나 방법으로 채권의 만족을 얻을 수 있게 하려는 것이다. 즉 초과압류의 제한으로부터 자유를 주고자 하는 것이다.

집행채무자는 추심명령이 내려지면 추심권능을 상실하므로, 제3채무자에 대하여 직접 지급을 청구하거나 채무의 변제를 수령할 수는 없지만, 여전히 채권자의 지위는 갖고 있으므로, 집행채권자의 추심권을 침해하지 아니하는 범위 안에서는 제3채무자에 대하여 채권자로서의 권리를 행사할 수 있고, 의무도 부담하여야 한다.

추심명령이 제3채무자에게 송달되면 채무자의 제3채무자에 대한 청구권이 채권자에게 이전되므로, 제3채무자로서는 채무자에 대하여 갖는 모든 항변사항을 집행채권자에게 주장할 수 있다. 이를테면 상계의 항변, 동시이행의 항변 등이 그것이다.

그리고 채권자가 여러 사람인 때에는 그 중 한 사람의 채권자에게 변제하면 모든 채권자에게 대항할 수 있다. 다만, 어느 채권자에게 변제하는 것이 옳은지를 알기 어려우면 권리공탁을 함으로써 책임을 면할 수 있다.

판례

같은 채권에 관하여 추심명령이 여러 번 발부되더라도 그 사이에는 순위의 우열이 없고, 추심명령을 받아 채권을 추심하는 채권자는 자기 채권의 만족을 위하여서뿐만 아니라 압류가 경합되거나 배당요구가 있는 경우에는 집행법원의 수권(授權)에 따라 일종의 추심기관으로서 압류나 배당에 참가한 모든 채권자를 위하여 제3채무자로부터 추심을 하는 것이므로, 그 추심권능은 압류된 채권 전액에 미치며, 제3채무자로서 정당한 추심권자에게 변제하면 그 효력은 위 모든 채권자에게 미치므로, 압류된 채권을 경합된 압

류채권자 및 또 다른 추심채권자의 집행채권액에 안분(按分)하여 변제하여야 하는 것도
아니다(대법원 2000다43819).

채권자는 추심한 채권액을 법원에 신고하여야 한다. 이 신고 전에 다른 압류·가압
류 또는 배당요구가 있었을 때에는 채권자는 추심한 금액을 바로 공탁하고, 그 사유를
신고하여야 한다(법 제236조). 이후에는 배당절차가 실시된다.

(추심신고서)

추 심 신 고

사   건   2025타채○○○호 채권압류 및 추심명령
채 권 자   성명 ○○○
              주소
채 무 자   성명 ○○○
              주소
제3채무자   성명 ○○○
              주소

위 당사자 사이의 귀원 2025타채○○○호 채권압류 및 추심명령사건에 관하여 채권자
는 다음과 같이 추심한 채권액을 신고합니다.

다   음

채권자는 제3채무자로부터 채권액 30,000,000원 중 12,000,000원을 2025. ○. ○.
추심하였음을 신고합니다.

2025. ○. ○.

위 채권자(신고인) ○ ○ ○(인)

```
┌─────────────────────────────────────────────┐
│                                               │
│  ○○지방법원 ○○지원 귀중                          │
│                                               │
└─────────────────────────────────────────────┘
```

* 이는 채권자의 의무일 뿐 권리신고나 신청이 아니므로, 비용은 지출하지 않는다.
* 이 신고나 의무공탁을 게을리 하여 다른 채권자나 채무자에게 손해가 발생하면 그에 대한 배상
  책임을 부담하게 된다. 반면 이 신고가 된 뒤에는 다른 채권자들이 배당요구를 할 수 없으므로,
  집행채권자로서는 이 신고를 서두를 필요도 있다.

채권자가 명령의 취지에 따라 제3채무자를 상대로 소를 제기할 때에는 일반규정에 의한 관할법원에 제기하고, 채무자에게 그 소를 고지하여야 한다. 다만, 채무자가 외국에 있거나 있는 곳이 분명하지 아니한 때에는 고지할 필요가 없다(법 제238조).

제3채무자가 추심절차에 대하여 의무를 이행하지 아니하는 때에는 압류채권자는 소로써 그 이행을 청구할 수 있다. 집행력 있는 정본을 가진 모든 채권자는 공동소송인으로 원고 쪽에 참가하도록 명할 것을 첫 변론기일까지 신청할 수 있다. 이 경우에 참가명령신청을 받은 다른 채권자는 그 소송에 참가를 하였는지 여부에 관계없이 그 판결의 효력을 받는다(법 제249조).

┌───┐
│ **판례**   │
├───┤
│   │
│ 집행채권의 부존재나 소멸은 집행채무자가 청구이의의 소에서 주장할 사유이지 추심의 │
│ 소에서 제3채무자가 이를 항변으로 주장하여 집행채무의 변제를 거절할 수 있는 것이 │
│ 아니다(대법원 94다34012).   │
│   │
└───┘

압류채권자가 추심절차를 게을리 한 때에는 집행력 있는 정본으로 배당을 요구한 채권자는 일정한 기간 내에 추심하도록 최고하고, 최고에 따르지 아니한 때에는 법원의 허가를 얻어 직접 추심할 수 있다(법 제250조). 추심명령이 있은 후 집행채권자가 승계된 경우 제3채무자가 승계사실을 알 수 없어 종전 채권자의 추심 요구에 응할 염려가 있는데다 제3채무자가 집행공탁 및 사유신고를 할 경우 변경된 집행채권자를 알 수 있도록 하기 위해 규칙 제161조의 2는 추심명령이 있은 후

승계집행문이 붙은 집행권원의 정본이 제출된 때에는 법원사무관 등은 제3채무자에게 그 서류가 제출되었다는 사실과 추심권이 승계인에게 이전된다는 취지의 통지를 하도록 규정하고 있다.

(추심의 소장)

소   장

원고   성명 ○○○(-   )
             주소
             전화번호
             전자우편주소
피고   성명 ○○○(-   )
             주소
             전화번호

추심의 소

청   구   취   지

1. 피고는 원고에게 돈 50,000,000원 및 이에 대하여 이 소장 부본을 송달받은 다음날부
   터 다 갚는 날까지 연 12%의 비율로 계산한 돈을 지급하라.
2. 소송비용은 피고의 부담으로 한다.
3. 제1항은 가집행할 수 있다.
라는 판결을 구합니다.

청   구   원   인

1. 원고는 청구외 박○○에 대한 대여금에 관하여 집행력 있는 판결 정본을 가지고 있습니다.
2. 원고는 위 판결 정본에 터 잡아 2024. ○. ○. 귀원 2024타기○○호로 청구금액에

대하여 채권압류 및 추심명령을 받았고, 피고에 대하여 여러 차례에 걸쳐 위 금액을 지급하여 줄 것을 촉구한 사실이 있으나, 피고는 정당한 이유 없이 이에 불응하고 있어 부득이 이 청구에 이르게 되었습니다.

입 증 방 법

1. 갑 제1호증 채권압류 및 추심명령 사본 1통.
1. 갑 제2호증 송달증명원 1통.
1. 나머지는 변론준비기일 등에 제출하겠습니다.

첨 부 서 류

1. 위 갑호증 사본 각 1통.
1. 소장 부본 2통.
1. 송달료납부서 1통.

2025. ○. ○.

위 원고 ○ ○ ○(인)

○○지방법원 귀중

---

* 인지대는 (50,000,000원 × 0.0045) + 5,000원에 해당하는 금액을 예납한다. 소송목적의 값(소가)이 1천만원 이상 1억원 미만인 경우에는 위 공식과 같이 계산하며, 1억원 이상 10억원 미만인 경우에는 (소가 × 0.0045) + 55,000원으로 계산한다.
* 이 소장에는 송달료로 당사자(원고 + 피고)의 수 × 15회분 × 5,200원에 해당하는 금액을 예납하여야 한다.
* 채권압류 및 추심명령은 제3채무자에게 송달되어야만 효력이 생기므로, 그 명령이 제3채무자에게 송달되었음을 증명하기 위해서 송달증명원을 붙여야 하는데, 이것은 법원에 비치되어 있는 신청서를 작성하여 즉시 발급받을 수 있다.
* 추심의 소에 관한 요령은 전부의 소에서도 똑같이 적용된다.

(소송고지신청서)

소 송 고 지 신 청

사건   2024가단○○○호 추심금   (담당재판부 : 민사 제○단독)
원고   ○○○
피고   ○○○

위 사건에 관하여 원고는 피고지자 박○○에게 아래와 같은 내용의 소송고지를 할 것을 신청합니다.

아 래

1. 피고지자   성명 박○○
           주소
           전화번호
2. 고지할 사건의 표시 : 2024가단○○○호 추심금
3. 고지의 이유 : 피고지자는 원고에 대한 채무자임과 동시에 피고에 대한 채권자임
4. 소송의 진행정도 : 소장 부본 송달 중

첨 부 서 류

1. 소송고지신청서 부본 3통.
1. 송달료납부서 1통.

2025. ○. ○.

위 신청인(원고) ○ ○ ○(인)

○○지방법원 귀중

---

* 추심의 소를 제기한 원고는 채무자에게 소송고지를 하여야 한다. 소송고지신청은 소를 제기한

후에 할 수도 있지만 일반적으로 소장의 제출과 함께 신청하고 있다. 소송고지를 하도록 한 이유는 채무자에게도 그 소송의 기판력이 미치게 하고, 소송에 참가할 기회를 주려는 것이다.

* 송달료는 소송고지를 받을 사람과 피고의 수 만큼에 해당하는 금액을 예납한다.
* 소송고지에 관한 내용은 전부명령에서도 똑같이 적용된다.

다. 전부명령(轉付命令)

전부명령이 있는 때에는 압류된 채권은 지급에 갈음하여 압류채권자에게 이전한다(법 제229조제3항).

가령 乙의 채권자 甲이 乙의 丙에 대한 채권에 대하여 채권압류 및 전부명령을 신청하여 명령이 발하여지면 乙의 丙에 대한 채권은 마치 채권양도와 같이 甲에게 이전되는 것을 가리켜 전부명령이라고 한다.

이 경우에 甲의 乙에 대한 채권액보다 乙의 丙에 대한 채권액이 많을 때에는 甲은 자신이 乙에 대하여 갖는 채권 전액을 전부 받을 수 있고, 이와는 달리 甲의 乙에 대한 채권액이 乙의 丙에 대한 채권액보다 많은 때에는 乙의 丙에 대한 채권액만큼을 전부 받은 다음 나머지는 乙의 다른 재산으로부터 채권의 만족을 얻어야 한다.

전부명령이 추심명령과 다른 점이라면 피압류채권은 오직 권면액으로 표시될 수 있는 금전채권이어야 한다는 것과 제3채무자가 채무자에 비하여 자력(資力)이 부족한 때에는 채권자가 낭패를 볼 수도 있다는 점이다. 전부명령은 채권 자체를 압류채권자에게 이전하는 효과가 있기 때문이다.

「가사소송법」에는 특별한 규정이 있다. 양육비의 정기지급의무가 있는 채무자가 2회 이상 채무를 이행하지 아니하면 제3채무자인 소득세원천징수의무자로 하여금 그 채무를 직접 이행하도록 하는 것이 그것이다(「가사소송법」제63조의2). 이를 '양육비 직접지급명령'이라고 하는데, 이는 마치 채권압류 및 전부명령이 발령된 것과 같은 효력이 있다.

유체물의 인도나 권리이전의 청구권에 대하여는 전부명령을 하지 못한다(법 제245조). 이들 청구권은 뒤에서 검토하는 특별현금화절차에 따라 집행하여야 한다.

권면액으로 특정이 가능한 채권이면 장래의 채권에 대하여도 피전부적격을 인정하는 것이 실무 관행인데, 대법원이 피전부적격을 인정한 사례는 다음과 같은 것들이 있다. 정지조건부채권, 공무원의 봉급채권, 퇴직금청구채권, 공탁금회수청구권, 미완성인 공사금청구채권, 동시이행의 항변권이 붙어있는 채권 및 경매취하를 조건으로 하는 매수보증금반환청구채권 등이 그것이다.

판례

임대차보증금을 피전부채권으로 하여 전부명령이 있을 경우에는 제3채무자인 임대인은 임차인에게 대항할 수 있는 사유로써 전부채권자에게 대항할 수 있는 것이어서 건물임대차보증금의 반환청구권에 대한 전부명령의 효력이 그 송달에 의하여 발생한다고 하여도 위 보증금반환채권은 임대인의 채권이 발생하는 것을 해제조건으로 하는 것이므로, 임대인의 채권을 공제한 잔액에 관하여서만 전부명령이 유효하다(대법원 87다카1315).

건설공제조합의 조합원의 출자는 출자증권에 표상된 조합원의 지분이며, 위 조합원의 지분 내지 지분권은 금전채권이 아니므로, 피전부채권의 적격이 없다(대법원 97다1487).

법률상 양도가 금지된 것은 전부명령의 대상이 될 수 없다. 그러나 채무자와 제3채무자 사이에 양도금지의 특약이 있는 것은 전부명령의 대상이 될 수 있다는 것이 대법원의 입장이다(대법원 2001다3771 판결 참조).

전부명령이 제3채무자에게 송달될 때까지 그 금전채권에 관하여 다른 채권자가 압류·가압류 또는 배당요구를 한 경우에는 전부명령은 효력을 가지지 아니한다(법 제229조제5항). 전부명령은 추심명령과는 달리 채권자에게 독점적인 권리를 주기 때문에 다른 채권자가 미리 압류 등을 집행한 때에는 전부명령이 성립되지 않게 하였다.

전부명령의 신청절차 및 재판절차는 추심명령과 같다. 다만, 즉시항고에 관하여는 다른 점이 있다. 전부명령에 관한 재판에 대하여는 채무자와 제3채무자는 즉시항고를 할 수 있다(법 제229조제6항). 추심명령에서는 신청을 기각·각하한 재판에 대하여 신청인만 즉시항고를 할 수 있다.

전부명령은 확정되어야 효력을 가진다(법 제229조제7항). 전부명령이 있은 뒤에 법 제49조제2호(강제집행의 일시정지를 명한 취지를 적은 재판의 정본) 또는 제4호(집행할 판결이 있은 뒤에 채권자가 변제를 받았거나 의무이행을 미루도록 승낙한 취지를 적은 증서)의 서류를 제출한 것을 이유로 전부명령에 대한 즉시항고가 제기된 경우에는 항고법원은 다른 이유로 전부명령을 취소하는 경우를 제외하고는 항고에 관한 재판을 정지하여야 한다(법 제229조제8항).

항고법원이 항고에 관한 재판을 정지해야 하는 이유는 이러하다. 일단 정지를 했다가 그 잠정적인 집행정지가 종국적인 집행취소나 집행속행으로 결말이 난 때에는 항고를 인용하여 전부명령을 취소하고, 집행속행으로 결말이 나면 항고를 기각하기 위함이다(대법원 99마117,118 참조).

전부명령이 확정되는 시기는 즉시항고기간 7일이 경과하거나 즉시항고가 기각 또는 각하된 때이다.

판례

집행채권의 변제로 인한 소멸, 피전부채권의 부존재 등 실체상의 사유는 전부명령에 대한 불복사유가 되지 못한다(대법원 87다카3126).
*실체상의 사유는 추심명령의 경우와 마찬가지로 전부명령에 대한 불복의 사유가 되지 못하고 청구이의의 소나 전부금청구의 소에서 주장하여야 한다.

전부명령이 확정되면 압류된 채권은 지급에 갈음하여 압류채권자에게 이전된다(법 제229조제3항). 전부명령이 확정된 경우에는 전부명령이 제3채무자에게 송달된 때에 채무자가 채무를 변제한 것으로 본다. 다만, 이전된 채권이 존재하지 아니한 때에는 그러하지 아니하다(법 제231조).

피압류채권의 범위나 존부가 불확정한 장래의 채권일지라도 제3채무자에게 전부명령이 송달된 때로 소급하여 효력이 생기며, 피전부채권이 이미 소멸했더라도 전부의 효력에는 영향이 없다. 따라서 이 경우에는 부당이득의 문제가 남는다.

원인채권의 담보를 위하여 약속어음이 발행·교부된 경우에서 전부명령의 확정으로 인하여 약속어음이 소멸되면 원인채권도 소멸한다.

장래에 계속적으로 발생되는 피압류채권 중 청구금액에 이를 때까지의 부분에 관하여 전부명령이 확정되면 그때까지의 피압류채권은 전부채권자에게 이전한다.

이전하는 압류채권의 범위는 부대채권과 종된 권리를 포함한다. 따라서 이전 당시까지 발생한 이자, 지연손해금 및 인적·물적 담보도 함께 이전한다. 저당권부 채권이 이전하면 부종성58)에 의하여 저당권도 이전하고, 저당권이전의 부기등기는 전부채권자의 신청에 의하여 법원사무관등이 이미 기입된 압류등기의 말소등기와 함께 등기를 촉탁한다(규칙 제167조).

판례

매매계약이 해제되는 경우 발생하는 매수인의 매도인에 대한 이미 지급한 매매대금의 반환채권은 매매계약이 해제되기 전까지는 채권발생의 기초가 있을 뿐 아직 권리로서 발생하지 아니한 것이기는 하지만 일정한 권면액을 갖는 금전채권이라 할 것이므로, 전부명령의 대상이 될 수 있다.

전부명령은 명령이 확정되면 그 명령이 제3채무자에게 송달된 때에 소급하여 피압류채권이 집행채권의 범위 안에서 당연히 전부채권자에게 이전되고, 동시에 집행채권 소멸의 효력이 발생되는 것이므로, 전부명령이 제3채무자에게 송달될 당시를 기준으로 압류가 경합되지 않았다면 그 후에 이루어진 채권압류가 그 전부명령의 효력에 영향을 미칠 수 없으며, 이러한 법리는 피압류채권이 장래에 발생하는 조건부채권이라 하더라도 달라질 수 없다(대법원 2000다31526).

제3채무자가 전부채권자에 대하여 임의로 변제하지 아니하는 때에는 전부채권자는 제3채무자를 상대로 '전부금청구의 소'를 제기할 수 있다. 법은 이 소에 관하여 아무런 규정도 두고 있지 않지만, 실무에서는 이 소가 종종 활용된다. 전부채권자가 임의로 채무이행을 하지 않는 제3채무자를 상대로 집행권원을 얻을 필요가 있기 때문이다. 소

---

58) 부종성(附從性) : 어떤 권리의 성립, 존속, 소멸(消滅) 따위가 주된 권리와 운명을 같이하는 성질

의 제기방식 및 재판절차 등은 추심의 소의 절차와 같다.

　전부금청구의 소에서 제3채무자는 압류채권의 부존재 등 실체상의 사유를 들어 전부명령의 무효를 주장할 수 있다(대법원 2000다21048 판결 참조). 그러나 집행채권이 이미 소멸했다거나 전부된 채권액이 실제 채권액보다 많다는 이유 등은 피고인 제3채무자가 이 소송에서 주장할 수 없다(대법원 2007다 49960 판결 참조). 이는 채무자가 전부채권자를 상대로 부당이득반환을 청구할 사유일 뿐이기 때문이다.

판례

집행채권의 압류 및 전부명령이 집행절차상 적법하게 발부되어 채무자 및 제3채무자에게 적법하게 송달되고, 1주일의 즉시항고기간이 경과하거나 즉시항고가 제기되어 기각 또는 각하결정이 확정된 경우에는 집행채권에 관하여 변제의 효과가 발생하고, 그 때에 강제집행절차는 종료하는 것인바, 가사 피전부채권이 존재하지 아니하는 경우라 하더라도 제564조(현행은 '법 제231조'에 해당함) 단서의 규정에 따라 집행채권 소멸의 효과는 발생하지 아니하나, 강제집행절차는 피전부채권이 존재하는 경우와 마찬가지로 전부명령의 확정으로 종료하는 것이고, 전부채권자는 집행채권이 소멸하지 아니한 이상 피전부채권이 존재하지 아니함을 입증하여 다시 집행력 있는 정본을 부여받아 새로운 강제집행을 할 수 있을 뿐이라 할 것이다(대법원 96다37176).

(채권압류 및 전부명령 신청서)

채권압류 및 전부명령 신청

채 권 자   성명 ○○○(-   )
            주소
            전화번호
채 무 자   성명 ○○주식회사(대표이사 ○○○)
            주소
제3채무자   성명 ○○○(-   )
            주소

신청채권의 표시

돈 15,000,000원(○○지방법원 2024가소○○○호 집행력 있는 판결 정본에 터 잡은 원금) 및 이에 대한 2024. ○. ○.부터 다 갚는 날까지 연 12%의 비율로 계산한 지연손해금

압류 및 전부할 채권의 표시

채무자의 제3채무자에 대한 임대차보증금(서울 ○○구 ○○로 ○○○-○ 소재 근린생활시설 위의 미등기전세금) 반환청구채권 50,000,000원 중 위 신청채권에 해당하는 금액

신 청 취 지

1. 채무자의 제3채무자에 대한 압류 및 전부할 채권에 표시된 채권 중 신청채권에 해당하는 금액의 채권을 압류한다.
2. 제3채무자는 채무자에 대하여 위 제1항에 해당하는 채무를 지급하여서는 아니 된다.
3. 채무자는 위 제1항에 해당하는 채권을 처분 및 영수를 하여서는 아니 된다.
4. 채권자의 신청에 의하여 위 제1항에 의해 압류된 채권은 이를 지급에 갈음하여 채권자에게 전부한다.
라는 재판을 구합니다.

신 청 원 인

1. 채권자는 채무자에 대하여 귀원 2024가소○○○호 집행력 있는 판결 정본에 터 잡은 신청채권과 같은 채권이 있습니다.
2. 그런데 채무자는 정당한 이유 없이 위 금원의 지급을 거절하고 있으므로, 채무자가 제3채무자에 대하여 갖고 있는 압류 및 전부할 채권에 표시된 채권 중 위 신청채권에 해당하는 금액만큼을 이전받고자 이 신청에 이르렀습니다.

첨 부 서 류

1. 집행력 있는 판결정본 1통.
1. 송달료납부서 1통.

2025. ○. ○.

위 채권자(신청인) ○ ○ ○(인)

○○지방법원 귀중

---

* 인지대, 송달료, 소송고지에 관한 내용은 추심명령신청과 같다.
* 전부명령을 신청함에 있어서 주의할 점은 임대차보증금반환채권을 목적으로 하는 경우이다. 이 서식과 같이 전세금인 경우에는 문제될 것이 없겠으나, 채무자가 임료(월세)를 지급하는 경우에는 그 임대차보증금은 채무자가 임료를 지급하지 아니하면 임대보증금과 상계처리가 되며, 채권자의 신청에 의하여 채권압류 및 전부명령이 제3채무자에게 송달되고 즉시항고가 없어 전부명령이 확정된 뒤에도 마찬가지이다. 즉 임대보증금이 모두 소멸될 경우도 있다는 의미이다.

  채무자가 임료를 지급하지 아니하는 때에는 전부명령이 확정된 뒤에도 임대인(제3채무자)이 상계처리를 할 수 있다. 이는 임대보증금반환청구채권은 장래의 채권이고, 제3채무자(임대인)에게 불이익을 주어서는 안 되기 때문이다.

라. 특별현금화 방법

「민사집행법」의 관련 규정

제241조(특별한 현금화방법) ① 압류된 채권이 조건 또는 기한이 있거나, 반대의무의 이행과 관련되어 있거나 그 밖의 이유로 추심하기 곤란할 때에는 법원은 채권자의 신청에 따라 다음 각호의 명령을 할 수 있다.

    1. 채권을 법원이 정한 값으로 지급함에 갈음하여 압류채권자에게 양도하는 양도명령

    2. 추심에 갈음하여 법원이 정한 방법으로 그 채권을 매각하도록 집행관에게 명하는 매각명령

    3. 관리인을 선임하여 그 채권의 관리를 명하는 관리명령

    4. 그 밖에 적당한 방법으로 현금화하도록 하는 명령

② 법원은 제1항의 경우 그 신청을 허가하는 결정을 하기 전에 채무자를 심문하여야 한다. 다만, 채무자가 외국에 있거나 있는 곳이 분명하지 아니한 때에는 심문할 필요가 없다.

③ 제1항의 결정에 대하여는 즉시항고를 할 수 있다.

④ 제1항의 결정은 확정되어야 효력을 가진다.

⑤ 압류된 채권을 매각한 경우에는 집행관은 채무자를 대신하여 제3채무자에게 서면으로 양도의 통지를 하여야 한다.

⑥ 양도명령에는 제227조제2항·제229조제5항·제230조 및 제231조의 규정을, 매각명령에 의한 집행관의 매각에는 제108조의 규정을, 관리명령에는 제227조제2항의 규정을, 관리명령에 의한 관리에는 제167조, 제169조 내지 제171조, 제222조제2항·제3항의 규정을 각각 준용한다.

법 제241조제1항제1호는 양도명령을 규정하였다. 양도명령은 채무자의 채권을 채권자에게 이전한다는 측면에서 보면 전부명령과 다를 바가 없다. 다만, 전부명령은 권면액(券面額)으로 이전하는 데 비하여 양도명령은 법원이 정한 가격으로 채권자에게 이전하는 것이므로, 대물변제(代物辨濟)와 유사하다는 특징이 있다.

양도명령은 채무자와 제3채무자에게 송달하여야 한다. 양도명령이 제3채무자에게 송

달될 때까지 그 금전채권에 관하여 다른 채권자가 압류·가압류 또는 배당요구를 한 경우에는 양도명령은 효력을 잃는다.

저당권이 있는 채권에 대하여 양도명령이 있는 경우에는 압류채권자는 채무자의 승낙 없이 법원사무관등에게 저당권이전의 부기등기를 하도록 신청할 수 있고, 법원사무관등은 등기를 촉탁하여야 한다.

양도명령이 확정된 경우에는 양도명령이 제3채무자에게 송달된 때에 채무자가 채무를 변제한 것으로 본다. 다만, 이전된 채권이 존재하지 아니한 때에는 그러하지 아니하다.

양도명령을 할 때 법원이 정한 양도가액이 채권자의 채권과 집행비용의 합계액을 넘는 때에는 법원은 양도명령을 하기 전에 채권자에게 그 차액을 납부시켜야 한다. 법원은 양도명령이 확정된 때에는 위와 같이 납부된 금액을 채무자에게 교부하여야 한다.

채무자에 대한 교부절차에 관하여는 법 제82조(배당금의 교부절차)의 규정을 준용한다(규칙 제164조). 따라서 채권자가 공탁한 금전을 법원사무관등이 채무자에게 교부하거나 채무자가 신고한 입금계좌로 송금하는 방법으로 교부한다.

법 제241조제1항제2호는 매각명령에 관하여 규정하였다. 매각명령의 절차는 법원이 집행관에게 매각을 명하고, 집행관은 부동산에 대한 매각절차에 준하여 매각하는 절차이다. 채권의 매각이 이루어진 경우에 집행관이 채무자를 대신하여 제3채무자에게 채권양도통지를 하는 점이 특색이다.

법원과 집행관은 압류된 채권의 매각대금으로 압류채권자의 채권에 우선하는 채권과 절차비용을 변제하면 남을 것이 없겠다고 인정하는 때에는 매각명령을 하여서는 아니 된다.

집행관은 대금을 지급받은 후가 아니면 매수인에게 채권증서를 인도하거나 압류된 채권을 매각한 경우에 집행관이 채무자를 대신하여 제3채무자에게 하는 양도의 통지를 하여서는 아니 된다(규칙 제165조).

법 제241조제1항제3호는 관리명령에 관하여 규정하였다. 관리명령은 법원이 선임한 관리인으로 하여금 채권을 관리하도록 명하고, 그 관리에서 나오는 수익으로 채권자의 채권에 충당하는 방법이다. 이 절차는 실무상 활용도가 높지는 않다.

마. 배당절차

금전채권에 대한 강제집행절차에서 추심채권자가 제3채무자로부터 추심한 경우, 다른 채권자의 압류 등이 없는 때에는 추심신고를 하면 집행이 종료되므로, 배당절차는 필요치 않다.

전부명령과 인도명령의 절차에서는 그 명령이 제3채무자에게 송달된 후 확정된 때에 집행이 끝나기 때문에 배당절차는 있을 수 없다.

금전채권에 대한 강제집행절차에서 배당을 실시하는 경우는 아래와 같다. 아래에서 열거하는 배당을 실시하여야 하는 사유 중 ① 내지 ④는 추심명령절차에서, ⑤는 매각명령절차에서의 문제이다.

① 채권자가 추심한 채권액을 법원에 신고하기 전에 다른 채권자에 의하여 압류·가압류 또는 배당요구가 있었을 때에 채권자는 추심한 금전을 바로 공탁하고 추심신고를 해야 한다. 이때에는 법원이 배당절차를 개시한다.

② 제3채무자는 압류에 관련된 금전채권의 전액을 공탁할 수 있으며, 이때에도 배당절차를 개시한다.

③ 금전채권에 관하여 배당요구서를 송달받은 제3채무자는 배당에 참가한 채권자의 청구가 있으면 압류된 부분에 해당하는 금액을 공탁하여야 한다. 이 경우에도 배당절차를 개시한다.

④ 금전채권 중 압류되지 아니한 부분을 초과하여 거듭 압류명령 또는 가압류명령이 내려진 경우에 그 명령을 받은 제3채무자는 압류 또는 가압류채권자의 청구가 있으면 그 채권의 전액에 해당하는 금액을 공탁하여야 하는데, 이 경우에는 배당절차를 개시한다.

⑤ 특별한 현금화방법에 의한 법원의 매각명령에 따라 집행관이 채권집행의 매각대금을 법원에 제출한 때에는 법원이 배당절차를 개시한다.

채권에 대한 강제집행절차에서 배당을 받을 수 있는 사람은 압류채권자, 가압류채권자 및 배당요구채권자이다.

판례

제3채무자가 혼합공탁을 하고 그 공탁사유신고를 한 후에 채무자의 공탁금출급청구권에 대하여 압류 및 추심명령을 받은 채권자는 집행공탁[59]에 해당하는 부분에 대하여는 배당가입차단효로 인하여 적법한 배당요구를 하였다고 할 수 없지만, 변제공탁[60]에 해당하는 부분에 대하여는 적법한 배당요구를 하였다고 보아야 하므로, 집행공탁에 해당하는 부분으로부터 배당받은 사람에 대하여는 배당이의의 소를 제기할 원고적격이 없고, 변제공탁에 해당하는 부분으로부터 배당받은 사람에 대하여는 배당이의의 소를 재기할 원고적격이 있다(대법원 2006다74693).

---

[59] 집행공탁(執行供託) : 압류된 부분에 대한 공탁. 즉 의무공탁
[60] 변제공탁(辨濟供託) : 압류되지 아니한 부분에 해당하는 금전의 공탁. 즉 권리공탁

제4장 비금전채권에 터 잡은 강제집행

제1절 개관

앞에서는 채권자의 채권이 금전채권인 경우에 있어서의 강제집행과 임의경매에 관하여 검토하였다.

여기에서 검토하는 강제집행의 방법들은 채권자의 채권이 돈을 요구할 수 없는 채권들이다. 이는 큰 틀에서 주는 채무와 하는 채무(하지 말아야 할 채무 포함)에 대한 집행이다. 비금전채권의 강제집행 방법을 요약하면 다음 표와 같다.

채무의 내용		집행방법	집행 수단 및 내용
주는 채무 (인도채무)	부동산	직접강제	집행관에 의한 인도집행
	동산	직접강제	위와 같음
작위채무	대체적 작위채무	대체집행	채무자의 비용으로 집행관이 제3자로 하여금 집행케 하는 방법
	부대체적 작위채무	간접강제	금전적 재제를 예고함으로써 채무자에게 심리적 압박을 가함. 예외적인 감치처분(監置處分)
부작위채무	의무위반 전	간접강제	위와 같음
	의무위반 후	대체집행	집행관이 채무자의 부담으로 위반상태를 제거
의사표시를 할 채무		판결	채권자 스스로 집행(예 : 등기의 실행, 채권양도통지)

제2절 물건의 인도집행(引渡執行)

1. 동산의 인도집행

여기에서 말하는 동산은 원칙적으로 유체동산이다. 어음과 수표 등 유가증권은 여기의 동산에 포함한다. 그러나 선박은 동산이지만, 부동산에 대한 인도집행의 방법에 따른다.

동산에 대한 인도집행의 목적은 그 물건을 현금화하는 것이 아니기 때문에 그 물건이 재산적 가치가 있는지 또는 압류금지물인지 여부는 문제되지 않는다. 특정물이 아닌 대체물의 일정한 수량도 동산의 집행 방법에 의한다.

채무자가 특정한 동산이나 대체물의 일정한 수량을 인도하여야 할 때에는 집행관은 이를 채무자로부터 빼앗아 채권자에게 인도하여야 한다(법 제257조). 집행관이 그 물건을 빼앗을 수 있는 것은 채무자가 직접점유하는 경우이다. 채무자가 간접점유하는 때의 집행 방법은 뒤에서 검토한다.

2. 부동산의 인도집행

여기에서 검토하는 강제집행의 대상은 부동산, 선박 및 등기된 입목(立木)이다. 선박에 대한 경매절차에서는 등기할 수 있는 선박과 등기할 수 없는 선박은 집행 방법을 달리한다. 그러나 여기에서는 모든 선박을 그 대상으로 한다.

부동산의 종물과 선박의 속구는 부동산 또는 선박과 운명을 같이 하므로, 여기에서의 집행 방법에 따른다. 다만, 부동산의 공유지분이나 지상권은 인도집행의 대상이 되지 않는다.

채무자가 부동산이나 선박을 인도하여야 할 때에는 집행관은 채무자로부터 점유를 빼앗아 채권자에게 인도하여야 한다. 이 강제집행은 채권자나 그 대리인이 인도받기 위하여 출석한 때에만 집행한다(법 제258조제1항·제2항).

강제집행의 목적물이 아닌 동산은 집행관이 제거하여 채무자에게 인도하여야 한다. 채무자가 없는 때에는 채무자와 같이 사는 사리를 분별할 지능이 있는 친족 또는 채무자의 대리인이나 고용인에게 그 동산을 인도하여야 한다. 이러한 사람도 없는 때에는 집행관은 그 동산을 채무자의 비용으로 보관하고, 채무자가 그 동산의 수취를 게을리

하면 집행관은 집행법원의 허가를 얻어 동산에 대한 강제집행시의 매각절차에 따라 그 동산을 매각하여 그 비용을 뺀 나머지 대금을 공탁하여야 한다(법 제258조제3항 내지 제6항).

> **판례**
>
> 건물철거와 토지인도를 명한 가집행선고부 판결 주문에 그 토지상에 토지와 독립하여 그 토지의 거의 전부에 걸쳐 식재되어 있는 피고 소유의 감귤나무의 수거를 명하는 기재가 없는 이상 집행관이 그 감귤나무를 그대로 두고는 토지인도를 집행할 수 없다고 하여 그 집행을 거부하였음은 정당하다(대법원 80마528).

3. 제3자가 점유하는 물건의 인도집행

인도할 물건을 제3자가 점유하고 있는 때에는 채권자의 신청에 의하여 금전채권의 압류에 관한 규정에 따라 채무자의 제3자에 대한 인도청구권을 채권자에게 넘겨야 한다(법 제259조). 즉 채권자의 신청에 의하여 추심명령의 방법으로 집행한다.

> **판례**
>
> 간접점유자가 직접점유자를 통하여 부동산을 간접적으로 점유하고 있는 경우, 간접점유자 및 직접점유자에 대한 집행권원을 가지고 부동산에 대한 인도청구권을 집행하는 채권자로서는 현실적으로 직접점유자에 대하여 인도집행을 함으로써 간접점유자에 대한 인도집행을 한꺼번에 할 수밖에 없으므로, 직접점유자에 대하여 부동산에 대한 인도집행을 마치면 간접점유자에 대하여도 집행을 종료한 것으로 보아야 할 것이다(대법원 99그92).
>
> 건물의 소유자가 그 건물의 소유를 통하여 타인 소유 토지를 점유하고 있다고 하더라도 그 토지 소유자로서는 그 건물의 철거와 그 대지 부분의 인도를 청구할 수 있을 뿐 자기 소유의 건물을 점유하고 있는 자에 대하여 그 건물에서 퇴거할 것을 청구할 수는 없다(대법원 98다57457,57464).

제3절 작위(作爲) · 부작위(不作爲) · 의사표시의 강제집행

1. 대체집행

대체집행이라 함은 채무자가 스스로 이행하지 아니하는 채무를 채무자의 비용으로 다른 사람이 대신 이행할 수 있도록 법원이 채권자에게 권한을 주는 강제집행방법을 말한다. 채권자에게 권한을 주는 결정을 '수권결정'이라고 한다.

가령 甲의 토지 위에 무단으로 무허가건물을 지은 乙에 대하여 甲이 건물의 철거소송을 제기하여 甲의 승소판결이 확정되었음에도 불구하고 乙이 그 건물을 임의로 철거하지 않는 경우에서, 甲이 법원의 수권에 의하여 집행관에게 건물의 철거를 위임하거나 甲 스스로 건물을 철거하고, 그 집행비용을 乙로부터 받아내는 절차이다.

「민법」 제389조제1항 · 제2항은 "채무자의 일신(一身)에 전속(專屬)하지 아니한 작위(作爲)를 목적으로 한 채무를 채무자가 이행하지 아니한 때에는 채무자의 비용으로 제3자에게 이를 하게 할 것을 법원에 청구할 수 있다."고 규정하였다.

「민법」 제389조제3항은 "그 채무가 부작위를 목적으로 한 경우에 채무자가 그 의무에 위반한 때에는 채무자의 비용으로써 그 위반한 것을 제각(除却)하고, 장래에 대한 적당한 처분을 법원에 청구할 수 있다."고 규정하였다.

부작위의무는 원래 간접강제의 방법으로 집행하는 것이 원칙이다. 다만, 채무자가 하지 말아야 할 행위를 한 경우에는 그 행위의 결과를 제거할 필요가 있다. 「민법」은 이를 '제각'이라고 표현하였다.

여기의 부작위의무에는 수인의무(修忍義務), 즉 채권자가 하는 일정한 행위에 대하여 채무자가 참고 견뎌야 하는 의무를 포함한다.

「민법」 제389조제2항 후단과 제3항의 경우에는 제1심법원은 채권자의 신청에 따라 「민법」의 규정에 의한 결정을 하여야 한다(법 제260조제1항). 이 신청을 함에는 집행권원과 송달증명서가 필요하다. 채권자는 위 행위에 필요한 비용을 미리 지급할 것을 채무자에게 명하는 결정을 신청할 수 있다. 다만, 이 신청에 의하여 뒷날 그 초과비용을 청구할 권리에는 영향을 미치지 않는다.

이 재판은 변론 없이 할 수 있으나, 결정하기 전에 채무자를 심문하여야 한다. 이 재판에 대하여는 즉시항고를 할 수 있다(법 제260조제3항).

<table>
<tr><td>판례</td></tr>
</table>

대체집행을 명하는 결정에 대한 즉시항고는 단순히 그 집행방법으로써 하자가 있음을 이유로 하는 경우에 한하는 것이다(대법원 77마211).

(대체집행신청서)

대 체 집 행 신 청

채권자   성명 ○○○(-   )
             주소
             전화번호
채무자   성명 ○○○(-   )
             주소
             전화번호

신 청 취 지

채권자는 그가 위임하는 ○○지방법원 ○○지원 소속 집행관으로 하여금 ○○시 ○○구 ○○길 ○○○-○ 대 550.55㎡ 중 별지 도면 표시 ㉮부분(1, 2, 3, 4, 5, 1.의 각 점을 차례로 연결한 부분) 벽돌조 슬래브지붕 주택 1동 220.22㎡를 채무자의 비용으로 철거하게 할 수 있다.
라는 재판을 구합니다.

신 청 원 인

1. 채권자는 채무자에 대하여 귀원 2024가단○○○○호 건물철거 등 사건의 집행력 있는 판결 정본에 의하여 별지 도면에 표시된 부분 불법건물의 철거청구권이 있습니다.
2. 채권자는 채무자에 대하여 위 건물을 철거할 것을 여러 차례에 걸쳐 촉구한 사실이 있지만, 채무자는 정당한 이유 없이 이에 불응하고 있으므로, 부득이 이 신청에 이르게 되었습니다.

첨 부 서 류

1. 집행력 있는 판결 정본 1통.
1. 불법건물철거요구서 1통.
1. 신청서 부본 1통.
1. 건물 도면 1통.
1. 송달료납부서 1통.

2025. 1. 1.

위 신청인(채권자) ○ ○ ○(인)

○○지방법원 ○○지원 귀중

---

* 인지대는 2,000원을 납부한다.
* 송달료는 당사자의 수 × 3회분 × 5,200원에 해당하는 금액을 예납한다.
* 이 신청서는 집행문을 내어 준 법원에 제출한다.
* 대체집행을 실행할 사람을 지정(추천)할 때에 신청인이 직접 실행하겠다고 할 수도 있고, 제3자를 특정하여 지정해줄 것을 신청할 수도 있다. 실무상으로는 일반적으로 집행관을 지정하고 있다. 왜냐하면 강제집행 과정에서 채무자의 저항을 받을 경우 실력을 행사할 수 있는 사람은 집행관뿐이기 때문이다. 집행관에게 저항하는 경우에는 공무집행방해죄로 처벌을 받을 수도 있다. 집행관은 국가로부터 보수를 받지는 않지만 신분은 공무원이다.
* 이 신청에 대한 결정에 대하여는 즉시항고를 할 수 있으나, 이 즉시항고에 집행을 정지하는 효력은 없다.
* 집행비용은 채무자가 부담한다. 이와 관련한 내용은 '대체집행비용 선지급신청'에서 설명한다.

(대체집행비용 선지급결정 신청서)

대체집행비용 선지급결정 신청

신 청 인(채권자) 성명 ○○○(—   )
　　　　　　　　　주소
피신청인(채무자) 성명 ○○○(—   )
　　　　　　　　　주소

신 청 취 지

피신청인은 신청인에게 ○○지방법원 ○○지원 2024타기○○호 대체집행결정에 의한 대체집행비용으로 돈 5,000,000원을 지급하라.
라는 재판을 구합니다.

신 청 원 인

1. 신청인은 귀원 2024가단○○○호 건물철거 등 사건의 집행력 있는 판결정본에 터 잡아 대체집행결정을 신청하였습니다.
2. 위 대체집행결정이 승인될 경우 피신청인이 무단으로 축조한 건물을 철거함에는 다음과 같은 비용이 소요될 예정입니다. 따라서 대체집행결정을 승인하실 때에 그 비용도 선지급을 명하여 주시기 바랍니다.

아 래

1. 굴삭기 1일 사용료 :　　　　　　원
1. 건축폐기물 처리비 :　　　　　　원
1. 일용노동자 노임 :　　　　　　　원
1. 집행관수수료 :　　　　　　　　원

합계 : 돈 5,000,000원

소명자료 및 첨부서류

1. 굴삭기 사용 견적서 1통.
1. 건축폐기물 처리비용 견적서 1통.
1. 대체집행신청서 부본 1통.
1. 송달료납부서 1통.

2025. 1. 1.

위 신청인(채권자) ○ ○ ○(인)

○○지방법원 ○○지원 귀중

---

* 인지대는 1,000원을 납부한다.
* 송달료는 당사자의 수 × 3회분 × 5,200원에 해당하는 금액을 예납한다.
* 대체집행비용액을 얼마로 정할 것인가는 법원의 재량이지만, 신청인으로서는 소요될 비용액의 개략적인 내역을 소명하여야 할 것이다.
* 이 신청은 대체집행결정의 전에도 가능하고, 그 결정이 난 뒤에(또는 집행을 완료한 뒤)에도 할 수 있다. 나중에 신청하는 경우에는 '선지급'을 '지급'으로 바꾸기만 하면 나머지는 같은 요령이다.
* 신청에 의하여 법원이 결정을 하면 그 결정문은 집행권원이 된다. 대체집행비용의 강제집행은 금전채권에 터 잡은 강제집행절차에 의한다.
* 비용액선지급결정이 있은 뒤에 실제로 소요된 비용이 이 결정액을 초과하여 지출된 경우에는 그 추가된 부분에 대하여 다시 지급결정을 신청할 수 있다.

2. 간접강제

법 제261조제1항은 "채무의 성질이 간접강제를 할 수 있는 경우에 제1심법원은 채권자의 신청에 따라 간접강제를 명하는 결정을 한다."고 규정하였다. 법은 "채무의 성질이 간접강제를 할 수 있는 경우"라고 규정하였지만, 간접강제는 직접강제도 할 수 없고, 대체집행마저도 적합하지 아니한 경우에만 허용된다. 다른 사람이 대신 이행할 수 없는 작위채무 또는 부작위채무가 그 대상이 된다.

간접강제의 결정을 받기 위해서는 채무자에게 부대체적 작위의무 또는 부작위의무를 부과한 집행권원이 있어야 한다. 관할법원은 제1심법원이고, 신청은 서면으로 하여야 한다.

신청서에는 채무자가 이행하여야 할 상당한 기간과 이를 위반하는 경우의 배상액 등을 기재하지만 법원은 이에 구속되지는 않는다.

판례

부작위채무를 명하는 판결의 실효성 있는 집행을 보장하기 위해서는 부작위채무에 관한 소송절차의 변론종결 당시에 보아 집행권원이 성립하더라도 채무자가 이를 단기간 내에 위반할 가능성이 있고, 그 부작위채무에 관한 판결절차에서도 위 법조에 의하여 장차 채무자가 그 채무를 불이행할 경우에 일정한 배상을 할 것을 명할 수 있다(대법원 93다40614 판결).

간접강제를 명하는 결정에는 채무의 이행의무 및 상당한 이행기간을 밝히고, 채무자가 그 기간 이내에 이행을 하지 아니하는 때에는 늦어진 기간에 따라 일정한 배상을 하도록 명하거나 즉시 손해배상을 하도록 명할 수 있다. 이 재판에 대하여는 즉시항고를 할 수 있다(법 제261조).

위와 같은 결정을 한 제1심법원은 사정변경이 있는 때에는 채권자나 채무자의 신청에 의하여 결정의 내용을 변경할 수 있고, 이 변경결정을 함에는 신청한 자의 상대방을 심문하여야 한다. 이 결정에 대하여도 즉시항고를 할 수 있다(규칙 제191조).

채무불이행으로 인하여 생긴 실제의 손해액이 법원이 정한 강제금을 초과할 경우에는 별도의 손해배상을 청구할 수 있다. 그러나 실제의 손해액이 법원이 정한 강제금보다 소액이더라도 채무자가 그 반환을 청구할 수는 없다. 일종의 위약금으로 해석하기 때문이다.

「가사소송법」에는 특별한 규정이 있다. 제68조는 양육비지급명령과 유아인도명령에 불응한 채무자에 대해서는 30일의 범위 안에서 감치처분(監置處分)을 할 수 있도록 규정하였다.

부대체적 작위의무의 이행을 명하는 가처분재판을 받은 채권자가 간접강제의 방법으로 그 가처분결정에 대한 집행을 함에 있어서도 가압류에 관한 법 제292조제2항의 규정이 준용되어 특별한 사정이 없는 한 가처분결정이 채권자에게 고지된 날부터 2주 이내에 간접강제를 신청하여야 함이 원칙이고, 그 집행기간이 지난 뒤의 신청은 부적법하다.

다만, 가처분에서 명하는 부대체적 작위의무가 일정기간 계속되는 경우라면 채무자가 성실하게 그 작위의무를 이행함으로써 강제집행을 신청할 필요가 없는 동안에는 위 집행기간이 진행하지 않고, 채무자의 태도에 비추어 작위의무의 불이행으로 인하여 간접강제가 필요한 것으로 인정되는 때에 그 시점부터 위 2주의 집행기간이 진행된다.

판례

부대체적 작위채무의 이행을 명하는 가처분결정과 함께 그 의무위반에 대한 간접강제결정이 동시에 이루어진 경우에는 간접강제결정 자체가 독립된 집행권원이 되고, 간접강제결정에 기초하여 배상금을 현실적으로 집행하는 절차는 간접강제절차와 독립된 별개의 금전채권에 기초한 집행절차이므로, 그 간접강제에 기한 강제집행을 반드시 가처분결정이 송달된 날로부터 2주 이내에 할 필요는 없다고 할 것이고, 다만, 그 집행을 위해서는 당해 간접강제결정의 정본에 집행문을 받아야 한다(2008마1608).

---

3. 의사표시의무의 강제집행

채무자가 권리관계의 성립을 인정한 때에는 그 조서로, 의사의 진술을 명한 판결이 확정된 때에는 그 판결로 권리관계의 성립을 인낙하거나 의사를 진술한 것으로 본다 (법 제263조제2항).

반대의무가 이행된 뒤에 권리관계의 성립을 인낙(認諾)하거나 의사를 진술할 것인 경우에는 법 제30조와 제32조의 규정에 따라 집행문을 내어준 때에 그 효력이 생긴다 (법 제263조제2항). 이 경우에서 집행권원에 조건이 성취된 뒤에 효력이 생긴다는 내용이 있는 때에는 조건성취집행문을 받아야 의사표시의무의 집행이 완료된 것으로 보는 것이다. 동시이행을 내용으로 하는 집행권원도 같다.

건축중인 건축물을 양수한 자가 건축주 명의변경에 동의하지 않는 양도인을 상대로 그 의사표시에 갈음하여 건축허가서의 건축주 명의변경절차의 이행을 구하는 소는 소의 이익이 있다(대법원 88다카6754).

조건부 의사진술을 명하는 재판은 그 조건이 성취되어 집행문이 부여된 때 의사를 진술한 것과 동일한 효력이 발생하고, 집행기관이 관여하는 현실적인 강제집행절차가 존재할 수 없으므로, 강제집행의 정지도 있을 수 없으니 등기공무원은 강제집행정지결정에 구애됨이 없이 등기신청을 받아들여 등기기입을 할 수 있다(대법원 77마427).

제5장 위법·부당집행에 대한 구제

제1절 위법한 집행

1. 위법한 집행이란?

이 절에서는 법이 규정하는 절차를 위반한 집행을 '위법한 집행'이라고 명명하고, 「민법」·「상법」, 그 밖의 법률, 즉 실체법을 위반한 경우는 '부당한 집행'이라고 부르기로 한다.

법은 위법한 집행에 대한 구제방법으로 즉시항고, 집행에 관한 이의 및 배당이의의 소를 규정하고, 부당한 집행에 대한 구제방법으로는 청구이의의 소 및 제3자이의의 소를 규정하였다.

이들 중에서도 청구이의의 소와 제3자이의의 소는 「민사소송법」의 소에 관한 절차에 의해 해결하여야 할 실체법상의 사유가 이의의 대상이 된다는 점이 특색이다.

2. 즉시항고

가. 즉시항고란?

집행절차에 관한 집행법원의 재판에 대하여는 특별한 규정이 있을 때에만 즉시항고를 할 수 있다(법 제15조제1항). 따라서 즉시항고를 할 수 있다는 규정이 없는 집행절차상의 이의사유는 이의신청의 방법으로 구제를 받아야 한다.

법에서 규정하는 즉시항고는 집행정지의 효력이 없고, 항고이유서를 제출하여야 한다는 점이 「민사소송법」의 즉시항고와는 다르다.

「민사집행법」의 관련 규정

제15조(즉시항고) ① 집행절차에 관한 집행법원의 재판에 대하여는 특별한 규정이 있어야만 즉시항고(卽時抗告)를 할 수 있다.

---

② 항고인(抗告人)은 재판을 고지 받은 날부터 1주의 불변기간 이내에 항고장(抗告狀)을 원심법원에 제출하여야 한다.

③ 항고장에 항고이유를 적지 아니한 때에는 항고인은 항고장을 제출한 날부터 10일 이내에 항고이유서를 원심법원에 제출하여야 한다.

④ 항고이유는 대법원규칙이 정하는 바에 따라 적어야 한다.

⑤ 항고인이 제3항의 규정에 따른 항고이유서를 제출하지 아니하거나 항고이유가 제4항의 규정에 위반한 때 또는 항고가 부적법하고 이를 보정(補正)할 수 없음이 분명한 때에는 원심법원은 결정으로 그 즉시항고를 각하하여야 한다.

⑥ 제1항의 즉시항고는 집행정지의 효력을 가지지 아니한다. 다만, 항고법원(재판기록이 원심법원에 남아 있는 때에는 원심법원)은 즉시항고에 대한 결정이 있을 때까지 담보를 제공하게 하거나 담보를 제공하게 하지 아니하고 원심재판의 집행을 정지하거나 집행절차의 전부 또는 일부를 정지하도록 명할 수 있고, 담보를 제공하게 하고 그 집행을 계속하도록 명할 수 있다.

⑦ 항고법원은 항고장 또는 항고이유서에 적힌 이유에 대하여서만 조사한다. 다만, 원심재판에 영향을 미칠 수 있는 법령위반 또는 사실오인이 있는지에 대하여 직권으로 조사할 수 있다.

⑧ 제5항의 결정에 대하여는 즉시항고를 할 수 있다.

⑨ 제6항 단서의 규정에 따른 결정에 대하여는 불복할 수 없다.

⑩ 제1항의 즉시항고에 대하여는 이 법에 특별한 규정이 있는 경우를 제외하고는 「민사소송법」 제3편 제3장 중 즉시항고에 관한 규정을 준용한다.

「민사집행규칙」의 관련 규정

제14조의2(재항고) ① 집행절차에 관한 항고법원·고등법원 또는 항소법원의 결정 및 명령으로서 즉시항고를 할 수 있는 재판에 대하여는 재판에 영향을 미친 헌법·법률·명령 또는 규칙의 위반을 이유로 드는 때에만 재항고(再抗告)할 수 있다.

② 제1항의 재항고에 관하여는 법 제15조의 규정을 준용한다.

항고법원의 심리절차와 관련하여 들여다보면 잠정처분에 관한 규정을 두고 있다. 「민사소송법」상의 즉시항고와는 달리 「민사집행법」상의 즉시항고에는 집행을 정지하는 효력이 없기 때문이다.

예외적이긴 하지만 민사집행절차에서도 확정이 되어야 효력이 생기는 결정이 있다. 매각허가 여부의 결정과 전부명령이 그것이다. 위 두 개의 결정에 대한 즉시항고는 그 자체로써 확정을 차단하는 효력을 갖게 되므로, 별도의 잠정처분을 필요로 하지 않는다.

나. 즉시항고의 절차, 재판 및 불복

법이 규정하는 많은 업무 중 재산명시명령절차, 선박에 대한 경매절차 및 보전처분 등은 법관인 판사가 관장하지만, 이들 업무를 제외한 집행에 관한 대부분의 업무는 사법보좌관이 관장한다.

법은 집행법원의 처분에 대한 불복의 방법으로 '집행에 관한 이의신청'과 '즉시항고'를 규정하고 있다. 법이 규정하는 즉시항고 중 판사가 관장하는 집행처분에 대한 즉시항고는 법 제15조가 규정하는 내용 그대로 처리하지만, 사법보좌관이 관장하는 집행처분에 대한 즉시항고는 즉시항고장을 제출하는 대신 이의신청서를 집행처분을 한 당해 사법보좌관에게 제출하여야 한다. 즉 사법보좌관의 집행처분에 대한 이의신청과 즉시항고는 모두 '이의신청서'를 제출하는 방식으로 불복하여야 한다.

「사법보좌관규칙」의 관련 규정

제4조(즉시항고 등의 대상이 되는 처분에 대한 이의신청) ① 제2조제1항의 규정에 따른 사법보좌관의 처분 중 단독판사 또는 합의부(다음부터 "단독판사등"이라 한다)가 처리하는 경우 항고·즉시항고 또는 특별항고의 대상이 되는 처분에 대하여는 제2항 내지 제10항에서 규정하는 절차에 따라 이의신청을 할 수 있다.

② 제1항의 규정에 따른 이의신청은 이의신청 대상이 되는 처분의 표시와 그 처분에 대한 이의신청 취지를 밝히는 방법으로 사법보좌관에게 하여야 한다. 다만, 제2조제1항 각호의 해당법률(이하 이 조에서 "해당법률"이라 한다)에서 이의신청 방법을 서면으로 한정한 때에는 이들 사항을 적은 서면을 사법보좌관에게 제출하여야 한다.

③ 제1항의 규정에 따른 처분 중 단독판사등이 처리하는 경우 즉시항고 또는 특별항고의 대상이 되는 처분에 대한 이의신청은 그 처분을 고지받은 날부터 7일 이내에

하여야 한다. 이 경우 그 기간은 불변기간으로 한다.

④ 제1항의 규정에 따라 이의신청을 하는 때에는 「민사소송 등 인지법」에서 정하는 인지를 붙일 필요가 없다.

⑤ 사법보좌관은 제2항의 규정에 따라 이의신청을 받은 때에는 이의신청사건을 지체 없이 소속법원의 단독판사등에게 송부하여야 한다.

⑥ 제5항의 규정에 따라 이의신청사건을 송부 받은 단독판사등은 다음 각호의 규정에 따라 이를 처리하여야 한다. 이 경우 판사는 해당법률에 규정된 절차에 따라 사법보좌관의 처분의 집행을 정지하거나 그 밖의 필요한 처분을 할 수 있다.

　　1. 이의신청이 제2항의 규정에 위배되는 경우에는 상당한 기간을 정하여 그 기간 내에 흠을 보정하도록 명할 것

　　2. 이의신청인이 흠을 보정하지 아니하는 때와 이의신청기간을 경과한 때에는 결정으로 이의신청을 각하할 것. 이 경우 각하결정은 해당 법률에 규정된 불복신청에 대한 각하재판으로 본다.

　　3. 이의신청이 이유 있다고 인정되는 때에는 사법보좌관의 처분을 경정할 것

　　4. 사법보좌관의 처분 중 단독판사등이 처리하는 경우 특별항고의 대상이 되는 처분에 대한 이의신청이 이유 없다고 인정되는 때에는 결정으로 이를 각하할 것

　　5. 사법보좌관의 처분 중 단독판사등이 처리하는 경우 항고 또는 즉시항고의 대상이 되는 처분에 대한 이의신청이 이유 없다고 인정되는 때에는 사법보좌관의 처분을 인가하고 이의신청사건을 항고법원에 송부할 것. 이 경우 이의신청은 해당법률에 의한 항고 또는 즉시항고로 본다.

　　5-2. 제5호의 인가결정은 이의신청인에게 고지한다.

　　6. 제5호의 경우 이의신청에 「민사소송 등 인지법」에서 정하는 인지가 붙어 있지 아니한 때에는 상당한 기간을 정하여 이의신청인에게 보정을 명하고 이의신청인이 보정하지 아니한 때에는 이의신청을 각하할 것

⑦ 제6항제2호·제3호 및 제6호의 규정에 따른 재판에 대하여는 해당 법률에서 정한 절차에 따라 불복할 수 있다.

⑧ 제6항제4호의 각하결정과 제6항제5호의 인가결정에 대하여는 불복할 수 없다.

⑨ 제6항제5호의 규정에 따라 이의신청사건을 송부 받은 항고법원은 단독판사등이 한 인가처분에 대한 항고 또는 즉시항고로 보아 재판절차를 진행한다.

⑩ 이의신청의 요건 및 절차 등에 관하여는 그 성질에 반하지 아니하는 한 해당 법률에서 정하고 있는 불복절차에 관한 규정을 준용한다.

3. 집행에 관한 이의

가. 이의의 대상

「민사집행법」의 관련 규정

제16조(집행에 관한 이의신청) ① 집행법원의 집행절차에 관한 재판으로서 즉시항고를
할 수 없는 것과 집행관의 집행처분, 그 밖에 집행관이 지킬 집행절차에 대하여서는
법원에 이의를 신청할 수 있다.

② 법원은 제1항의 이의신청에 대한 재판에 앞서 채무자에게 담보를 제공하게 하거
나 제공하게 하지 아니하고 집행을 일시정지하도록 명하거나 채권자에게 담보를 제
공하게 하고 그 집행을 계속하도록 명하는 등 잠정처분(暫定處分)을 할 수 있다.

③ 집행관이 집행을 위임받기를 거부하거나 집행행위를 지체하는 경우 또는 집행관
이 계산한 수수료에 대하여 다툼이 있는 경우에는 법원에 이의를 신청할 수 있다.

이의신청의 대상인 집행절차는 판사의 결정이든 사법보좌관의 결정이든 가리지 않는
다. 집행관의 처분에 대한 이의신청도 집행관 아닌 법원에 하여야 한다.

나. 이의신청 및 재판

이의신청은 집행법원이 실시하는 기일에 출석하여 하는 경우가 아니면 서면으로 하
여야 한다. 이의신청을 하는 때에는 이의의 이유를 구체적으로 밝혀야 한다. 이의신청
은 형식적 절차상의 하자만을 그 대상으로 한다.

이의신청을 할 수 있는 사람에는 법령에 제한이 없으므로, 불복의 이익이 있다면 제
3자도 이의신청을 할 수 있다. 또 이의를 제기할 수 있는 기간도 제한을 두지 않았으
므로, 집행절차가 끝날 때까지는 이의신청을 할 수 있다. 이의신청에 대한 재판은 변
론 없이 결정으로 한다.

다. 불복절차

이의신청에 대한 재판에는 원칙적으로 불복할 수 없다. 다만, 다음 사유는 즉시항고
를 할 수 있다. 재항고도 허용된다.

① 집행절차를 취소하는 결정

② 집행절차를 취소한 집행관의 처분에 대한 이의신청을 기각 또는 각하한 결정

③ 집행관에게 집행절차의 취소를 명하는 결정

④ 경매개시결정에 관한 이의신청에 대한 재판

판례

집행문 부여에 대한 이의에 관한 재판에 대하여는 집행에 관한 이의도 할 수 없고, 즉시항고도 할 수 없어 결국 불복절차가 없기 때문에 특별항고만 허용될 뿐이라고 해석되며, 이러한 결정에 대한 불복은 당사자가 특별항고라는 표시와 항고법원을 대법원이라고 표시하지 아니하였다 하더라도 그 항고장을 접수한 법원으로서는 이를 특별항고로 취급하여 소송기록을 대법원에 송부함이 마땅하다(대법원 97마250).

제2절 부당한 집행

1. 청구에 관한 이의의 소

가. 의의

채무자가 판결에 따라 확정된 청구에 관하여 이의하려면 제1심판결법원에 청구에 관한 이의의 소를 제기하여야 한다. 이의는 그 이유가 변론이 종결된 뒤(변론 없이 한 판결의 경우에는 판결이 선고된 뒤)에 생긴 것이어야 한다. 이의사유가 여러 가지인 때에는 동시에 주장하여야 한다(법 제44조).

집행권원이 만들어진 뒤 「민법」·「상법」 등 실체법상의 사정변경이 생긴 경우에, 즉 채권자의 권리에 대하여 채무자가 권리의 소멸 등을 주장할 수 있는 경우에 채무자가 원고가 되어 제기하는 소를 '청구에 관한 이의의 소'라고 한다. 이를 줄여서 '청구이의의 소'라고도 부른다.

이 소는 집행권원상의 집행력을 배제시키는 것이 목적이다. 따라서 임의경매절차에

서는 이 소를 제기할 수 없다. 임의경매절차에는 집행권원이 없기 때문이다.

나. 이의의 원인

청구이의의 소에 있어서 이의의 원인으로는 권리소멸사유, 권리저지사유 및 권리장애사유가 있다.

권리소멸사유라고 함은 채권자의 강제집행을 정당화 할 수 있는 청구권의 존재에 관하여 채무자가 그러한 권리가 없다고 주장하는 사유를 말한다. 여기에 해당하는 사유로는 변제·대물변제·상계·변제공탁·경개·면제·화해·이행불능, 착오·사기·강박에 따른 취소, 해제조건의 성립, 소멸시효의 완성, 채권압류 및 전부명령의 확정, 채권양도, 면책적 채무인수 등이 있다.

권리저지사유는 청구권의 효력을 정지시키거나 제한하는 사유를 말한다. 여기에 해당하는 사유로는 변제기한의 유예, 정지조건의 불성취, 상속의 한정승인, 파산·개인회생절차에서의 면책, 부집행계약(不執行契約) 등이 있다.

권리장애사유는 집행력은 있으나 기판력이 없는 집행권원에만 적용되는 예외적인 경우이다. 이는 처음부터 청구권의 성립에 하자가 있는 문제이므로, 변론종결 후의 문제만을 이의사유로 규정한 법 제44조제2항(청구이의의 소에 관한 변론이 종결된 뒤라는 제한)의 적용이 배제된다.

여기에 해당하는 사유로는 공증인이 작성한 집행증서, 지급명령, 이행권고결정, 배상명령 및 가사심판 등이 있다.

이의사유를 사실심의 변론종결 후의 사유로 제한한 취지는, 청구이의의 소에 의하여 확정판결의 기판력을 무력화시키지 않게 하려는 것, 즉 기판력은 재심에 의하지 아니하고는 깨뜨리지 못하게 하려는 것이기 때문에 기판력이 없는 집행권원에 대하여는 예외를 인정할 수 있는 것이다.

이의사유가 되는 경우는 집행증서를 작성 내지 집행승낙의 의사표시를 하는 과정에서 의사표시의 중요부분의 착오, 통정허위표시, 강행법규위반, 불공정한 법률행위, 무권대리행위 등이 개입한 경우 등이다.

다. 이의사유의 시적(時的) 제한

법 제44조제2항은 "이의는 그 이유가 변론이 종결된 뒤(변론 없이 한 판결의 경우에는 판결이 선고된 뒤)에 생긴 것이어야 한다."고 규정하여 그 시적 범위에 제한을 가하고 있다.

이 규정은 기판력을 침해하는 청구를 허용하지 않겠다는 취지이다. 따라서 기판력이 없는 확정된 지급명령, 확정된 이행권고결정, 배상명령 및 공정증서(집행증서) 등에는 위 규정이 적용되지 않는다. 이들은 기판력은 없으면서 집행력만 있는 집행권원이기 때문이다.

기판력이 있는 집행권원에는 사실심의 변론종결 전의 사유로는 청구이의의 소를 제기하는 것이 금지되지만, 다음의 경우에는 대법원이 예외를 인정한다.

판례

당사자 쌍방의 채무가 서로 상계적상[61]에 있다 하더라도 그 자체만으로 상계로 인한 채무소멸의 효력이 생기는 것은 아니고, 상계의 의사표시를 기다려 비로소 상계로 인한 채무소멸의 효력이 생기는 것이므로, 채무자가 집행권원인 확정판결의 변론종결 전에 상대방에 대하여 상계적상에 있는 채권을 가지고 있었다 하더라도 집행권원인 확정판결의 변론종결 후에 이르러 비로소 상계의 의사표시를 한 때에는 "이의 원인이 변론종결 후에 생긴 때"에 해당하는 것으로서 당사자가 집행권원인 확정판결의 변론종결 전에 자동채권[62]의 존재를 알았는가 몰랐는가에 관계없이 적법한 청구이의의 사유로 된다(대법원 98다25344).

확정판결에 대한 청구이의사유는 그 확정판결의 변론종결 후에 생긴 것이어야 한다. 그러나 확정판결의 변론종결 전에 이루어진 일부이행을 채권자가 변론종결 후 수령함으로써 변제의 효력이 생긴 경우에는 그 한도 내에서 청구이의사유가 된다고 보아야 한다(대법원 2008다51359).

---

61) 상계적상(相計適狀) : 당사자가 서로 같은 종류의 채권을 가지고 있고, 양쪽의 채권이 모두 이행기(履行期)에 이르러서 서로의 채권을 같은 액수만큼 없앨 수 있

라. 청구의 범위와 관련한 문제

여기에서 검토하는 문제는, 강제집행을 받은 채무자가 그 강제집행을 개시한 집행권원상에 있는 채무의 일부를 그 집행권원의 변론종결 뒤에 변제 등으로 소멸시킨 경우의 문제이다.

이와 관련하여 대법원의 태도는 채무자가 집행권원상의 채무 전부에 대하여 집행력을 배제해달라고 청구한 경우에도 그 청구 중 일부만을 인용할 수 있다는 입장이다. 따라서 채무자의 일부청구도 그 청구가 가분적(加分的)인 것이면 허용된다고 새겨야 할 것이다.

판례

채무자가 한정승인을 하였으나 채권자가 제기한 소송의 사실심 변론종결시까지 이를 주장하지 아니하는 바람에 책임의 범위에 관하여 아무런 유보 없는 판결이 선고·확정된 경우라 하더라도 채무자가 그 후 위 한정승인 사실을 내세워 청구에 관한 이의의 소를 제기하는 것이 허용되는 것은 한정승인에 의한 책임의 제한은 상속채무의 존재 및 범위의 확정과는 관계없이, 다만, 판결의 집행대상을 상속재산의 한도로 한정함으로써 판결의 집행력을 제한할 뿐으로, 채권자가 피상속인의 금전채무를 상속한 상속인을 상대로 그 상속채무의 이행을 구하여 제기한 소송에서 채무자가 한정승인 사실을 주장하지 않으면 책임의 범위는 현실적인 심판대상으로 등장하지 아니하여 주문에서는 물론 이유에서도 판단되지 않는 관계로 그에 관하여는 기판력이 미치지 않기 때문이다.
위와 같은 기판력에 의한 실권효(失權效) 제한의 법리는 채무의 상속에 따른 책임의 제한 여부만이 문제되는 한정승인과 달리 상속에 의한 채무의 존재 자체가 문제되어 그에 관한 확정판결의 주문에 당연히 기판력이 미치게 되는 상속포기의 경우에는 적용될 수 없다(대법원 2008다79876).

마. 소(訴)의 절차

청구이의의 소는 집행권원이 판결이면 제1심 판결법원, 공정증서이면 채무자의 보통

는 상태
62) 자동채권(自動債權) : 상계(相計) 제도에서 상계의 의사표시를 하고자 하는 사람의 채권. 상대방이 갖는 채권은 수동채권이라고 함

재판적이 있는 곳의 지방법원, 지급명령이면 그 지급명령을 발한 법원이 각각 관할한다. 시·군법원에서 작성된 화해조서·조정조서 및 확정된 지급명령으로서 소액사건이 아닌 것이면 그 소속 지방법원 또는 지원에서 관할한다.

소를 제기할 수 있는 사람은 집행권원에 채무자로 표시된 사람과 그의 승계인이며, 채무자의 채권자도 채권자대위권을 행사하여 청구이의의 소를 제기할 수 있다.

소를 제기할 수 있는 시기는 원칙적으로 강제집행이 종료되기 전까지이다. 집행이 종료된 뒤에는 이 소에서는 소의 이익이 없으므로, 부당이득반환청구 또는 손해배상을 청구하는 방법으로 구제를 받아야 할 것이다.

청구이의의 소는 집행이 개시되기 전 또는 집행문이 부여되기 전에도 제기할 수 있다. 이 점은 집행이 개시된 뒤에만 소제기가 가능한 제3자이의의 소와 다르다. 그리고 채권자의 승계가 있었음에도 그 승계를 받은 채권자가 승계집행문을 받지 않고 있는 상태에서도 이 소를 제기할 수 있다. 이 소는 집행의 우려만 있어도 소제기가 가능하기 때문이다.

판례

집행권원상의 청구권이 양도되어 대항요건을 갖춘 경우 집행 당사자적격이 양수인으로 변경되고, 양수인이 승계집행문을 부여받음에 따라 집행채권자는 양수인으로 확정되는 것이므로, 승계집행문의 부여로 인하여 양도인에 대한 기존 집행권원의 집행력은 소멸한다. 따라서 그 후 양도인을 상대로 제기한 청구이의의 소는 피고적격이 없는 자를 상대로 한 소이거나 이미 집행력이 소멸한 집행권원의 집행력 배제를 구하는 것으로 권리보호의 이익이 없어 부적법하고, 이러한 법리는 소액사건심판법상의 확정된 이행권고결정과 같이 집행문을 별도로 부여받을 필요 없이 이행권고결정의 정본에 의하여 강제집행이 가능한 경우에도 마찬가지이다(대법원 2005다23889).

상속채무의 이행을 구하는 소송에서 피고의 한정승인 항변이 받아들여져서 원고승소판결인 집행권원 자체에 "상속재산의 범위 내에서만" 금전채무를 이행할 것을 명하는 이른바 유한책임의 취지가 명시되어 있음에도 불구하고 상속인의 고유재산임이 명백한 임금채권 등에 대하여 위 집행권원에 기한 압류 및 전부명령이 발령되었을 경우에, 상속인인 피고로서는 책임재산이 될 수 없는 재산에 대하여 강제집행이 행하여졌음을 이유로 제3자이의의 소를 제기하거나, 그 채권압류 및 전부명령 자체에 대한 즉시항고를 제기하여 불복하는 것은 별론으로 하고, 청구에 관한 이의의 소에 의하여 불복할 수는 없다고 보아야 한다(대법원 2005그128).

「민사집행법」의 관련 규정

제46조(이의의 소와 잠정처분) ① 제44조(청구에 관한 이의의 소) 및 제45조(집행문 부여에 대한 이의의 소)의 이의의 소는 강제집행을 계속하여 진행하는 데에는 영향을 미치지 아니한다.

② 제1항의 이의를 주장한 사유가 법률상 정당한 이유가 있다고 인정되고, 사실에 대한 소명(疏明)이 있을 때에는 수소법원(受訴法院)은 당사자의 신청에 따라 판결이 있을 때까지 담보를 제공하게 하거나 담보를 제공하게 하지 아니하고 강제집행을 정지하도록 명할 수 있으며, 담보를 제공하게 하고 그 집행을 계속하도록 명하거나 실시한 집행처분을 취소하도록 명할 수 있다.

③ 제2항의 재판은 변론 없이 하며 급박한 경우에는 재판장이 할 수 있다.

④ 급박한 경우에는 집행법원이 제2항의 권한을 행사할 수 있다. 이 경우 집행법원은 상당한 기간 이내에 제2항에 따른 수소법원의 재판서를 제출하도록 명하여야 한다.

⑤ 제4항 후단의 기간을 넘긴 때에는 채권자의 신청에 따라 강제집행을 계속하여 진행한다.

제47조(이의의 재판과 잠정처분) ① 수소법원은 이의의 소의 판결에서 제46조의 명령을 내리고 이미 내린 명령을 취소 · 변경 또는 인가할 수 있다.

② 판결 중 제1항에 규정된 사항에 대하여는 직권으로 가집행의 선고를 하여야 한다.

③ 제2항의 재판에 대하여는 불복할 수 없다.

(청구이의의 소장)

소   장

원고   성명 ○○○(-   )
            주소
            전화번호
피고   성명 ○○○(-   )
            주소
            전화번호

청 구 취 지

1. 피고가 원고에 대하여 ○○지방법원 ○○지원 2024가단○○○호 집행력 있는 판결 정본에 의하여 실시한 강제집행은 이를 불허한다.
2. 소송비용은 피고의 부담으로 한다.
3. 제1항은 가집행할 수 있다.
라는 판결을 구합니다.

청 구 원 인

1. 피고는 원고에 대하여 물품대금 50,000,000원의 청구권이 있다고 주장하면서 ○○지방법원 ○○지원 2024가단○○○호 집행력 있는 판결 정본에 터 잡아 원고 소유 별지 목록 기재 부동산에 대하여 강제집행을 실시하였습니다.
2. 그러나 원고는 위 판결이 선고된 뒤인 2024 ○○. ○○. 원고가 피고에 대하여 갖고 있는 채권인 소외 ○○○로부터 양수한 채권 70,000,000원 중에서 50,000,000원 및 위 판결에서 명한 지연이자와 상계할 것을 통지한 사실이 있습니다.
3. 따라서 원고는 피고에 대한 채무가 없을 뿐만 아니라, 오히려 피고는 원고에 대하여 채무를 부담하고 있습니다. 결국 피고의 이 사건 강제집행은 부당하므로, 이 청구에 이르게 되었습니다.

입 증 방 법

1. 갑 제1호증 채권양도통지서

1. 갑 제2호증 상계통지서
1. 갑 제3호증 압류집행조서 등본

첨 부 서 류

1. 위 입증방법 각 1통.
1. 소장 부본 2통.
1. 부동산목록 2통.
1. 송달료납부서 1통.

2025. ○. ○.

위 원고 ○ ○ ○(인)

○○지방법원 ○○지원 귀중

(별지)

부 동 산 목 록

1. 서울 ○○구 ○○로 ○○-○
   대 500.55㎡

2. 위 지상
   벽돌조 슬래브지붕 2층 단독주택
   1층 120.22㎡
   2층 120.22㎡

---

* 위 사례의 경우 인지대는 50,000,000원 × 0.0045 + 5,000원 = 230,000원을 납부한다.
* 송달료는 당사자의 수 × 15회분 × 5,200원에 해당하는 금액을 예납한다.
* 소장부본은 상대방의 수에 하나를 더한 수만큼(소가 5억원을 초과하는 합의부사건은 2를 더함)을 소장과 함께 제출하고, 증거서류는 법정에 출석하는 날 증거서류의 앞면 여백에 '갑 제 ○호증'을 표시하고, 상대방의 수에 2를 더하여 법정에서 법원사무관등에게 제출한다.

* 부동산목록은 부동산등기부의 표제부에 표시된 내용을 적어주면 되고, 자동차 등 등록에 의하여 공시되는 동산도 같은 요령으로 작성한다. 그 밖의 동산이나 채권의 목록도 그 내용이 특정될 수 있을 정도로 이에 준하여 작성하면 된다.
* 법원에서는 소장의 경우에는 당사자의 연락방법으로 팩시밀리(FAX) 및 이메일(e-mail) 주소까지도 기재할 것을 권한다. 전자소송을 활용할 경우라면 전자우편 주소는 필요적으로 적어야 한다.

2. 제3자이의의 소

가. 의의

제3자이의의 소라 함은 강제집행의 목적물에 대하여 제3자가 소유권 기타 목적물의 양도·인도를 막을 수 있는 권리가 있을 때, 제3자가 집행채권자를 상대로 집행의 배제를 구하는 소를 말한다(법 제48조제1항). 이 소는 보전절차 및 담보권실행을 위한 경매절차에서도 제기할 수 있다.

제3자의 권리는 압류·가압류·가처분 당시에 가지고 있는 권리일 것을 요한다. 채무자가 다투는 경우에는 채무자도 피고로 지정할 수 있다.

청구이의의 소가 집행권원상의 집행력을 배제하는 것을 목적으로 함에 비하여 제3자이의의 소는 특정 재산의 집행을 배제하려는 것이 목적이다. 이 소는 특히 동산에 대한 집행절차에서 의미가 크다고 할 수 있다. 동산에 대한 강제집행절차에서는 채무자가 점유하는 물건이기만 하면 압류할 수 있기 때문이다.

나. 이의의 원인

판례

제3자이의의 소는 모든 재산권을 대상으로 하는 집행에 대하여 적용되는 것이므로, 금전채권에 대하여 압류 및 추심명령이 있는 경우에 있어서 그 집행채무자 아닌 제3자가 자신이 진정한 채권자로서 자신의 채권의 행사에 있어 위 압류 등으로 인하여 사실상 장애를 받았다면 그 채권이 자기에게 귀속한다고 주장하여 집행채권자에 대하여 제3자이의의 소를 제기할 수 있다고 할 것이다(대법원 97다4401).

등기청구권에 대하여 압류명령이 있는 경우에 집행채무자 아닌 제3자가 자신이 진정한 등기청구권의 귀속자로서 자신의 등기청구권의 행사에 있어 위 압류로 인하여 장애를 받는 경우에는 그 등기청구권이 자기에게 귀속함을 주장하여 집행채권자에 대하여 제3 자이의의 소를 제기할 수 있다(대법원 98다2995).

제3자이의의 소의 이의원인은 소유권에 한정되는 것이 아니고, 집행목적물의 양도나 인도를 막을 수 있는 것이라면 족하며, 집행목적물이 집행채무자의 소유에 속하지 아니한 경우에는 집행채무자와의 사이의 계약관계에 의거하여 집행채무자에 대하여 목적물의 반환을 구할 채권적 청구권을 가지고 있는 제3자는 집행에 의한 양도나 인도를 막을 이익이 있으므로, 그 채권적 청구권도 제3자이의의 소의 이의원인이 될 수 있다고 할 것이다(대법원 2002다16576).

매수인이 소유권유보부매매[63]의 목적물을 타인의 직접점유를 통하여 간접점유[64] 를 하던 중 그 타인의 채권자가 채권의 실행으로 그 목적물을 압류한 사안에서, 매수인은 그 강제집행을 용인하여야 할 별도의 사유가 있지 아니한 한 소유권유보부 매수인 또는 정당한 권원 있는 간접점유자의 지위에서 민사집행법 제48조제1항에 정한 "목적물의 인도를 막을 수 있는 권리"를 가진다(대법원 2009다1894).

다. 재판절차

제3자이의의 소는 집행법원이 전속관할권을 갖는다. 다만, 단독판사의 관할범위를 넘는 경우(소가 5억원 이상)에는 지방법원 합의부가 관할한다(법 제48조제2항).

본안의 심리는 제3자이의의 소를 제기한 원고의 주장, 즉 이의사유에 국한되고, 집행권원에 있는 권리의 존부는 그 대상이 되지 않는다. 이의사유의 존부에 관한 판단시기는 변론종결 당시이다.

---

63) 소유권유보부매매(所有權留保附賣買) : 소유권유보부매매란 동산의 매매계약을 체결하면서 매도인이 대금을 모두 지급받기 전에 목적물을 매수인에게 인도하지만, 대금이 모두 지급될 때까지는 목적물의 소유권은 매도인에게 유보되며, 대금이 모두 지급될 때에 그 소유권이 매수인에게 이전된다는 내용의 특약이 있는 매매를 말한다.

64) 간접점유(間接占有) : 간접점유란 물건을 점유함에 있어 법률 또는 계약 등의 원인으로 점유매개자를 통하여 점유하는 것을 말한다. 점유매개자는 임차권자, 전세권자 등을 말하고, 이들은 점유보조자인 상점의 점원이나 회사의 사원 등과 구별하여야 한다.

(제3자이의의 소장)

소　　장

원고　　　성명　○○○(　　－　　)
　　　　　주소
　　　　　전화번호
　　　　　전자우편주소
피고　　　성명　○○○(　　－　　)
　　　　　주소
　　　　　전화번호

청　구　취　지

1. 피고와 소외 ○○○ 사이의 ○○지방법원 2024가단○○○○호 집행력 있는 판결 정본에 의한 별지 목록 기재 동산에 대한 강제집행은 이를 불허한다.
2. 소송비용은 피고의 부담으로 한다.
3. 제1항에 한하여 가집행할 수 있다.
라는 판결을 구합니다.

청　구　원　인

1. 피고는 소외 ○○○에 대하여 대여금 25,000,000원이 있다고 주장하면서 ○○지방 법원 2024가단○○○○호 집행력 있는 판결 정본에 터 잡아 별지 목록 기재의 동산에 대하여 강제집행을 실시하였습니다.
2. 그러나 위 동산들은 원고와 동거하는 위 ○○○의 주거지에 있는 물건들일 뿐 위 ○○○의 소유가 아닌 원고의 단독소유인 물건들입니다. 피고와 집행관은 위 물건들이 위 ○○○의 소유인 것으로 잘못 알고 압류를 한 것으로 보이므로, 청구취지와 같은 판결을 구하고자 이 소에 이르게 되었습니다.

입　증　방　법

1. 갑 제1호증 압류집행조서 등본(압류물건목록)
1. 갑 제2호증 압류동산목록
1. 나머지 증거는 소송의 진행과정에서 제출하겠습니다.

첨 부 서 류

1. 위 갑호증 각 1통.
1. 소장 부본 2통.
1. 송달료납부서 1통.

2017. ○. ○.

위 원고 ○ ○ ○(인)

○○지방법원 귀중

* 위 사례에서 인지대는 25,000,000원 × 0.0045 + 5,000원에 해당하는 금액을 납부한다.
* 송달료는 당사자의 수 × 15회분 × 5,200원에 해당하는 금액을 예납하고, 송달료납부영수증은 소장에 붙이면 된다. 채무자는 피고로 지정하지 아니하였으면 당사자의 수에 포함되지 않는다.
* 제3자이의의 소는 가압류나 가처분의 절차에서도 제기할 수 있다.

(강제집행 정지명령신청서)

강 제 집 행 정 지 명 령 신 청

신 청 인   성명 ○ ○ ○(-   )
            주소
피신청인   성명 ○ ○ ○(-   )
            주소

신 청 취 지

피신청인이 신청인에 대하여 ○○지방법원 2024가단○○○호 집행력 있는 판결 정본에 의하여 실시한 별지 목록 기재 동산에 대한 강제집행은 ○○지방법원 2024가단○○○○호 제3자이의의 소에 대한 판결이 선고될 때까지 이를 정지한다.
라는 재판을 구합니다.

신 청 원 인

1. 피신청인은 신청인에 대하여 ○○지방법원 2024가단○○○호 집행력 있는 판결 정본에 터 잡아 신청인 소유의 별지 목록 기재 동산에 대하여 강제집행을 실시하였습니다.
2. 그러나 별지 목록 기재 동산은 신청인의 소유일 뿐 피신청인에 대한 채무자인 신청외 ○○○과는 아무런 관계가 없는 물건들입니다.
3. 따라서 신청인은 피신청인으로부터 강제집행을 받아야 할 아무런 이유가 없으므로, 신청취지와 같은 재판을 구합니다.

첨 부 서 류

1. 소제기증명원 1통.
1. 압류집행조서 사본 1통.
1. 압류동산목록 1통.

2025. ○. ○.

위 신청인 ○ ○ ○(인)

○○지방법원 귀중

* 신청서에는 500원짜리 인지를 붙이면 되고, 송달료는 필요가 없다.

* 이 신청서는 강제집행의 일시정지를 신청하는 것인바, 집행의 취소를 신청하는 경우에도 같은 요령으로 작성하면 된다. 다만, 집행의 취소를 구할 때에는 법 제49조에서 규정하는 취소서류

를 붙여야 한다.

* 이 신청은 청구이의의 소와 제3자이의의 소를 제기한 뒤 또는 그 소의 제기와 동시에 할 수 있다. 법원이 강제집행을 정지하도록 명하는 때에는 보통 담보를 제공하게 하는데, 채권자의 신청금액(경매신청금액)에 해당하는 현금을 공탁하도록 하고 있다는 점을 감안하여야 할 것이다.

편저자 약력

변호사 장 인 태
- 고려대학교 법학과 졸업
- 서울대학교 대학원 법학과 졸업(세법 전공)
- 서울대학교 대학원 박사과정(조세법) 수료
- 미국 Seton Hall Law School 장기연수
- 미국 UC Berkeley Law School
  International Litigation and Corporate Finance Course(ILCFC)수료
  Information Privacy and Security Law Course(IPSL)수료
- 사법연수원 제23기 수료
- 서울방송(SBS) 법률자문위원, TV '대단한 법정' 진행
- 교통방송(TBS) '교통백과' 진행
- 서울방송(SBS) 프로덕션, 한국토지공사, 한국수자원공사 등 고문변호사
- 정보통신부 프로그램심의조정위원회 조정위원
- 재정경제부 국세심판원 심판관(비상임)
- 국무총리 조세심판원 심판관(비상임)
- 금융감독원 금융분쟁조정위원회 위원
- 한국콘텐츠진흥원 자문위원
- 광운대학교 법과대학 법학과 교수(겸임)

[주요저서]
- 교통사고처리 이렇게 쉬울 수가
- 판례로 풀어보는 나홀로 이혼소송
- 나홀로 부동산 경매박사 I, II
- 쉽게 풀자 신용카드 법률분쟁
- 교통사고 법률천국
- 상가 · 아파트 분쟁과 소송
- 조세판례백선(공동집필)
- 이혼소송 재산분할
- 유치권 이론과 실무
- 『이론과 실제-계약실무 총람』(공편) (법률출판사, 2017)

알기쉬운 보전처분(가압류, 가처분) 절차와 민사집행

2025년 3월 10일
2025년 3월 20일

저   자   장인태
발 행 인   김용성
발 행 처   법률출판사
            서울시 동대문구 휘경로2길 3, 3층
            ☎ 02) 962-9154   팩스 02) 962-9156
등 록 번 호   제1-1982호
ISBN   978-89-5821-457-1   13360
e-mail :   lawnbook@hanmail.net

정 가   35,000원